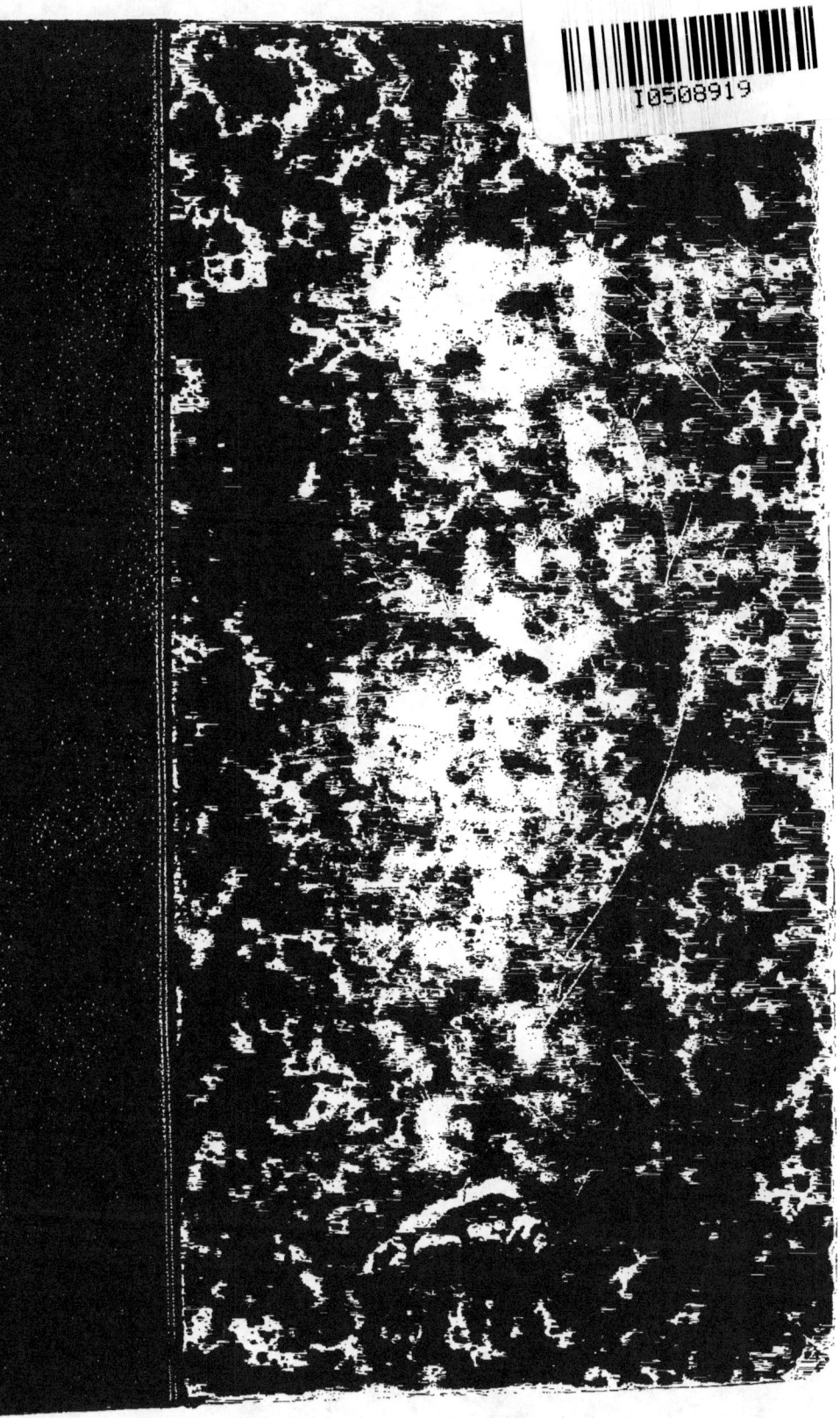

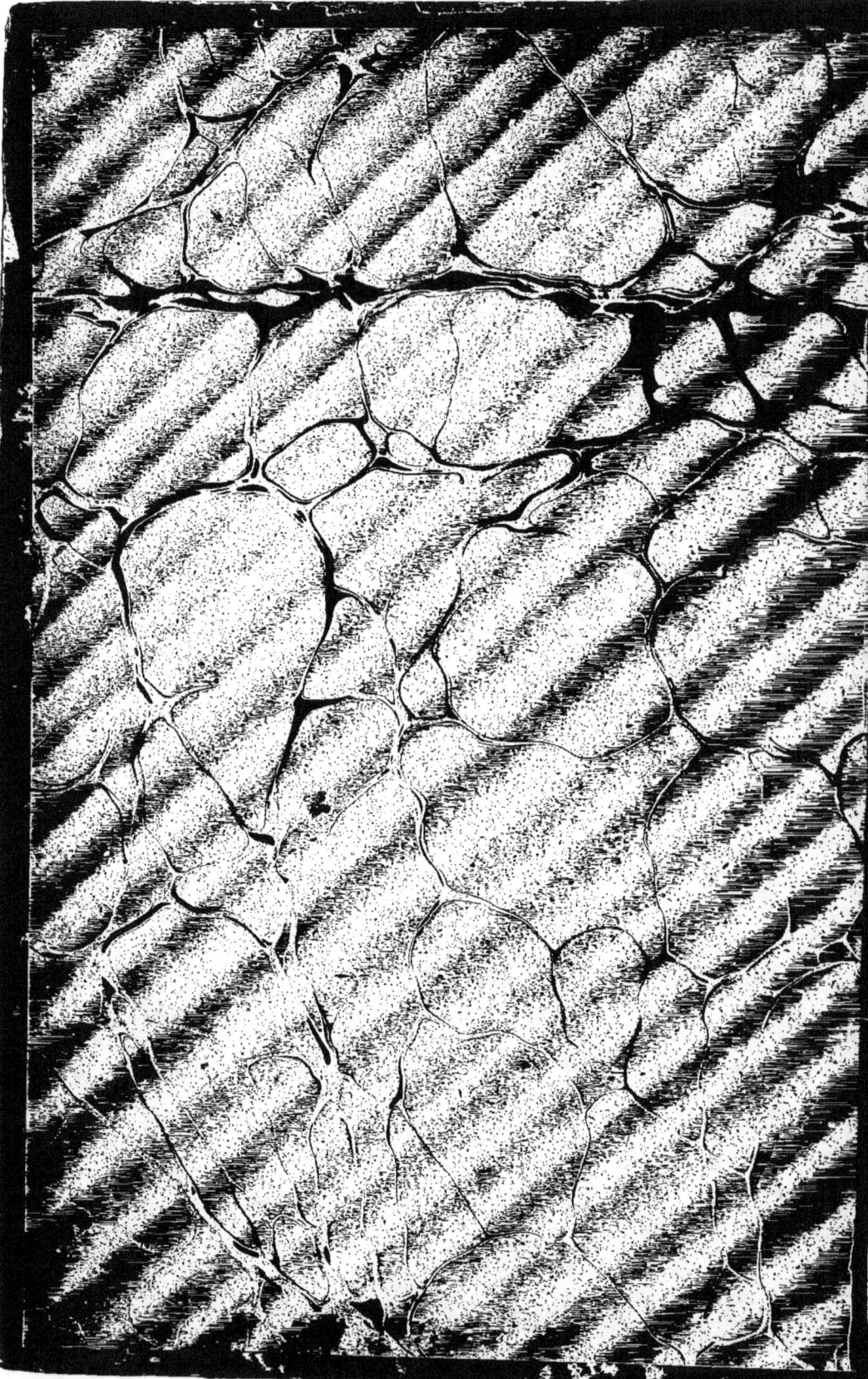

BIBLIOTHÈQUE INTERNATIONALE DE L'ART

GUIDE DU COLLECTIONNEUR

DICTIONNAIRE
DE
LA CÉRAMIQUE

FAIENCES — GRÈS — POTERIES

PAR

ÉDOUARD GARNIER

CONSERVATEUR DU MUSÉE ET DES COLLECTIONS
A LA MANUFACTURE NATIONALE DE SÈVRES

VINGT PLANCHES EN COULEUR HORS TEXTE

REPRODUISANT CENT CINQUANTE MOTIFS VARIÉS

ET

CINQ CENT CINQUANTE MARQUES ET MONOGRAMMES DANS LE TEXTE

D'APRÈS LES DESSINS DE L'AUTEUR

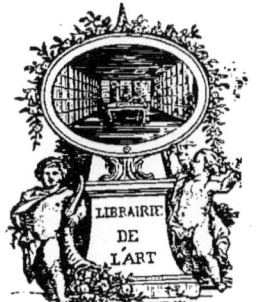

PARIS
LIBRAIRIE DE L'ART
8, BOULEVARD DES CAPUCINES, 8

DICTIONNAIRE

DE

LA CÉRAMIQUE

PARIS. — IMPRIMERIE DE L'ART

E. MOREAU ET Cie, 41, RUE DE LA VICTOIRE

BIBLIOTHÈQUE INTERNATIONALE DE L'ART

GUIDES DU COLLECTIONNEUR

DICTIONNAIRE
DE
LA CÉRAMIQUE

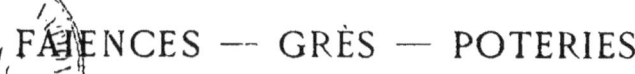

FAÏENCES — GRÈS — POTERIES

PAR

ÉDOUARD GARNIER

CONSERVATEUR DU MUSÉE ET DES COLLECTIONS A LA MANUFACTURE NATIONALE
DE SÈVRES

AQUARELLES, MARQUES ET MONOGRAMMES
D'APRÈS LES DESSINS DE L'AUTEUR

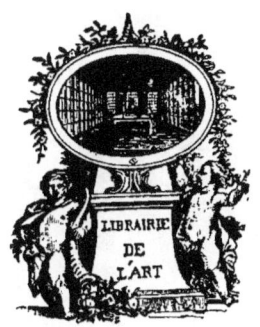

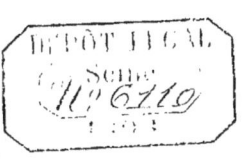

PARIS
LIBRAIRIE DE L'ART
8, BOULEVARD DES CAPUCINES, 8

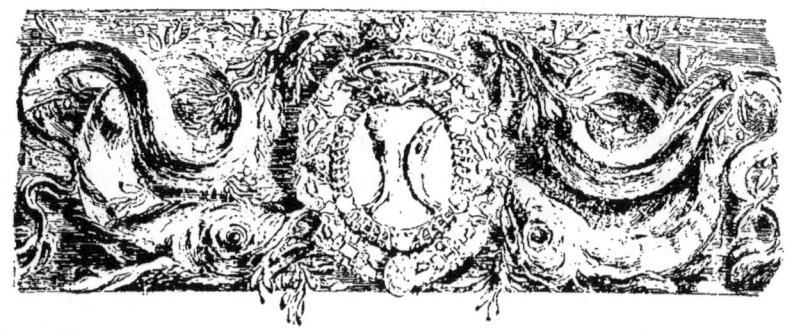

ans ce *Dictionnaire des Faïences* qui s'adresse spécialement aux gens du monde, aux amateurs et aux collectionneurs si nombreux aujourd'hui, nous avons cherché surtout, d'une part, à indiquer d'une façon simple et précise, dans notre Introduction, les points les plus importants, et qu'il est indispensable de connaître, de l'histoire et de la technologie de la céramique, et, d'autre part, à faire ressortir, autant que possible, les caractères distinctifs de chaque fabrication et les différences d'exécution qui existent entre des produits pour ainsi dire de même famille et qui, au premier abord, semblent être de même provenance, bien qu'ils soient sortis d'ateliers souvent très éloignés les uns des autres.

C'est pour bien indiquer ces caractères que nous avons préféré ne donner dans les aquarelles, que nous avons toutes exécutées avec le plus grand soin et la plus scrupuleuse exactitude, d'après des pièces dont l'origine et l'authenticité ne peuvent faire aucun doute, des fragments de décora-

tion plutôt que des ensembles où les motifs se trouvent souvent répétés plusieurs fois et qu'il eût fallu alors dessiner à une échelle tellement réduite qu'il eût été impossible de les reproduire dans tous leurs détails et sous leur véritable aspect.

Quant aux marques, nous avons tenu à ne donner que celles qui se trouvent répétées sur plusieurs pièces et qui, par conséquent, deviennent ainsi de véritables « marques de fabrique », ou celles que l'on peut interpréter d'une façon absolument sûre, telles que les monogrammes des peintres de Delft que nous avons dessinés d'après des pièces que nous avions sous les yeux ou que nous avons empruntés à l'ouvrage si complet et si sûrement documenté de M. Henry Havard, l'Histoire de la faïence de Delft. Il existe une quantité considérable d'autres marques sans signification connue, au moins jusqu'à présent, et qui, pour la plupart, ne sont que des initiales de peintres ignorés ou des indications de séries destinées au réassortiment. Nous n'avons pas cru utile de les reproduire.

Édouard GARNIER.

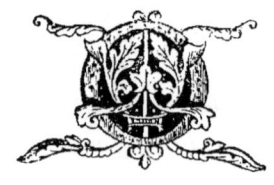

INTRODUCTION

RÉSUMÉ HISTORIQUE

Avant d'étudier l'histoire des poteries qui font l'objet spécial de ce petit dictionnaire, c'est-à-dire de celles qui forment, d'après la classification de Brongniart, les quatre grandes classes des *poteries vernissées,* des *grès,* des *faïences émaillées* et des *faïences fines,* il nous paraît indispensable de définir bien nettement les caractères qui les distinguent, d'en indiquer rapidement les éléments constitutifs, le mode de fabrication et les différents procédés employés dans leur décoration.

Partout où l'on trouve des vestiges de l'industrie humaine on rencontre des poteries dont la présence, si rudes ou si grossières qu'elles soient, atteste déjà, cependant, une sorte de civilisation et une industrie assez avancées[1].

Les plus anciennes poteries, celles qui remontent aux époques indéterminées désignées sous le nom de préhistoriques, sont en terre noirâtre, sableuse, mélangée de petits cailloux, de grains de spath calcaire ou de paillettes de mica; la pâte en est peu serrée, les formes absolument simples; quelques-unes, très friables, semblent avoir été

[1]. « Il a fallu, dit Brongniart dans son *Traité des Arts céramiques,* pour faire, avec le limon le moins rebelle au maniement du potier, un vase qui se durcira à l'air et au feu et ne servira qu'après le résultat éloigné de cette opération, plus de soins, de réflexion et d'observation que pour façonner avec du bois, des os, des peaux et des filaments, des armes et des vêtements, car ces matériaux offrent immédiatement à l'ouvrier le résultat de son travail. »

séchées au soleil; d'autres, cuites à l'air libre ou dans des trous creusés dans le sol, au moyen de broussailles ou de bois encore vert produisant beaucoup de fumée. Lorsque l'ornementation commence à apparaître, elle est, naturellement, des plus rudimentaires; ce sont, d'abord, des saillies et des dépressions formées par l'extrémité des doigts; puis, plus tard, des filets et des décorations géométriques tracés sur la pâte encore humide avec une pointe en bois ou en os.

Dès que le *tour* apparaît, l'industrie se développe, la terre est choisie et lavée avec soin; la texture devient plus fine et plus homogène; les anses, d'abord formées par des bourrelets saillants ou des protubérances percées de trous destinés à laisser passer des cordes de suspension, se dégagent d'une façon élégante; les formes s'affinent et se multiplient; la décoration se transforme et prend plus d'importance. Les potiers remarquent que les argiles varient dans leur composition et que plusieurs contiennent des éléments colorants, notamment du fer, dont ils se servent pour tracer sur les vases des dessins géométriques en brun rouge ou en noir; sur la pâte encore fraîche ils estampent, en creux ou en relief, à l'aide de moules en bois, des rosaces ou des figures géométriques souvent assez compliquées, ou lustrent et polissent la terre, après la cuisson, par le frottement d'un corps dur qui ravive, soit le ton général de la pièce, soit seulement certaines parties formant toujours une ornementation géométrique.

Ces poteries, que l'on retrouve au début de toutes les civilisations, constituent la classe des *poteries mates;* elles sont poreuses et se laissent, par suite de leur faible degré de cuisson, facilement pénétrer par les liquides et surtout par les corps gras.

Un progrès considérable fut réalisé par l'application sur

la terre d'un lustre extrêmement mince, sorte d'épiderme brillant, ou glaçure à base de silice rendue fusible par l'introduction d'un alcali, potasse ou soude, constamment colorée par un oxyde métallique introduit primitivement dans sa composition ou qu'elle prend dans la pâte qu'elle recouvre[1]. Cette glaçure, connue des Égyptiens qui en recouvraient certains vases funéraires, surtout ceux qui sont désignés sous le nom de *canopes,* a été employée surtout par les potiers grecs et romains. Dans les poteries grecques, la pâte, fine, d'une texture mince et sonore, est généralement d'un ton jaune pâle ou rougeâtre avivé par une glaçure le plus souvent incolore ou légèrement colorée en rouge. Le décor est obtenu de deux façons ; d'abord par l'application d'un beau lustre noir, poli et brillant, dessinant en silhouette, sur le fond, des ornements et des figures d'hommes ou d'animaux dont les vêtements et les muscles sont indiqués par des lignes finement gravées en creux laissant apparaître la couleur de la terre ; puis, plus tard, par un *réchampissage* fait au moyen de ce même lustre noir, réservant en rouge, sur le fond lui-même, des ornements et des figures dont l'intérieur est dessiné de fins traits noirs. Quelques pièces, d'une exécution remarquable, sans aucune décoration ou ornées simplement de reliefs peu saillants, sont recouvertes entièrement de ce lustre noir, si beau et si solide qu'il a pu traverser une longue suite de siècles en conservant une vigueur de ton et une apparence tellement brillante que, dans beaucoup de cas, on le croirait d'une application toute récente.

Les poteries romaines à pâte rouge, fine, serrée, très homogène et assez dure, que l'on trouve en grand nombre en Italie, en Espagne, dans certaines parties de la France, sur les bords du Rhin, etc., rentrent dans cette seconde

1. BRONGNIART, *Traité des Arts céramiques.*

classe de poteries désignées sous le nom de *poteries lustrées*.

La troisième classe dont nous avons à nous occuper plus spécialement, ainsi que des trois suivantes, celle des *poteries vernissées,* comprend les poteries recouvertes d'un vernis vitreux et brillant, généralement à base de plomb, et coloré, au moyen d'oxydes métalliques d'un ton plus foncé que celui de la terre qu'ils recouvrent, en vert, par le cuivre, ou en brun, par le manganèse. Ce vernis se posait de différentes façons ; un des plus anciens et des plus étranges procédés de vernissage, qui s'est conservé pendant plusieurs siècles et qui, naguère encore, était employé dans plusieurs pays, notamment en Bretagne, consistait à mêler des rognures de plomb avec de la bouse de vache ou de la farine de blé noir, de façon à former une bouillie plus ou moins épaisse que l'on étendait sur les parties qui devaient être vernissées et qui se brûlait au feu pendant que le plomb s'oxydait en entrant en fusion, se combinait avec la silice de la pâte, et donnait aux pièces un vernis vitreux très pur, bien étendu et d'une belle couleur vert foncé[1].

Dans le principe, les ressources qu'offrait ce mode de décoration étaient assez restreintes, au moins sous le rapport des couleurs, et l'on dut chercher à obvier à cet inconvénient en décorant les poteries d'ornements en relief, modelés dans la pâte même, ou moulés à part et collés avant le vernissage avec de la *barbotine,* ou pâte étendue

[1]. Ce procédé primitif nous semble expliquer un article du *Livre des Métiers* d'Étienne Boileau. «... *Item* que nulz ne puisse *embouser* pos, ne rescuire pos que de telle façon comme i sont faicts. » Ce passage laisserait supposer que certaines poteries, achetées *mates,* recevaient à Paris, avec une seconde cuisson, un vernissage *embousé* que le premier fabricant ne leur avait pas donné, et justifierait l'interdiction, rapportée par Delamarre dans son *Traité de Police* en date des 4 novembre 1486 et 7 septembre 1497, d'exercer la profession de potier au centre de la capitale à cause des mauvaises odeurs et de « la grande puanteur et infection » qui résultaient de la cuisson des pièces.

d'eau dont on se sert pour coller les garnitures des pièces, les anses, les goulots, etc.

Puis on arriva assez promptement à créer un procédé qui, — nous en verrons des exemples, surtout en Italie, — devait donner des résultats d'un caractère plus artistique, celui des *engobes gravées* et *colorées,* procédé qui consiste à appliquer sur une terre d'une couleur foncée une mince couche de matière terreuse, ou *engobage,* d'une coloration plus claire et cachant par son opacité le ton du dessous ; après une dessication plus ou moins complète, on enlève au moyen de grattages, par places et suivant un dessin tracé à l'avance, la couche superficielle jusqu'à ce que l'on découvre la terre ; on trace par ce moyen des filets, des ornements, des inscriptions et même des figures qui, par suite de l'opposition vivement contrastée de la couleur des deux terres, apparaissent avec une grande netteté.

Le procédé de la décoration au moyen d'engobes a varié à l'infini ; nous dirons plus loin quel parti les potiers en ont tiré pour l'ornementation des vases, des plats, des carreaux de dallage, des épis de faîtage, etc., mais nous devons mentionner, dès à présent, un autre mode de décoration des poteries vernissées au moyen de bouillies liquides colorées par des oxydes, et contenues dans des cornes d'animaux ou dans de petites écuelles à anse dont le bec étroit est muni d'un tuyau de plume par où la couleur s'échappe et tombe en gouttes ou en filets, formant ainsi des linéaments déliés qui permettent d'*écrire* sur la pièce des inscriptions ou des dates, ou de dessiner des ornements, des fleurs et même des figures aux tons durs et tranchés. Ce procédé connu sous le nom de *pastillage* a été employé un peu partout pendant plusieurs siècles et est encore usité de nos jours, particulièrement en Suisse, dans le canton de Berne.

Concurremment avec les poteries vernissées, on fabriqua, dès le xve siècle, des poteries à pâte plus fine, très dure et sonore, auxquelles, précisément à cause de leur dureté, on donna le nom de *grès*.

Les grès diffèrent des poteries vernissées par l'introduction, dans l'argile, de sable ou de silex et, surtout, par une cuisson à une température beaucoup plus élevée. Leur glaçure, plus mince généralement que celle des poteries, est tantôt saline, c'est-à-dire produite par la soude de sel marin volatilisé et décomposé par la silice de la pâte, tantôt à base de plomb coloré par des oxydes métalliques. Les plus anciens, à pâte blanche ou gris perle, sont sans glaçure ; d'autres, comme les grès de Bunzlau, en Silésie, d'un ton brun foncé, couleur de rouille, ont reçu une légère engobe d'argile ou de marne rougeâtre. La plupart sont décorés d'ornements, de figures et d'inscriptions estampés en relief sur la pâte encore fraîche, ou moulés à part et collés avant la cuisson.

A quelques exceptions près, les diverses poteries que nous venons de passer rapidement en revue ne pouvaient recevoir qu'une décoration relativement assez uniforme et restreinte dans ses applications ; c'est seulement lorsque l'emploi de l'émail stannifère, élément en quelque sorte constitutif de la *faïence,* se fut généralisé, que l'industrie céramique se transforma et prit un développement considérable.

Mais, ici, et avant d'aller plus loin, nous croyons utile d'entrer dans de plus grands détails.

Ainsi que nous l'avons dit en commençant, il y a deux sortes de faïences : la *faïence émaillée,* ou faïence proprement dite (*majolica* des Italiens), et la *faïence fine,* désignée aussi sous le nom de *terre de pipe.*

INTRODUCTION

La première est une poterie à pâte opaque, colorée ou blanchâtre, tendre, à texture lâche, à cassure terreuse, recouverte d'un émail opaque à base d'étain. La pâte se compose d'une argile choisie et lavée avec soin et souvent mélangée avec de la marne argileuse, du sable ou d'autres argiles qui en augmentent la plasticité et la résistance. La fabrication se fait soit au moyen du tour, soit par le moulage. Quand les pièces ont reçu leur façonnage définitif et qu'elles sont suffisamment sèches, on leur fait subir une première cuisson qui leur donne la solidité nécessaire pour permettre de les manier sans avoir à craindre qu'elles se brisent dans la main de l'ouvrier ou du décorateur; elles sont alors à l'état de *biscuit* et d'un ton généralement rouge, gris ou jaunâtre, suivant la nature de la terre employée. On les émaille ensuite, soit en les arrosant avec de l'émail liquide puisé dans un baquet que l'on agite sans cesse afin que l'émail soit toujours en suspension dans l'eau, soit en les trempant entièrement dans ce baquet ; l'émail est composé de façon à pouvoir s'accorder avec la terre sans qu'il se produise au feu des tressaillures, du retrait ou de l'écaillage, et, quelle que soit sa couleur, il est toujours opaque et masque la couleur de la terre ; cette opacité de l'émail est une des conditions et des qualités de la faïence qui, autrement, serait simplement une poterie vernissée.

Ainsi préparées, les pièces sont livrées au décorateur si elles doivent être décorées sur émail *cru,* ou passent une seconde fois au four si elles sont destinées à être peintes sur émail *cuit.* Le premier genre de décoration donne, au point de vue artistique et céramique, des résultats de beaucoup supérieurs au second, mais, aussi, il présente de bien plus grandes difficultés d'exécution. Il faut, en effet, une très grande habileté, une sûreté de main et une adresse toutes particulières pour peindre avec des couleurs lourdes, préparées à l'eau et d'un emploi difficile, un sujet un peu compliqué, sur une surface pulvérulente, absorbant du premier coup la couleur que l'on pose dessus, la *buvant,* pour ainsi dire, sans qu'aucune retouche soit possible.

Après leur décoration, les pièces subissent une seconde cuisson assez forte pour que l'émail, entrant en fusion sous l'action du feu, s'incorpore les couleurs et leur communique son lustre, son éclat et sa richesse. Cette seconde cuisson est une des opérations qui demandent le plus de soin ; il arrive souvent, en effet, que, sous l'action d'un courant d'air ou d'une mauvaise disposition dans l'enfournement, l'émail trop fusible coule ou se déplace, entraînant avec lui la couleur ; de là les irrégularités que l'on remarque souvent dans certaines faïences, irrégularités qui, néanmoins, et quand elles ne sont pas trop prononcées, ajoutent quelquefois un charme de plus à l'aspect du décor, qui perdrait ses qualités originales et, pour ainsi dire, primesautières, s'il était traité trop sévèrement et trop froidement.

Afin de faciliter le travail du décorateur et de diminuer les chances d'accidents qui pouvaient se produire au feu, les céramistes italiens, surtout au xvie siècle, mélangeaient une certaine quantité de terre très blanche à leur émail qui devenait ainsi plus sec, plus dur, et, par conséquent, moins absorbant, ce qui permettait de donner à la peinture la perfection de modelé, la sûreté d'exécution et la précision de certains détails que l'on remarque dans les majoliques de cette époque. Pour corriger la sécheresse de l'émail qui, avec cette addition, devenait une sorte d'engobe, ils mélangeaient aux couleurs une matière siliceuse très fusible, nommée *marzacotto,* composée de lie brûlée et de sable, formant sous l'action du feu un silicate de potasse qui servait de *fondant* aux couleurs. Cette même composition

INTRODUCTION

était employée également pour émailler une seconde fois les pièces après la décoration et mettait, pour ainsi dire, la couleur sous une mince couche de vernis vitreux transparent qui en avivait les tons.

Un procédé à peu près semblable était également usité en Hollande aux XVIIe et XVIIIe siècles. De même que les Italiens, les potiers de Delft recouvraient leurs faïences, après la décoration, d'un sur-émail transparent et uni destiné à donner plus de brillant et d'éclat aux couleurs appliquées sur l'émail cru, toujours à base d'étain, mais modifié aussi dans sa composition. Dans son *Histoire de la faïence de Delft,* M. H. Havard a reproduit, d'après une brochure datant du siècle dernier [1], la composition de cette couverte, dont l'emploi est très visible sur toutes les faïences de Delft et qui n'était posée que sur la surface, alors que le dessous était recouvert simplement d'émail d'étain assez grossièrement posé et qui, généralement, sortait du feu tout piqueté.

Le second mode de décoration, sur l'*émail cuit,* offre moins de difficultés, mais il demande une troisième cuisson. D'un emploi plus récent, puisqu'il a été inspiré par les procédés de décoration de la porcelaine et pour rivaliser avec cette dernière ou chercher à l'imiter, il consiste dans l'application de couleurs mélangées avec une matière incolore, fusible à une basse température, connue sous le nom de *fondant,* qui a pour but de fixer la couleur sur l'émail sans que celui-ci entre de nouveau en fusion. Il permet donc l'application, non seulement de couleurs plus variées, plus fraîches, telles que les carmins et les pourpres qui ne pourraient résister à un feu un peu violent, mais encore de l'or, en même temps qu'il donne à l'artiste la faculté d'ob-

---

1. GERRIT PAAPE. *De Plateelbacker of Delftsch aardewerkmaker.* (Le faïencier ou fabricant d'ouvrages en terre de Delft.)

tenir des finesses de dessin et de modelé qu'il lui serait impossible d'avoir sur l'émail cru. Les faïences ainsi décorées sont désignées aujourd'hui, dans le langage de la céramique, sous le nom de faïences cuites au *feu de moufle* ou au *feu de réverbère*[1] ; au XVIIIe siècle, on les appelait *faïences japonnées*.

La seconde sorte de faïence, désignée sous le nom de *faïence fine* ou, plus communément, de *terre de pipe,* est caractérisée par une pâte blanche, opaque, fine, composée d'argile plastique lavée et de silex ou de quartz broyés très fins, — d'où la désignation de *cailloutage* qui lui est donnée parfois, — et par un vernis cristallin, dont la composition très variable est toujours cependant à base de plomb.

Elle se décore facilement, surtout par les procédés de l'impression, et son extrême finesse ainsi que sa grande plasticité la rendent également apte à recevoir des reliefs qui, même sous l'émail, conservent toute leur délicatesse. Elle est de beaucoup supérieure, au point de vue des usages domestiques, à la faïence stannifère, et sa fabrication a pris, surtout depuis la fin du siècle dernier, une importance considérable.

Après avoir ainsi indiqué la nature, la composition et les caractères distinctifs des différentes classes de poteries qui font l'objet de notre travail, il nous reste à en étudier l'histoire, à en suivre la marche chronologique et à montrer quelles en ont été les applications industrielles et artistiques dans les principales contrées de l'Europe.

[1]. Cette locution n'est plus guère employée.

INTRODUCTION

I

POTERIES VERNISSÉES

L'emploi du vernis vitreux, qui constituait un progrès considérable en corrigeant la porosité des terres, remonte certainement à l'antiquité la plus reculée. Les vases, aux formes et aux décorations symboliques, les figurines funéraires, les amulettes et toute cette multitude d'objets variés trouvés dans les hypogées de l'ancienne Égypte et que l'on désigne improprement sous le nom de *porcelaines égyptiennes,* étaient couverts d'un émail transparent diversement coloré au moyen d'oxydes métalliques, et dans tous les pays où les Phéniciens ont étendu leur commerce, sur la côte occidentale d'Afrique aussi bien qu'en Grèce, en Italie, en Sardaigne et dans l'Asie Mineure, on a trouvé des poteries vernissées, des vases à glaçures vertes dans lesquelles la présence du plomb est indéniable.

Des découvertes récentes ont prouvé que, jamais, ce mode de fabrication n'avait été abandonné et, cependant, le nombre des poteries vernissées qui figurent dans les musées est relativement si restreint et l'influence orientale qu'elles dénotent est si généralement évidente, qu'il est bien difficile d'admettre que les potiers l'aient pratiqué d'une façon suivie et de déterminer exactement comment et à quelle époque il a pénétré dans l'industrie des pays occidentaux.

L'Italien Passeri, qui écrivait au XVIIIe siècle, dit bien que, dans les temps les plus reculés, « les potiers Pezarais avaient coutume de recouvrir leurs vases d'un vernis d'oxyde de plomb qui, sans cacher la couleur de la terre, tantôt rouge sang, tantôt rosacée, leur donnait un lustre merveilleux[1] », et il cite même des « débris de vases antiques couverts d'une couleur *tête de nègre,* qui semblait du velours, que l'on obtenait au moyen du safre, de la pierre d'aimant ou manganèse, couchés dessus le travail, et, après la première cuisson, vernis avec le même oxyde de plomb »; mais il y a là certainement une erreur, et les fragments qu'il avait en grand nombre sous les yeux et qui provenaient de fouilles faites dans la contrée étaient bien évidemment des fragments de ces poteries lustrées *(poteries d'Arezzo* dites aussi quelquefois *poteries samiennes),* dont on trouve de si nombreux spécimens dans tous les pays où Rome étendait sa domination, et dont le vernis, ou plutôt le lustre, est d'une nature encore mal définie.

Cependant, et contrairement à l'assertion de Brongniart, qui fait remonter au XIIIe siècle seulement l'introduction du vernis plombifère en Europe[2], il est certain que dès le XIIe siècle on fabriquait, au moins en Italie, des poteries vernissées. Nous avons, à cet égard, le témoignage de Passeri qui mentionne[3] un tombeau datant de 1100 environ existant encore de son temps, à l'angle d'une maison vis-à-vis la petite porte de l'église de San Domenico. « La base, dit-il, en est de briques dont la paroi extérieure est grossièrement vernie en vert et jaune, et cet ouvrage, en s'en rapportant à l'inscription, est de l'époque que je viens d'indiquer (1100). A la même époque appartiennent, comme

---

1. *Histoire des peintures sur majoliques faites à Pesaro,* trad. Delange, p. 6.
2. Brongniart s'appuie à ce propos sur le passage suivant des *Annales dominicarum* de Colmar, publiées par Ursticius dans sa collection *De scriptorum rerum germanicarum,* qui, parlant des événements de l'année 1283, dit : *Obiit figulus Stezlstatt qui, primus in Alsatia, vitro vasa fictilia vestiebat.* Ce passage prouverait tout au plus que le potier de Schlestadt dont il est fait ici mention aurait, le premier, en Alsace, fabriqué des poteries vernissées, art qu'il aurait pu apprendre soit en France, soit en Italie.
3. *Op. cit.,* p. 13.

il résulte également de l'inscription qui s'y trouve placée, certaines grandes terrines vertes et jaunes fixées dans la façade de l'antique église d'Abbadia di Pomposa, située entre la belle terre de Condigoro et la mer; nous en avons de semblables dans la façade de notre Duomo et de l'église de San Agostino. J'en conserve deux, l'une vert clair, l'autre noir, coloré avec de l'oxyde de manganèse, ou lapis manganesius. »

Ces sortes de terrines ou disques creux *(bacini)* se retrouvent encore encastrés dans les murs de plusieurs églises ou campaniles de l'Italie, notamment à Lucques, à Pavie et à Pise, mais on n'est d'accord ni sur la nature exacte de leur vernis, ni sur le style de leur décoration, ni sur leur origine, et la hauteur même à laquelle ils sont placés en rend l'étude presque impossible. Quelques auteurs les croient de fabrication byzantine ou hispano-moresque; d'autres, et particulièrement le baron Davillier[1], leur refusent tout caractère oriental. Viollet-le-Duc qui, dans son *Dictionnaire du Mobilier,* reproduit un de ces disques datant aussi du XIIe siècle appartenant à la façade de l'hôtel de ville de Saint-Antonin (Tarn-et-Garonne), est également de cet avis, bien que certains détails de l'ornementation ressemblent à des caractères arabes.

Quoi qu'il en soit, c'est seulement à la fin du XIIe siècle ou au commencement du XIIIe que l'usage des couvertes plombeuses tend à se généraliser et, selon toute apparence, c'est sur les carreaux de dallage dont l'emploi était si fréquent dans les églises, les chapelles et les châteaux, que le vernis à base de plomb fut d'abord appliqué[2]. L'archi-

---

1. *Histoire des faïences hispano-moresques à reflets métalliques*, Paris, in-8°, 1861, p. 25.

2. M. Émile Amé cite un fragment de carreau à inscription gravée en creux recouvert d'un vernis vert foncé très épais, trouvé en 1852 sur l'emplacement de l'ancienne église du monastère de Saint-Colombe-lès-Sens et qui, suivant lui, daterait de 853, mais jusqu'à présent rien n'est venu corroborer son assertion et les

tecture également faisait un grand usage des briques vitrifiées et l'on sait, pour n'en citer qu'un exemple, que la grande tour du Louvre, à toit conique, dite tour de Philippe-Auguste, était recouverte de tuiles émaillées de diverses couleurs. On trouve aussi un assez grand nombre de fragments de cruches ou d'écuelles vernissées, unis ou portant des stries ou des ornements assez grossiers en relief, qui datent évidemment de la même époque, mais on ne possède aucune donnée positive sur les endroits où on les fabriquait. Paris, Beauvais, Rouen, certaines localités de la Bretagne et de la Saintonge, Pontailler, près de Dijon, Valence et Avignon paraissent cependant avoir été les centres les plus importants de la fabrication des poteries vernissées.

Les fabriques des environs de Beauvais étaient renommées au Moyen-Age et la réputation qu'elles s'étaient acquise était devenue assez populaire pour donner lieu à un proverbe : *On fait des godets à Beauvais et des poêles à Villedieu* [1]. Leurs produits devaient avoir une certaine valeur puisqu'il en est souvent fait mention dans les inventaires et les comptes royaux : « Un godet de terre de Beauvais, garny d'argent » (*Inventaire de Charles VI*, 1399); A Josne, madrinier, « pour plusieurs voirres, godez de Beauvès et autres vaisselles à boire, 30 s.; — pour poz et godez de terre de Beauvaix et voirres, 6 s., etc., etc. » (*Compte des Menus Plaisirs de la reine*, 1416.)

plus anciens carreaux vernissés que nous connaissions ne remontent pas au delà du xiii° siècle. — Cf. Émile Amé, *Carrelages émaillés du Moyen-Age et de la Renaissance*, p. 83.

1. Leroux de Lincy, *Proverbes français*, I, p. 317. — « On appelait *godet* une coupe aplatie, portant une ou deux anses latérales et que son peu de profondeur assimile à nos tasses à déguster les vins. Dans son acception la plus ancienne, le godet des tavernes est un vase de terre à bords godelés, goderonnés ou gironnés, c'est-à-dire présentant un feston ondulé par des pinces inégales et arrondies en nombre variable. » (Victor Gay, *Glossaire archéologique du Moyen-Age et de la Renaissance*.)

INTRODUCTION

Dans son *Art de terre chez les Poitevins,* Benjamin Fillon mentionne plusieurs fabriques dont il fait remonter l'existence à une époque reculée et cite une certaine quantité de vases et de poteries du xiiie siècle, vernissés en vert ponctué de taches foncées et décorés d'ornements en creux ou estampés en relief, qui prouvent que, dès le début, cette industrie avait pris une assez grande importance dans l'ouest de la France.

Paris devait posséder aussi de nombreuses fabriques de poteries, si l'on en juge par la quantité considérable de fragments, de même nature et presque tous du même type, trouvés dans le lit de la Seine ou dans les fouilles pratiquées dans les terrains des vieux quartiers[1]. Il est assez difficile cependant de se rendre compte de leur importance, la désignation de *potiers* s'appliquant autrefois aussi bien aux potiers d'étain qu'aux potiers de terre; ainsi dans la *Taille de Paris,* pour l'année 1292, sur cinquante-quatre potiers, quatre seulement sont qualifiés *potiers de terre.* Il y a évidemment là un oubli ou une erreur et le nombre des potiers de terre devait être plus considérable, leur profession n'étant soumise à aucune des formalités nombreuses et des entraves qui s'élevaient comme autant de barrières infranchissables devant l'exercice des autres professions. On lit, en effet, dans le *Livre des Métiers* d'Étienne Boileau : « Quiconque veut estre potier de terre à Paris, estre le puet pour[vu] qu'il ait de coi et faire le sache. » — « Quiconque est mestre potiers de terre il puet avoir tant de vallets et d'apprentiz qu'il veut et que mestier li est... »

En Bretagne on fabriquait également de nombreuses poteries vernissées en vert et les types de cette nature

1. Le Musée de Sèvres possède une collection des plus remarquables de ces poteries donnée par Arthur Forgeais, le grand explorateur du sol parisien.

portant en relief les hermines et l'écu de Bretagne ne sont pas rares dans les collections ; mais là encore, au moins jusqu'au XVIe siècle, les documents historiques font défaut.

Il est donc à peu près impossible d'établir une classification méthodique et raisonnée des poteries vernissées du Moyen-Age et nous devons nous borner simplement à les étudier sous le rapport des formes et de la décoration.

Les formes varient à l'infini ; on trouve communément, surtout dans les plus anciens spécimens, des cruches à anse montées sur des bases élevées, simples ou quelquefois ornées de stries diagonales en relief séparées par des semis de *pois*, ou par des boutons coniques ; puis ce sont des buires, des pots à boire ou gobelets portant sur la face antérieure des figures en relief, des vases à deux anses et à inscription, — généralement AVE MARIA, — destinés à orner les églises ; des réchauds avec des supports à mascarons, des gourdes et bouteilles de voyage, des plats, des écuelles à oreillons, des terrines, des bénitiers, des lampes, des pots à surprise (ou pots trompeurs), etc., etc. La terre en est généralement fine, souvent très cuite, et la fabrication soignée. Dans la collection Arthur Forgeais, au Musée de Sèvres, on remarque toute une série des plus intéressantes de petites poteries ayant évidemment servi de jouets d'enfants : tirelires formées par des têtes grotesques, sifflets en forme d'animaux, fragments de statuettes, petits ustensiles de ménage, etc., etc.

Du XIIIe siècle jusqu'à la fin du XVe, le vernis est vert plus ou moins foncé, jaune ou brun, quelquefois jaspé ; certains détails en relief, surtout dans les pièces à vernis jaune, sont rehaussés de vert foncé ou de brun rouge.

L'ornementation est obtenue soit à l'aide de traits gravés en creux dans la pâte encore molle, soit en relief moulé ou

INTRODUCTION XXIII

modelé à la main sur la pièce même, soit au moyen de motifs estampés à part et collés ensuite sur la pièce avec de la barbotine. La fantaisie du potier s'est donné libre carrière; mais ce qui domine surtout, ce sont les sujets religieux, les Christs en croix, les figures de saints et de saintes, les inscriptions, les écussons et les fleurs de lis.

Parmi les spécimens les plus complets de ces sortes de poteries, nous citerons un plat vernissé en vert dont on ne connaît guère que quatre exemplaires : un au Musée de Sèvres, un au Musée de Cluny, un à la Bibliothèque nationale et un, avec variantes et portant encore des traces de dorure, au Musée de Douai.

Ce plat, qui a 0^m,37 de diamètre, montre en relief les *armoiries de Dieu*[1] et celles du roi Charles VIII. Sur le bord, on lit, en lettres gothiques, ce verset emprunté à Jérémie, commentaire naturel des symboles de la Passion qui font la décoration principale du plat : *O vos omnes qui transitis per viam, attendite et videte si est dolor similis sicut dolor meus. Pax vobis ✝ ffait en decembre M C^c XI.* Cette date de 1511, en contradiction avec les K (lettre initiale de Charles VIII), qui se trouvent dans les écussons du centre, semblerait indiquer que le moule de ce plat, fait sous Charles VIII, servait encore sous Louis XII et que le fabricant s'était borné à changer la date[2]. Au haut, sur le marli, on voit sous un arceau gothique, supporté par deux colonnettes, le Christ en croix placé entre la Vierge et saint Jean; puis, tout autour, et sous des arceaux également, des écussons, surmontés de la couronne de France, alternant avec les emblèmes de la Passion. Au centre se

1. On appelait ainsi au xve siècle les emblèmes de la Passion disposés régulièrement sur de véritables écussons héraldiques.
2. Les potiers se transmettaient leurs moules de père en fils et s'en servaient le plus souvent au hasard, sans tenir compte des anomalies et des discordances qui pouvaient se produire. Cela se rencontre particulièrement sur les grès où il n'est pas rare de voir sur une même pièce des sujets sacrés et profanes employés simultanément.

trouve le monogramme du Christ entouré de rayons et de huit écussons portant alternativement des fleurs de lis et la lettre K, et séparés par les huit lettres des mots AVE MARIA.

Avec le procédé des *engobes* que nous avons cherché à décrire plus haut et qui offrait à l'artiste des ressources plus étendues et des colorations plus variées, la décoration des poteries vernissées prend un autre caractère.

Selon toute apparence, c'est en Italie que ce procédé a pris naissance, et, d'après Piccolpasso qui le désigne sous le nom de *sgraffio*, c'est à Castello — d'où le nom de *alla Castellana* que l'on donne assez souvent à ce genre de décor — qu'il aurait été appliqué avec le plus d'art. La belle coupe du Louvre (G 708), qui date de la fin du xve siècle et qui représente un jeune homme aux cheveux longs jouant de la mandoline entre deux femmes dont l'une tient un tambour de basque, est certainement un des plus beaux spécimens qui existent en ce genre. Cette pièce est faite de terre rouge engobée de terre blanche sur laquelle le dessin a été tracé par enlevage, et recouverte d'une couche d'un vernis composé de silicate alcalin de plomb *(marzacotto)*, légèrement ferrugineux, coloré en vert ou en brun de place en place. Le même procédé a été employé en France, mais d'une façon moins artistique; un curieux plat du Musée de Sèvres, représentant dans un médaillon central une tige de fleurs ornemanisées et portant sur le marli en lettres gothiques l'inscription : *je cuis planter pour reverdir — vive truppet,* en est un des plus beaux exemples.

La poterie vernissée était employée également pour faire des briques destinées à la décoration extérieure des maisons[1], des faîtages et épis de faîtage, des figures en ronde bosse

---

1. Voir au Musée de Sèvres une grande brique losangée du xve siècle, représentant sainte Barbe, provenant d'une maison à pans de bois qui existait autrefois à Beauvais, et une figure de jeune homme assis, soufflant dans une sorte de clarinette.

servant probablement d'enseigne et, surtout, des carrelages dont l'emploi, pour remplacer les mosaïques, se généralisa après la découverte du vernis plombeux. C'est alors que l'art si vivant et si imagé du Moyen-Age, laissant de côté les dessins géométriques et les figures simples, transporta sur les carreaux un grand nombre de personnages et de décorations symboliques au milieu desquelles on trouve souvent des écussons. Tout ce que l'imagination peut inventer de combinaisons ornementales, de chimères, d'animaux fantastiques, de diableries, se trouve assemblé dans les salles d'armes, dans l'aire des châteaux, dans les chapelles ou les chœurs des églises, formant, avec des rinceaux diversement agencés et parfois disposés d'une façon bizarre, des mosaïques d'un aspect gai et varié, mais dont bien peu, malheureusement, nous sont parvenues intactes. La fabrication des carreaux émaillés, très répandue au XIVe et au XVe siècle, surtout en France et en Angleterre, paraît avoir été faite surtout par des Flamands nomades qui s'arrêtaient partout où ils trouvaient des briqueteries et des fours. Elle était des plus simples : on formait des carrés de terre sur lesquels on imprimait avec un moule d'un très faible relief des dessins en creux; ce creux étant ensuite rempli d'argile d'une coloration différente de celle de la terre, on passait sur le tout un vernis transparent vert ou jaune et la cuisson achevait le travail. Parfois, surtout dans les carreaux qui représentent des personnages, le dessin était réservé en relief, dans l'épaisseur même de la terre, en traits plus ou moins larges qui formaient ainsi une sorte de cloisonnage dont le fond était rempli d'un engobage d'un ton plus clair; pour les dessins courants, ces traits étaient obtenus par pression au moyen d'un moule en bois, et souvent aussi ils étaient gravés en creux d'une façon plus ou moins correcte par la main de l'artiste.

L'épaisseur de ces carreaux était généralement de 2 centimètres et la superficie de 9 à 13 centimètres de côté. Plus tard, la fabrication perfectionnée, en donnant aux carreaux des formes variées dont l'assemblage formait des dessins et des arabesques du plus gracieux effet, permit de continuer régulièrement un système d'ornementation souvent assez compliqué, et d'obtenir ainsi une plus grande diversité dans le décor.

L'usage des carreaux émaillés se continua jusque vers le milieu du xvie siècle ; à cette époque, l'application générale du vernis à base d'étain les fit remplacer par un carrelage plus brillant de couleurs, il est vrai, mais beaucoup moins solide et qui ne devait pas tarder à disparaître.

La terre vernissée fut employée également à la fabrication de ces magnifiques poêles si communs encore aujourd'hui en Allemagne, en Suisse et en Alsace, véritables monuments qui ne mesurent souvent pas moins de 2 m. 50 cent. à 3 mètres de hauteur et forment dans la pièce principale de la maison[1] une masse imposante autour de laquelle se réunit la famille dans les longues soirées d'hiver.

A dater du xvie siècle, ainsi que nous l'avons dit plus haut, une transformation complète s'opéra dans l'industrie de la céramique et la terre vernissée fut abandonnée presque exclusivement à la fabrication des sujets destinés aux usages domestiques les plus vulgaires. Quelques ateliers, cependant, surtout au xviiie siècle, tentèrent des efforts dont le succès ne paraît pas avoir été considérable, mais qui n'en

---

[1]. En Suisse et en Allemagne, autrefois, cette salle était même appelée le *poêle*.

« Mme Darbeau, de Berne, avait toujours bonne compagnie dans son poësle... » — « .. Quand il fit jour elle décendit et trouva les deux cavaliers dans le poësle qui ne s'étoient pas couchez de toute la nuict. » — « En Souabe, quand nous arriivions le soir, on nous faisoit entrer dans un grand poësle ouvert des quatre costez et dont les murailles n'étoient que vitres. » (Cf. *Mémoires de Mme Du Noyer*, passim.)

produisirent pas moins des poteries qui témoignent d'une certaine recherche d'art et dont plusieurs sont véritablement remarquables; tels sont, en France, les ateliers d'Avignon, d'Apt, d'Épernay, etc.. et, en Italie, celui d'un prêtre nommé Cuzio, dont on connaît un certain nombre de petits plats ou d'assiettes à larges bords décorés de rinceaux et de longues inscriptions gravés en creux, au trait, et recouverts en plein d'un beau vernis brun de l'effet le plus harmonieux.

En Suisse, en Danemark, en Suède et dans quelques provinces du nord de la France, notamment dans l'ancien Ponthieu, on continua à fabriquer des poteries ornées le plus souvent de grossiers dessins obtenus au moyen du procédé du *pastillage* et portant des noms, des dates ou des inscriptions, mais c'étaient là des exceptions et, presque partout, la terre vernissée fit place à la faïence jusqu'au jour où celle-ci fut, à son tour, détrônée par la porcelaine.

II

GRÈS-CÉRAMES

Nous avons vu plus haut que, concurremment avec les poteries vernissées, on a fabriqué en France et surtout en Allemagne, dès le xve siècle, une poterie à pâte plus fine, plus dense, très dure et sonore connue sous le nom de *grès*, nom auquel Brongniart[1] crut devoir ajouter le nom de *cérame* (synonyme de *poterie*) pour la distinguer de la roche de quartz qui porte le même nom. A vrai dire, cette sorte de poterie qui ne diffère des poteries vernissées, au

1. Cf. *Traité des arts céramiques*.

moins à cette époque, que par l'introduction de sable dans l'argile qui entre dans leur composition, par leur glaçure silico-alcaline et par une cuisson plus forte, ne constituait pas un progrès très sensible. On pourrait même supposer, d'après plusieurs spécimens trouvés en Asie Mineure et, surtout, sur les bords du Rhin et dans les pays scandinaves, que les anciens connaissaient la fabrication du grès, s'il n'était plus simple d'admettre que ces sortes de poteries, relativement peu nombreuses, ne sont que le résultat d'un excès accidentel de cuisson ou sont dues à la présence, également accidentelle, de sable dans la pâte. C'est à cette cause, du reste, qu'il est permis d'attribuer l'origine des glaçures. On a dû, en effet, reconnaître assez promptement la propriété du sable de se convertir en émail solide et transparent, de se *vitrifier,* et voir que toute terre dont la cuisson est poussée un peu loin, les briques même, pour peu qu'elles contiennent du sable, se glacent seules au feu; le sable se change en verre, coule à la surface et la vernisse.

C'est à dater du xve siècle seulement que la fabrication des grès s'établit d'une façon suivie, et c'est en Allemagne, dans les contrées situées sur les bords du Rhin, que l'on place généralement le berceau de cette industrie. Nous ne mentionnerons que pour mémoire une tradition très répandue en Hollande qui attribue à la comtesse Jacqueline de Bavière, prisonnière en 1425 au château de Teylingen, non loin de Leyde, la confection des premières poteries de grès. Suivant cette tradition, la comtesse Jacqueline, autant pour occuper les tristesses et les loisirs de sa captivité que pour laisser aux âges futurs des souvenirs de sa présence, aurait, dit-on, fabriqué des *canettes* qu'elle jetait ensuite dans les fossés du château; aussi, les grès de cette forme ont-ils reçu le nom de *Jacoba's Kannetjes*[1]. En tous cas,

1. Un traité sur les *Vrow Jacoba's Kannetjes* a été imprimé à Arnheim en 1757

les spécimens de ce genre qui lui sont attribués ne donnent pas une bien haute idée de l'habileté et du sentiment artistique de la comtesse Jacqueline.

De même que tous les vases antiques avaient, jusqu'à ces derniers temps, été improprement appelés *vases étrusques,* de même les grès des xve, xvie et xviie siècles ont reçu à tort le nom de *grès flamands,* bien que les inscriptions, généralement allemandes, et les armoiries qui les décorent eussent dû indiquer l'origine de la plupart d'entre eux. Grâce aux recherches récentes de plusieurs savants et, en particulier, de M. Schuermans, de Liège, la question est aujourd'hui nettement tranchée et l'on peut établir, d'une façon précise, les lieux où ces grès ont été fabriqués, ainsi que les caractères qui distinguent les produits de chacun des principaux centres de fabrication. Ici, nous laissons la parole à M. Schuermans[1] :

« L'expression « Grès flamands » est impropre si l'on fait allusion à la Flandre proprement dite ; jamais celle-ci n'a eu de fabrique de grès.

« Mais l'expression est ancienne ; on la retrouve dès la fin du xvie siècle dans un document des archives de Cologne, à propos d'un navire qui transportait, par le Rhin, des grès, sans doute de Raeren, à destination de Leiden.

« C'est que Raeren qui a produit « ces grès flamands » appartenait au Limbourg et, par conséquent, aux Pays-Bas et comme ceux-ci étaient connus à l'étranger sous le nom général de Flandre, la dénomination de Flamands a été appliquée aux produits de Raeren.

« Et dans le présent siècle on se serait bien gardé de changer l'expression qu'une raison spéciale expliquait : les principales collections de grès ont été formées ou vendues

---

[1]. H. Schuermans, *Mille inscriptions de vases de grès dit Flamand.* In-8°. Anvers, 1885.

à Gand; la collection de Joan d'Huyvetter, la première et la plus importante de ces collections, a approvisionné, directement ou par des acquéreurs intermédiaires, le Musée de Cluny, à Paris, le Musée Britannique et le Musée de Kensington, à Londres[1], et les catalogues de ces musées ont continué à répandre l'expression de « grès flamands », justifiée par une apparence d'origine flamande. Même en Allemagne, la dénomination de « grès flamands » a persisté. »

« La Flandre, du reste, tout en n'ayant pas produit de grès-cérames, s'en est largement pourvue et de nos jours ce sont encore les villes flamandes comme Gand, Bruges, Eecloo, Ypres, ou les villes voisines de la Flandre comme Lille (Flandre française), Tournai, etc., qui fournissent le contingent le plus important d'objets de cette catégorie. »

On peut diviser les grès en quatre variétés principales suivant la couleur de leur pâte et celle de leur glaçure :

1° Grès à pâte blanchâtre en gris perle sans aucune glaçure.

Fabriqués à Siegburg, siège d'une abbaye importante située en face de Bonn, à quelque distance de la rive droite du Rhin, les grès de cette catégorie affectent le plus souvent la forme de canettes cylindriques *(snelles)* ornées en relief de riches armoiries, de figures allégoriques avec inscriptions, de médaillons représentant des scènes de l'Ancien Testament, etc.

2° Grès à pâte jaunâtre, recouverts d'une glaçure brune plus ou moins foncée et, quelquefois, un peu bronzée.

Ces grès, qui sont les moins rares, ont été fabriqués dans plusieurs localités, notamment à Raeren, à deux lieues au-dessous d'Aix-la-Chapelle, dépendant autrefois du duché

---

[1]. C'est de la collection de Joan d'Huyvetter que proviennent les magnifiques vases annulaires du Musée de Bruxelles et le « Roi des Vases » du Musée de Kensington.

de Limbourg, et à Frechen, environ à deux lieues à l'ouest de Cologne[1]. Beaucoup sont ornés de frises circulaires représentant, toujours en relief, des chasses, des danses de paysans, des sujets bibliques, etc., avec de longues inscriptions. Les grès de Frechen, de forme sphéroïdale, parfois de grandes dimensions, portent souvent, sur la partie antérieure du col, des mascarons à longue barbe qui leur avaient fait donner dans le peuple le nom de *barbmans*[2]. M. Schuermans, qui, ainsi que nous l'avons dit, a fait une étude toute particulière des grès, indique pour distinguer un grès de Frechen d'un grès de Raeren un signe qui trompe rarement : le dessous des vases de Frechen porte *presque toujours* la trace elliptique de la corde par laquelle le pied du vase a été séparé du pivot sur lequel il était adapté; le foyer des ellipses parallèles ainsi formées n'est jamais le centre réel du pied de vase. Cette trace, *presque toujours*, est effacée sur les produits d'autres ateliers.

Suivant M. Schuermans, Raeren aurait fabriqué également des grès gris et bleus sur lesquels on trouve rarement des émaux d'autres couleurs.

3° Les grès à pâte grise ou bleuâtre décorés d'émaux, bleus, violets, lie de vin et bruns, avec dessins au trait séparant les émaux.

Hœhr et Grenzhausen, à quelque distance de la rive droite du Rhin, en face Coblentz, paraissent avoir été les centres les plus importants de la fabrication de ces poteries dans lesquelles on trouve une grande richesse d'ornemen-

---

1. C'est à Frechen que se seraient établis les *potiers de pierre* — comme on les appelait — de Cologne quand l'autorité, par crainte des incendies, les força de quitter la ville.

2. En Angleterre où les grès bruns furent importés de bonne heure, et où plusieurs potiers allemands vinrent ensuite établir des manufactures, on les appela d'abord *Grey-Beards* ou *Long-Beards* et, plus tard, sous le règne de Jacques II, *Bellarmines* par allusion au cardinal Robert Bellarmin qui s'était opposé au progrès de la religion réformée et qui portait une longue barbe. Les pièces de théâtre et les poésies de l'époque parlent souvent de ces sortes de cruches.

tation en même temps qu'une diversité considérable de formes élégantes et parfois bizarres. Les ateliers de ces localités et des nombreux villages environnants ont produit des quantités d'objets variés : *pots à surprise,* d'une disposition ingénieuse, chauffe-mains en forme de livre, encriers, salières, flacons et surtout de charmantes cruches avec médaillons à rosaces découpées à jour.

4° Grès à pâte brune et à glaçure noire ou décorés d'émaux polychromes posés après la fabrication et cuits à une basse température.

C'est à Creussen, en Bavière (non loin de Bayreuth) qu'étaient fabriqués ces grès généralement de forme cylindrique surbaissée, ornés en relief de figures en frise circulaire peintes en couleurs un peu crues, opaques, ayant l'apparence des couleurs à l'huile, et quelquefois rehaussées d'or [1].

A l'exception de ceux qui rentrent dans cette dernière catégorie, il est souvent difficile de déterminer d'une façon positive la provenance des grès dont nous venons d'indiquer les principaux caractères, les reliefs qui décorent leur surface se rencontrant souvent sur des pièces de nature différente. Beaucoup, il est vrai, portent les initiales des graveurs qui ont fourni les moules en terre ou en bois dans lesquels les motifs décoratifs [2] étaient estampés en terre, ou des potiers qui les ont exécutés, mais c'est là une indication à laquelle il est prudent de ne pas trop se fier, les graveurs travaillant pour tous les fabricants qui s'adressaient à eux et les potiers ne se gênant pas pour se piller mutuellement. C'est ainsi qu'un sujet très populaire au XVIe siècle, la

---

1. On a fait souvent des contrefaçons de ces grès surmoulés sur les originaux ou peints à l'huile ; mais il est facile de les reconnaître en grattant légèrement la couleur qui s'enlève ou se raye sous la pointe du canif.

2. Ces motifs sont presque toujours empruntés aux dessins des artistes du temps, Étienne Delaune, Th. de Bry, Aldegrever, Virgilius Solis, F. Floris, Beham, etc.

Danse des Paysans, se trouve reproduit sur des vases de Raeren, de Siegburg aussi bien que sur ceux de Bouffioulx, en Belgique, qui, dès le xvie siècle, reproduisait les types de Raeren.

En France, quelques localités des environs de Beauvais, Savignies et La Chapelle-aux-Pots, notamment, produisirent également des grès faciles à reconnaître à leur émail bleu uni. Ces *poteries azurées* dont parle Rabelais et que mentionnent souvent les écrivains des xvie et xviie siècles, avaient une très grande réputation et étaient assez estimées pour être jugées dignes d'être offertes aux souverains. Lorsque François 1er, se rendant à Arras en 1520, passa à Beauvais, le chapitre diocésain, suivant une délibération du 16 mai, décida qu'il serait offert à la reine, qui accompagnait le roi dans ce voyage, des bougies et des *vases de Saveignies,* et, plus tard, par délibération du 4 décembre 1536, on décida de « faire présent au roi d'un *buffet de Saveignies* » ; des hommages semblables lui furent faits également en 1540 et en 1544, et, même plus d'un siècle après, le prix que l'on attachait à ces poteries était encore si grand que l'on en offrait à la reine d'Angleterre, lorsque s'enfuyant de Londres, en 1669, elle se rendit de Calais à Saint-Germain[1]. Mais bientôt, probablement à cause du développement considérable que prenait en France l'industrie de la faïence, la fabrication des grès à émail bleu cessa complètement pour faire place à une fabrication plus commune qui se borna à la confection des ustensiles réservés aux usages domestiques.

Malgré l'opinion de quelques écrivains, il est assez dif-

1. La plupart de ces grès azurés, dont plusieurs beaux spécimens sont parvenus jusqu'à nous, portent des fleurs de lis ou des écussons aux armes de France. Le Musée céramique de Sèvres en possède quelques pièces remarquables, entre autres une bouteille de voyage sur laquelle, au-dessus de l'écusson fleurdelisé, on lit le nom d'*Antoine Loysel,* avocat et historien de Beauvais, qui vivait dans la dernière moitié du xvie siècle (1536-1617).

ficile de prouver d'une façon bien positive l'existence de manufactures de grès en Angleterre avant le xvii siècle ; les plus anciens spécimens qui y ont été trouvés offrent tous les caractères des grès allemands et il est probable qu'ils y furent importés par les Pays-Bas dont les relations avec l'Angleterre étaient fréquentes à cette époque. On pourrait faire une exception pour certains grès bruns jaspés d'une fabrication très particulière, que l'on enrichissait de superbes montures en argent, mais le caractère même de ces grès ainsi que leur extrême rareté exclut l'idée d'une fabrication suivie. Il faut attendre au xvii siècle pour voir s'implanter, à Lambeth et à Fulham, l'industrie des grès qui se perfectionna rapidement et arriva bientôt à produire des grès blancs, d'abord, et, ensuite, avec le célèbre Josiah Wedgwood, des œuvres d'une perfection et d'une finesse d'exécution admirables qui ne présentent aucune analogie avec les grès dont nous venons d'étudier les caractères ; nous nous en occuperons en traitant de l'ensemble des poteries anglaises.

III

FAÏENCE ÉMAILLÉE

L'origine des *faïences émaillées* ou faïences proprement dites[1], c'est-à-dire des poteries recouvertes d'un émail blanc opaque masquant complètement la couleur de la terre et susceptible de recevoir des colorations riches, brillantes et variées, est des plus difficiles à déterminer.

Il paraît hors de doute que les briques émaillées

---

[1]. Brongniart, afin de les distinguer des *faïences fines* ou *terres de pipe*, les appelle aussi faïences communes.

INTRODUCTION

trouvées dans les ruines de Ninive et de Babylone par MM. Botta, Layard, V. Place, Delaporte, etc., aussi bien que les superbes frises rapportées de la Susiane par M. et Mme Dieulafoy, contiennent de l'étain [1], mais sa présence y est purement accidentelle ; il n'entre guère que dans les pétales blancs des rosaces qui jouent un si grand rôle dans la décoration assyrienne et il y est toujours recouvert d'un vernis vitreux, transparent, alcalin ou plombeux.

Évidemment le secret de ces glaçures, dont les anciens peuples de l'Orient avaient revêtu les murs de leurs palais, n'a jamais été perdu. Les Persans le conservèrent et leurs plus anciennes mosquées nous montrent jusqu'à quel point et avec quelle grande intelligence du sentiment décoratif ils surent pousser l'art d'enrichir leur architecture de plaques éblouissantes sous leur manteau d'émail. En Asie Mineure, de nombreuses manufactures, situées entre Brousse et Nicée, et dont les travaux, selon toutes probabilités, étaient dirigés par des ouvriers persans, fournirent de faïences décorées avec un art merveilleux les mosquées, les bains, les palais et les tombeaux de l'Égypte et de la Turquie, en même temps qu'elles fabriquaient des vases, des coupes et des écuelles dont nos pères, au retour des Croisades, rapportèrent quelques spécimens comme des souvenirs ou comme de pieux trophées de la Guerre sainte. Ce sont certainement ces rares échantillons de la céramique orientale que les *Inventaires* du Moyen-Age désignent sous le nom d'*œuvres d'Oultremer* ou d'*ouvrage de Damas*. L'absence de documents précis ne permet pas d'assigner une date certaine à cette fabrication que l'on peut faire remonter cependant à la fin du VIIe siècle ou au commen-

---

1. Ce fait, qui a une importance considérable au point de vue de l'histoire des origines de la faïence, se trouve, du reste, confirmé par l'inscription des *Annales* dans lesquelles Saryoukin — ou Sargon — célébrant les ornements de ses palais, parle de couleurs faites par « le plomb, le fer et l'étain ».

cement du VIIIe, avec la dynastie syrienne des Ommiades dont le chef Moawiah fit de Damas la capitale de son empire.

C'est à ces poteries que le moine Théophile, qui vivait au XIe siècle, fait allusion dans son traité : *Diversarum artium schedula,* au chapitre XVI du livre II, intitulé : *Des vases d'argile peints avec différentes couleurs de verre.* « Les Grecs, dit-il, fabriquent des plats, des nefs et d'autres vases d'argile qu'ils peignent de cette manière. Ils prennent les différentes couleurs et ils les broient chacune séparément avec de l'eau, mêlant ensuite à chaque couleur un cinquième de verre coloré de même qui a été finement pulvérisé à part avec de l'eau. Avec ce mélange ils peignent des cercles, des arcs, des carrés, qu'ils remplissent d'animaux, d'oiseaux, de feuillages et de toute autre chose suivant leur goût. Lorsque les vases sont ainsi ornés de peintures, ils les placent dans un fourneau à cuire le verre à vitre et allument au-dessous un feu de bois de hêtre sec jusqu'à ce qu'environnés par la flamme ils soient incandescents. Alors, enlevant le bois, ils bouchent le fourneau. Ils peuvent décorer certaines parties de ces vases soit avec de l'or en feuilles, soit avec de l'or ou de l'argent réduits en poudre. »

C'est certainement aux lustres métalliques auréo-cuivreux, obtenus soit par le cuivre, soit par l'argent, que Théophile, dans son ignorance de certains procédés employés, fait allusion à la fin de ce passage ; quant à la façon dont il décrit le mode de décoration, il ne nous semble pas qu'il puisse y avoir de confusion à ce sujet ; il n'est pas question d'émail opaque, c'est toujours une couverte vitreuse colorée, silico-alcaline, qui vernit les poteries, et il faut attendre un siècle ou deux au moins avant de voir apparaître l'émail opaque, l'émail d'étain.

INTRODUCTION

Il nous paraît donc à peu près certain que les Persans ont été les conservateurs de l'industrie céramique dans l'ancien Orient et que ce sont eux qui en ont enseigné la pratique aux Arabes. Certains vases persans auxquels on peut assigner une date extrêmement reculée, entre autres une bouteille à vernis vert du Musée de Sèvres (n° 7112 de *l'Inventaire*), dont l'ornementation en relief rappelle le grand style des sculptures de Ninive et de Babylone, viennent appuyer cette hypothèse. Quant à la connaissance que les potiers de l'Iran auraient eue de l'émail stannifère, aucun doute ne peut subsister à cet égard [1].

A leur tour les Arabes importèrent en Europe les secrets de la fabrication orientale par deux voies différentes, l'Espagne et la Sicile, et ici, grâce aux recherches faites par le baron Davillier qui en a consigné les résultats dans son *Histoire des Faïences hispano-moresques*, grâce aussi aux témoignages des œuvres elles-mêmes, nous quittons le champ des hypothèses pour entrer dans le domaine des faits certains.

En faisant la conquête de l'Espagne au commencement du VIIIe siècle, les Arabes y apportèrent les sciences et les arts qu'ils cultivaient et il leur fut d'autant plus facile d'y mettre en œuvre les perfectionnements qu'ils avaient introduits dans la fabrication des poteries, que l'Espagne avait dû conserver quelques traditions des arts céramiques pratiqués autrefois avec tant de succès par les Romains. Mais à la fin du XIIe siècle ils furent chassés de la Péninsule par les Almoravides venus du nord de l'Afrique, et ceux-ci, à leur tour, durent céder bientôt la place aux Almohades, dynastie de princes mores. Ces derniers continuèrent les traditions artistiques des Arabes, mais en imprimant à

---

1. Voir, entre autres, un vase du Musée Adrien Dubouché à Limoges, n° 677 de la Collection Paul Gasnault.

leurs œuvres un caractère particulier qui ne permet pas de confondre les deux arts ensemble quoique le second dérive du premier. La désignation de *faïences hispano-moresques* proposée par Davillier à la place d'*hispano-arabes* employée jusqu'à la publication de son livre est donc d'autant plus admissible que, parmi les produits céramiques originaires de l'Espagne, il n'en existe pas que l'on puisse avec certitude faire remonter au temps de la domination arabe, ni même au delà de la fin du XIIIe siècle ou du commencement du XIVe.

Il n'en est pas de même pour la Sicile et, quoique ayant la même origine, les manifestations de l'art céramique dans les deux pays sont parfaitement tranchées. Soit que les Arabes chassés de l'Espagne et réfugiés en Sicile y aient fondé des fabriques, soit que des potiers venus de Rhodes ou du côté de l'Asie Mineure y aient transporté leur industrie, les faïences qui y furent fabriquées pendant le XIVe et le XVe siècle diffèrent tellement des faïences d'Espagne que l'on peut sans hésitation les désigner sous le nom de *siculo-arabes*.

Suivant nous, les caractères si nettement tranchés qui séparent ces deux sortes de poteries, d'origine commune cependant, sont le résultat de la nature même de leur pâte. Dans les faïences arabes, comme dans les poteries persanes, la pâte argilo-siliceuse, blanchâtre, pouvait recevoir directement une décoration qui prenait de la vigueur sous un émail vitreux et transparent, mais en Espagne où les potiers ne trouvèrent qu'une argile fortement colorée, ils durent nécessairement chercher à en masquer la couleur et c'est alors qu'ils furent amenés à recouvrir entièrement leurs produits avec l'émail d'étain, blanc et opaque, qui n'avait été employé jusqu'alors que comme un élément décoratif, c'est-à-dire comme une couleur blanche venant

INTRODUCTION

s'ajouter à la gamme des autres couleurs. C'est donc en Espagne, croyons-nous, qu'aurait pris naissance l'industrie de la véritable faïence, la faïence à émail stannifère, qui régna en souveraine pendant plusieurs siècles, et qui devait produire, dans ses diverses manifestations, tant d'œuvres remarquables.

Il n'existe aucun document positif, aucun monument, qui puissent nous renseigner sur l'époque où furent établies en Espagne les premières fabriques de faïences; ce qui paraît certain, cependant, c'est que Malaga, ville située à l'embouchure de la Guadajoz et voisine de Grenade, était, dès le XIVe siècle, le centre d'une industrie assez importante et assez renommée pour permettre de supposer qu'elle datait déjà de loin. Le passage suivant emprunté à la relation des voyages d'Ibn-Batoutah, de Tanger[1], qui, vers 1350, visitait Malaga, ne laisse subsister aucun doute à cet égard : « ... On fabrique dans cette ville la belle poterie dorée que l'on exporte dans les contrées les plus éloignées. »

Cette « belle poterie dorée » n'est autre évidemment qu'une tradition, une suite des faïences à reflets auréo-cuivreux que l'on trouve sur les plus anciens revêtements des monuments de la Perse.

Suivant Davillier, c'est vraisemblablement à Malaga que fut fabriqué le célèbre vase de l'Alhambra, « le plus beau monument de faïence connu », et cette opinion se trouve confirmée par la forme des caractères et le style des ornements qui le recouvrent et qui rappellent le XIVe siècle, c'est-à-dire, précisément, l'époque où Ibn-Batoutah écrivait la relation de ses voyages.

Puis viennent les fabriques établies dans les îles Baléares, surtout à Majorque, qui faisait avec le Levant et

---

1. *Voyages d'Ibn-Batoutah*, traduction Defrémery, cités par le baron Davillier dans son *Histoire des faïences hispano-moresques*, p. 12.

toutes les côtes de la Méditerranée un commerce si considérable, que « le mot *majolica,* anciennement employé en Italie, et dont on se sert encore aujourd'hui pour désigner la faïence en général, tire son étymologie du nom de cette île, nom que les auteurs italiens, par un euphonisme naturel à l'esprit de leur langue, ont toujours écrit « majolica » au lieu de « majorica [1] ».

J. C. Scaliger, qui écrivait au commencement du xvie siècle, dit, en parlant des poteries qui arrivaient d'Espagne et que l'on préférait aux plus belles vaisselles d'étain : « ... Nous les appelons *majolica* en changeant une lettre du nom d'une des îles Baléares où, assure-t-on, se font les plus belles. » Fabio Ferrari, dans ses *Origines de la langue italienne,* dit également que le mot « majorica » a été changé en « majolica » par « une certaine caresse de langage *(per un certo vezzo di lingua)* », et le *Dictionnaire de la Crusca,* au mot « majolica », assure que la faïence est ainsi nommée de l'île Majorque où on commença à la fabriquer [2].

Iviça, la troisième des îles Baléares, était également renommée pour ses faïences, qui avaient la réputation de préserver du poison [3].

Les fabriques du royaume de Valence, beaucoup plus importantes, devaient avoir une origine au moins aussi ancienne, mais ce n'est guère qu'à partir du xve siècle qu'il est possible d'assigner à leurs produits un caractère

---

1. Davillier, *op. cit.*, p. 24. — Dès le xiiie siècle Dante l'écrivait également ainsi :
   « Tra l'isola di Cipri e di *Majolica.* »

2. Le centre principal de la fabrication de l'île Majorque devait être la petite ville d'Ynca située dans l'intérieur, à quelque distance de la capitale. Un plat du Musée de Cluny (n° 2691 du *Catalogue* de 1881), à reflets métalliques rouges, porte à son centre un écusson aux armes de cette ville. Un plat analogue existe au *British Museum.*

3. Cf. J. C. Robinson, *Catalogue of the special loan exhibition of Spanish and Portuguese ornamental art at South Kensington Museum,* 1881.

INTRODUCTION

déterminé. C'est à Valence, notamment, que l'on peut attribuer les grands plats, toujours à reflets métalliques, portant au centre des armoiries qui, dans beaucoup de cas, peuvent fournir des indications précieuses, et, souvent aussi, l'aigle de saint Jean, particulièrement vénéré à Valence. Leur réputation était du reste si bien établie que Lucio Marineo, « chroniqueur de Leurs Majestés Ferdinand et Isabelle », dans son livre *De las cosas memorabiles de Espana,* affirme que « les faïences les plus estimées de l'Espagne sont celles de Valence, si bien travaillées et si bien dorées ».

Parmi les autres villes du royaume de Valence qui possédaient des fabriques, nous citerons surtout Manisès, dont les faïences d'après Diago *(Annales du royaume de Valence)* étaient « si bien dorées et peintes avec tant d'art qu'elles ont séduit le monde entier ; à tel point que le pape, les cardinaux et les princes envoient ici leurs commandes, admirant qu'avec de simple terre on puisse faire quelque chose de si exquis ». Manisès était renommée surtout pour ses *azulejos* ou carreaux de revêtement en faïence émaillée, décorés souvent avec une grande richesse et dont l'usage était si général que le vieux dicton castillan : *Non ava casa con azulejos,* quand on l'appliquait à quelqu'un, était dans toute l'Espagne des xvie et xviie siècles le signe de la pauvreté.

Après l'Espagne, c'est l'Italie qui nous montre en Europe les plus anciennes manifestations de la poterie émaillée ; mais, ici encore, les origines sont douteuses. Quelques auteurs italiens ont bien cherché à prouver que l'art de recouvrir la terre d'un émail brillant de couleurs variées, l'art de l'*invetriatura* avait toujours été pratiqué en Italie et que, progressant peu à peu, il y était arrivé à son complet épanouissement dans la première moitié du xvie siècle pour s'affaiblir ensuite et disparaître presque complètement à la fin du xviie ; mais les preuves qu'ils apportent à l'appui de leur opinion sont loin d'être convaincantes. Ce qui est certain, toutefois, et ce qui ressort des recherches publiées récemment par M. Argnani, conservateur de la Pinacothèque de Faenza [1], c'est que, dès la fin du xive siècle, Faenza fabriquait des faïences émaillées. D'après l'analogie évidente qui existe entre les produits les plus anciens de cette localité et certaines faïences hispano-moresques, — notamment un beau plat du Musée de Sèvres (n° 4536 de *l'Inv.*), — on peut avancer que ce sont des ouvriers de Majorque ou de Malaga venus en Italie qui y auraient apporté les procédés qu'ils avaient hérités de leurs devanciers. Et cependant certains procédés de fabrication, notamment l'emploi de cet émail vitreux *(marzacotto)*, que nous avons signalé plus haut, qui coule parfois en gouttes épaisses, ainsi que cela se remarque dans les faïences de tradition persane, et que l'on ne trouve pas dans les faïences hispano-moresques, permet de supposer que cet art aurait pu également être introduit en Italie, à une époque indéterminée, par une autre voie, soit par Constantinople, soit directement par l'Asie Mineure.

Il n'y a pas lieu de s'arrêter à l'opinion, qui a eu cours pendant bien longtemps, de l'invention de l'émail stannifère par Luca della Robbia; et pourtant, si l'on examine avec attention et seulement au point de vue technique les terres émaillées sorties des ateliers de Luca et de ses successeurs, on y voit l'emploi d'un émail blanc, opaque, d'une apparence solide, que l'on ne trouve dans aucune des céramiques antérieures ; et quand certaines parties sont rehaussées de colorations, toujours sobres, du reste, ces colorations participent de l'opacité et de la solidité de l'émail. Malgré leur vigueur apparente, malgré l'éclat que leur

[1]. Cf. ARGNANI, *Ceramiche et Maioliche Faentine*.

INTRODUCTION

donne la lumière frappant sur une surface brillante, il semble qu'elles soient alourdies par le blanc sur lequel elles ont été appliquées et avec lequel il semble qu'elles aient été mélangées; elles manquent surtout de profondeur et de transparence. Mais, pour des œuvres exclusivement réservées à la décoration architecturale comme le sont celles du sculpteur florentin, ce n'était pas là un défaut, et si Luca ne fut pas l'inventeur de cet émail, il eut du moins le mérite incontestable de l'avoir appliqué le premier, d'une façon inconnue avant lui, pour en recouvrir ses admirables terres cuites, de façon à leur donner une durée presque indéfinie (*faceve l'opere di terra quasi eterne*, a dit Vasari).

A dater de la fin du xve siècle, la fabrication et la décoration des poteries deviennent une des branches les plus importantes de l'industrie artistique de l'Italie. Sur tous les points du territoire, — dans les Marches, à Faenza, à Forli, à Rimini et à Ravenne; en Toscane, à Florence, à Cafaggiolo et à Sienne; dans le duché d'Urbino, à Pesaro, à Castel-Durante, à Urbino et à Gubbio; dans les États pontificaux, à Deruta et à Foligno; dans le Nord, à Ferrare et à Modène; dans la Vénétie, à Venise, à Bassano, à Padoue et à Vérone; puis, un peu plus tard, à Gênes, à Savone et, enfin, à Castelli, — partout s'élevèrent des manufactures fondées ou protégées par les princes ou les souverains. Nous chercherons à étudier dans tous leurs détails les produits de chacune de ces fabriques et nous nous efforcerons d'en déterminer les caractères distinctifs.

Dans le principe, la décoration est exclusivement *décorative*, c'est-à-dire que les ornements dominent, épousant toujours la forme des pièces qu'ils recouvrent; les représentations de personnages, isolés, en pied ou en buste, sont assez simples; le dessin, exprimé par un trait bleu ou violet, est légèrement modelé, du même ton dans les chairs, rehaussé de teintes plates dans les vêtements ; le jaune ou le rouge rubis à reflets métalliques, empruntés aux faïences hispano-moresques, y est fréquemment employé, surtout à Gubbio, avec maestro Giorgio Andreoli ; l'aspect archaïque est très prononcé.

Mais bientôt les peintres faïenciers se familiarisent avec les difficultés du métier, ils se rendent maîtres de leur palette, qui s'enrichit chaque jour, et alors ils deviennent plus ambitieux, ils ont des visées plus hautes. Les gravures de Marc-Antoine Raimondi, de Marc de Ravenne et de tant d'autres, en vulgarisant les compositions de Raphael, leur donnent l'idée de les fixer sur l'émail inaltérable. A Urbino, surtout, des artistes auxquels on ne peut refuser une habileté prodigieuse, mais qui manquent assurément de goût, les transportent sur des plats, des coupes ou des vases, sans trop se soucier de la convenance des formes, et partout, sauf peut-être à Faenza où les traditions se conservent plus vivaces et plus pures, ils trouvent des imitateurs qui interprètent d'une façon plus ou moins heureuse, sur des faïences d'usage courant, des œuvres du Titien, du Parmesan, du Zucchero et des Carrache : c'est la décadence qui commence. Un nouveau genre est créé à Urbino, celui des *groteschi,* appliqués en couleurs sur fond blanc ; d'une conception charmante et d'une exécution irréprochable au début, ce genre de décoration tombe bientôt dans le commerce, le dessin s'alourdit, les couleurs s'altèrent et, bientôt, vers la fin du xvie siècle, il ne reste plus guère que le souvenir de ces ateliers d'où étaient sorties ces majoliques dont la beauté était si universellement appréciée et la renommée si grande que les papes et les princes n'hésitaient pas à les envoyer en présents aux souverains étrangers, et dont les Montmorency et les Duprat, en

France; les Fugger et les Tucker, en Allemagne, commandaient autrefois de si splendides services.

Mais cette force d'expansion qui caractérise la Renaissance italienne devait se faire sentir dans le domaine de la céramique aussi bien que dans les autres branches de l'art, et c'est par des Italiens que sont fabriquées en France et dans d'autres pays les premières faïences à émail stannifère : à Paris, avec Girolamo della Robbia qui couvre le château de Madrid, au bois de Boulogne, de revêtements de faïences ; à Lyon, par Julien Gambyn, de Faenza, Jehan-Francisque, de Pesaro, et Sebastian Griffo, de Gênes ; à Nantes, par Jehan Ferro ; au Croisic, par Horatio Borniola ; à Anvers, par Guido di Savino, etc., etc. Toutes ces fabriques du XVIe siècle semblent, cependant, n'avoir eu qu'une existence éphémère[1] ; peut-être leur a-t-il manqué, pour prospérer, ce qui avait fait la force et le succès des manufactures italiennes, le patronage des princes et des grands seigneurs ; peut-être aussi l'engouement qui se manifesta en France, dans la première moitié du XVIe siècle, pour l'art italien ne fut-il que le résultat d'une mode passagère contre laquelle luttèrent avec succès nos artisans, et, parmi eux, au premier rang, les habiles émailleurs de Limoges. Les plats et les aiguières qui sortaient des mains des Pénicaud,

1. Il faut bien dire aussi que les faïences fabriquées en France par des Italiens, à en juger du moins par les spécimens qui sont venus jusqu'à nous, étaient de beaucoup inférieures à celles importées d'Italie et dont il était de bon goût de posséder des services. Outre le connétable de Montmorency et le cardinal Duprat dont nos collections conservent des pièces armoriées, nous savons par les *Inventaires* et les témoignages des écrivains contemporains que plusieurs grands personnages en avaient des quantités souvent considérables. C'est ainsi que Pierre de l'Estoile nous apprend que le Cardinal de Birague, le mardi 26 juin, offrit une collation au Roi, aux reines et aux seigneurs et dames de la cour dans la grande galerie de son logis « en laquelle il y eut deux longues tables, couvertes d'*onze* à *douze cens* pièces de vaisselle de Faenza, pleines de confitures sèches et dragées de toutes sortes accommodées en chasteaux, pyramides, plates-formes et aultres façons magnifiques, la plupart de laquelle vaisselle fut rompue et mise en pièces par les pages et les laquais de la cour, comme ils sont d'insolente nature. — Qui fut une grande perte, ajoute le chroniqueur, car toute la vaisselle était excellemment belle. »

des Léonard Limousin, des Courteys et des Pierre Reymond. étaient d'un art, moins brillant peut-être, mais tout aussi élevé et aussi décoratif que celui qui était pratiqué à Urbino et à Faenza, et les encouragements devaient plutôt aller trouver cette belle industrie, bien française d'origine et dans laquelle nous n'avions rien à apprendre du dehors.

De leur côté, aussi, nos potiers cherchèrent à leur tour à pénétrer les secrets de cette industrie qu'ils ne connaissaient pas, et plusieurs y réussirent. C'est ainsi que l'un d'eux, un Rouennais, Masseot Abaquesne, qui se donnait la qualité d' « esmailleur de terre », exécutait en 1542 pour le château d'Écouen, construit par le maréchal de Montmorency, les magnifiques carrelages dont on voit aujourd'hui de si précieux spécimens dans nos musées, et des vases qui, tout en étant dans le « goût italien », conservent cependant un caractère bien français. C'est également à cette époque qu'un pauvre potier de Saintes, Bernard Palissy, à force de courage, d'abnégation et de persévérantes recherches, parvint, seul, à créer un genre de poterie toute spéciale qui n'était plus de la terre vernissée, mais qui n'est pas non plus de la faïence proprement dite. C'est à ce moment aussi que furent fabriquées ces charmantes et rarissimes pièces connues sous le nom de « faïences de Henri II », véritables merveilles de la céramique qui, après avoir été pendant longtemps attribuées à un atelier établi dans son château d'Oyron par Hélène de Hangest, viennent enfin, après les recherches et les découvertes d'un de nos plus érudits critiques d'art, M. Edmond Bonnaffé, d'être restituées, avec des preuves qui paraissent irréfutables, à un atelier de Saint-Porchaire.

Mais ce n'étaient là que des tentatives isolées, des manifestations pour ainsi dire individuelles. Bernard Palissy, poussé par un sentiment bien excusable chez un homme qui avait enduré tant de misères et de privations avant d'arriver au but si ardemment poursuivi, ne fit pas d'élèves dans la véritable acception du mot, puisqu'il ne les initia pas à la connaissance de la composition de ses merveilleux émaux. Il eut des aides qui devinrent ses imitateurs, qui héritèrent de ses procédés de fabrication, qui apprirent le métier sous sa direction, mais auxquels il ne livra pas ses secrets [1]. Aussi l'art qu'il avait si péniblement créé disparut-il presque entièrement avec lui, ne produisant plus, sous ses continuateurs immédiats, que des œuvres médiocres, sans éclat, sans finesse et sorties de moules usés.

Ce n'est qu'à dater du commencement du XVIIe siècle, en 1608, que nous trouvons la première mention positive d'une fabrique française un peu importante établie à Nevers, rue Saint-Genest, 12, celle des frères Conrade, venus de Savone, petite ville de la côte de Gênes renommée pour ses faïences. Avant cette époque, cependant, il avait existé à Nevers une autre fabrique sur laquelle les documents historiques font presque complètement défaut, mais dont les œuvres, quoique assez rares, sont bien connues et ont pris place dans les vitrines de nos musées. Établie et dirigée vraisemblablement par un Italien, Scipion Gambyn, *pothier,* dont on trouve le nom sur le registre des baptêmes de plusieurs églises de Nevers où il figure comme parrain, tout dans

---

[1]. Lui-même prend soin de nous l'apprendre dans son *Discours de l'Art de Terre :* « Cuides-tu, fait-il dire à son interlocuteur *Théorique,* qu'vn homme de bon jugement vueille ainsi donner les secrets d'un art qui aura beaucoup cousté à celui qui l'aura inuenté ? .... Il n'est pas de mon art ny des secrets d'iceluy comme de plusieurs autres. Ie sçay bien qu'vn bon remede contre vne peste ou autre maladie pernicieuse ne doit estre celé. Les secrets de l'agriculture ne doivent estre celez. La parole de Dieu ne doit estre celée. Mais de mon art de terre et de plusieurs autres arts il n'en est pas ainsi. Il y a plusieurs gentilles inuentions lesquelles sont contaminées et méprisées pour estre trop communes aux hommes... » Et il reste inébranlable malgré les prières de *Théorique,* par laquelle il se fait dire à lui-même qu'agir de cette façon « c'est abuser des dons de Dieu,.... Il n'y a doncques en toy nulle charité. Si tu veux ainsi tenir ton secret caché, tu le porteras en la fosse, et nul ne s'en ressentira et ta fin sera maudite... »

les poteries de cette première fabrique rappelle les faïences d'Urbino et de Faenza déjà en pleine décadence[1]; les sujets, dessinés en violet de manganèse, représentent toujours comme dans les faïences italiennes des scènes mythologiques, des allégories ou des faits puisés dans l'histoire romaine et dans l'Ancien Testament; les ornements, souvent inspirés de l'antique, se détachent en jaune sur fond bleu.

Avec les Conrade, la décoration change d'aspect, bien que les formes, surtout au début, restent toujours celles de l'Italie du XVIe siècle; c'est le camaïeu bleu, quelquefois rehaussé de manganèse, qui domine. Les motifs, empruntés aux porcelaines chinoises qui commençaient à se répandre en Europe, sont jetés au hasard, sans parti pris de décoration et sans aucun ensemble, et souvent même des éléments italiens ou français sont associés à des figures ou à des paysages de style oriental. Mais les Conrade ne conservèrent pas pendant longtemps le privilège exclusif de la fabrication de la faïence; d'autres manufactures s'élevèrent bientôt et dès 1632 il existait déjà quatre fabriques dont une, fondée par Pierre Custode, chef d'une famille de potiers qui occupent dans l'histoire de l'industrie nivernaise une place au moins aussi importante que celle des Conrade. C'est à cette époque, et vraisemblablement dans la manufacture des Custode, que furent fabriquées ces belles faïences à fond bleu intense, décorées en blanc fixe, parfois rehaussé de jaune, d'arabesques élégantes, de fleurs, d'animaux et, quelquefois aussi, de personnages empruntés à l'art pseudochinois qui commençait à se manifester en France. Ce sont

---

1. Ce Gambyn appelé sans doute en France par Louis de Gonzague, parent de Catherine de Médicis, devenu duc de Nivernais en 1565 par son mariage avec Henriette de Clèves, fille aînée du dernier duc de Nevers, était bien évidemment parent de Julien Gambin, originaire de Faenza, auquel Henri III aurait concédé en 1574 l'autorisation d'établir une fabrique à Lyon. Ainsi s'explique le style exclusivement italien des premières faïences fabriquées à Lyon et à Nevers.

INTRODUCTION

là évidemment les pièces les plus parfaites sorties des faïenceries de Nevers.

Malheureusement cette belle période de la fabrication dura peu. Dès le commencement du xviiie siècle, les statuettes de saints et de saintes qui, sous l'influence italienne, avaient conservé un semblant d'art, devinrent, pour la plupart, des figures grotesques ; on fit par milliers des assiettes grossièrement enluminées portant, avec des dates, la figure du saint patron et le nom de la personne à laquelle on les destinait, des plats ornés de sujets et d'attributs ayant rapport à la profession de celui qui les commandait, des saladiers ornés de scènes populaires, souvent licencieuses, copiées sur des images communes, etc., etc. Cette fabrication avait pris une si grande extension et le commerce qui s'en faisait par les bateliers de la Loire était devenu si considérable qu'un Nivernais, Pierre de Frasnay, auteur d'un poème sur la faïence, publié dans le *Mercure de France* de juillet 1753, pouvait s'écrier dans un élan de lyrisme patriotique dont l'intention vaut certainement mieux que la forme :

. . . .
Que vois-je ! J'aperçois sur nos heureux rivages
L'étranger, chaque jour, affrontant les orages,
Se charger à l'envi de fayence à Nevers,
Et porter notre nom au bout de l'univers.
Le superbe Paris et Londres peu docile
Payent, qui le croira ? tribut à notre ville.
. . . .

Vers la fin du siècle, la décadence s'accentua, et c'est aux derniers céramistes nivernais que l'on doit ces suites d'assiettes grossières, chargées d'emblèmes enfantins et de barbouillages sans valeur, désignées dans le commerce de la curiosité sous le nom de *faïences patriotiques,* qui n'offrent qu'un intérêt des plus médiocres au point de vue

d

historique et ne méritent certes pas l'importance qu'on a voulu leur donner.

En réalité, la fabrication de Nevers, si elle a été une des plus considérables sous le rapport de la production, n'occupe pas une grande place dans l'histoire artistique de la céramique, et son influence a été presque nulle. Les manufactures secondaires qui se sont élevées sous son patronage ou dont les produits dérivent des siens tout en leur étant inférieurs, n'ont laissé aucune trace, et c'est à peine si on peut citer parmi elles Ancy-le-Franc, Auxerre, la Charité, Rigné, dans les Deux-Sèvres, etc., dont les faïences grossières n'offrent aucun intérêt.

Il n'en est pas de même de Rouen, et les remarquables spécimens de cette fabrication, si véritablement française, même dans ses imitations des porcelaines orientales, nous montrent, non seulement quelle variété les céramistes normands ont apportée dans la décoration des faïences qui sortaient de leurs mains, mais encore quel parti les fabriques de second ordre ont su en tirer pour se les approprier sans les copier servilement.

La première manufacture de faïences paraît avoir été établie à Rouen vers le milieu du xviie siècle seulement. Depuis Masseot Abaquesne que nous avons cité plus haut, jusqu'en 1644, époque à laquelle Nicolas Poirel, sieur de Grandval, obtint un privilège pour fabriquer et vendre la faïence dans toute la province de Normandie, on ne trouve, en effet, à Rouen aucune trace de cette industrie. Il semble à peu près certain que ce sont des ouvriers italiens appelés de Nevers qui ont été les premiers agents de la fabrication rouennaise, et ce qui viendrait confirmer cette opinion, c'est que, comme Nevers, Rouen a commencé par fabriquer des plats et des assiettes à larges bords et à bassin étroit dont la forme rappelle celle des drageoirs italiens

INTRODUCTION

et qui étaient ornés en camaïeu bleu de motifs détachés, imités de ceux de Savone. Mais cette première période d'imitation dura peu, et bientôt les céramistes rouennais surent s'affranchir des influences étrangères pour créer, vers la fin du xviie siècle, les beaux décors dits *à lambrequins* ou *à broderies,* d'un style véritablement français, qui resteront comme la plus haute manifestation de la décoration de la faïence dans notre pays, et dont les motifs étaient empruntés pour la plupart aux étoffes, aux dentelles, à la marqueterie, à la ferronnerie ou aux fleurons et culs-de-lampe des beaux livres du temps. Ce fut surtout à la fin du règne de Louis XIV, alors que la nécessité de subvenir aux dépenses occasionnées par la guerre, les inondations et la disette de 1709 avaient forcé les seigneurs, pour venir en aide au Trésor, à porter leur argenterie à la Monnaie et, suivant l'expression de Saint-Simon, « à se mettre à la faïence », que la fabrication prit une extension considérable. C'est la belle époque de l'industrie rouennaise, celle où les faïenciers s'ingénièrent à produire des services armoriés, riches et luxueux, dignes de figurer sur les tables des grands. Nous étudierons en détail toutes les variétés du décor rouennais; exécuté d'abord en camaïeu d'un beau bleu, pur et soutenu, il devient polychrome au commencement du xviiie siècle, empruntant encore ses éléments aux lambrequins dont les dispositions sont variées à l'infini, ou aux beaux ouvrages en fer forgé de l'époque (décor dit *à la ferronnerie*). Puis viennent les décorations à fond jaune ocré, intense, sur lequel se détachent en bleu presque noir de charmantes arabesques formant des rinceaux élégants et variés; les fonds bleu lapis ou bleu empois, ornés de fleurs et d'insectes en blanc et jaune fixes, dessinés d'un trait fortement accentué; les pagodes et les paysages de style pseudo-chinois, aux bordures quadrillées de vert et de rouge, coupées par des réserves de fleurs du plus gracieux effet. Vers le milieu du siècle, on s'inspira du style *rocaille* si fort à la mode dans la dernière moitié du règne de Louis XV; c'est l'époque des carquois, des torches enflammées, des trophées d'armes et d'instruments de musique et enfin des cornes d'abondance (décor dit *à la corne*) qui, d'après le nombre considérable des pièces conservées dans les musées et collections, durent jouir d'une vogue et d'un succès prodigieux. Ce qui est surtout extraordinaire dans la fabrication rouennaise, c'est la grande variété d'objets que ses manufactures ont produits; il semble que la matière docile se soit prêtée à toutes les combinaisons : bustes, gaines, consoles, chambranles de cheminées, lampes d'églises, jardinières, fontaines, écritoires, globes célestes et terrestres, crucifix, brocs à cidre portant les noms de leurs propriétaires et l'image de leur saint patron, Rouen a tout fabriqué et tout décoré, d'une façon toujours parfaitement appropriée à la forme, avec une fécondité d'invention qui n'a jamais été dépassée. Partout ses faïences ont été copiées et imitées non seulement dans les fabriques beaucoup moins importantes, à Sinceny, à Quimper, à Saint-Cloud, à Lille, etc., mais aussi à l'étranger, à Liège, Bruxelles, Anspach, quelquefois servilement, ou, dans beaucoup de cas, avec une liberté d'interprétation qui donne aux imitations un cachet original dont nous chercherons à indiquer et à faire ressortir les caractères.

Après Nevers et Rouen, Moustiers, petite ville du département des Basses-Alpes, perdue au milieu d'une contrée montagneuse, est le troisième grand centre de la fabrication française. Plus éloignés que les céramistes normands du grand mouvement artistique de Paris, les faïenciers de Moustiers eurent moins à lutter contre les

influences extérieures et subirent moins qu'eux les caprices
de la mode; aussi leur fabrication est-elle restée longtemps
stationnaire; mais si les faïences qu'elle a produites ne se
distinguent pas par une très grande variété, elles sont, par
contre, extrêmement remarquables, autant par la pureté
exceptionnelle de leur beau blanc laiteux, que par la délicatesse et la perfection de leur décor. A un certain moment,
Moustiers ne comptait pas moins de onze ateliers dirigés par
les Clérissy, — dont un membre, appartenant à une famille
de potiers marseillais assez connus, y avait créé vers 1686
l'industrie de la faïence, — les Foulque, les Olerys, les
Roux, etc., tous artistes distingués et céramistes d'une
grande habileté. Au début, les peintres de Moustiers ont
employé pour décorer leurs faïences des sujets empruntés
à l'œuvre considérable d'Antonio Tempesta et représentant
des combats ou des chasses, qu'ils exécutaient en camaïeu
d'un bleu intense avec une maëstria et une sûreté de main
véritablement remarquables; plus tard, la décoration devient
presque exclusivement ornementale et reproduit de gracieux entrelacs au milieu desquels se jouent des figures de
nymphes, de satyres et d'Amours, et qu'accompagnent des
baldaquins, des gaines, des cariatides et des lambrequins
également en camaïeu bleu; c'est la belle époque de la
fabrication. Le décor polychrome commence avec Olerys qui
couvre ses produits de scènes mythologiques assez médio-
crement dessinées dans de petits médaillons entourés de
guirlandes de fleurs d'une coloration douce et harmonieuse, associées à de légères bordures de fins lambrequins à dentelles et à rinceaux bleus, et tombe ensuite
dans la période de la décadence avec les *grotesques* dans
le genre de Callot, posés au hasard en motifs isolés.
Presque toutes les fabriques secondaires du midi et du sud-
ouest de la France ont copié les faïences de Moustiers

sans arriver cependant à obtenir sa pâte fine et sonore et son bel émail laiteux qui faisaient dire à l'abbé Delaporte, dans son *Voyageur français* : « Il y a dans la petite ville de Moustiers une manufacture de faïence qui passe pour être la plus belle et la plus fine du royaume. »

Les trois grands centres de production dont nous venons d'analyser rapidement l'histoire n'ont fabriqué exclusivement — excepté tout à fait dans les dernières années de leur existence — que des faïences décorées sur émail *cru,* c'est-à-dire la véritable faïence, celle pour laquelle la France, pendant plus d'un siècle, n'a guère eu de rivale ; il nous reste maintenant à mentionner une quatrième grande manufacture, celle de Strasbourg qui, elle, au contraire, n'a produit que des faïences peintes sur *émail cuit,* à l'imitation de la porcelaine [1].

L'histoire de cette manufacture peut se résumer tout entière dans celle des *Hannong* (voir ce nom), famille de potiers qui apparaît dès 1709 pour s'éteindre vers la fin du siècle dernier. Les faïences de Strasbourg se distinguent par la beauté et la pureté de leur émail, par leurs formes élégantes et, surtout, par la fraîcheur et la vivacité de leurs couleurs, notamment du vert et du carmin. La décoration se compose presque exclusivement de bouquets détachés, dans lesquels dominent les roses, les pivoines, les jacinthes, les œillets, les tulipes et les myosotis ; ces fleurs, d'une coloration puissante, sont exécutées avec une grande franchise et une extrême habileté ; tantôt au moyen de traits noirs et de hachures fines recouvertes d'un à-plat transparent, tantôt modelées avec une finesse que ne désavouerait pas le meilleur peintre sur porcelaine. Outre les pièces

---

[1]. Dans la seconde moitié du siècle dernier ces faïences étaient désignées dans le commerce sous le nom de *faïences japonnées.*

de service et la vaisselle de table, Strasbourg a fabriqué une quantité de faïences qui témoignent de l'invention et de l'adresse de ses artistes ; ce sont surtout des pendules, des cartels, des appliques, des consoles, des vases, etc., décorés d'ornements en relief d'une exécution remarquable et souvent rehaussés d'or.

Le genre de décoration innové à Strasbourg fut imité un peu partout, en France et à l'étranger, dans la dernière moitié du xviiie siècle ; dans la région de l'est notamment de nombreuses fabriques furent fondées, dont plusieurs, telles que celles de Niederwiller et de Lunéville, surent bientôt se créer un genre à part tout en conservant cependant les mêmes procédés de peinture.

Sauf quelques rares manufactures telles que celles de Marseille, Montpellier, Bordeaux, Saint-Amand, Sceaux, Lille, etc., dont les faïences offrent des caractères particuliers que nous indiquerons à leur place, toutes les fabriques françaises procèdent plus ou moins directement de ces quatre grands centres manufacturiers ; leurs produits ont un style de décoration si nettement tranché et sont si différents entre eux qu'à défaut d'autre désignation on peut, dans le langage de la céramique, dire simplement *genre rouennais, nivernais,* de *Moustiers* ou de *Strasbourg,* pour présenter immédiatement à l'esprit tout un ensemble et tout un système d'ornementation.

Les autres pays n'étaient pas restés en arrière de ce grand mouvement qui avait eu son point de départ, en Espagne d'abord, et en Italie ensuite, et de nombreuses manufactures de faïences à émail stannifère s'étaient établies en Europe au xviie siècle et surtout dans la première moitié du xviiie siècle. En Allemagne, outre Nuremberg, qui avait remplacé, dans la fabrication de ces immenses poêles dont nous avons parlé plus haut, le vernis plombeux par l'émail d'étain, nous voyons successivement se fonder les fabriques de Bayreuth, aux faïences d'un bleu ardoisé rehaussé parfois de jaune et de violet de manganèse ; Anspach qui s'inspire du décor rouennais ; Kunersberg, Frankenthal, Hœchst-sur-le-Mein dont les faïences fines et délicatement décorées se rapprochent beaucoup des porcelaines qui ont acquis une si juste renommée à cette fabrique protégée par l'archevêque de Mayence, etc.; en Hollande, Delft, imitant surtout les porcelaines qui arrivaient de la Chine et du Japon, faisait par milliers, pour l'exportation, et surtout pour l'Angleterre, — (où le nom de *Delft* fut donné à toutes les faïences stannifères quelle que fût leur provenance), — ces faïences à l'émail pur et limpide qui pouvaient rivaliser comme apparence sinon comme solidité, avec les porcelaines qu'elles copiaient ; en Italie, Venise, Pesaro, Urbania (autrefois Castel-Durante), Savone et Gênes, Milan, Castelli, dans le royaume de Naples ; en Suisse, Berne et Zurich ; en Belgique, Bruxelles, Bruges et Liège ; en Suède, Rörstrand et Marieberg ; en Espagne, Alcora, Talavera, Séville, etc., produisirent à l'envi des faïences intéressantes, autant au point de vue de la céramique, que pour les indications précieuses qu'elles peuvent nous fournir sur l'histoire des arts décoratifs dans les différentes contrées de l'Europe.

A la fin du xviiie siècle, la fabrication des faïences à émail stannifère, qui avait brillé d'un si vif éclat pendant tant de temps, était depuis bien des années déjà en pleine décadence. Rouen et Moustiers avaient perdu presque toutes les manufactures qui avaient fait autrefois leur orgueil et leur richesse, et dont les produits, dans les années difficiles de la fin du règne de Louis XIV, avaient, ainsi que nous l'avons dit plus haut, été jugés dignes de remplacer sur la table des princes et des grands seigneurs la vaisselle patrimoniale en argent massif qu'on allait porter

INTRODUCTION LVII

à la Monnaie pour venir en aide au trésor royal [1]. Nevers et les fabriques secondaires ne livraient plus au commerce que des faïences lourdes, communes et grossièrement peintes, et si quelques villes, Strasbourg, Niederviller, Sceaux, Marseille, etc., produisaient encore parfois des pièces délicatement exécutées et décorées avec un talent incontestable par de véritables artistes, c'est que, par le genre même de leur décoration, exécutée au feu de moufle sur émail cuit et parfois rehaussée d'or, elles imitaient les porcelaines dont l'usage commençait à se répandre dans les grandes maisons et chez la haute bourgeoisie, et qui provenaient, soit des manufactures établies récemment à Paris et sur plusieurs points du royaume, soit de l'Extrême-Orient d'où elles étaient importées en France par l'entremise de la Compagnie des Indes [2].

Mais les porcelaines dont le prix était relativement fort élevé n'avaient pas seules causé cet état d'abandon et d'infériorité dans lequel était tombée la fabrication de la faïence ; une nouvelle poterie, originaire d'Angleterre, y avait contribué pour une large part.

1. Ce fait se produisit à plusieurs époques, notamment en 1709 et en 1759, mais au point de vue de l'industrie céramique les circonstances ne furent pas les mêmes. En 1709, les manufactures qui étaient en pleine prospérité, surtout à Rouen, s'efforcèrent de fabriquer des services richement dorés et souvent armoriés, et c'est surtout, alors, que la faïence atteignit à son apogée ; en 1759, au contraire, on mit une certaine affectation à ne se servir que de vaisselle en faïence commune et particulièrement de celle qui était fabriquée à Paris, dans la rue de la Roquette, et dont le fond extérieur était recouvert d'un vernis brun foncé ou noir, ce qui avait fait donner aux plats et aux assiettes de cette espèce le nom de *culs-noirs*. « J'ai peur, écrivait Voltaire, qu'il ne soit ridicule de parler de comédie dans le temps qu'il n'est question que de *culs-noirs*, de bourses vides, de flottes dispersées et de malheurs en tous genres sur terre et sur mer. » (*Lettre à M. Thiériot*, 15 déc. 1759.)

2. Les importations de porcelaines de Chine faites par la Compagnie des Indes étaient considérables ; on en jugera par la mention suivante que nous relevons dans la *Gazette du Commerce et de l'Industrie* de 1769 : « Les vaisseaux le *Duc de Duras*, le *Penthièvre* et le *Berryer*, de la Compagnie des Indes, arrivés à Lorient, le 28 mai et le 12 juin 1769, contenaient 43,668 assiettes plates, bleues et blanches ; 5,226 assiettes creuses, bleues et blanches ; 20,277 assiettes plates de couleur ; 4,839 assiettes de couleur ; 8,296 compotiers de couleur ; 15,526 tasses et soucoupes. »

IV

FAÏENCE FINE

Cette poterie, désignée aujourd'hui sous le nom de *faïence fine* ou de *terre de pipe,* et qu'on appelait alors *terre d'Angleterre,* forme la dernière classe des poteries dont nous avons à nous occuper. La pâte, fine, bien cuite, recouverte d'un vernis incolore et mince, se prêtait admirablement au façonnage des pièces destinées aux usages journaliers.

C'est à Burslem, dans le Staffordshire, que la pâte de la faïence fine reçut, dans la première moitié du xviiie siècle, la qualité remarquable qu'elle tire de l'introduction du silex dans sa composition et cette découverte, comme celle du kaolin en Allemagne, à la même époque, fut due à une circonstance assez singulière. Le fils d'Astbury, le potier qui avait contrefait l'idiot pour surprendre le secret de la fabrication des beaux grès blancs et rouges que les frères Elers, de Nuremberg, avaient importée en Angleterre et dont ils eurent le monopole pendant longtemps, allant un jour à Londres, fut forcé de s'arrêter à Dunstable pour faire soigner une ophtalmie dont son cheval venait d'être atteint. Le maître de l'auberge où il était descendu lui ayant conseillé d'employer, pour le guérir, du silex calciné, Astbury remarqua que le silex, noir avant la calcination, avait pris une belle couleur blanche ; il pensa, avec juste raison, qu'il pouvait blanchir la pâte de sa poterie en y introduisant cette matière et, de retour chez lui, essaya ce procédé dont il obtint les résultats satisfaisants qu'il avait prévus. Ce fut le point de départ des perfectionnements apportés plus tard dans la fabrication de ces sortes de poteries qui, suivant la nature de leur pâte, leur degré de cuisson et la composition de leur couverte, sont, ou de véritables faïences fines *(earthen-ware)*, ou des grès-cérames *(stone-ware)*, ou même de véritables porcelaines artificielles.

Cette nouvelle faïence pouvait recevoir tous les genres de décoration ; elle se prêtait, ainsi que nous l'avons dit, aux reliefs les plus délicats, aux découpures les plus légères, à l'application des émaux les plus brillants et même à celle de sujets variés obtenus par l'impression de fines gravures sur cuivre et transportées ensuite sur la couverte où elles étaient fixées ensuite par la cuisson.

Des fabriques furent fondées en grand nombre, non seulement dans le Staffordshire, mais encore dans toute l'Angleterre, à Burslem, à Hanley, à Newport, à Leeds, à Liverpool, à Fulham, à Lambeth, etc.

En 1760, les frères Green établirent à Leeds, dans le comté de Suffolk, une fabrique de faïences fines, de couleur un peu jaunâtre *(cream colour)*, enrichies de reliefs, ou délicatement découpées à jour, qui peuvent être considérées comme les spécimens les mieux réussis de la faïence fine. L'importance du commerce de Leeds était considérable ; ses faïences étaient expédiées dans toute l'Europe ; des dépôts en avaient même été établis en Russie [1].

Mais ce ne sont là que les produits, pour ainsi dire secondaires, de la céramique anglaise qui devait plus tard atteindre avec Wedgwood à un degré de perfection qui lui assigne une des premières places dans l'histoire de l'industrie du xviiie siècle.

Né à Burslem en 1730, Josiah Wedgwood s'associa

---

1. On connaît quelques exemplaires d'un *Catalogue illustré*, imprimé en anglais, en français et en allemand, qui donne les formes et la désignation des nombreux modèles qui sortaient de cette importante fabrique.

d'abord avec Harrison, puis avec Wheilden qui passait pour le plus habile potier de l'époque ; les ayant quittés pour travailler seul, il fonda successivement trois établissements dans le dernier duquel il créa cette belle poterie couleur de crème à laquelle il dut ses premiers succès et qui avec l'autorisation de la reine Charlotte, femme de Georges III, reçut le nom de poterie de la Reine *(Queen's ware)*. Associé peu de temps après avec Bentley, il donna une extension considérable à ses diverses manufactures dont les produits comme ceux de Leeds devinrent bientôt célèbres dans toute l'Europe.

Des dépôts des *grès*, ou *terres d'Angleterre,* comme on appelait alors la nouvelle faïence, furent établis en France et, surtout, à Paris, mais pendant longtemps nos manufactures n'eurent pas trop à craindre le mal que cette faïence pouvait leur causer ; par arrêtés en date du 16 août 1740 et du 12 mars 1749, l'entrée des poteries venant directement d'Angleterre était, en effet, absolument interdite, et si on voulait les faire pénétrer en France par des voies détournées elles devaient payer, comme toutes les « poteries de toutes sortes de grès » venant des provinces réputées étrangères, un droit de trente francs le cent pesant, ce qui en augmentait singulièrement le prix.

Malheureusement pour notre industrie, un événement inattendu vint lui porter un coup fatal.

Par une clause du traité de 1783, la France et l'Angleterre s'étaient engagées à conclure un traité de commerce. Pendant trois ans le comte de Vergennes, secrétaire d'État au département des affaires étrangères et chef du Conseil Royal des finances, cherchait par tous les moyens possibles à éluder l'exécution de cet article, lorsque tout à coup il en pressa la conclusion afin d'attacher les intérêts anglais à la conclusion de la paix, et le traité de commerce, si contraire aux intérêts français, fut signé à Versailles le 20 septembre 1786.

Ce traité eut une influence si désastreuse sur les fabriques françaises et particulièrement sur les fabriques de faïences dont il devait achever la ruine, que nous croyons intéressant d'en analyser rapidement les dispositions principales.

En voici le préambule :

« S. M. Très Chrétienne et S. M. Britannique étant également animées du désir non seulement de consolider la bonne harmonie qui subsiste actuellement entre elles, mais aussi d'en étendre les heureux effets sur leurs sujets respectifs, ont pensé que les moyens les plus efficaces pour remplir ces objets, conformément à l'article 18 du traité de paix signé le 6 septembre 1783, étaient d'adopter un système de commerce, qui eût pour fondement la réciprocité et la convenance mutuelle et qui, en faisant cesser l'état de prohibition et les droits prohibitifs qui ont existé depuis près d'un siècle entre les deux nations, procurât de part et d'autre les avantages les plus solides aux productions et à l'industrie nationales, et détruisît la contrebande qui est aussi nuisible au revenu public qu'au commerce légitime, qui, seul, mérite d'être protégé.

« A cet effet...

« ART. I. — Il a été convenu et accordé... qu'il y ait entre les sujets de part et d'autre, une liberté réciproque et, en toutes manières absolues, de navigation et de commerce, dans tous et chacun des Royaumes, États, etc., de l'obéissance de LL. MM. en Europe pour toutes et chacunes sortes de marchandises, dans les lieux, aux conditions, en la forme qu'il a été établi dans les articles suivants :

. . . .

« Art. 6. — Pour fixer d'une manière invariable le pied sur lequel le commerce sera établi entre les deux nations, les deux hautes parties contractantes sont convenues du tarif suivant :

. . . .

« 12° La porcelaine, la fayence et la poterie payeront 12 pour cent de leur valeur. »

. . . .

Ce traité, si avantageux pour l'Angleterre qui pouvait, en outre, introduire moyennant des droits extrêmement minimes ses cotons, ses fers et ses aciers, fut signé par M. Gérard de Rayneval pour la France et William Eden pour la Grande-Bretagne.

Dès l'année suivante les plaintes arrivèrent, presque de toutes parts, au bureau des affaires étrangères. Seuls les propriétaires de vignes et d'oliviers et les fabricants d'articles de goût, à Paris, se félicitaient, alors que les manufacturiers luttaient avec angoisse et finissaient bientôt par fermer leurs ateliers ; en réalité l'Angleterre importait en France deux fois plus de marchandises qu'elle n'en tirait.

Ainsi que nous l'avons dit, les manufactures de faïences eurent plus que les autres à souffrir de la concurrence que firent à leurs produits les poteries anglaises. Toutes ou presque toutes furent entièrement ruinées et celles qui résistèrent ne le firent qu'à la condition de se renfermer dans la fabrication des objets les plus communs et les plus grossiers.

Il appartenait à notre époque de faire revivre les anciens procédés en montrant quel immense avantage présentaient au point de vue décoratif les faïences et les terres pendant si longtemps dédaignées. Grâce à l'impulsion féconde et aux encouragements de quelques amateurs érudits, grâce surtout aux recherches désintéressées et aux travaux d'artistes courageux et passionnés, à la tête desquels il faut placer les Avisseau, les Pull, les Jean et tant d'autres, la fabrication de la faïence reprit peu à peu une des premières places parmi les industries artistiques de la France. Puis vint le maître faïencier, Théodore Deck, et la nombreuse phalange de ses élèves et de ses imitateurs dont les produits égalent, si même ils ne les surpassent, ceux des siècles passés. D'autre part, des manufactures importantes sont fondées à Gien, à Lunéville, à Choisy, à Bordeaux, etc., qui livrent au commerce à un bon marché pouvant défier toute concurrence des vaisselles d'un goût charmant, plus froides d'aspect peut-être que les anciennes faïences de Nevers, de Rouen ou de Strasbourg, mais plus solides et d'un meilleur usage. C'est surtout dans le domaine de la céramique architecturale que nos modernes faïenciers ont su réaliser des progrès surprenants et les dernières expositions nous ont montré des Deck, des Boulenger, des Muller, des Lœbnitz et des Delaherche, des œuvres que n'auraient jamais osé aborder leurs devanciers.

Mais l'étude de ces modernes manifestations nous entraînerait au delà des bornes qui nous ont été fixées, et nous devons arrêter ici ce résumé rapide de l'histoire d'une des plus belles industries dont puisse s'enorgueillir le génie de l'homme.

Édouard GARNIER.

Novembre 1893.

DICTIONNAIRE DE LA CÉRAMIQUE

FAÏENCES ET GRÈS

A

AALMES ou **AALMIS**, peintre sur faïence, né à Rotterdam, travailla longtemps chez Cornelis de Berg, maître faïencier à Delft. On connaît de lui plusieurs pièces d'une exécution soignée, entre autres un plateau sur lequel est peinte une scène de cabaret, signée :

Aalmes

1731

Son nom, avec la même date, se trouve également sur un joli plateau, signalé par M. H. Havard, accompagné de l'*Étoile* et du monogramme de Cornelis de Berg. On cite aussi de lui de grands tableaux formés de carreaux décorés en camaïeu bleu de sujets représentant les *Saisons* et signés :

I. Aalmis P^t Rotterdam.

ABAQUESNE (**Masseot**[1]), potier rouennais, dont le nom figure sur plusieurs actes comme *esmailleur en terre*, entre autres sur un reçu de cent écus d'or, daté du jeudi septième jour de mars 1548, « sur et tant en diminuant que rabattant sur le prix et sommes deubz en quoi ledit Abaquesne disoit avoir réduit avec hault et puissant seigneur messire le connestable grand-maître de France *pour certain nombre de carreaux de terre esmaillée* que ledit Abaquesne s'estoit soubmis et obligé faire audict sieur connestable, de laquelle somme de cent escus d'or au soleil, ledit Abaquesne s'est tenu pour content et en a quitté et quitte icelly sieur connestable... » Ces carreaux, dans lesquels on reconnaît le procédé des peintres italiens avec un goût très français, surtout dans les ornements, faisaient partie du pavage des salles du château d'Écouen, construit par le connétable de Montmorency ; l'un d'eux porte la mention :

[1]. Le prénom *Masseot*, *Massiot* ou *Masse*, était souvent employé au xvie siècle comme diminutif de *Thomas*.

A Rouen, 1542. On ignore la date de la mort d'Abaquesne; mais on doit la reporter avant l'année 1564, d'après un acte par lequel sa veuve, Marion Durand, qui avait continué la fabrication établie par son mari, traite en son nom particulier pour la fourniture de quatre milliers de carreaux émaillés de couleurs, au prix de 36 livres le mille. C'est à Abaquesne que l'on doit également, suivant toutes probabilités, quelques rarissimes faïences d'un style bien français bien que l'influence italienne s'y fasse sentir, telles que la bouteille, du Musée de Sèvres (n° 8292), et un petit vase de la collection de M. le baron J. Pichon, dont la technique est absolument identique à celle des carreaux que nous venons de citer.

Cf. E. GOSSELIN, *Glanes historiques normandes*.

ABSOLON, décorateur sur faïence, établi à Yarmouth (Angleterre) à la fin du siècle dernier ; sa signature :

Absolon Yarm θ

figure sur des poteries de provenances diverses, entre autres sur des faïences fabriquées par Wedgwood, Turner, etc., dont elles portent les marques.

ACOLE (Giovanni), potier à Faenza. Son nom se trouve en toutes lettres sur une écritoire de la collection Davillier, aujourd'hui au Musée de Sèvres, représentant *la Crèche* (n° 8330) :

FECE·GIOVANNI·ACOLE

1509

GENOLINI (*Maioliche italiane*, pl. III, n° 36) donne cette marque comme appartenant à un artiste de Cafaggiolo.

ADAMS (Villiam), potier anglais, élève favori et ami de Wedgwood, vint, après la mort de ce dernier, s'établir à Tunstall, près Burslem, dans le Staffordshire, où il mourut vers 1804. Ses imitations de camées, ses poteries bleu uni ou jaspées bleu et blanc, quoique inférieures à celles de Wedgwood, méritent cependant d'être recherchées : il eut plusieurs associés, entre autres son fils Benjamin qui lui succéda. Ses poteries sont marquées en creux et au cachet : ADAMS ou ADAMS & C°.

AIGUIÈRE ou **BUIRE**. Les principales manufactures de faïence ont, à toutes les époques, fabriqué des aiguières décorées plus ou moins richement, mais dont les formes n'ont jamais beaucoup varié. Au xvie siècle, les artistes de Faenza et d'Urbino, s'inspirant des modèles d'orfèvrerie, ont fait des aiguières très élégantes, en forme de vases ovoïdes à col terminé par un bec d'expansion, munies d'anses surélevées, et décorées avec le goût délicat que les faïenciers italiens savaient apporter dans l'ornementation générale de leurs œuvres. Plus tard, en France, Rouen et Moustiers ; en Hollande, Delft, etc., ont également fabriqué des aiguières qui affectent presque toujours la forme d'un casque renversé — d'où le nom consacré d'*aiguière* ou *buire en casque* — monté sur un pied peu élevé et munies également d'une anse ; la décoration de ces différentes aiguières est celle que l'on remarque sur les autres faïences sorties des mêmes fabriques : à Rouen, des lambrequins bleus, d'abord, puis des ornements polychromes de style pseudo-chinois, des *cornes*, des *carquois*, etc.; à Moustiers, des dentelles légères et des ornements dans le style de Bérain ; à Delft, des dessins copiés sur les porcelaines orientales, des paysages, des scènes allégoriques ou des allusions politiques en camaïeu bleu. Ces aiguières sont généralement rares et quelques-unes ont atteint dans les ventes des prix souvent élevés.

AIRE (Pas-de-Calais). Manufacture de faïences assez communes, fondée vers 1730 au lieu dit *le Rivage*, par un sieur Joseph Prudhomme auquel succéda, en 1755, son gendre, J. F. Dumetz, de Saint-Omer. Le décor se compose généralement de bouquets de fleurs dessinées en traits noirs recouverts d'à-plats de couleurs, dans lesquelles, ainsi que cela se voit généralement dans la plupart des faïences du nord de la France, le violet de manganèse domine ; quelques pièces sont décorées de fleurs peintes en camaïeu jaune orange. (Pl. 11 5·9.) Deux pièces du Musée de Sèvres portent les marques suivantes :

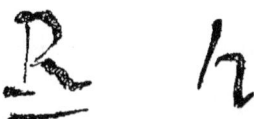

Cette manufacture, qui employait quarante ouvriers, cessa d'exister vers 1790.

ALBISSOLA. C'est dans ce village, situé sur le bord de la mer, aux portes de Savone, qu'était établie la fabrique des faïences désignées généralement sous le nom de *faïences de Savone*. (Voir ce mot.) Dominique Conrade, qui introduisit à Nevers l'art de la faïence, était originaire d'Albissola. On voit, dans l'église de ce village, une peinture de 2 mètres de hauteur, exécutée sur des plaques de faïence juxtaposées, représentant la *Nativité*, et qui porte l'inscription suivante :

Fatto in Arbisola (sic) *del 1576 per mano di Agostino...*
Gerolamo Urbinato lo dipinse.

GENOLINI (*Maioliche italiane*) donne comme appartenant à Albissola la marque :

Ou simplement un *A*.

ALCORA, près **Valence** (**Espagne**). Cette manufacture fut fondée, en 1727, par le comte d'Aranda avec le concours de plusieurs artistes et ouvriers de Moustiers, qui y importèrent les procédés de fabrication et de décoration employés généralement alors dans les fabriques du midi. Dans un grand nombre de collections, les faïences d'Alcora, surtout celles qui sont décorées de sujets religieux ou mythologiques à bordures de dentelles, se trouvent confondues avec celles de Moustiers, et cette confusion s'explique d'autant mieux, que beaucoup de ces faïences ont été décorées par le même artiste, Olery, qui, à Alcora comme à Moustiers, signait toujours ses œuvres de son monogramme — un O traversé par un L et précédé d'une lettre quelconque :

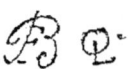

On s'accorde cependant à attribuer à Alcora les plats et les assiettes de forme pentagonale très accentuée.

Quelques faïences d'Alcora sont marquées simplement d'un A ; d'autres portent en toutes lettres les noms des artistes qui les ont décorées ; c'est ainsi que nous trouvons le nom de :

F. O. Grangel

sous une admirable pièce de la collection Gasnault décorée de dentelles bleues rehaussées de jaune orangé, et celui de *Soliva* :

PL. 1

ÉCOLE DE NEVERS

Débuts de la fabrication (xviie siècle). — *a b c* Influence italienne.
d e Influence persane.

Pl. 1

ÉCOLE DE NEVERS

Débuts de la fabrication (XVIe siècle). — a b c Influence italienne.
d e Influence persane.

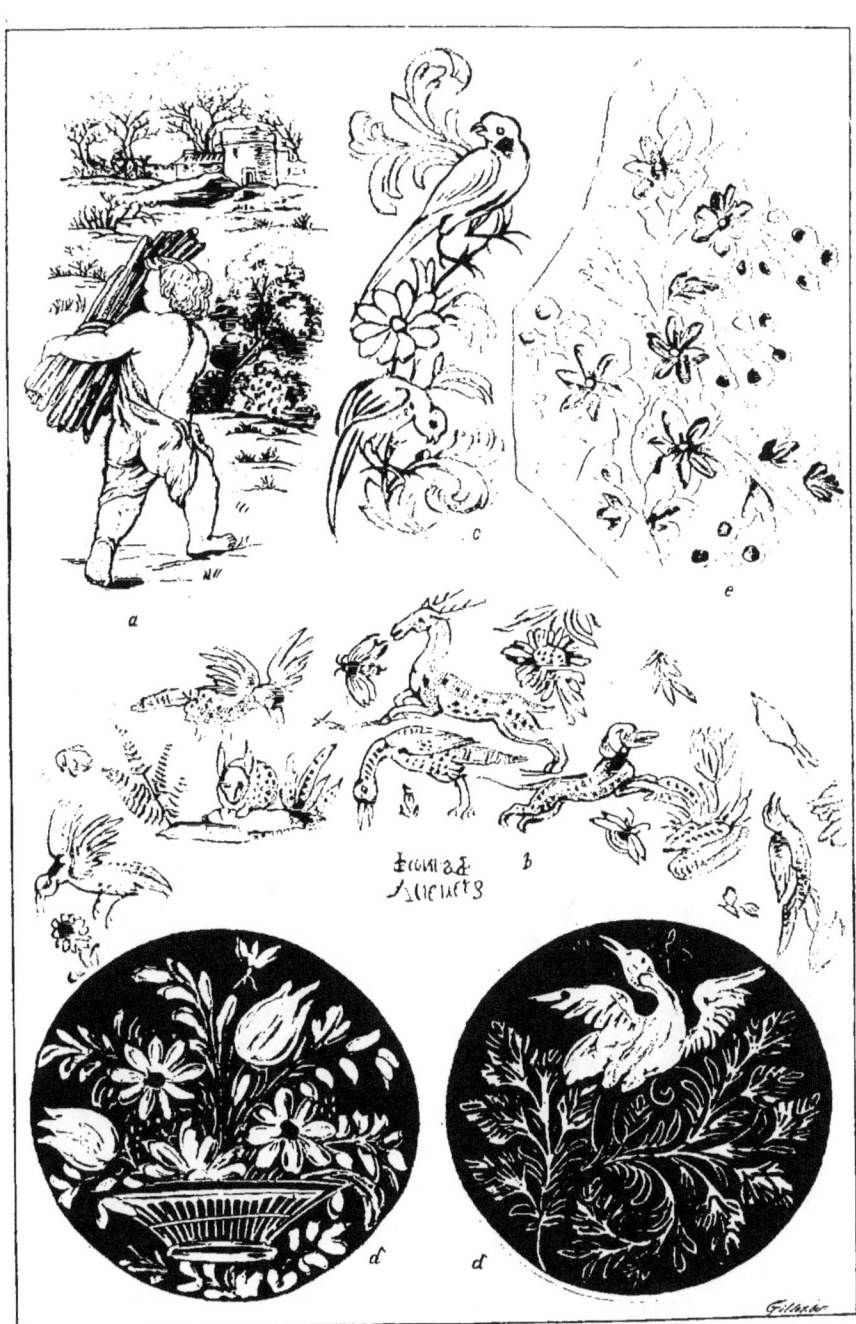

sous une coupe à piédouche, aujourd'hui au Musée de Sèvres, représentant *la Famille de Darius*, d'après Le Brun. Dans cette belle coupe, qui faisait autrefois partie de la collection du baron Davillier, les chairs sont peintes en bleu et les draperies en jaune, brun verdâtre et rose violacé ; la bordure, dite *à dentelles*, exécutée en bleu et jaune, est dans le style des faïences de Moustiers. (Pl. 6.)

Une autre coupe, de même forme et de même provenance, décorée dans le style de Bérain, est marquée :

$$\vee C \;\; \square$$

Quelques pièces portent les lettres :

$$Fer.$$

abréviation du nom d'un décorateur : *Ferrer Vicente*.

C'est à Alcora que l'on a fabriqué ces plaques d'applique ovales, entourées d'une large bordure de rocailles en relief, que l'on trouve assez fréquemment en Espagne et qui sont décorées au centre de sujets religieux assez mal exécutés généralement, mais d'une coloration harmonieuse.

Cf. Davillier, *Les Arts décoratifs en Espagne*.

AMATORII, Coppe amatorie. On désigne ainsi des faïences (coupes, plateaux, assiettes, etc.) que les jeunes gens envoyaient à leurs fiancées comme un hommage rendu à leur beauté. Ces faïences, qui ont été surtout fabriquées à Pesaro, sont décorées de bustes de femmes d'une tournure parfois un peu raide, mais toujours d'un excellent dessin ; sur une banderole ou un ruban qui occupe le fond et, souvent, sur le fond même, on lit le nom de la personne à qui l'hommage était destiné : *Lucretia diva* ; *Camilla bella*, etc.

AMBERG (Bavière). Cette manufacture, dont l'existence n'a jamais été signalée, a produit cependant des faïences qui méritent d'être recherchées. Nous connaissons d'Amberg deux cafetières à reliefs de rocailles, à l'émail d'un beau blanc laiteux, décorées, dans le genre de Strasbourg, de bouquets et de fleurettes, d'une exécution extrêmement habile, sans sécheresse et d'une grande fraîcheur de tons. L'une est signée :

PINXIT TUGE
Amberg 1773

et l'autre, simplement :

Amberg 1774

AMSTERDAM. Une manufacture fut fondée dans cette ville, vers 1780, par un nommé Hartog, de Breslau, — qui ajouta à son nom celui de Van Laun, — associé avec Brandeis ; on y fabriqua surtout des faïences bleues, qui n'ont rien de particulier et qui peuvent facilement être confondues avec les produits les plus ordinaires de Delft.

C'est à la manufacture d'Amsterdam cependant — quelques savants hollandais disent à Arnheim, également en Hollande [1] — que l'on attribue généralement quelques rares pièces d'une exécution remarquable et d'un bleu assez particulier (pl. 17), marquées d'un coq chantant :

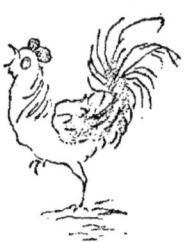

auquel se joint parfois l'initiale *N* flanquée à droite et à gauche de quatre points disposés en losange.

Cette manufacture cessa d'exister vers 1786.

AMSTERDAM (Léonard van), faïencier à Delft en 1721 ; on sait peu de chose sur son compte, mais M. Havard pense que c'est à lui qu'il faut attribuer les délicieuses faïences imitées des porcelaines de Saxe et qui sont des merveilles de décoration. Ces pièces sont signées :

VA — ou V — ou AV

ANCRE (Faïences marquées d'une). Cette marque fut employée dans la manufacture de Sceaux, lorsqu'elle fut protégée par le duc de Penthièvre, grand amiral de France. (Voir *Sceaux*.) Quelques auteurs la donnent également à quelques très rares faïences de Savone, dont nous ne connaissons aucun spécimen.

ANCY-LE-FRANC (Yonne). Il y eut à Ancy-le-Franc, et dans plu-

---

1. Une enseigne en faïence, de la collection Evenepoel de Bruxelles, viendrait à l'appui de cette opinion. Cette faïence peinte en camaïeu bleu, d'un ton un peu triste, représente un groupe de sept personnages en costume du xviiie siècle. Au second plan, à droite, un canal bordé d'une fabrique devant laquelle stationne un bateau. Dans le haut, les mots ARNHEMSE FABRIQUE *(fabrique d'Arnheim)* sont inscrits sur une banderole surmontée du coq, emblème des associés Van Laun et Brandeis.

sieurs localités des environs d'Auxerre, des faïenceries peu importantes dont les produits grossiers, n'offrant rien de particulier, dérivent de ceux des fabriques de Nevers de la décadence et ne méritent à aucun titre d'être signalés ; on n'en connaîtrait même pas l'existence, si leurs noms n'étaient mentionnés dans la liste dite de *Glot* (voir ce nom) ou dans l'*Almanach général du Commerce*, de Gournay. La fabrique d'Ancy-le-Franc, fondée par le marquis de Courtanvaux vers 1765, existait encore au commencement de ce siècle. Le Musée d'Auxerre possède une assiette portant la date de 1809 et l'inscription : *B. Menuisier, à Ancy-le-Franc.* Une assiette de la même époque à peu près (Musée de Sèvres, n° 6287), grossièrement dessinée et peinte, représente *le Jugement de Páris*.

Cf. Cherest, *Les Faïences de l'Auxerrois*, br. in-8°, 1874.

ANDENNE (Belgique) possédait à la fin du siècle dernier deux manufactures de faïences fines. La première, fondée en 1783, par Joseph Wouters, de Louvain, céramiste fort habile, qui forma l'année suivante, le 21 décembre 1784, une association avec deux capitalistes, les barons de Kessel et Van der Wardt d'Onsel, ne fit pas dès le début de très bonnes affaires. A la suite de plusieurs procès qu'il eut à soutenir contre ses associés, Wouters, forcé de se retirer, établit en 1787 une nouvelle fabrique d'où sont sortis plusieurs groupes ou statuettes assez remarquables [1], dus à Guilain Richardot, modeleur très habile, né à Bruxelles en 1765. Au commencement de ce siècle, on a fait à Andenne un grand nombre de faïences décorées par impression et marquées AD W.

ANDREOLI (Maestro Giorgio), sculpteur et peintre sur faïence, né à Pavie dans la dernière moitié du xve siècle et mort vers 1540. Tout jeune encore, il vint avec ses deux frères Salimbene et Giovanni s'établir à Gubbio, où il fonda une fabrique de faïences remarquables surtout par un lustre métallique rouge rubis dont il semble avoir possédé seul le secret. Il a décoré de sujets de figures d'un style archaïque très prononcé, mais cependant d'un très beau dessin, un certain nombre de pièces, et il a surtout rehaussé de son lustre métallique une grande quantité de faïences fabriquées dans d'autres ateliers, soit qu'il fit ce travail à façon pour le compte de ses confrères, — entre autres de Xanto, d'Urbino, — soit plutôt qu'il achetât ces faïences pour les revendre plus cher ensuite ; on trouve souvent, en effet, sa signature ou seule-

---

[1]. Entre autres une curieuse statuette de Napoléon debout, entouré de petits génies et de trophées de drapeaux sur un socle, portant tracé à la pointe : « L'an premier de l'Empire français fait à Andenne à la fabrique de Th. Wouters par Richardot per (*sic*) ».

ment les entrelacs et les fleurons qu'il mettait habituellement au revers des pièces qu'il *lustrait*, par-dessus des inscriptions indiquant le sujet représenté sur des majoliques qui proviennent évidemment d'autres fabriques que de celle de Gubbio. C'est seulement à dater de 1519 qu'il marqua les pièces sorties de ses mains de son nom écrit en toutes lettres :

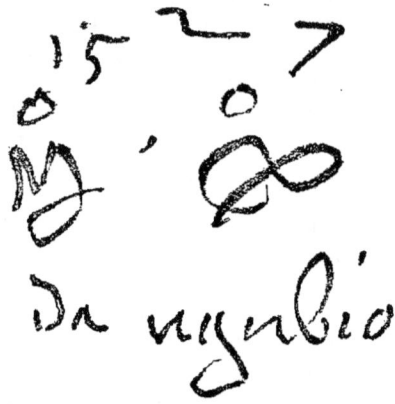

(Musée de Sèvres, n° 2470¹), ou, simplement, de monogrammes dont les plus usités sont les suivants :

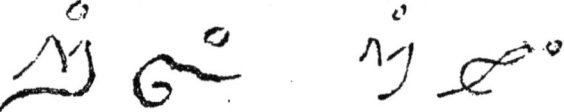

Avant 1519, ses faïences à reflets ne portaient qu'une ou, quelquefois, deux lettres :

N   N O

On lui a attribué pendant longtemps, mais certainement à tort, un petit plat, très souvent cité, du Musée de Sèvres (n° 2477²), représentant l'*Ecce Homo*, et portant sur le marli, enlevés en blanc sur le fond bleu, le nom et la date :

DON GIORSIO 1425

L'inscription *Don Giorgio* ne nous paraît pas être une signature, mais bien un nom de possesseur et ce plat n'a jamais, quoi qu'on en ait dit, porté trace de reflets métalliques.

Cf. Marquis RANGHIASCI BRANCALEONI: *Di maestro Giorgio da Gubbio e di alcuni suoi lavori in majolica*, Pesaro, 1857, in-8°.

ANGOULÊME. Vers le milieu du xviiie siècle, un ancien moine, L. Sazerac, originaire des environs de Saintes, fonda à Angoulême, dans le faubourg de l'Houmeau, une manufacture qui paraît n'avoir produit que des faïences assez communes, de couleurs éteintes et — bien que l'émail en soit très beau — imitant les décors les plus ordinaires de Rouen, de Sinceny et de Moustiers. L'Exposition rétrospective qui eut lieu à Angoulême, en juin 1893, nous a montré cependant quelques pièces d'une excellente exécution, entre autres une cloche de 35 centimètres de hauteur, en très belle faïence, portant une longue inscription et la mention : *Fait à Angoulême, le 12 août mil sept cent cinquante-cinq;* ainsi qu'un lion dont la patte est appuyée sur un écusson aux armes de France, avec l'inscription : *ANGOULEME, anno 1770*. Le Musée de Limoges possède également un lion assis soutenant un écu aux armes de France, sur la base duquel on lit, en lettres capitales, la mention suivante : A ANGOULÊME DE LA FABRIQUE DE MADAME V. S. D ET F 28 AOUT 1784 (*Veuve Sazerac Desrocher et fils*).

ANSPACH (Bavière). Faïences à décor bleu imité du décor rouennais.

Au début, les lambrequins de Rouen sont copiés exactement sur des pièces d'une exécution lourde et commune ; plus tard, l'imitation subsiste, mais la fabrication s'améliore; l'émail est d'une blancheur et d'une limpidité parfaites, et le décor se compose de motifs originaux, tout en gardant cependant les dispositions principales et l'apparence des faïences rouennaises.

Le bleu d'Anspach n'a ni la franchise de ton, ni la transparence, ni l'éclat de celui de Rouen; il est un peu plus lourd d'aspect et, parfois, légèrement opaque comme s'il contenait du blanc :

Marque : *A* en bleu.

Jacquemart cite un surtout de table d'une belle fabrication, signé *Mathias Rosa im Anspach;* nous ne connaissons pas cette marque.

ANVERS. Suivant Piccolpasso[1], un Italien, Guido di Savino, de

1. *I tre libri dell' arte del Vasajo* del Cav. Cipriano PICCOLPASSO Durantino. Ce livre, écrit en 1548, a été traduit en français par Claudius Popelyn.

Castel-Durante, aurait, au XVIe siècle, fondé à Anvers une fabrique de faïences, mais on ne connait jusqu'à présent aucune pièce qu'on puisse lui attribuer avec certitude. On regarde cependant comme étant d'Anvers des faïences blanches, généralement godronnées et décorées d'une façon assez commune de rinceaux et de fleurs en bleu et jaune citrin ; les mêmes pièces sont données également, par certains amateurs, à la fabrique du Croisic, dirigée, en 1627, par un Italien, Horatio Borniola.

APPEL (Johannes den), maître faïencier, établi à Delft en 1759, à l'enseigne du *Bateau doré* (*In De Vergulde Boot*). Ses produits assez communs sont marqués :

I · D · A

APREY, près Langres (Haute-Marne). Cette manufacture, fondée vers 1750, par Lallemand de Villehaut, baron d'Aprey, qui exploitait également une verrerie dans le même lieu, est une de celles dans lesquelles on a le mieux réussi à imiter sur faïence le genre de décoration appliquée alors à la porcelaine. Les faïences d'Aprey, dont les formes élégantes, enrichies de bordures de rocailles et de festons, étaient empruntées à l'orfèvrerie, sont décorées de bouquets de fleurs et surtout d'oiseaux au plumage éclatant, sur fond de paysage — ou *en terrasse*, suivant l'expression du temps, — exécutés avec beaucoup de finesse et de talent par un peintre de grand mérite, nommé Jarry, auquel cette manufacture doit sa réputation. (Pl. 10 *h* et *g*.)

Lallemand de Villehaut, cependant, ne fit pas de très brillantes affaires et, après une liquidation assez difficile, la faïencerie passa entre les mains du baron d'Anthès de Longepierre, puis, vers 1789, entre celles d'Olivier, manufacturier très habile.

Par une singularité inexplicable, les plus belles faïences d'Aprey ne portent aucune marque ; c'est seulement à l'époque où la fabrication devient moins soignée qu'elles sont signées, soit en toutes lettres, soit, le plus souvent, des deux lettres initiales d'Aprey, avec le sigle de Jarry ou d'autres décorateurs :

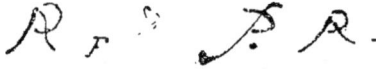

APT (Vaucluse). Les poteries à vernis jaune uni, ou marbrées, fabriquées à Apt dans le milieu du XVIIIe siècle, sont facilement reconnaissables à la finesse de leurs reliefs et à la perfection de leur exécution ; beaucoup étaient surmoulées sur des pièces d'orfèvrerie ciselée. En 1780, une manufacture dirigée par Bonnet était renommée pour ses poteries marbrées, obtenues par le mélange de cinq terres : rouge, brun foncé, vert, jaune clair et foncé, mélangées par un broyage spécial. Millin, dans son *Voyage dans les départements du midi de la France* (t. III, p. 92), parle de cette manufacture : « En revenant, nous entrâmes dans la manufacture de poterie et de faïence de M. Bonnet, située près du chemin. La faïence qu'on fabrique dans cette maison résiste au feu. Elle est presque toute de couleur jaune; il y en a aussi de la brune, d'autre qui imite différentes espèces de marbres et de brocatelles; mais la jaune est la meilleure. »

Une fabrique, dont les produits sont confondus avec ceux d'Apt, existait au Castelet, petit village situé à très peu de distance. On lit sur un vase cylindrique du Musée de Lyon, dont le couvercle est surmonté d'une figurine de bergère assise, le coude appuyé sur un tronc d'arbre, l'inscription suivante, gravée dans la pâte : *la Bergère dans l'inquiétude, ou Départ de son amant, à Castelet par moy César Moulin fils ex.* Le Musée de Sèvres possède un vase à ornements en relief et festons de couleurs variées fait par Moulin en 1780, ainsi que divers spécimens de la fabrication de la veuve Arnoux (1802), dont quelques-uns sont marqués d'un *W* et d'un *A* accolés.

ARBOIS (Jura). L'*Almanach de Gournay* (1788) mentionne une fabrique dirigée par un faïencier nommé Giroulet, auquel on doit sans doute les faïences dites *patriotiques*, dont Max Buchon a signalé l'existence en 1867. (Cf. *Chronique des Arts*, 24 février 1864.) Sur une écuelle du Musée de Sèvres, décorée grossièrement en bleu rehaussé de jaune, on lit : *Joseph Laurent D'Arbois 1746*. Une assiette de la collection Liesville portait le nom d'*Aimé Laurent 1746*, et un petit tonneau de la même collection à décor polychrome était signé : *Arbois 1787*.

ARDUS (Tarn-et-Garonne), à sept kilomètres de Montauban. La manufacture d'Ardus, établie vers 1737, a produit surtout des faïences décorées dans le style de celles de Moustiers, dont elles se distinguent cependant par leur émail moins blanc, leur pâte plus lourde et leur exécution moins soignée; en outre, et comme la plupart des faïences du sud-ouest, le bleu est d'un ton sali et légèrement ardoisé. Quelques pièces sont signées en toutes lettres : *d'ARDVS 1739*. Un plat décoré dans le style de Bérain et timbré d'un écusson portant, comme armes parlantes, un moulin à vent, est signé : *Molinié fecit*. Vers 1752, la manufacture d'Ardus fut dirigée par une femme, *Louise Pichon*, dont on trouve le nom sur quelques pièces d'un décor assez simple : *Fait à Ardus, près Montauban, le 14° may 1752, Pichon Vve*. Un autre peintre qui a signé plusieurs faïences, notamment des portraits peints en camaïeu bleu dans des fonds d'assiettes, est *Mathieu Rigal ;* une assiette de lui, reproduite par M. Forestié, est signée en bas :

de Mathieu Rigal
peintre à Ardus
en 1747

une autre :

De la Manufacture d'Ardus 1747. Rigal pinxit

On a fait également à Ardus des faïences *façon Rouen*, et l'hospice de Montauban possède une pharmacie composée entièrement de vases en faïence d'Ardus, décorés en bleu de rinceaux et arabesques dans le goût de Nevers.

Cf. E. Forestié, *Les Anciennes Faïences de Montauban, Ardus, etc.*, in-8°, 1876.

ARNHEIM. — Voir *Amsterdam.*

ASTBURY, potier anglais. On rapporte qu'étant entré comme manœuvre chez les frères Elers, qui, vers 1690, étaient venus s'établir à Bradwell, en Angleterre, où ils avaient le monopole de ces grès blancs et rouges, à glaçure mince, si fort recherchés aujourd'hui, Astbury eut, pendant plusieurs années, le courage de contrefaire l'idiot, afin de pouvoir surprendre les procédés employés par ses patrons ; il fonda ensuite à Shelton une manufacture qui donna bientôt naissance à beaucoup d'autres et qui fit aux Elers une concurrence telle que ceux-ci furent promptement ruinés. Il mourut en 1743, âgé de soixante-cinq ans.

C'est à son fils que l'on doit le perfectionnement apporté dans la fabrication des faïences fines par l'introduction du silex calciné dans la pâte *(cailloutage).* Dans un voyage qu'il fit à Londres, il fut forcé, dit-on, de s'arrêter à Dunstable pour faire soigner une ophtalmie dont son cheval venait d'être atteint. Le maître de l'auberge où il était descendu lui ayant conseillé d'employer, pour guérir son cheval, du silex calciné, Astbury remarqua que le silex, noir avant la calcination, avait pris une belle couleur blanche ; il pensa qu'il pourrait blanchir la pâte de ses poteries en y introduisant cette matière, et, de retour chez lui, essaya ce procédé dont il obtint les résultats satisfaisants qu'il avait prévus.

Les grès et les faïences fines des Astbury sont souvent marqués de leur nom estampé en creux dans la pâte.

AUBAGNE (Bouches-du-Rhône), à peu de distance de Marseille, sur la route de Toulon. Gournay, dans le *Tableau général du Commerce* *pour 1788*, nous apprend qu'il y avait à Aubagne, à cette époque « seize fabriques de poteries et deux de faïence fort belle où l'on fait tout ce que l'on peut désirer dans ce genre ». Les faïences d'Aubagne ne portent aucune marque, et il est probable qu'elles doivent rentrer dans cette catégorie d'imitations des produits de Moustiers et de Marseille fabriqués un peu partout dans le Midi. On sait cependant que c'est à Aubagne que l'on faisait les tableaux à cadres figurés et à figures de saints et de saintes en relief peint, dont on voit de nombreux spécimens dans les collections particulières de Marseille et dans quelques églises des environs, ainsi que les Christs en faïence blanche posés sur une croix découpée de façon à se détacher sur un fond de velours, mais tenant par ses extrémités à un cadre de forme chantournée à moulures peintes. Un spécimen de ce genre existe au Musée de Sèvres.

AUDUN-LE-TICHE (**Meurthe-et-Moselle**). Une manufacture de faïences y fut établie en 1748 par François Boch, mouleur en fonte de fer, qui s'associa avec son gendre, Valette, ouvrier faïencier à Saint-Clément. A la mort de ce dernier, ses trois beaux-frères, Jean-François, Dominique et Pierre-Joseph, dirigèrent la fabrique, dont ils devinrent propriétaires après le décès de leur père, en 1754, mais qu'ils quittèrent en 1765, pour aller s'établir à Sept-Fontaines, dans les environs de la ville de Luxembourg. — Voir ce mot.

AUVILLAR (**Tarn-et-Garonne**) possédait au xviiie siècle plusieurs manufactures dont les produits imitent plus ou moins grossièrement les faïences de Moustiers, de Varages et même de Rouen; l'émail en est assez beau et très uni. Quelques pièces, d'une exécution assez soignée, sont attribuées à un céramiste d'origine italienne, nommé Lindor, tout à la fois peintre et modeleur, qui aurait apporté à Auvillar la manière de décorer les faïences sur émail cuit. On ne connaît aucune pièce signée.

Cf. E. FORESTIÉ, *Les Anciennes Faïences de Montauban, Ardus, etc.*

AUXERRE (**Yonne**). On y a fabriqué, à la fin du siècle dernier, des faïences communes dans le genre des produits les plus ordinaires de Nevers. Une manufacture, fondée en 1789, par Claude Boutet, dans l'ancien couvent des Capucins, cessa d'exister vers 1820. Une soupière, du Musée d'Auxerre, décorée de guirlandes de fleurs et de fruits, porte en dessous l'inscription suivante :

Faïence d'Auxerre. Au Capucin

Arché, *Vausse*, *Ligny-le-Chatel* et *Chevannes*, dans la même région, ont également fabriqué des faïences assez communes.

Cf. Aimé Cheret, *Les Faïences de l'Auxerrois*, in-8°, 1874.

AVIGNON (Vaucluse). Bien que l'on connaisse, grâce aux recherches de M. P. Achard, archiviste du département de Vaucluse, les noms de quelques potiers établis à Avignon depuis le commencement du xvie siècle jusqu'à la fin du xviiie, on ne sait rien sur l'histoire de la fabrication des belles poteries en terre rouge, vernissées en brun et rehaussées parfois d'ornements en relief, recouverts d'un ton d'or patiné, qui sont sorties des ateliers de cette ville, surtout au xviie siècle. Ces poteries, d'une belle exécution et de formes élégantes, sont quelquefois confondues avec les terres vernissées italiennes, d'où elles procèdent évidemment; on peut cependant les distinguer à leur émail plus gras, plus limpide et d'un ton plus chaud.

Avignon a possédé également, au xviiie siècle, une manufacture de faïences à émail stannifère, sur laquelle les renseignements historiques très précis font défaut, mais dont plusieurs spécimens ont figuré à l'Exposition rétrospective qui eut lieu dans cette ville au mois de mai 1891. Ces faïences sont caractérisées par un émail brillant, des couleurs à tons doux et l'usage fréquent dans le décor de paysages identiques à ceux des vignettes dont abusait l'imprimerie avignonaise si florissante au siècle dernier. Cette manufacture, dont l'enseigne, peinte en caractères bleus, sur une plaque de faïence à bord chantourné, bordée d'un cordon en relief et encadrée d'un rinceau bleu :

FABRIQUE DE FAIANCE
CHEZ CARBONEL
1737

existe encore à Avignon incrustée dans le mur d'un bâtiment situé à l'angle des rues des Trois-Colombes et de la place Saint-Joseph, a imité plusieurs genres et bien des faïences, indiquées dans les musées et dans les collections, sous la dénomination de : *Fabrique du midi* ou *École de Moustiers*, peuvent certainement lui être attribuées.

Cf. Labande et F. Mazerolle, *Catalogue de l'Exposition des Arts rétrospectifs*, Avignon, 1891.

AVISSEAU (Charles-Jean), né à Tours, le 25 décembre 1796; d'abord ouvrier potier dans les fabriques de Saint-Pierre-les-Corps, à Tours, il travailla ensuite à Beaumont-les-Autels, où il eut occasion de voir une pièce de Palissy, qui produisit sur lui une impression telle qu'il n'eut plus qu'une pensée, celle de retrouver le secret de la fabrication et

PL. II

ECOLE DE ROUEN

Décor bleu. — Style pseudo-chinois. — Décor rayonnant.

Pl. II

ÉCOLE DE ROUEN

Décor bleu. — Style pseudo-chinois. — Décor rayonnant.

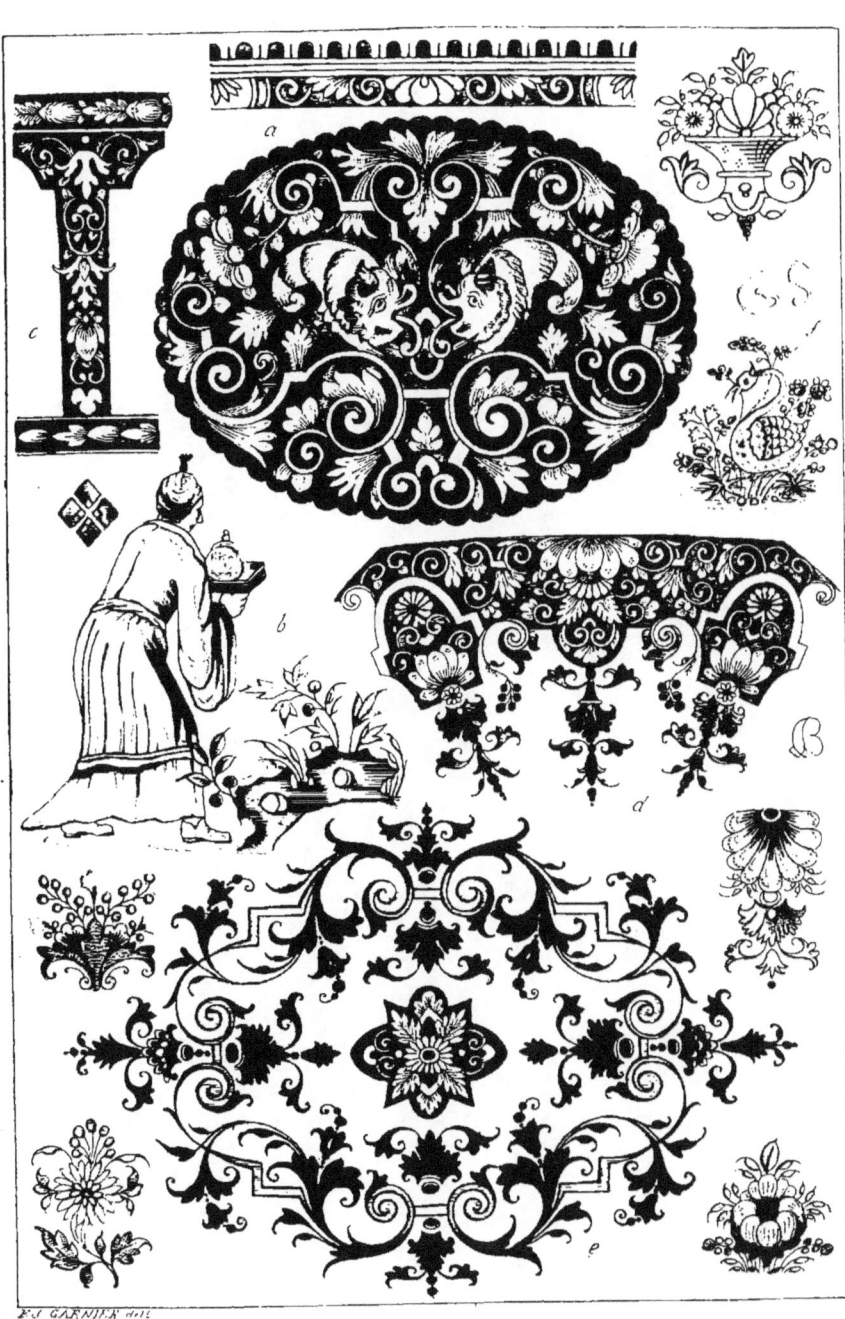

de l'emploi de ces émaux qu'on lui disait être perdu. Ses essais durèrent quinze ans, comme ceux de Palissy, et comme lui, il eut à endurer la misère, les privations, les moqueries, passant par les mêmes alternatives de doutes et d'espérances, sans pouvoir atteindre le but qu'il poursuivait avec une persévérance et un courage qui ne se démentirent jamais. C'est en 1845 seulement que ses produits commencèrent à être connus, et le modeste potier trouva bientôt parmi ses compatriotes, et à Paris même, d'ardents admirateurs. Il eut alors à lutter contre une tentation à laquelle beaucoup d'autres, moins pauvres que lui, n'auraient pas su résister ; un grand nombre d'amateurs et de marchands de curiosités lui dirent que sa signature seule empêchait de vendre ses poteries comme étant de Palissy, et lui offrirent des prix élevés pour celles de ses œuvres qu'il voudrait ne pas marquer de son nom ; il repoussa ces propositions, comme indignes de sa probité et injurieuses pour l'honneur que ses travaux devaient lui mériter. Les Expositions universelles de Londres et de Paris, en 1851 et 1855, consacrèrent sa réputation, sans lui apporter, non pas la richesse, mais même une modeste aisance ; travaillant seul ou seulement aidé de son fils et de ses filles, Avisseau produisait peu et chacune des pièces sorties de ses mains lui demandait un labeur de plusieurs mois qu'un accident de cuisson venait parfois anéantir en quelques heures. Il mourut, à la suite d'une courte maladie, le 10 février 1861, laissant pour tout héritage le souvenir d'une vie d'honneur et de travail, et la gloire d'avoir été un des principaux initiateurs de ce grand mouvement de rénovation artistique qui a placé la céramique française au premier rang des industries modernes. Outre les *plats rustiques* faits à l'imitation de ceux de Palissy et qui ont commencé à établir sa réputation, on lui doit plusieurs pièces importantes, vasques, aiguières, bassins, flambeaux, etc., disséminées dans tous les musées et les grandes collections de l'Europe, et qui toutes portent, gravé en creux, son monogramme :

accompagné quelquefois de son nom écrit en toutes lettres, AVISSEAU A TOURS, ou AVISSEAU. — Son fils Édouard Avisseau continua dignement son œuvre. C'est lui qui le premier, aidé des conseils de son père et d'après les indications contenues dans le *Traité des Arts céramiques* de Brongniart, a fait revivre les procédés employés au XVIe siècle, dans la fabrication des faïences connues successivement sous le nom de *Faïences de Henri II*, *Faïences d'Oyron* et enfin *Faïences de Saint-Porchaire*.

AVON, près Fontainebleau (Seine-et-Marne). Il y eut à Avon, à la fin du xvie siècle et au commencement du xviie, une manufacture de terres vernissées d'où sont sorties un grand nombre de petites pièces et statuettes attribuées souvent à Bernard Palissy. Hérouard, médecin de Louis XIII alors enfant, mentionne souvent, dans son *Journal*, pendant le séjour de la cour à Fontainebleau, les visites que le Dauphin et son frère allaient faire à Avon, où ils achetaient des « petits marmouzets de poterie ».

Cf. *Journal de Jean Hérouard sur l'enfance et la jeunesse de Louis XIII*, 1601-1628.

AZULEJOS. On appelle ainsi en Espagne les carreaux émaillés, peints ou à reliefs, employés dans le revêtement intérieur ou extérieur des édifices et qui, par assemblage, forment souvent de grands ensembles décoratifs ou de véritables tableaux. Les *azulejos* étaient fabriqués dans toute l'Espagne, mais principalement à Manisès et, surtout, à Valence, dont les manufactures, célèbres de temps immémorial, existaient encore il y a peu d'années. Le Musée de Sèvres possède plusieurs tableaux formés de carreaux de faïence et portant l'inscription : « *De la Reale Fabrica de Azulejos de Valencia Año 1836*. — Gournay mentionne, en 1788, à Valence, trois fabricants d'azulejos : *Didier*, *Cola* et *Casanova*.

AZURÉES (Poteries). Nom donné par Rabelais et plusieurs écrivains du xvie siècle aux grès recouverts d'un émail bleu uni qui étaient fabriqués à *La Chapelle-aux-Pots* et à *Savignies* (Oise).

B

BAILLEUL (Nord). Nous ne croyons pas que l'attribution à Bailleul donnée par Jacquemart à une soupière du Musée de Cluny qui porte l'inscription : *Ghemaeckte tot Belle. C. Jacobus Hennekens anno 1717*, soit exacte, mais ce qui est certain, c'est qu'il a existé dans cette ville une manufacture assez renommée, dont l'*Almanach général du Commerce*, de Gournay, parle en ces termes : « La faïence de cette localité égale en beauté celle de Rouen ; elle a l'avantage de souffrir le feu le plus violent ; elle se vend à un prix modique, la main-d'œuvre étant à très bon marché ». Bailleul, de même que Saint-Amand-les-Eaux et plusieurs autres fabriques du Nord, a fabriqué des faïences à fond bleu persan, décorées en blanc fixe.

BARBEAUX (Décor dit à). On donne ce nom au décor formé par un semé de bluets (*barbeaux*), couvrant tout ou partie d'une pièce. Ce décor, d'un aspect frais et gracieux, a été le plus souvent employé sur porcelaine; cependant quelques fabriques, celles de Sceaux et d'Épinal entre autres, l'ont appliqué à la décoration des faïences à émail stannifère et des faïences fines. (Pl. 10 e.)

BARBMANS. On appelait ainsi en Allemagne les grès bruns portant sur la partie antérieure du col un mascaron à longue barbe. (Pl. 20 c.) Ces grès étaient fabriqués surtout à Frechen, près Cologne, et à Raëren. En Angleterre, on leur avait donné le nom de *bellarmines*. — Voir ce mot.

BARBOTINE. Pâte étendue d'eau et formant ainsi une bouillie plus ou moins épaisse, qui sert à coller les anses et les ornements en relief appliqués après coup.

Par extension, on a donné le nom de *barbotine* à la décoration exécutée sur porcelaine et sur faïence au moyen de cette même pâte, blanche ou colorée à l'aide d'oxydes métalliques, et recouverte d'un vernis ou émail transparent.

BASSANO, près Venise (Italie). Vers 1540, Simone Marinoni fonda dans cette ville une manufacture de faïences dont les débuts furent peu remarquables et dont nous ne connaissons aucun produit; au commencement du XVIIe siècle, elle était dirigée par les frères Bartolomeo et Antonio Terchi, de Rome. On trouve le nom du premier sur une assiette de la collection Gasnault (aujourd'hui au Musée de Limoges, n° 892), décorée en plein d'un paysage en couleurs :

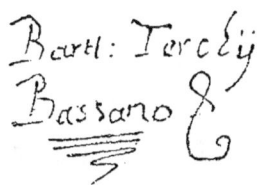

Celui d'Antonio figure sous une assiette d'un ton fade, aux chairs jaunâtres dessinées d'un trait violet, du Musée du Louvre (n° 6599), représentant *Loth et ses filles*; il est accompagné de la couronne que l'on retrouve quelquefois seule sur des faïences qui proviennent sans doute, mais nous n'oserions pas l'affirmer, de la même fabrique, bien que l'on attribue également cette marque à Castelli :

Antonio Zorzi
in
Bassano

Vers 1753, Giovanni Salmazzo établit une nouvelle fabrique dont les produits peu remarquables étaient marqués :

G. S.

Cf. de Gelthof, *Fabbriche di maiolica in Bassano*, Venise, 1876, in-8°.

BATEAU (Le). Enseigne de la fabrique de faïence fondée en 1667 par Harmen Groothuysen, auquel succéda, en 1698, Dirck van der Kest, qui ajouta au monogramme de son nom le nom de son enseigne *In de Boot*. — Voir *Kest*.

BAYREUTH (Bavière). Il existait à Bayreuth, dès le commencement du xvie siècle, des fabriques de poteries vernissées en brun ou en vert, ornées de médaillons ou de figures en relief; plus tard, on y fit des faïences minces et sonores, d'une assez bonne exécution, décorées, sous couverte, d'ornements en camaïeu d'un bleu doux, un peu ardoisé (pl. 18 b), rehaussé parfois de jaune ou de violet de manganèse, et portant ordinairement les marques suivantes :

B·K·   B P

Un grand pot à anse décoré en camaïeu bleu, du Musée de Sèvres, est marqué en toutes lettres :

Baÿreuth K
Ho.

On a fait également à Bayreuth des faïences polychromes dans le style des Delft communs de la décadence, et des faïences décorées, sur émail, de bouquets à l'imitation de Strasbourg.

Au commencement de ce siècle, un sieur Schmidt établit à Bayreuth une petite manufacture dans laquelle il fabriqua des grès, à l'imitation de Wedgwood, dont il ne craignit pas de contrefaire la marque.

BEAUVAIS (Oise). Dès le xiiie siècle il existait à Beauvais et dans les environs (Savignies, La Chapelle-aux-Pots, etc. Voir ces mots), de nombreuses fabriques de poteries recouvertes d'un vernis vert uni ou jaspé, dont la réputation était devenue assez populaire pour donner lieu à un proverbe : « *On fait des godets à Beauvais et des poêles à Villedieu*[1] », et dont quelques-unes devaient avoir une certaine valeur puisqu'elles sont citées souvent dans les *Inventaires* et que l'on y mettait parfois des garnitures en argent[2].

Les « *poteries azurées* » de Beauvais étaient fort renommées au xvie siècle ; il en est fait mention dans Rabelais et dans plusieurs auteurs de cette époque. Une bouteille de voyage recouverte d'un vernis bleu, portant l'écusson de France avec l'inscription en lettres gothiques : « Charles Roy », existe au Musée de Sèvres.

On attribue généralement à Beauvais les plats à engobes portant des inscriptions en caractères gothiques, gravées ou en relief, dont il existe plusieurs spécimens dans nos musées. (Voir l'*Introduction*.) — A *Pont-d'Allonne*, près Beauvais, MM. Joyet-Dumoutier ont fondé, en 1842, une fabrique de grès vernissés, dont les produits ne manquaient pas d'un certain caractère d'art.

BEEK (Willem van), maître faïencier, établi à Delft en 1754, à l'enseigne des *Deux Sauvages*. Ses faïences assez communes sont marquées:

W : V : B

BELLARMINES. On appelait ainsi en Angleterre les cruches en grès brun qui portent sur la partie antérieure du col des mascarons à longue barbe (pl. 20 c); ce nom leur fut donné en moquerie sous le règne de Jacques Ier, par allusion au cardinal Robert Bellarmin (1542 † 1621),

---

1. Cf. Leroux de Lincy, *Proverbes français*, I, 317. — « On appelait *godet* une sorte de gobelet évasé, quelquefois fait en *manière de coupe*, et souvent couvert. » (L. de Laborde, *Glossaire*.)

2. « Un godet de *terre de Beauvais* garny d'argent. » (*Inventaire de Charles VI*, 1399.) — « Dont plusieurs voirres, *godez de Beauvais* et autres vaisselles à boire, xxx s. » (*Comptes royaux de France*, 1416.)

qui s'était opposé aux progrès de la religion réformée et qui portait une longue barbe. Les pièces de théâtre et les poèmes de l'époque parlent souvent de ces sortes de cruches que l'on appelait également *grey-beards* ou *long-beards* (barbes grises ou longues barbes[1]).

BELLEVUE, près Toul (Meurthe). Manufacture de faïence émaillée, de faïence fine, ou *terre de pipe*, émaillée ou en biscuit, et de terres cuites. Fondée en 1758, par Lefrançois, cette manufacture passa en 1771 entre les mains de Charles Bayard et de François Boyer qui obtinrent pour elle le titre de *Manufacture royale*, et surent attirer auprès d'eux plusieurs artistes habiles, entre autres Cyfflé qui leur fournit les plus charmants modèles de ses délicieuses statuettes.

C'est à Bellevue également qu'étaient fabriquées les grandes figures en terre cuite peinte que l'on voyait autrefois dans un grand nombre de jardins[2] et dont le prix (12 livres) était des plus modestes.

A l'exception des statuettes de Cyfflé, qui sont généralement signées de son cachet imprimé en creux, les faïences de Bellevue ne portent aucune marque.

BENTLEY (Thomas), de Liverpool, devint en 1766 l'associé de Wedgwood. Il mourut en 1780. — Voir *Wedgwood*.

BERETTINO. On appelle ainsi, en Italie, le décor exécuté en bleu sur un émail bleu plus clair ou plus foncé qui lui donne un ton de camaïeu très harmonieux, et qui est quelquefois rehaussé de fines arabesques tracées en blanc. (Pl. 15 b.) C'est surtout dans le premier quart du XVIe siècle environ que ce genre de décor a été usité, et, plus particulièrement, à Faenza, dans un atelier dont les produits portent les marques suivantes :

Le revers de ces pièces est presque toujours émaillé en bleu clair, décoré de cercles concentriques ou de spirales en bleu plus foncé; lorsque le revers est blanc, il est orné d'imbrications ou de zones alternativement blanches et jaunes.

---

1. En Allemagne on leur avait donné le nom de *barbmans*.
2. Les plus recherchées étaient celles du *Jardinier appuyé sur sa bêche*, de *la Jardinière*, des *Petits Savoyards*, et surtout de *l'Abbé assis lisant son bréviaire*.

BERG (Cornelis de), maître faïencier, établi à Delft, était en 1720, propriétaire de la fabrique à l'enseigne de *l'Étoile*. « Ses œuvres, dit M. H. Havard, décorées en camaïeu bleu, sont très recherchées, et il est difficile de trouver dans la céramique de Delft des objets plus charmants, mieux conçus et plus soignés comme exécution. » Elles sont le plus souvent marquées de son monogramme, accompagné ou non de *l'Étoile* qui servait d'enseigne à sa fabrique, et, pour les pièces à décor oriental, de la *feuille* emblématique que l'on trouve souvent sous les porcelaines du Japon :

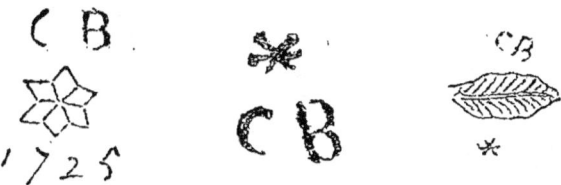

C'est chez lui que se forma, ainsi que nous l'avons dit plus haut, *Aalmis*, de Rotterdam.

BERG (Justus de), maître faïencier à Delft en 1759, fils et successeur du précédent ; comme lui il marquait ses faïences de son monogramme accompagné de *l'Étoile* (pl. 16 *f*) :

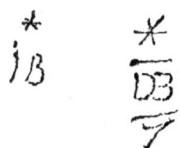

BERGERAC (Dordogne) possédait, en 1750, trois manufactures, dont une, celle de Jean Babut, envoyait ses produits dans les colonies françaises. Le *Dictionnaire Universel de la France*, de Prudhomme, mentionne les faïenceries de Bergerac ; mais nous ne connaissons jusqu'à présent aucune pièce que l'on puisse leur attribuer avec certitude ; on y aurait fabriqué surtout des faïences assez communes décorées au feu de moufle, à l'imitation de Strasbourg.

BERNE (Suisse). Emmanuel-Jean Frutting établit à Berne, dans la seconde moitié du siècle dernier, une manufacture de faïences usuelles dans laquelle il fabriquait également des poêles formés de plaques décorées, au feu de moufle, de fleurs aux couleurs franches et harmonieuses, d'une exécution habile, ou de paysages avec figures peintes en camaïeu bleu sous émail. Ses faïences sont marquées des lettres initiales de ses noms et prénoms avec une date :

E. J. F
1772

HEIMBERG (voir ce nom), près Thoun, dans le canton de Berne, a possédé des fabriques de poteries décorées d'une façon assez particulière qui sont communément désignées, à tort, sous le nom de *faïences de Berne*.

BEYERLÉ (Le baron Jean-Louis de), conseiller du roi et directeur de la Monnaie de Strasbourg, fonda vers 1754 à Niederwiller, petit village de l'arrondissement de Sarrebourg, sur la frontière de Lorraine, une fabrique de faïences qui prit rapidement une assez grande extension sous la direction de Mme de Beyerlé, artiste distinguée, qui, si l'on en croit la tradition, non seulement fournissait des modèles de forme et d'ornementation, mais encore peignait souvent elle-même des pièces pour son usage personnel ou destinées à être offertes en présent. M. de Beyerlé mourut vers 1774. Jusqu'à cette époque les faïences de Niederwiller étaient marquées d'un B et d'un N conjugués (Beyerlé-Niederwiller) :

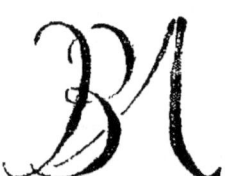

Vers 1765, il joignit la fabrication de la porcelaine dure à celle des faïences. — Voir *Niederwiller*.

BIANCO SOPRA BIANCO (Décor dit). Ainsi que son nom l'indique, ce décor, d'origine italienne, est obtenu au moyen de l'application du *blanc sur blanc;* le ton parfois un peu gris ou légèrement bleuté de l'émail des majoliques permettait l'emploi d'un blanc de rehaut pur et éclatant avec lequel on traçait sur les bordures ou sur la chute du marli de certains plats, sur le rebord des plateaux d'aiguières et sur les moulures des vases, des rinceaux délicats, ou des arabesques fines et élégantes dont la note douce et légère se marie harmonieusement avec l'ensemble de l'ornementation. (Pl. 15 a.) Ce genre de décoration, employé en Italie au XVIe siècle, fut imité en France au XVIIIe, mais avec moins de délicatesse, dans la manufacture de Saint-Amand-les-Eaux. (Pl. 11³·7.)

BIOT (Jehan, dit **Mercure)** fut avec Jehan Chipault un des continuateurs et, peut-être, un élève de Bernard Palissy, mais on ne sait rien de particulier sur sa vie, et nous ne connaissons pas d'œuvres qui puissent lui être attribuées avec certitude.

BOCCAROS ou **BUCCAROS.** On appelle ainsi des poteries de grès à pâte fine, dense et serrée, habituellement d'un beau brun rouge. Les Chinois ont fabriqué ainsi des théières sur lesquelles sont gravées en creux ou reproduites en relief des légendes faisant l'éloge du thé et quelquefois aussi de l'ivresse. Ces théières affectent des formes extrêmement variées et souvent bizarres. Les boccaros sont mats ou recouverts d'un vernis brun ou noir, et quelquefois décorés de dragons et de feuillages en relief ou peints avec des émaux colorés. Quelques-uns des grès à pâte rouge fabriqués par *Bœttger* (voir ce nom) ressemblent à s'y méprendre aux *boccaros* chinois qu'ils copiaient, du reste.

BOCH (Les), faïenciers. — Voir *Audun-le-Tiche* et *Sept-Fontaines*.

BOENDER (Mathijs), maître faïencier, établi à Delft en 1713, à l'enseigne des *Quatre Héros de Rome*. Ses produits assez rares sont généralement décorés en camaïeu bleu foncé ; il marquait :

$$MB$$

BOGAERT (Matheus van den), maître faïencier, établi à Delft en 1714, d'abord à l'enseigne du *Pot de fleurs*, plus tard à celles des *Deux Sauvages* et du *Cerf*. Ses œuvres qui, à part quelques exceptions, n'offrent rien de particulier, portent son monogramme :

M V B
1757

BOIS-D'EPENSE (Le). Petit village du département de la Marne. — Voir *Les Islettes*.

BORDEAUX (Gironde). La première manufacture de faïences fut établie à Bordeaux, en 1711, par Jacques Gautier, associé bientôt avec Hustin, de Lille, qui en resta seul propriétaire en 1712, et qui la dirigea jusqu'à sa mort, arrivée en 1749; elle passa alors entre les mains de son fils, Ferdinand-Denis, mais les privilèges qui avaient été accordés au père dès 1714, et qui avaient été renouvelés plusieurs fois, ayant été abolis, d'autres manufactures moins importantes furent fondées, entre autres celles de Barbot, de Desbats, de Magnan, de Rougé, etc. Ferdinand Hustin étant mort (de 1765 à 1770), la fabrique resta la propriété de sa veuve, sous la direction d'un contre-maître, nommé Monsau, qui, plus tard, en continua seul l'exploitation.

Les faïences de Bordeaux n'ont pas, à proprement parler, de style bien particulier; leur décor procède de Rouen, de Nevers, et surtout de Moustiers. « Le plus souvent, dit le Dr Azam, c'est Moustiers qui sert de thème, surtout pour les objets usuels. Seulement, Bordeaux fait un grand emploi des draperies en forme de guirlandes, de bouquets, de fruits, et surtout de raisins, d'anges, d'amours ou de bustes de femmes qui tous ont ce caractère frappant : une grosse tête inclinée... » (Pl. 9 *h.*) Le bleu, toujours mal appliqué ou de mauvaise qualité, est noirâtre ou lavé, et, dans les décors polychromes, le rouge manque, comme à Nevers[1]. A en juger par certaines pièces de dimensions exceptionnelles, les ouvriers de Bordeaux étaient d'une habileté peu commune : l'ancien cadran (qui existe encore) de l'horloge de la Bourse de Bordeaux, portant l'inscription : *Fait à la Manufacture royale de M. Hustin E. 1750 R.*, et divisé en dix secteurs réunis, ne mesure pas moins de 4^m,86 de circonférence; un *bain-de-pieds*, genre Moustiers, a plus de 4 pieds de circonférence, et un vase de pharmacie, daté de 1750 et aux armes des Carmes, a 1^m,20 de circonférence et 0^m,80 de haut. On a fait à Bordeaux des soupières ou légumiers en forme de canards peints au naturel, modelés avec beaucoup d'adresse, et des brocs en forme de personnages assis.

A l'exception de quelques pièces signées de Monsau : *Fait par Monsau 1783* — F. P. MONSAU, les faïences de Bordeaux ne sont généralement pas marquées. Plusieurs pièces (entre autres un seau à rafraîchir, du Musée de Sèvres), fabriquées pour la Chartreuse de Bordeaux, portent l'inscription : *Cartus. Burdig.* [*Cartusia Burdigalensis*][2].

Cf. *Les Anciennes Faïences de Bordeaux*, par un collectionneur [Dr Azam], in-8°, fig., 1880.

[1]. Cependant une assiette de style rouennais, du Musée de Sèvres (n° 5915), aux armes du président Molé, donnée par Benj. Fillon, et attribuée à la manufacture de Hustin, montre, comme dans certaines faïences de Rouen, du rouge de fer non glacé.

[2]. Nous n'avons pas besoin de relever l'erreur de quelques auteurs qui ont donné à Bordeaux un faïencier nommé Cartus.

PL. III

ÉCOLE DE ROUEN

a a' Décor bleu et rouge à lambrequins.
 b Décoration sur fond jaune ocré.
 e Décoration en blanc fixe sur fond bleu.
  c d f g Motifs variés.

Pl. III

ÉCOLE DE ROUEN

a, a' Décor bleu et rouge à lambrequins.
b Décoration sur fond jaune ocré.
e Décoration en blanc fixe sur fond bleu.
c d f g Motifs variés.

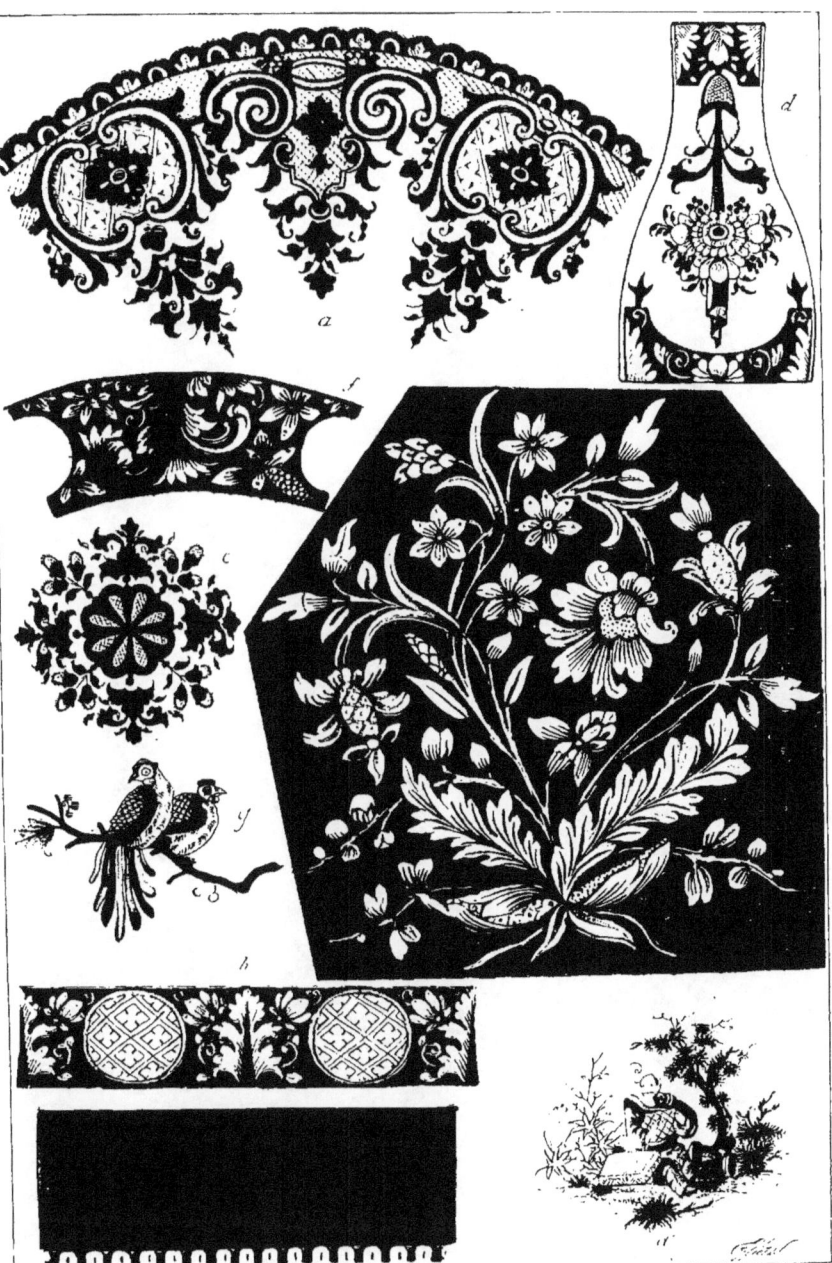

BORELLI. Il y eut plusieurs potiers de ce nom appartenant à une famille originaire de Savone, où elle possédait une manufacture depuis le commencement du xviiie siècle. Le plus connu est Jacques Borelli qui travailla à Moustiers et à Marseille, et qui, probablement, dirigea une fabrique dans cette dernière ville. En tout cas, les faïences qu'il a signées de son nom :

Jacques Borelli

ressemblent tellement à celles de Marseille et on y remarque si fréquemment l'emploi du vert particulier à la manufacture de *Savy* (voir ce nom) que l'on peut facilement les ranger parmi les faïences marseillaises.

BORNE. On connaît plusieurs faïenciers de ce nom, mais on ne sait rien de précis sur leur existence ; dès 1689 on trouve les marques de Henri et Étienne Borne :

H·B 1689   E Borne 1689

sur des statuettes de Nevers, et, plus tard, Marie-Étienne Borne signait en toutes lettres (*Pinxit Maria Stephanus Borne, anno 1716*) un petit autel qu'il avait décoré dans la fabrique de Jacques Féburier, à Lille. Un autre membre de cette famille, Claude Borne, travaillait à Rouen en 1736 et 1738 ; il y peignait sur des plats des sujets de figures qu'il signait, soit en toutes lettres, soit de son monogramme :

Pinxit
·1736·
·CB

En 1751, il était à Sinceny, puis on le vit à Tournay en 1753, et, plus tard enfin, à Mons où nous perdons sa trace.

BOURGOUIN (P.), faïencier à Rennes, rue Hue ; on connaît de lui plusieurs pièces remarquables, entre autres une réduction du groupe de Lemoyne, érigé à Rennes en 1754 et représentant *Louis XV et la Bre-*

tagne, ainsi qu'un grand encrier, aujourd'hui au Musée de Sèvres, à décor varié assez bien peint et à fleurs de lis découpées à jour sur le dessus, portant au revers l'inscription :

>   *Fecitte • P*   *A RENNES*
>   *Bourgouin*   *ce • 12 • 8bre*
> *1763*

BOUSSEMAERT (François), gendre de Féburier, faïencier à Lille, auquel il succéda en 1729; il imita surtout le décor rouennais, mais ses faïences sont facilement reconnaissables à leur exécution plus correcte et souvent plus soignée que celle des faïences de Rouen, à leur bleu moins intense et surtout à leur modelé plus doux. On lui attribue les marques suivantes :

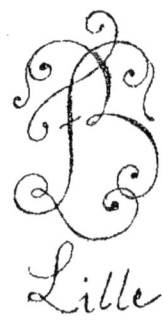 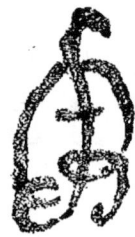

(Voir *Lille*.)

BOUTEILLES DE PORCELAINE (Les Trois). Enseigne d'une manufacture de faïences fondée à Delft en 1672 par Jacobus Pynacker.

BOUTET, faïencier. — Voir *Auxerre*.

BRA (Eustache-Marie-Joseph), sculpteur et modeleur, né à Douai (Nord), le 22 mai 1772, mort à Choisy-le-Roi, le 14 décembre 1840. Après avoir exercé pendant plusieurs années à Douai, Bra fut attaché à la faïencerie de Choisy-le-Roi. Plus tard, accompagné d'un certain nombre d'ouvriers, il se rendit à Creil où il exécuta un grand nombre de pièces assez remarquables. Quelques bustes en biscuit portent sa signature :

BRA

BRAMELD, potier anglais. — Voir *Rockingham pottery*.

BRIEL (Pieter van den), maître faïencier, établi à Delft en 1859, sous l'enseigne de *la Fortune*, dont il adopta la marque (voir *Fortune*); cependant plusieurs de ses produits sont signés de son monogramme :

$$P \; V \; D \; B$$

Sa veuve, qui lui succéda, marquait :

$$W \; ^V D \; B$$

BRISTOL (Angleterre) possédait, dès la fin du xviie siècle, deux manufactures de faïence à émail stannifère (*Delft ware*) qui restèrent en activité jusqu'en 1785, et dont on connaît quelques pièces datées, — une entre autres de 1703, — décorées en camaïeu bleu. L'une de ces manufactures appartenait, en 1777, à Richard Frank, dont la fille épousa, en 1784, Joseph Ring. Celui-ci établit dans la manufacture de son beau-père, auquel il avait succédé en 1785, la fabrication de la faïence fine (*cream coloured ware*), avec l'aide de Anthony Hassels, de Shelton, fabrication que ses successeurs continuèrent jusqu'en ces derniers temps. Les faïences de Ring, de formes élégantes, d'une pâte fine, sont généralement d'un ton plus jaune que celles du même genre fabriquées à Leeds et à Burslem; elles sont quelquefois marquées d'une croix en bleu ou gravée dans la pâte.

La seconde manufacture était dirigée par Joseph Flower dont les produits ne le cèdent guère pour la beauté de l'émail et la finesse d'exécution à ceux de Delft. Une assiette ayant fait partie d'un service à décor chinois en camaïeu bleu est marquée :

$$J \cdot F$$
$$1750$$

BRIZAMBOURG (Charente-Inférieure). Il y avait à Brizambourg, au commencement du xviie siècle, une fabrique de faïences qui, suivant de Thou, aurait été fondée sous le patronage de Henri IV. Benjamin Fillon cite un document, d'après lequel « Énoch Dupré, maistre faïencier de Brizambourg et y demeurant », réclame à René Arnaud, « escuyer, sieur de la Garenne, la somme de six vingt escus, prix et rayson de vaisselles impressées de ses armes ». Nous ne connaissons aucunes poteries vernissées ou faïences qui puissent, avec certitude, être attribuées à Brizambourg, mais comme toutes celles de cette région elles devaient être veinées de marbrures brunes ou vernissées en vert uni.

BROUWER (Huibrecht), maître faïencier de Delft, fonda, en 1679, la fabrique à l'enseigne de *la Hache de porcelaine*. — Voir *Hache*.

BROUWER (Arij Cornelis), parent du précédent chez lequel il travailla. M. Havard pense que c'est à lui qu'il faut attribuer un certain nombre de pièces polychromes assez finement décorées et qui portent le monogramme :

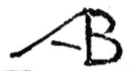

BROUWER (Gerrit), maître faïencier, établi à Delft en 1759, à l'enseigne de *la Lampette (Lampetkan)*. Ses produits, assez ordinaires, portent, comme marque, le nom de son enseigne en abréviation :

BROUWER (Joost ou Justus), maître faïencier, établi à Delft en 1759, à l'enseigne de *la Hache en porcelaine*. « Grâce à sa grande fortune, dit M. Havard (*op. cit.*), cette manufacture prit un développement considérable et ses produits sont trop connus pour que nous ayons à les signaler aux amateurs. Nous retiendrons, toutefois, dans le nombre, ces figurines curieuses, ces plats polychromes très décoratifs, et surtout ces belles séries d'assiettes représentant *la Pêche à la baleine*, *la Pêche au hareng*, etc., qui peuvent compter parmi les spécimens intéressants de l'industrie faïencière. » Ses produits sont marqués de la *Hache* :

On attribue également à Brouwer les deux marques suivantes :

BROUWER (Hugo), fils du précédent, maître faïencier à Delft en 1764. Il fut d'abord propriétaire de la fabrique à l'enseigne des *Trois Bouteilles*, puis succéda à son père dans la direction de celle de *la Hache*. Il marquait du monogramme :

HB   **HB**

quelquefois accompagné de la *Hache*. La plaque qu'il fit faire pour consacrer le souvenir de son mariage porte la première de ces marques.

BRUGES (Belgique). Nous ne connaissons de Bruges, qui possédait une manufacture fondée en 1753 par Henri Pulincx, qu'une seule pièce, une soupière à ornements de rocailles en relief, décorée en bleu et manganèse de tiges de fleurs assez artistement peintes, marquée :

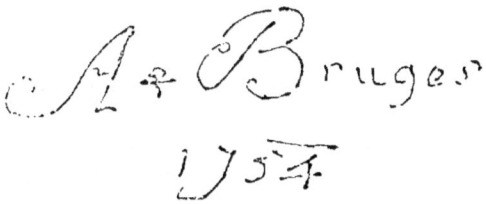

Jacquemart indique, comme étant de Bruges, la marque suivante que nous n'avons jamais rencontrée :

On attribue également à Pulincx, mais sans aucune certitude, les marques H P (*Henri Pulinx*) et B P (*Bruges Pulinx*).

BRUXELLES (Belgique). Dès le milieu du xviie siècle, Bruxelles possédait des fabriques de faïences dont les produits assez communs imitaient ceux de la Hollande. Plus tard, en 1705, Corneille Mombaers et Thierry Witsenburg fondèrent un établissement dont les débuts furent des plus difficiles et qui, après avoir même cessé de produire pendant quelques années, ne se releva qu'en 1724, grâce à Philippe Mombaers, fils de Corneille, céramiste habile qui, pour apprendre tous les secrets du métier, avait travaillé comme ouvrier à Rouen, à Nevers, à Saint-Cloud et à Delft. Le passage suivant du *Journal du Commerce*, de mars 1761, donne des renseignements intéressants sur la fabrication des faïences de Bruxelles à cette époque : « Philippe Mombaers, manufacturier de S. A. Royale, fabrique à Bruxelles toutes sortes de fayances, consistant en plats d'épargnes (?), terrines ovales et rondes, terrines en formes de choux, melons, artichots, asperges, pigeons, dindons, coqs, poules, anguilles, pots à beurre, saucières, cafetières, fontaines, bassins, lustres à huit et à six bras, etc., le tout à l'épreuve du feu. Cette manufacture est préférable à celle de Delft et de Rouen, n'est point chère et parfaitement bien assortie. » Ces faïences figuratives, supérieures, en effet, à celles qui ont été fabriquées à la même époque à Bordeaux et à Saint-Omer, sont souvent marquées en toutes lettres : A BRUXELLES. — BRUSSEL, LE 15 NOVEMBRE 1746 P MOMBAERS. — PHILIPPUS MOMBAERS TOT BRUXELLE 1769. La plupart portent un B (*Bruxelles*) et des sigles et monogrammes de décorateurs.

Une autre fabrique, qui prit rapidement une assez grande importance, avait été fondée en 1752 par Jacques Artoisenet, gendre de Mombaers, mais en 1766, les deux établissements furent réunis en un seul par Joseph-Philippe Artoisenet, petit-fils et héritier de Philippe Mombaers.

Nous devons mentionner également une manufacture de *grès d'Angleterre* et de faïences fines, fondée en 1764 par Jean van Gierdeghom et Jean-François Verplanke, qui devint, en 1774, la propriété d'un sieur Wouters ; les produits de cette manufacture sont peu connus et, en l'absence de marque, assez difficiles à déterminer.

BUERGEN (Jan van der ou **VERBURG)**, faïencier à Delft, en 1695, attaché comme contre-maître dans plusieurs fabriques. Il marquait :

accompagnés des chiffres ou des monogrammes des faïenciers chez lesquels il travaillait.

BUIRE — Voir *Aiguière*.

BUNTZLAU (Silésie). On y a fabriqué depuis le XVIe siècle des grès bruns assez communs et sans caractère distinctif ; ceux du siècle dernier sont décorés parfois de fleurs, d'ornements ou d'armoiries en reliefs dorés, ou d'un blanc jaunâtre.

BURCH (**Paulus van der** ou **VERBURG**), maître faïencier, établi à Delft, en 1759, à l'enseigne du *Pot de fleurs doré*. Ses produits, qui sont de fabrication courante, portent son monogramme ou le nom de son enseigne :

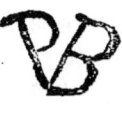 *Vlumpot* B : P

BURETTE (**La Double**). Enseigne d'une fabrique de faïences fondée à Delft, en 1689, par Louwys Fictoor. — Voir ce nom.

BURSLEM, dans le Staffordshire (**Angleterre**). Burslem a été depuis le xviie siècle un des centres les plus importants de la production céramique en Angleterre. C'est à Burslem que la faïence fine reçut, dans la première moitié du xviiie siècle, un perfectionnement considérable, grâce à l'introduction, faite par Astbury fils, du silex dans la composition de sa pâte. C'est dans cette ville également que naquit, en 1730, le célèbre Josiah Wedgwood, et qu'il établit en 1759 une petite fabrique couverte en chaume suivant l'usage du pays à cette époque, fabrique qui prospéra si rapidement qu'il en fonda bientôt une seconde plus importante, puis une troisième, dans laquelle il créa cette belle poterie « couleur de crème (*cream colour*) » dont la reine Charlotte, femme de Georges III, fut tellement émerveillée qu'elle voulut que la poterie de Burslem fût appelée *poterie de la Reine (Queen's ware)* et qu'elle autorisa Wedgwood à prendre le titre de fournisseur de la reine. — Voir *Wedgwood*.

C

CACHEMIRE (**Décoration dite**). On donne ce nom à un genre spécial de décoration de style pseudo-chinois exécutée particulièrement à Delft et qui est caractérisée par un mélange de riches lambrequins, de fleurs éclatantes et d'oiseaux au brillant plumage du plus splendide effet. Ce décor a été employé surtout sur de grandes potiches cannelées et sur des vases assortis dont l'ensemble forme ce que l'on appelle dans le commerce de la curiosité une *garniture*.

CADOGAN. — Voir *Rockingham Pottery*.

CAFAGGIOLO (Italie). La fabrique de Cafaggiolo, fondée, suivant toute apparence, sous les auspices de Cosme de Médicis qui s'était fait construire un château dans cette petite ville située sur la route de Florence à Bologne, a produit des faïences qui méritent d'être placées au rang des plus belles et des plus artistiques de l'Italie.

L'existence de cette fabrique a été vivement contestée dans ces derniers temps en Italie. Suivant M. le professeur Carlo Malagola (*Memorie storiche sulle maioliche di Faenza*), Cafaggiolo n'aurait jamais été un centre de production céramique et les faïences qui lui sont attribuées seraient sorties de l'atelier d'un certain Fagioli, établi à Faenza [*Casa Fagioli*, et, par abréviation *Ca-Fagioli*.] Cette opinion, émise en 1880 et qui trouva alors peu d'écho, fut reprise récemment par M. Agnani (*Le Ceramiche e Maioliche Faentine*) et la démonstration en faveur de la thèse qu'il soutenait parut tellement concluante que, dans presque toutes les collections, on rendit à Faenza les pièces qui, jusqu'alors, avaient été attribuées à Cafaggiolo. Cependant plusieurs savants italiens, M. Rossi, entre autres, conservateur du Musée du Bargello, protestèrent, se fondant sur ce que, dans la plupart des pièces marquées, le nom de Cafaggiolo est écrit, soit avec un H [CHAFAGGIOLO], orthographe que l'on retrouve dans d'anciens textes, soit avec un G initial remplaçant le C [GAFAGGIOLO] ce qui réduit à néant l'assertion relative à la *Casa Fagioli*. Il est indiscutable néanmoins que Faenza ait exercé une influence considérable sur les produits de la céramique toscane et l'on sait, du reste, que vers la fin du xve siècle, à l'époque où la fabrique de Cafaggiolo paraît avoir été fondée, des artistes de Faenza se trouvaient à Florence, ce qui explique l'analogie qui existe entre les faïences de Cafaggiolo et celles de Faenza, mais cette analogie cependant n'est pas telle qu'il faille les attribuer toutes aux ateliers de Faenza, et M. Rossi a non seulement démontré, d'une façon péremptoire, les différences de couleurs et de décoration qui existent entre les faïences des deux fabriques, mais a encore signalé, dans les légendes des pièces de Cafaggiolo, des idiotismes qui n'ont pu être commis que par des artistes toscans. Suivant lui la manufacture de Cafaggiolo a bien réellement existé, et, dans la dernière moitié du xvie siècle, fut dirigée par un certain Antonio Fattorini, qui cherchait à imiter, assez mal à la vérité, les faïences d'Urbino.

Les faïences de Cafaggiolo sont faciles à reconnaître au dessin ferme et correct des figures, tracées en bleu d'une façon assez accentuée et modelées sobrement en bleu plus clair, puis rehaussées de couleurs parmi lesquelles on trouve un ton orangé particulier à cette fabrique, et, surtout, aux fonds bleu lapis, appliqués largement et laissant apparaître en stries verticales les inégalités du pinceau, sur lesquels se détachent les figures : ces fonds, qui paraissent étranges au premier abord, produisent, lorsqu'ils sont vus à une certaine distance, un effet d'une grande franchise.

Les marques des faïences de Cafaggiolo sont très variées ; celles que l'on rencontre le plus communément sont les suivantes :

Un magnifique plat de la collection Spitzer (n° 1035), signé *Jacopo in Chafaggiuolo*, a été vendu 52,000 francs. Deux plats de la collection de M. le baron G. de Rothschild, décorés de grotesques dans le style de Faenza, portent les dates de 1507 et de 1509.

Cf. Genolini, *Maioliche di Cafaggiolo o casa Faioli*, Milan, 1882.

CAILLOUTAGE. On donne quelquefois ce nom à la *faïence fine* dont la pâte est composée d'argile blanche plastique mélangée de cailloux de silex calcinés broyés très fin. — Voir *Astbury*.

CALATA-GIRONE (Sicile). L'établissement de fabriques de faïences en Sicile par les Arabes, et plus tard par les Maures venus d'Espagne, est très problématique. Il paraît cependant certain que sur l'emplacement d'anciens fours qui existaient autrefois à Calata-Girone on trouva de nombreux fragments de poteries à lustres auréo-cuivreux semblables à ceux des faïences hispano-moresques, mais aucun de ces fragments n'a été conservé qui puisse témoigner en faveur de l'opinion généralement admise d'un centre de fabrication siculo-moresque dans cette localité, et nous devons nous borner à mentionner ce fait sans chercher à l'approfondir. Nous croyons cependant pouvoir affirmer que c'est par erreur que l'on attribue, en Angleterre, à Calata-Girone les faïences à décor vermiculé à reflets sur fond bleu, qui sont certainement de Valence.

CANDIANA, près **Padoue** (Italie). Cette fabrique, qui date du commencement du xviie siècle, mais sur l'existence de laquelle on sait fort peu de chose, a produit surtout des faïences décorées de fleurs et d'œillets dans le style pseudo-persan. Un plat du Musée de Sèvres est signé :

Chandiana-1633 M.G.V

On attribue également à la fabrique de Candiana, mais sans aucune certitude, des faïences décorées en camaïeu bleu, marquées :

P. A. Crosa

ou portant les lettres S. F. G.

CANETTES (Jacoba's Kannetjes, ou *Jacobas Kruikjes*). On donne généralement ce nom à des grès assez grossiers en forme de flûtes ou *snelles*, à pied évasé en bourrelet *pincé* au doigt. Une tradition très répandue en Hollande attribue à la comtesse Jacqueline de Bavière, prisonnière en 1425 au château de Teylingen, près Leyde, la confection de ces premières poteries de grès. On raconte que cette princesse, autant pour occuper les tristesses et les loisirs de sa captivité que pour laisser aux âges futurs des souvenirs de sa présence, aurait fabriqué des *canettes* qu'elle jetait dans les fossés du château et qui, recueillies par des paysans, auraient reçu d'eux le nom de *Jacoba's Kannetjes*[1]. Dans ses *Récits historiques belges*, M. Siret place le siège de cette histoire au château des comtes, à Gand, et dit même qu'un amateur possédait de ces sortes de grès avec le nom de la princesse Jacqueline.

CARREAUX, CARRELAGES. Au Moyen-Age, une des applications les plus répandues de la terre cuite consistait dans l'emploi des carrelages incrustés et vernissés qui remplacèrent les mosaïques employées jusqu'alors pour le pavage des temples et des palais. Il faudrait un volume entier pour passer en revue les carrelages aux mille combinaisons variées créés par le caprice ingénieux des habiles artisans du xive et du xve siècle. Tout ce que l'imagination peut inventer d'arrangements décoratifs, de chimères, de figures, d'animaux fantastiques, se trouve assemblé d'une façon bizarre, formant ainsi de riches tapis dont bien peu malheureusement nous sont parvenus intacts.

A la fin du xve siècle la découverte du vernis à base d'étain fit remplacer les carreaux vernissés par un carrelage peint, plus brillant de couleurs, mais beaucoup moins solide et qui fut bientôt abandonné. Urbino et Faenza en Italie, Rouen et Lisieux, en France, et quelques

[1]. Un traité spécial sur les *Wrow Jacoba's Kannetjes* a été imprimé à Arnheim, en 1757.

autres fabriques ont produit un grand nombre de ces carrelages dont le Louvre, les musées de Sèvres, de Cluny, et le *South Kensington* possèdent de très beaux spécimens.

Mais si les carreaux émaillés ne furent pas employés pendant bien longtemps pour le pavage des salles dans les châteaux ou des chapelles dans les églises, on s'en servit toujours pour le revêtement extérieur et intérieur des édifices en Orient et en Espagne (voir *Azulejos*), et, dans nos contrées occidentales, pour celui beaucoup plus modeste des salles de bains, des laiteries, des cuisines et même des étables. Presque toutes les manufactures de faïence fabriquaient de ces sortes de carreaux, véritables œuvres d'art qui méritent d'être conservées. Delft, entre autres, était renommée pour ses carreaux de revêtement décorés le plus souvent en bleu et qui formaient, par assemblage, de véritables tableaux quelquefois d'assez grande dimension.

CASTEL-DURANTE (Italie). La petite ville de Castel-Durante, située non loin d'Urbino avec laquelle ses produits sont souvent confondus, fut, dès la fin du XVe siècle, le centre d'une des fabrications les plus actives de l'Italie, fabrication qui s'est continuée sans aucune interruption jusqu'au commencement du XVIIIe siècle. Ses faïences sont ornées de rinceaux, et, surtout, d'entrelacs et de trophées artistiques ou militaires réservés en blanc sur des fonds de couleurs variées, dessinés en traits bleus et modelés en bistre avec une habileté extraordinaire. Ces décors se retrouvent principalement sur des assiettes à larges bords dont le centre est occupé par des figures isolées ou des bustes d'empereurs romains. Quelquefois les ornements sont rehaussés de touches de blanc pur qui accentuent le modelé ; parfois, aussi, ils sont rechampis de rouge métallique, pâle et à reflets mordorés. Castel-Durante a fabriqué surtout beaucoup de vases de pharmacie décorés de *groteschi*, sirènes, chevaux marins, mascarons, etc., se détachant sur des fonds très foncés et même quelquefois noirs.

Les faïences de Castel-Durante sont généralement marquées en toutes lettres avec la date de la fabrication :

In castello Dura
nte e apreso aurbi
no miglio . 7 .

. 1 . 5 . 5 . 5 .

Piccolpasso (voir ce nom), qui dirigeait à Castel-Durante une fabrique importante, signait : *Fatto in botega di Piccolpasso*. Un autre faïencier, Francesco Durantino, marquait :

F. D.
1543

ou en toutes lettres : *Francesco Durantino vasaro 1553*.

On attribue également à Castel-Durante la marque suivante :

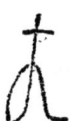

Castel-Durante, admis au rang de cité en 1623 par le pape Urbain VIII qui y était né, changea alors son nom contre celui d'*Urbania* que l'on trouve sur les faïences, qui n'ont plus rien d'artistique, fabriquées à partir de cette époque. Une coupe du Musée du Louvre (G 291), représentant *le Triomphe de Flore*, est marquée :

Hipollito Rombaldotti
Pinsit in Urbania.

Une autre pièce est signée :

Fatta in Urbania nella botega del signor Pietro Papi 1667.

Cf. G. Raffaelli, *Memorie istoriche, delle maioliche lavorate in Castel Durante o sia Urbania*, in-8°, Fermo, 1846.

CASTELLANA (Décor dit Alla). — Voir *Castello*.

CASTELLI (**Italie. — Abruzzes**). Suivant Passeri, il aurait existé dans cette ville, dès le xve siècle, une manufacture de faïences dont les produits égalaient, s'ils ne les surpassaient pas, ceux de Pesaro, mais à part cette mention on ne sait rien sur l'histoire ancienne de cette fabrique et on ne connaît aucune œuvre qui puisse lui être attribuée antérieurement au xviie siècle, si ce n'est une plaque de faïence émaillée de blanc, signalée par M. Concezio Roza et aujourd'hui au Musée d'art industriel de Rome et sur laquelle on lit :

FECIT·HOC
TITUS · PON
PEI · M · D · XVI

A dater du xviie siècle et surtout pendant le xviiie, Castelli devint un des centres les plus importants de la production des faïences ; en 1743, elle ne comptait pas moins de trente-cinq fabriques qui inondèrent l'Italie de faïences usuelles et, en particulier, de coupes et de plaques décorées le plus souvent de paysages d'une exécution soignée et d'une coloration harmonieuse, remarquables par un beau violet foncé et un vert très doux et très lumineux. On y peignit aussi des quantités d'assiettes et de plats ornés de chasses, de scènes rustiques, de fleurs et même de caricatures et de grotesques.

Mais à côté de ces faïences courantes, Castelli a également produit quelques belles œuvres, entre autres des plats à sujets de figures, d'un bon dessin, d'une exécution très soignée et parfois rehaussés d'or, surtout sur les marlis ornés le plus souvent de trophées militaires peints en camaïeu brun sépia.

On ne sait rien de positif sur l'histoire de la fabrication de Castelli qui, du reste, comme celle de Strasbourg avec les Hannong, semble se résumer dans une seule famille, celle des Grue qui compte de nombreux artistes, dont quelques-uns étaient véritablement des hommes de talent.

Le premier paraît avoir été FRANCESCO, né le 15 février 1594, dont l'église paroissiale de Castelli possède un tableau composé de plusieurs plaques représentant la *Casa* de Lorette, signé :

F. G. de Cha P 1647

On ne connaît pas la date de sa mort, mais il dut atteindre un âge très avancé, si comme on le croit généralement c'est à lui qu'il faut attribuer un *Ange gardien* du Musée de Minicis, à Fermo, signé :

F. A. Grue eseplai 1677

Son fils, CARLANTONIO, né le 20 août 1655, décora avec beaucoup de talent de sujets de figures un grand nombre de faïences qu'il marquait de ses initiales :

C. A. G.

Il mourut le 23 septembre 1723, laissant quatre fils dont le plus célèbre fut FRANCESCO ANTONIO, né le 7 mars 1686 et mort le 24 août 1746; c'était non seulement un artiste de mérite, mais encore un savant théologien, docteur en philosophie, qui prit part aux luttes politiques de son pays et passa en prison, à Naples, huit années pendant lesquelles, pour tromper les ennuis de sa captivité, il travailla à la peinture des faïences, ainsi que l'attestent plusieurs pièces, entre autres un *tondino* décoré d'un paysage et signé :

Doctor Franc. Ant. Grue F. Neap. Anno 1718

Les autres fils de Carlantonio sont :

ANASTASIO, qui peignait surtout des paysages, mais dont on ne connaît pas la signature;

AURELIO, peintre de scènes rustiques et d'animaux qui, lui non plus, ne signait pas ses œuvres; et

LIBORIO, dont les plats, ornés de figures d'une rare délicatesse et d'un excellent dessin, sont souvent rehaussés d'or; il signait :

Liborius Grue P.

Francesco Antonio eut un fils, SAVERIO, qui naquit à Naples en 1731, et qui, tout jeune encore, signait de son nom un plat ovale décoré d'un paysage :

Saverio Grue fece in Castelli 1747

Céramiste des plus habiles, il fut appelé par Ferdinand IV pour venir prêter son concours à la manufacture de porcelaines de Capo di Monte, fondée en 1736 par Charles III; après avoir séjourné en Allemagne, en France et en Angleterre, où il étudia tous les procédés de fabrication de la porcelaine, il retourna à Naples et devint directeur de la manufacture royale, à la tête de laquelle il resta jusqu'en 1806; il mourut quelque temps après. On trouve fréquemment sa signature avec l'S et le G enlacés :

1755 Grue p

Francesco Saverio, né le 12 mai 1720, appartient à une autre branche de la famille; après avoir étudié la peinture à Rome, il revint à Castelli où il peignit surtout des scènes historiques ou familiales, dans lesquelles il faisait un emploi un peu exagéré du jaune; il mourut à peine âgé de trente-cinq ans.

En dehors des membres de la famille des Grue, nous citerons parmi les autres artistes de Castelli :

Cappelletti Candeloro, né le 2 février 1689; tout jeune encore il fut confié aux soins de Carlantonio Grue, puis se fit soldat et revint enfin se fixer à Castelli, où il peignit avec beaucoup de talent et de franchise d'exécution d'excellents paysages. Il mourut le 25 juin 1772.

Gentile Carmine, peintre de figures, né le 16 juillet 1678; ses faïences souvent rehaussées d'or sont signées en toutes lettres :

GENTILI · P ·   ou   *gentile p.*

Gentile Giacomo, fils du précédent, né le 5 février 1717, excellent peintre de paysages et de figures; il signait souvent ses œuvres. Il eut un fils :

Gentile Bernardino (sept. 1727 ✝ 6 janvier 1813), qui chercha avant tout à produire beaucoup sans trop se soucier de la qualité de ses œuvres.

Il y eut à Castelli un grand nombre d'autres peintres dont on a conservé les noms, mais dont les œuvres sont inconnues. On ne sait rien non plus sur Antonio Lolli, indiqué à tort par certains auteurs comme vivant au xve siècle, et dont on connaît au Musée de San Martino, à Naples, un plat doré représentant *le Jugement de Páris*, portant la mention :

Antonius Lollus a Castellis inventor

Nous ne connaissons pas ce plat, mais si nous nous en rapportons aux savants italiens, il daterait du commencement du xviie siècle ou tout au plus de la fin du xvie.

Cf. Concezio Roza, *Notizie storiche delle majoliche di Castelli*, Naples, 1857, in-8°. — Vincenzo Bendi, *Le Majoliche di Castelli*, 2e édit., Naples, 1883, in-8°. — Cherubini, *De Grue e della pittur a ceramica in Castelli*, 2e édit., Naples, 1878. — F. Barnabei, *Delle maioliche di Castelli nell' Abruzzo* (publié dans la *Nuova Antologia*, t. II), Florence, 1876, et D. Bonghi, *Intorno alle majoliche di Castelli*, Naples, 1756, in-4°.

CASTELLO (ou **CITTA di CASTELLO**), près de **Gubbio** (**Italie**). C'est principalement dans cette ville qu'a été pratiqué du xve au xviiie siècle le genre de décor que les Italiens nomment *sgraffio* et qui rappelle le procédé de décoration par *engobage* usité en France dès le xvᵉ siècle.

Les faïences, ou, pour être plus exact, les terres vernissées de Citta di Castello, dont le décor a toujours un caractère un peu archaïque et qui devaient représenter l'art populaire en Italie au commencement du xvıᵉ siècle, sont assez rares dans les collections françaises : un des plus beaux spécimens que nous connaissions est la grande coupe basse du Louvre (G 708), représentant un jeune homme jouant de la mandoline entre deux femmes dont l'une joue du tambour de basque; cette belle coupe qui date de la fin du xvᵉ siècle est portée sur un pied évasé, orné de moulures, dont la tige est accostée de trois lions assis qui supportent le fond de la coupe avec leurs têtes. La terre est rouge, recouverte d'une engobe en terre blanche sur laquelle le dessin a été tracé par enlevage, de façon que la terre apparaît pour former le dessin au trait modelé de hachures; le tout est recouvert d'un vernis plombeux. Le Musée de Sèvres possède également quelques intéressants spécimens de ces poteries vernissées, dont le décor, suivant Piccolpasso, était désigné en Italie sous le nom de décor *Alla Castellana* [1]. Ce genre de décoration a été employé également à Padoue, à Pavie, surtout à La Fratta, petite ville voisine de Citta di Castello.

CASTILHON (Gard). On y fabriqua à la fin du siècle dernier des faïences qui imitaient celles de Moustiers. Un plat à figure grotesque avec guirlandes et bouquets en camaïeu jaune verdâtre dessiné de manganèse, de la collection de feu M. Ed. Pascal, est marqué en toutes lettres :

Castilhon.

CASTLEFORD, près Leeds (Angleterre). David Dunderdale y établit vers 1790 une manufacture où il fit surtout des faïences fines, quelquefois décorées de bordures et de filets peints en brun ou en bleu, imitant celles que Wedgwood fabriquait sous le nom de *Queen's vare*, et des poteries noires de style pseudo-égyptien marquées :

D. D & Cº
CASTLEFORD
POTTERY.

CAUSSY (Pierre-Paul), maître faïencier établi à Rouen, en 1720,

---

[1]. C'est par erreur, croyons-nous, que M. Chaffers *(Marks and monograms on pottery and porcelain)* applique ce terme aux faïences peintes en couleurs dans la manière de Castelli.

rue Saint-Sever; il mourut en 1761. Son fils, Pierre Caussy, prit, en 1743, la direction de la manufacture, fondée vers 1690, dans le faubourg de Loc-Maria, à Quimper; il y apporta les décors polychromes, si fort à la mode vers le milieu du xviiie siècle, mais après les avoir d'abord copiés servilement, il les transforma et sut créer un genre original, — bien que se rapprochant toujours de celui de Rouen, — appliqué malheureusement sur une faïence lourde, épaisse et recouverte d'un émail un peu gris. La manufacture de Sèvres possède quelques *poncifs* de la manufacture de Caussy.

Il marquait souvent P C ou simplement C en manganèse. — Voir *Quimper*.

CERF (Le). Enseigne d'une fabrique de faïences fondée à Delft, en 1661, par Joris Mes ou Mesch et exploitée plus tard par le fils du fondateur. Les pièces de cette fabrique, d'une pâte fine et délicate, décorées avec goût en camaïeu bleu, sont marquées du nom de l'enseigne (*t'hart*, cerf).

THART ou *t'hart*.

Les archives de Delft conservent un dessin de l'enseigne de cette fabrique, dont M. Havard (*op. cit.*, pl. 244) a donné le fac-similé, et qui représentait un cerf courant, avec l'inscription :

DE PLATEEL BAKKERY VAN T'HART.

CHAMBRETTE (Jacques), fondateur, en 1731, de la première manufacture de faïences de Lunéville. Manufacturier habile, Chambrette sut donner à l'industrie qu'il avait importée dans la contrée une extension telle qu'il dut bientôt fonder deux autres fabriques; une, à Lunéville même; l'autre, à Saint-Clément. Il mourut en 1758, laissant ses manufactures à son fils, Gabriel Chambrette, et à son gendre, Charles Loyal, qui firent de mauvaises affaires. — Voir *Lunéville* et *Saint-Clément*.

CHAPELLE. Plusieurs peintres sur faïence ont porté ce nom; le premier et le plus connu est Pierre Chapelle, qui travaillait, en 1725, dans la manufacture de Mme de Villeray, dans le faubourg Saint-Sever, à Rouen, où il peignit, entre autres pièces, les deux grandes sphères qui décoraient autrefois le vestibule du château de Choisy-le-Roi, et dont l'une porte la mention :

A ROUEN · 1725 · PEINT PAR PIERRE CHAPELLE.

Plus tard, on le retrouve à Sinceny, où il avait été appelé par Pierre Pellevé. Il mourut en 1760, âgé de soixante-quinze ans. Son frère, son fils et son neveu étaient également décorateurs sur faïence, mais on ne connaît d'eux aucune signature.

CHAPELLE (Jacques), *démonstrateur en chimie* et membre de l'Académie des Sciences, fut appelé à diriger la manufacture de Sceaux, fondée en 1748, par De Bry, avec lequel il s'associa vers 1750 pour la fabrication d'une faïence fine décorée au feu de moufle, qu'ils baptisèrent du nom de *faïence japonnée*. (Voir ce mot.) Brouillé avec son associé, il continua seul l'exploitation de la manufacture, à laquelle il sut donner une grande extension, et qu'il loua en 1763 à un de ses meilleurs peintres, Jullien, qui depuis 1754 travaillait avec lui. A l'expiration du terme de sa location, en 1772, il vendit définitivement sa manufacture à Richard Glot.

Les faïences de Chapelle, remarquables sous tous les rapports, ne portent aucune marque. — Voir *Sceaux*.

CHAPELLE-AUX-POTS [LA] (Oise). C'est à La Chapelle-aux-Pots et à Savignies, près Beauvais, qu'étaient fabriquées la plupart des poteries vernissées qui alimentaient le marché de Paris au Moyen-Age et, plus tard, au XVIe siècle, les grès à reliefs vernissés en vert un peu clair et surtout en bleu uni, dont parlent souvent les écrivains de l'époque. — Voir *Savignies* et *Beauvais*.

CHAPELLE-DES-POTS [LA] (Charente-Inférieure). Il existait dès le XVe siècle, à La Chapelle-des-Pots, à Brizambourg et dans plusieurs petites localités des environs de Saintes, des fabriques de poteries vernissées où, suivant la tradition, Bernard Palissy aurait fait ses premiers essais et aurait été chercher les potiers qui l'aidèrent dans ses travaux; ces poteries, assez grossières, mais ne manquant pas cependant d'une certaine originalité, sont à reliefs et recouvertes d'un vernis le plus souvent jaune, vert ou jaspé; on y fabriquait notamment des *cloches* en forme de femme à large jupe.

CHATELET (Grès de). — Voir *Flandres (Grès de)*.

CHATIRONNÉ. Terme employé par quelques auteurs d'ouvrages sur la céramique pour indiquer que le contour extérieur d'un motif décoratif est dessiné au moyen d'un trait généralement en noir ou violet de manganèse plus ou moins accentué, qui, suivant la façon dont il est traité, peut servir dans beaucoup de cas à faire reconnaître la provenance d'une pièce. On dit plus couramment aujourd'hui, et plus simplement, *dessiné :* « décor polychrome dessiné de manganèse » ; — « camaïeu bleu dessiné d'un trait noir accentué », etc.

CHAUMONT-SUR-LOIRE (Loir-et-Cher). La manufacture de faïences établie dans une des dépendances du château de Chaumont-sur-Loire n'est connue que par le séjour qu'y fit Jean-Baptiste Nini (voir ce nom), qui y exécuta la plupart de ses médaillons en terre cuite.

CHEVRETTE. On appelait *chevrettes* les pots de pharmacie à anse et généralement à col bas et à pied portant sur l'épaulement un bec d'expansion qui se dresse droit. Ces vases servaient à contenir les sirops et les huiles.

CHICANEAU ou **CHICOINEAU** (Pierre) fonda à Saint-Cloud, à la fin du XVIIe siècle, une manufacture de faïences dans laquelle, vers 1696, il fabriqua également de la porcelaine tendre. Ses fils, qui l'avaient aidé dans ses recherches, obtinrent, le 16 mai 1702, des lettres patentes qui leur assuraient pour vingt ans le privilège exclusif de la fabrication de la porcelaine. — Voir *Saint-Cloud*.

CHINCHOIRES. Nom donné en Bretagne à de petites tabatières en faïence que l'on fabriquait surtout à Rennes. Ces tabatières, généralement en forme de livres, de grenouilles, de souliers, etc., sont percées à leur extrémité d'un petit trou, fermé par une cheville mobile en bois, qui permet de secouer sur le dos de la main la prise de tabac.

CLEFFIUS (**Lambertus**), maître faïencier, établi à Delft, où il acquit de J. van Kessel la fabrique à l'enseigne du *Pot de métal;* en 1678, dit M. Havard, il publia dans *la Gazette de Haarlem* des annonces dans lesquelles il prétendait avoir trouvé le moyen de contrefaire la porcelaine des Indes. Il mourut en 1691. On connaît de lui des pièces fines et assez soignées, marquées :

CLÉRISSY (que l'on écrit quelquefois **CLÉRICI**). On connaît plusieurs céramistes de ce nom :
1º Antoine Clérici, qui obtint, en mars 1640, des lettres patentes

pour fonder une verrerie royale, lettres dans lesquelles il est désigné comme *ouvrier en terre sigillée;* suivant toute apparence, il travaillait à Avon, et peut-être même devint-il propriétaire de cette petite manufacture, à laquelle il adjoignit la fabrication des verres. On lit en effet dans le *Trésor des merveilles de la maison royale de Fontainebleau*, par le P. Dan (Paris, 1642, p. 338) : «... Proche de cette église (saint Pierre) vers le septentrion, en la maison seigneuriale de Monceau, où l'année passée, 1641, a esté établie une verrerie royale par lettres patentes du Roy données au mois de mars 1640, et, par arrest du conseil privé de Sa Majesté tenu à Paris le cinquième jour de juin 1641 ; et ce en faveur du sieur Antoine Clerici, ouvrier en terre sigillée et de ses associez;... le sieur Clericy a déjà si bien réussi en son entreprise, qu'il s'y fait des verres de cristal des plus beaux et des plus fins qui se fassent point partout ailleurs, et des ouvrages en terre sigillée. »

2° A. Clérissy, dont le nom se trouve sous un plat de la collection Davillier, représentant une chasse au lion, d'après Tempesta :

A. Clérissy, à Saint-Jean du Dezert, à Marseille, 1697

et dont le nom figure à Moustiers, le 26 mars 1704, à l'occasion du baptême de son fils Pierre.

3° Pierre Clérissy, qui, le premier, fabriqua de la faïence à Moustiers ; en 1686 son nom figure sur les registres de la paroisse de Moustiers comme « maître fayansier » et plus tard comme « marchand faïencier » ; il mourut le 25 août 1728, âgé de soixante-seize ans.

4° Pierre (II) Clérissy, né en 1704, neveu et successeur du précédent ; il fut anobli par Louis XV en 1743, sous le titre de seigneur de Trévans, et nommé secrétaire du roi en chancellerie par le Parlement de Provence ; c'est probablement à lui qu'appartenait également la manufacture de Varages (Var). — Voir *Moustiers, Saint-Jean-du-Désert* et *Varages.*

CLERMONT-FERRAND (Puy-de-Dôme). On sait peu de chose sur l'existence de la manufacture de faïences établie dans cette ville, rue Fontgièvre, et dirigée par un sieur Chaudessolle. Il existe, portant les dates de 1734, 1735 et 1738, quelques pièces décorées en bleu un peu foncé dans le style de Moustiers, d'une exécution extrêmement remarquable, mais leur grande rareté laisserait supposer que c'étaient là des pièces exceptionnelles, datant probablement des débuts de la manufacture dont la fabrication courante devait se borner à des poteries plus communes. Un pichet à anse et à couvercle du Musée de Sèvres,

PL. V

ECOLE DE MOUSTIERS

Décors bleus à lambrequins, à dentelles, à mascarons et à cariatides.
    a b c d f g h Bordures et motifs variés.
  e Fabrique de Saint-Jean-du-Désert (style rouennais).

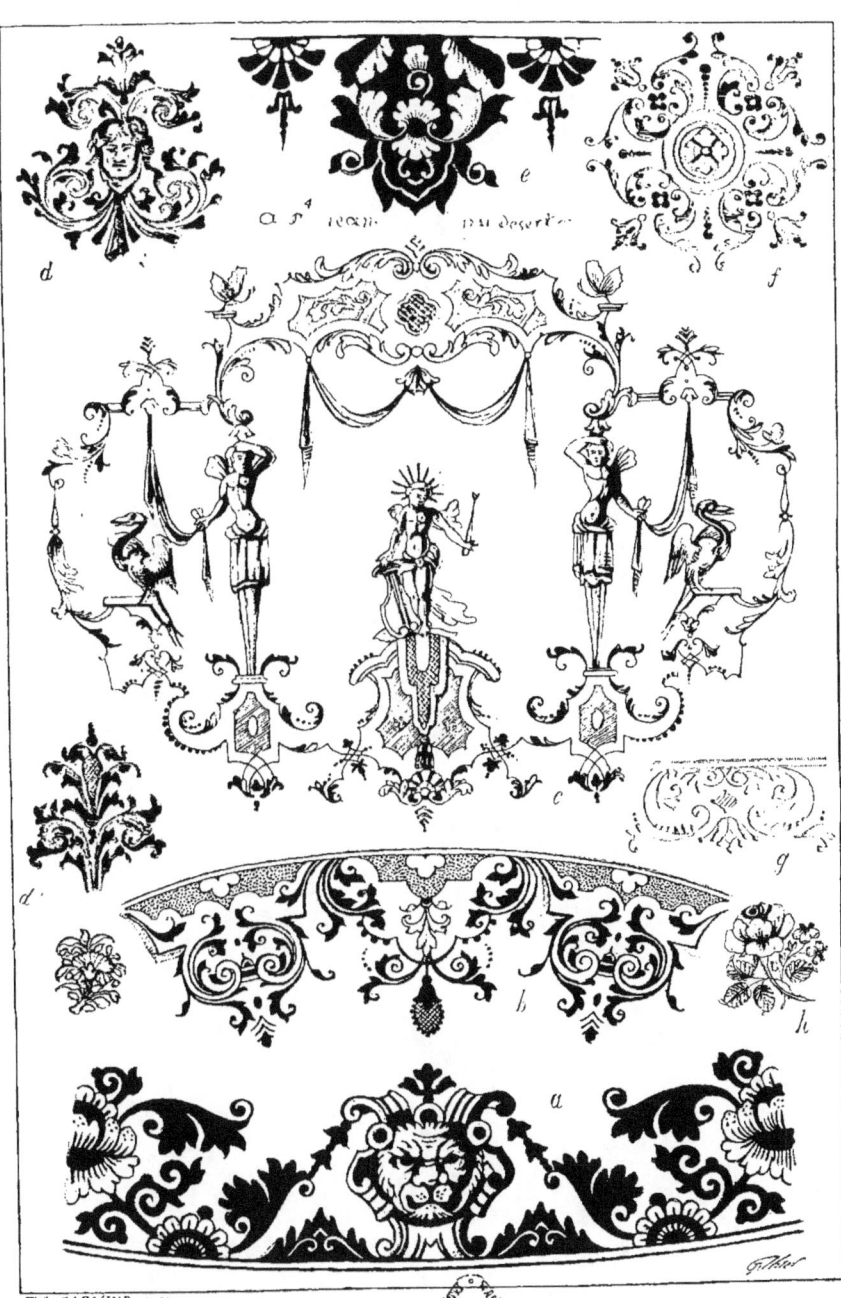

décoré d'arabesques dans le genre de Moustiers un peu accentué, qui peut être considéré comme une des plus belles pièces sorties de la manufacture de la rue de Fontgièvre, porte l'inscription suivante :

Convalescence De M. Rossignol Intendant Dauvergne
M. Peyrol Tresorier de Lordre
26 mars 1738

Une aiguière en casque, à décor un peu sec imité de Rouen (n° 6491), est marquée :

21 Jauier 1736 M. Clermont ferrand Dauvergne

et sous un plat ovale à décor plus original, mais aussi moins soigneusement exécuté, nous trouvons la marque :

Clermond f^d
m

Il a existé également à Clermont-Ferrand une manufacture de poteries vernissées en brun foncé dans le genre des poteries d'Avignon, mais nous n'en connaissons pas de spécimens assez authentiques pour pouvoir en déterminer les caractères. Dans la dernière moitié du siècle dernier, on fabriquait à Clermont et dans les environs des faïences grossières, plats et assiettes, à revers brun ou noir, désignées communément sous le nom de *culs-noirs*.

Cf. COHEUDY (MICHEL), *Céramique arverne et faïence de Clermont*[1], in-8°, 1872, pl. — DU FRAISSE DE VERNINES, *Parallèle des ouvrages de poterie d'Auvergne anciens et modernes*, in-8°, 1874.

CLOCHES (Les Trois). Enseigne d'une manufacture de faïences fondée à Delft en 1671, par Barbara Rottewell, femme de Simon Mesch, ou Mes, notaire, et dirigée d'abord par Jan van der Laen (voir ce nom), et plus tard, en 1706, par Pieter Simons Mes, fils de Barbara, puis par la veuve Van de Doers (1759), et, en 1764, par son fils Willem. « Les

---

1. Ce travail, extrait des *Mémoires de l'Académie des sciences, belles-lettres et arts de Clermont-Ferrand* (t. XIX), n'a pas été mis dans le commerce.

produits de la fabrique des *Trois Cloches* (*Drie Klokken*), dit M. Havard (*op. cit.*), sont fort estimés ; ils consistent le plus souvent en potiches, cornets, assiettes, plats et bouteilles, décorés en camaïeu bleu. La pâte en est fine, sonore ; la forme gracieuse, le décor simple mais élégant. »
Marque :

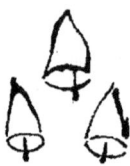

Sur les pièces communes les trois cloches sont dénaturées et parfois difficilement reconnaissables.

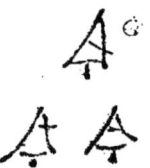

CLODION (**Claude MICHEL**, dit), sculpteur, né à Nancy en 1738, mort à Paris le 28 mars 1814, exécuta dans la manufacture de faïences établie à Nancy en 1774, par Nicolas Lelong, des terres cuites, d'un art gracieux et charmant, entre autres *le Baiser* qui est si connu ; il fournit également plusieurs modèles à la manufacture de Sèvres.

COBLENTZ (**Allemagne**). Les grès à pâte grise et à ornements bleus, désignés sous le nom de « Grès de Coblentz » et vendus par grande quantité à la fin du siècle dernier en Hollande où ils arrivaient par le Rhin, étaient fabriqués dans les environs, à Lauenstein, Niederfell, Langerwche, Vallendar, etc., manufactures secondaires qui existaient encore en 1810, et dont plusieurs produits, bien fabriqués mais qui n'ont rien de très artistique, figurent dans les collections de Sèvres. — Voir *Grenzhausen*.

COGNAC (**Charente**). Nous connaissons de Cognac plusieurs faïences imitées de Nevers dont quelques-unes portent des légendes assez curieuses qui doivent se rapporter à des coutumes ou des traditions locales. C'est ainsi que dans la collection de M. Émile Biais, d'Angou-

PL. IV

ÉCOLE DE ROUEN

Décorations polychromes. — 1 Atelier de Guillebaud.
2 Décor dit à la corne. — 3 4 5 Motifs variés.

Pl. IV

ECOLE DE ROUEN

Décorations polychromes. — 1 Atelier de Guillibaud.
2 Décor dit à la corne. — 3 à 5 Motifs variés.

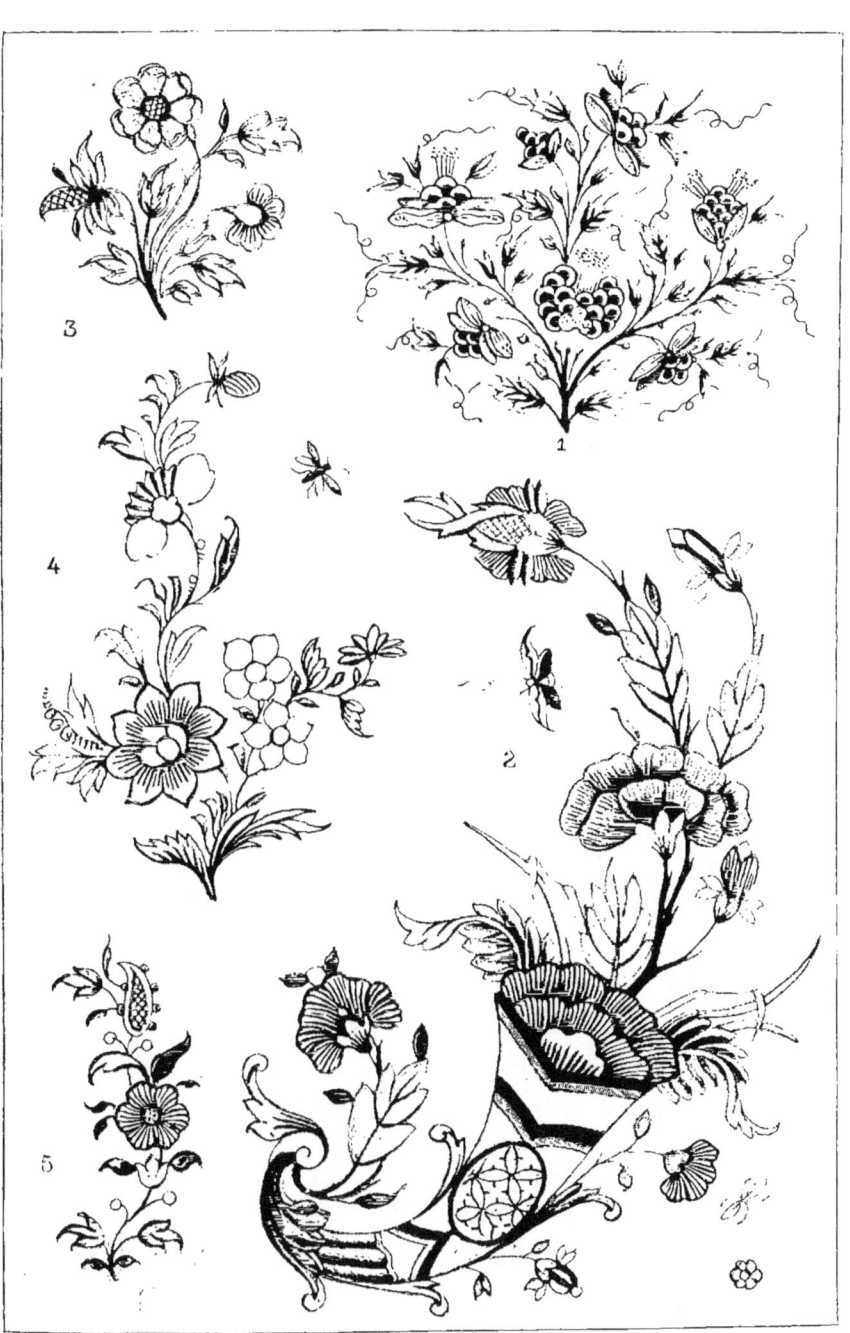

lême, nous avons vu un petit saladier à décor polychrome dessiné de manganèse, portant au centre trois commères avec la légende

Voilà . les 3 . Bavarde .
DE COgNC . *L'an 6ᵐᵉ de la république*

un pot à boire porte le nom de son propriétaire

Davit . Benoit
Bon Maʳchᵗ . De Vin
1776

Sur deux petits saladiers du Musée de Cognac, le faïencier Pierre Guichard a peint sa femme arrosant des pots de fleurs et s'est représenté lui-même en train de tourner des pots dont plusieurs sont rangés sur des rayons. L'émail de ces faïences est gris et très tressaillé; le dessin est cerné d'un trait noir assez accentué.

COLOGNE. Au xvıᵉ et au commencement du xvııᵉ siècle, il y eut, sinon à Cologne même, au moins dans les environs et particulièrement à Frechen et à Siegburg, siège d'une importante abbaye, de nombreuses fabriques de grès à pâte blanchâtre ou gris perle sans aucune glaçure, que l'on désigne d'une façon générale sous le nom de *grès de Cologne*. Ils affectent le plus souvent la forme de canettes cylindriques (*schnelle* ou *snelle*, voir pl. 20), ou d'aiguières, ornées en relief de figures allégoriques ou de médaillons représentant des scènes de l'Ancien Testament; la face antérieure est presque toujours ornée de riches armoiries accompagnées souvent d'une date, et, quelquefois, de lettres qui sont probablement des initiales de fabricants, qui n'ont pu être expliquées d'une façon satisfaisante et qui, du reste, se retrouvent rarement les mêmes sur les pièces où on en trouve.

CONRADE (Les ou **DE CONRADE**), faïenciers. Suivant toute apparence, c'est à Dominique Conrade, né à Albissola, près Savone, dans la province de Gênes, que l'on doit l'établissement, vers 1600, de la première manufacture de faïences à Nevers; il apportait avec lui le genre, tout à fait nouveau alors, et qui paraît avoir pris naissance à Savone vers la fin du xvıᵉ siècle, du décor en camaïeu bleu quelquefois rehaussé de manganèse; les faïences qu'il fabriqua avec l'aide de ses deux frères, Baptiste et Augustin Conrade, affectent pour la plupart les formes italiennes ornées de motifs empruntés aux porcelaines orientales, qui commençaient à être connues en Europe, mélangés souvent à des éléments européens, le tout jeté un peu au hasard, sans parti pris de décoration et sans aucun ensemble. (Pl. 1⁶.) On connaît de lui quelques rares pièces (dont deux au Musée de Sèvres) signées en toutes lettres :

*Deconrade
a
neuers*

Son fils et successeur, Antoine Conrade, obtint, sous la minorité de Louis XIV, un brevet de *faïencier de la maison du Roy*, « estant bien informé, dit le brevet, de ses industrie et grande expérience à faire toutes sortes de vaisseaux de faïence, quel science rare et particulière estoit réservée secrettement de père en fils en la maison Dominique de Conrade ». Il eut à son tour pour successeur Dominique de Conrade, deuxième du nom, qui, de 1650 à 1672, figure sur les registres avec la mention de « Maistre fayencier ordinaire de Sa Majesté.

Un plat du Musée de Sèvres, décoré à l'imitation de Palissy de reptiles et de poissons en relief, est signé :

Agostino Corado

a neuers

La manufacture des Conrade était située à Nevers, rue Saint-Genest, n° 12.

CORNE (Décor dit à la). On donne ce nom à un décor plein — c'est-à-dire couvrant toute la pièce sans aucun autre élément décoratif, tel que bordure, médaillon, etc., — formé par une corne d'abondance d'où partent des tiges de fleurs accompagnées d'insectes, de papillons et d'oiseaux. (Pl. 4².) Le décor *à la corne* est la dernière manifestation, à Rouen, de l'ornementation polychrome sur émail cru ; les peintres rouennais l'ont variée à l'infini et la *corne*, simple, double ou tronquée[1], a subi de nombreuses transformations.

Le décor *à la corne* a été imité dans plusieurs fabriques françaises, mais il est facile de reconnaître, à leur exécution supérieure et à leur rouge plus vif, les faïences qui sont sorties des ateliers rouennais.

CORNELISZ (surnommé **SCHIPPER**, *batelier*), maître faïencier, établi à Delft, en 1628. On lui attribue des pièces décorées de motifs chinois en camaïeu bleu et marquées :

C

---

1. Dans ces cas, le décor est dit *à la double corne* ou *à la corne tronquée*.

COSIJN (**Arendt**), maître faïencier, établi à Delft, où il fonda, en 1675, la célèbre fabrique à l'enseigne de *la Rose*. — Voir ce mot.

COUVET ou **COUVÉ**. « Petit pot de cuivre ou de terre qui sert de chaufferette aux marchandes en plein air. » (LITTRÉ.) Les couvets en terre vernissée ou en faïence étaient de fabrication courante dans le Nord. A l'Exposition d'Amiens, en 1884, nous avons vu un couvet en faïence de Vron portant l'inscription : *Mademoiselle chauffez-vous*.

CREIL (**Oise**). Une fabrique de faïences fines imitant les faïences anglaises (*Queen's ware*) fut établie à Creil, à la fin du siècle dernier, par M. de Saint-Cricq, qui y employa des ouvriers venus d'Angleterre, ou ayant déjà travaillé à la manufacture de Douai. C'est à Creil que l'on fit, au commencement du siècle, et d'une manière suivie, sous la direction de Stone, Coquerel et Legros d'Anisy, les premiers décors par impression. Le dépôt en était à Paris, rue du Cadran, 9. Un *Avis* que nous avons sous les yeux dit que l'on y faisait « des services complets en faïence terre de pipe, imprimés en noir ou en couleurs où sont représentés en médaillons et bordures les principaux sujets de l'histoire de France, *les Fables de La Fontaine*, les portraits des grands hommes anciens et modernes, les pierres antiques, les monuments de Paris et vues de ses environs, les vues d'Italie, etc., et, successivement, différents sujets des sciences et des arts dont le détail serait trop long ». Et l'*Avis* ajoutait que « cet établissement étant parvenu à imprimer sur faïence aussi facilement que sur le papier et avec toute la perfection possible, le prix des marchandises sera très modique ».

CREUSSEN (**Bavière**). On y a fabriqué, pendant le XVIIe siècle et au commencement du XVIIIe, des grès à pâte brune recouverts d'une glaçure noire ou décorés en relief de figures en frise circulaire, d'armoiries ou d'ornements peints en couleurs opaques, d'un ton un peu cru, ayant au premier aspect l'apparence de couleurs à l'huile. Les plus connus sont les pots cylindriques représentant, sur la panse, les figures du Christ et des Apôtres (pl. 20), et qui sont, pour cette raison, désignés sous le nom de *cruches des Apôtres* (*Apostel krüge*).

On contrefait souvent les grès de Creussen, mais la plupart de ces contrefaçons sont faciles à reconnaître, étant peintes le plus souvent avec des couleurs à l'huile, qui s'enlèvent ou se rayent sous la pointe d'un canif.

CROISIC [**LE**]. (**Loire-Inférieure**). On attribue au Croisic, qui, dès le xvie siècle, aurait possédé une manufacture de faïences fondée par un Flamand, Gérard Demigennes, et dirigée plus tard, vers 1627, par un Italien, Horatio Borniola, des pièces assez lourdes et assez communes, — que l'on donne également à Anvers ou à Nantes, — blanches, presque toujours godronnées, et décorées de rinceaux et de fleurs en bleu et jaune citron.

CROSA (P. A.). — Voir *Candiana*.

CULS-NOIRS. Le ministre Silhouette, ne sachant plus comment faire face aux embarras du Trésor, avait exhorté ceux qui possédaient de la vaisselle d'argent à la porter à la Monnaie, où elle devait être convertie en espèces applicables aux besoins de l'État. Louis XV y ayant envoyé sa vaisselle, son exemple fut suivi par Mlle Hus, actrice de la Comédie-Française, par quelques communautés religieuses, par un petit nombre de membres du Parlement et par quinze cents autres citoyens[1]. On se servit surtout alors, à Paris, d'une vaisselle de faïence très commune, dont le fond extérieur était recouvert d'un vernis brun foncé ou noir, et les plats et les assiettes de cette espèce furent appelés *culs-noirs* par les plaisants de la capitale. « J'ai peur, dit Voltaire[2], qu'il ne soit ridicule de parler de comédie dans ce temps qu'il n'est question que de *culs-noirs*, de bourses vides, de flottes dispersées et de malheurs en

1. On lit dans le *Journal de Barbier* (nov. 1759) : « Il y a déjà du temps qu'on a parlé de faire porter la vaisselle d'argent des particuliers à la Monnaie, ce qui a effrayé le public, un pareil expédient étant ordinairement la dernière ressource dans les calamités de l'État... Les personnes qui n'ont pas un rang distingué ou ne pensent pas de même sont dans l'incertitude si elles la porteront ou si elles la cacheront. Mais il n'est guère possible de se servir de sa vaisselle d'argent, surtout en assiettes, quand les princes, les plus gros seigneurs et les gens en dignité sont réduits à manger sur de la vaisselle de faïence.

« Cette aventure va ruiner tout le corps des orfèvres et ôter le pain à tous les ouvriers et artistes qui en dépendent, et, en même temps, va enrichir toutes les manufactures de faïences et de porcelaine.

« Il y a depuis dix ou douze jours un grand concours de carrosses à un grand magasin de faïence plus ou moins recherchée sur le quai de la Porte Saint-Bernard — [aujourd'hui quai de la Tournelle] — au-dessus des Miramionnes — [l'ancienne maison des Dames Miramionnes est occupée actuellement par la pharmacie centrale des Hôpitaux, qui y a installé dans une salle un petit musée où ont été transportés les vases et pots des anciennes pharmacies des Hôpitaux, Hospices et bureaux de bienfaisance de Paris]. — J'y allai le 30 octobre acheter des plats, assiettes et jattes comme les autres. Le Ministre de Paris (le comte de Saint-Florentin) y était avec M. Bertin de Jumillac, frère de M. le lieutenant général de police et, tous les jours, à toute heure, c'est la même chose. »

2. Lettre à M. Thiériot, 15 décembre 1759.

tout genre sur terre et sur mer. » Dans une autre lettre[1], il disait : « Parlez-moi, je vous prie, de la fortune que vous avez faite à Cadix, et dites-moi si vous mangez sur des assiettes à *cul noir*. » Ces faïences étaient fabriquées à Paris, rue de la Roquette, et particulièrement dans la manufacture du sieur Ollivier. On en faisait également en Auvergne. Elles étaient décorées de filets et quelquefois de fleurettes tracées grossièrement en bleu.

CUSTINE (Général comte de). Devint, en 1780, propriétaire de la manufacture de Niederwiller (voir ce mot), dont il confia la direction à Lanfrey. On rencontre souvent plusieurs pièces d'un service à bord treillissé à jour, avec filets roses ou lilas, qu'il fit fabriquer pour son usage; au centre se trouve son chiffre, entre deux palmes vertes reliées par un ruban rose et surmonté d'une banderole, avec la devise : *Fais ce que tu dois, arrive ce qui pourra.* (Pl. 10 a.) A partir du moment où il devint possesseur de la manufacture, les faïences sorties des fours de Niederwiller furent marquées

Nous n'avons jamais rencontré cette marque surmontée d'une couronne que quelques auteurs attribuent à Niederwiller.

CUSTODE (Les). Comme les *Conrade*, les *Custode*, faïenciers à Nevers, étaient probablement originaires de Savone. Pierre Custode, désigné dès 1632 comme « maistre potier en vaisselle de faïence », fonda, avec Esme Godin, qui n'était suivant toute apparence qu'un bailleur de fonds, une fabrique située, comme celle des Conrade, rue Saint-Genest, à l'enseigne de *l'Autruche*. C'est à cette fabrique, qui prit rapidement une assez grande importance, que l'on attribue généralement les belles faïences à fond bleu persan, décorées en blanc fixe parfois rehaussé de jaune (pl. 1 d), qui peuvent être considérées comme les plus remarquables produits sortis des manufactures de Nevers.

La famille des Custode, qui ne compte pas moins de cinq générations de potiers, occupe une place importante dans l'histoire de la céramique française ; on retrouve à Rouen, au début de la fabrication, un Jehan Custode, dont on connaît une pièce signée en toutes lettres.

[1]. Lettre à M. le comte d'Argental, 24 novembre 1759

CUZIO (Les). Deux prêtres de ce nom, *Antonio Maria* et *Giovanni Antonio Barnaba*, qui vivaient à Pavie dans la dernière moitié du xviie siècle, décorèrent d'une façon assez particulière des poteries à dessins de rinceaux de fleurs gravés au trait sur engobe et recouvertes d'un vernis brun très tendre et coulant par places en gouttes vitreuses. Ces poteries, assez rares, portent généralement au revers, qui est également décoré de la même façon, des devises en italien et des inscriptions latines en bandes concentriques. Sur un plat du Musée de Sèvres portant au centre AVE MARIA, nous lisons au revers du médaillon central la devise :

SOLAMENTE E' INGANNO CHI TROPPO SI FIDA

près du bord est inscrit le nom de l'auteur :

PRESBYTER ANTONIVS MARIA CVTIVS PAPIENSIS
PROTHONOTARIVS APOSTOLICVS FECIT ANNO
DOMINICÆ 1693 DIE 25 MARTY

et, dans le médaillon central :

PAPIÆ

1693

Un plat orné de feuillages, de la collection Brambilla, à Pavie, cité par M. Molinier (*Les Majoliques italiennes en Italie*, in-8°, 1883), porte le nom de Giovanni Antonio Barnaba.

CYFFLÉ (Paul), sculpteur, né à Bruges, le 6 janvier 1724. Nous n'avons pas à faire ici la biographie complète de cet artiste, au talent si original et si naïf, auquel les fabriques de la Lorraine ont dû la plus grande partie de leur renommée. Après avoir travaillé d'abord à Paris, puis à Lunéville, vers 1746, chez Guibal, sculpteur du roi Stanislas, avec lequel il exécuta les figures allégoriques de la statue de Louis XV, Cyfflé se mit à faire, pour la manufacture de Lunéville d'abord, puis pour celle de Saint-Clément dont il fut pendant quelque temps copropriétaire, et, ensuite, à Bellevue, près Toul, les modèles de ces délicieuses statuettes et de ces groupes, si recherchés aujourd'hui, reproduisant des types ou des scènes populaires dont nul ne saisit avec plus d'observation, de finesse et d'esprit le côté réel et pittoresque, et qu'il sut rendre avec une science des formes, une vérité de détails, une habileté et une délicatesse de touche qui lui sont propres et donnent du prix à ses moindres œuvres.

Trop enclin, malheureusement, à fréquenter les cabarets et manquant d'ordre et d'esprit de conduite, Cyfflé se vit contraint de quitter la France et dut retourner à Bruges; en 1787, nous le voyons à Hastières, près de Namur, où il tenta de fonder une manufacture qui ne paraît pas avoir eu une bien longue existence; puis, en 1791, à Ixelles, près de Bruxelles, où il mourut dans la misère et tout à fait oublié, le 24 août 1806.

Ses statuettes en terre blanche non émaillée sont souvent marquées d'un cachet estampé sur la pâte encore humide, et portant en relief les mots :

<table>
<tr><td>CYFFLÉ
A LUNÉVILLE</td><td>ou</td><td>TERRE DE
LORRAINE</td></tr>
</table>

D

DALE (Lucas van), maître faïencier, établi à Delft en 1692. « Il est généralement regardé, dit M. Havard (*op. cit.*), comme l'auteur de ces curieuses pièces céramiques à engobe olivâtre ou mordorée, qui sont aujourd'hui si recherchées par les amateurs. » Plusieurs de ces pièces portent en effet son monogramme :

L V

On croit qu'il fut le fondateur de la fabrique qui avait pour enseigne *la Fortune*, et qui fut acquise en 1706 par Joris Oosterwyck.

DALLE, peintre attaché à la manufacture des frères Boch, à Sept-Fontaines. Il peignait avec beaucoup de soin, sur des plaques de faïence, des vues de ville ou des sujets de figures, qu'il copiait le plus souvent d'après des gravures. Son nom, accompagné quelquefois d'un millésime, « DALLE 1784 », est inscrit en toutes lettres au revers de ses plaques.

DAMAS. Dans les *Inventaires* des XIVe et XVe siècles, il est souvent fait mention des poteries de Damas, mais le laconisme de ces mentions ne permet d'en déterminer ni la matière ni le genre de décoration; il est certain cependant que ces poteries étaient estimées à un haut prix, puisque, non seulement on les trouve inventoriées en compagnie de meubles et d'objets précieux, mais encore que plusieurs avaient des montures d'or ou d'argent : « Ung petit pot de terre en façon de Damas » (*Inv. de Charles V*, 1380). — « Ung pot de terre de l'ouvrage de

Damas, blanc et bleu, garnie le pié et couvercle qui est de jaspre d'argent doré, etc. » (*Inv. du duc de Bourgogne*, 1420).

On a attribué, mais sans aucune certitude, à Damas, quelques rarissimes spécimens de lampes de mosquée datant du xvi⁵ siècle, et dont les inscriptions se détachent sur un fond damasquiné de fins ornements en réserve, mais aucune preuve n'a été apportée à l'appui de cette hypothèse. Il est certain, cependant, que Damas fut le centre d'une importante fabrication sinon de poteries, au moins de carreaux de revêtement, mais en l'absence de documents précis, il est très difficile d'en déterminer les caractères exacts. Nous croyons pourtant que beaucoup de faïences attribuées à Rhodes (Lindos) proviennent de Damas.

DANGU, près Gisors (Eure). En 1753, il existait dans cette localité une fabrique de faïences appartenant au baron de Dangu, qui la louait à Dominique Pellevée, peintre en faïence, Adrien Levesque, mouleur, et Jacques Vivien, bourgeois de Rouen. Les trois associés ne firent pas de brillantes affaires, et, après une saisie opérée le 24 janvier 1755, les marchandises furent vendues publiquement, à la porte de la fabrique, au profit du baron de Dangu et de plusieurs autres créanciers. Un broc à cidre, à décor rouennais un peu pâle, de la collection Gasnault, au Musée de Limoges, au nom de *Jacques Vaillaux*, porte sous l'anse :

Dangu 1759.

mais cela ne prouve pas que la fabrique fût encore en activité à cette époque, ni même que ce broc soit sorti des ateliers de Dangu, beaucoup de pièces patronymiques portant, en effet, la mention de la localité habitée par leur propriétaire sans que, pour cela, la pièce ait été fabriquée dans cette localité.

DAVENPORT (John) devint, vers 1793, propriétaire d'une manufacture fondée vers 1773 à Longport, près Burslem. Nous connaissons de lui quelques belles poteries à décor en relief marquées :

Davenport
LONGPORT

DECKER (Jan), faïencier peu connu, qui vivait à Delft en 1698. Deux bustes, décorés en camaïeu bleu, représentant des personnages drapés à l'antique et coiffés d'une couronne royale, portent son nom en toutes lettres :

Jan Decker
1698

PL. VI

ÉCOLE DE MOUSTIERS

Décorations polychromes. — *a* Décor dit *à grotesques*.
b c d Motifs variés.
e Fabrique de Goult. — *g h i j* Fabrique d'Alcora (Espagne).

Pl. VI

ÉCOLE DE MOUSTIERS

Décorations polychromes. — a Décor dit à grotesques.
  b, c, d Motifs variés.
e Fabrique de Goult. — g h i j Fabrique d'Alcora (Espagne).

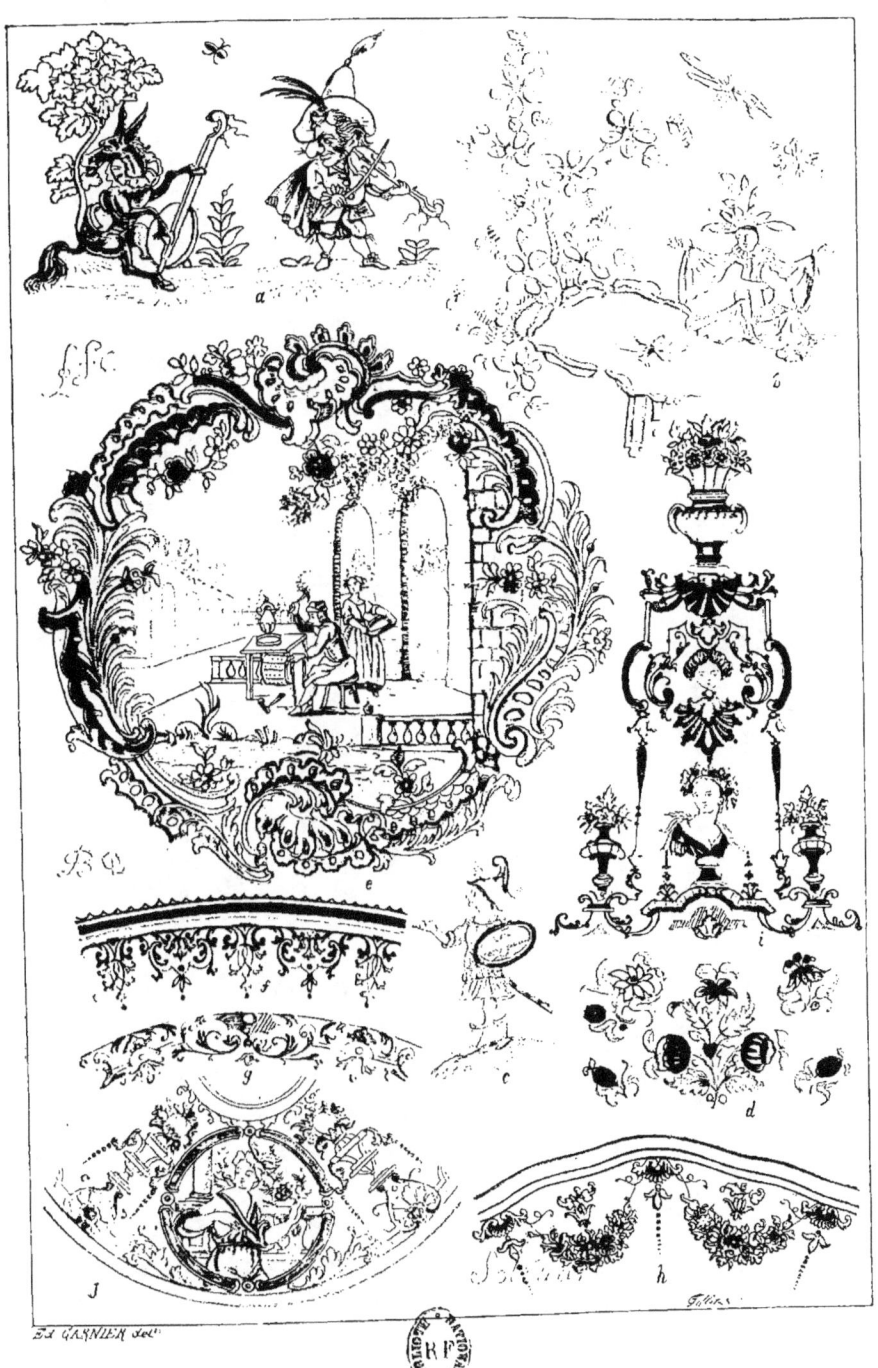

DELFT (Hollande). D'après M. Henry Havard, auquel on doit une *Histoire de la Faïence de Delft*[1], qui peut être considérée comme une des monographies les plus remarquables et les plus complètes qui aient été écrites sur une des branches de l'industrie céramique, la fabrication de la faïence à Delft aurait commencé dans les dernières années du XVIe siècle ; il faut attendre cependant jusqu'en 1650 pour lui voir prendre une extension qui fut alors d'autant plus rapide qu'elle fut puissamment aidée par le développement considérable du commerce de la Hollande dont les navires allaient porter ses produits dans le monde entier. A la fin du XVIIe siècle, Delft possédait plus de trente fabriques en pleine prospérité, dont les faïences, beaucoup moins lourdes et de formes plus élégantes que celles des autres pays, étaient si estimées, que Savary des Bruslons, dans son *Dictionnaire du Commerce*, disait : « Les plus belles faïences qui se fassent en France sont celles de Nevers, Rouen et Saint-Cloud, mais elles n'approchent ni pour les dessins, ni pour la finesse, ni pour l'émail, de celles de Hollande. » — (Pl. 16.)

A la fin du XVIIIe siècle, l'industrie céramique fut ruinée à Delft, comme elle le fut en France, par l'importation des faïences anglaises et par la grande extension que prit la fabrication de la porcelaine, et cette petite ville, autrefois si riche et si florissante, ne posséda bientôt plus que deux ou trois manufactures peu importantes qui traînèrent péniblement une existence difficile.

L'histoire de la fabrication et de la décoration de la faïence de Delft peut être divisée en trois périodes : la première, qui comprend les débuts de la fabrication (1596-1650), est caractérisée par une décoration extrêmement chargée, exécutée en camaïeu bleu dessiné le plus souvent d'un trait foncé tirant sur le violet brun ; les sujets représentés sont généralement des batailles, des scènes historiques, des kermesses, etc., dans lesquelles on remarque un entassement considérable de personnages ; les marlis des plats sont couverts d'une profusion d'ornements d'un aspect un peu lourd, mais d'un arrangement extrêmement habile. Dans certaines pièces, on remarque quelques timides essais de polychromie qui se bornent à des rehauts de rouge et de blanc.

La seconde période (1650-1710) est remarquable surtout par l'imitation parfaite du décor des porcelaines orientales, d'abord en camaïeu bleu par Aelbrecht de Keiser, puis en bleu, rouge et or par Adrien Pynacker et

---

[1]. HENRY HAVARD, *Histoire de la Faïence de Delft*, grand in-8° de 400 pages, orné de gravures dans le texte, de chromolithographies et d'eaux-fortes ; Paris, 1877. — C'est à cet excellent ouvrage que nous avons emprunté la plupart des renseignements que nous donnons sur les faïenciers de Delft.

ses successeurs[1] : c'est de cette époque que datent les magnifiques pièces à décor *cachemire* de L. van Eenhorn et les rarissimes faïences à fond noir, ce qui n'empêche pas certains artistes de continuer à peindre en camaïeu bleu, mais avec plus de sobriété et de talent que leurs prédécesseurs, des paysages, des scènes champêtres ou des sujets historiques, et même des portraits sur des plaques dont quelques-unes sont absolument remarquables.

La troisième période est tout à fait commerciale ; il serait trop long d'énumérer ici la variété considérable d'objets de toutes formes et propres à tous les usages, sortis des mains des habiles faïenciers de Delft ; ils ont tout fabriqué, même des cages à oiseaux, même des instruments de musique, des flûtes et des violons ; avec leur terre éminemment plastique, fine, légère et sonore, recouverte d'un bel émail doux et limpide, ils ont imité, non seulement les porcelaines de Chine et du Japon, d'une façon tellement merveilleuse, qu'il faut y regarder à deux fois pour reconnaître à l'œil la copie de l'original, mais aussi les porcelaines de Saxe, qui commençaient à faire fureur et dont les prix étaient inabordables pour la bourse des bons bourgeois d'Amsterdam ou de la Haye. — Voir l'*Introduction*, p. xv, et, *passim*, les noms et les marques des faïenciers de Delft.

DERUTA (**Italie**). D'après Lazari (*Notizia della raccolta Correr*, p. 59), Deruta, ou Diruta, bourg dépendant de Pérouse, sur la route d'Orvieto, aurait possédé, en 1461, une manufacture de faïences fondée par Agostino di Antonio di Duccio, élève de Luca della Robbia, qui y aurait exécuté les bas-reliefs émaillés de la façade de l'église San Bernardino, mais le fait n'est pas absolument prouvé ; ce qui est certain toutefois, c'est qu'il y existait une fabrique dès 1501, — bien que la plupart des auteurs n'en fassent remonter l'établissement qu'à l'année 1525, — et que l'on y connaissait, comme à Pesaro, l'emploi des lustres métalliques, et surtout d'un lustre jaune chamois qui, au début, était d'un éclat doux et quelquefois nacré que l'on ne retrouve sur aucune des faïences de cette époque. Le Louvre possède des vases en forme de pommes de pin, qui donnent la note exacte de ce lustre qui perdit bientôt son caractère pour rentrer dans les tons des lustres de Pesaro et de Gubbio, avec lesquels ils peuvent être facilement confondus.

Au début, on y fit particulièrement des majoliques décorées d'ornements et surtout de *groteschi* sur fond bleu dans le genre de Faenza,

---

1. Un Rapport du conseiller de commerce Wouters daté du 16 juillet 1696 dit, au sujet des faïences delftoises, que « cette industrie a atteint une si belle perfection et trouvé le secret d'imiter de si près les porcelaines fines de Chine, Japon et des Indes, que beaucoup de personnes, à tant soit peu de distance, ont peine à les distinguer ».

mais bientôt on voulut imiter les décors pleins à sujets de figures d'Urbino et l'on fit venir de cette ville plusieurs artistes, un, entre autres, nommé Francesco, dont on trouve la signature sur un plat représentant *Apollon et Daphné* :

> 1537
> fran^co Vrbini.
> P deruta

A partir de 1545 on rencontre souvent la signature d'un autre artiste désigné sous le nom de *El Frate* (le frère, le moine), qui devait venir également d'Urbino et dont les œuvres, même celles qui ne sont pas signées, sont facilement reconnaissables à leur dessin un peu rude, et, surtout, à l'emploi d'un bistre brun, d'un ton terne et monotone. Une coupe du Musée du Louvre (G 576) est signée :

> 1545.
> in de ruta
> frate fecit

Les marques suivantes sont attribuées, avec une presque certitude, à la fabrique de Deruta, dont certaines pièces manquent souvent d'émail au revers :

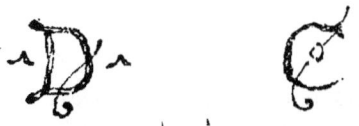

La manufacture de Deruta est une des rares fabriques italiennes qui ont subsisté jusqu'au xviiie siècle, mais elle ne faisait plus à cette époque

que des faïences lourdes, à pâte grise, à décor banal, marquées cependant : *maiolica fina*, ou portant en toutes lettres :

<pre>
            1771
        FABRICA DI
       MAIOLICA FINA
            DI
        GREGORIO CAS
        ELLI IN DI
            RVTA
</pre>

DESVRES (Pas-de-Calais) a possédé deux faïenceries, l'une fondée en 1732 par Dupré-Poulaine, auquel on attribue la marque D P avec une accolade au-dessous ; l'autre en 1764, par Jean-François Sta ; on n'y fabriqua que des faïences communes à émail verdâtre, à revers enduit d'un jaune sale, décorées grossièrement, tantôt en camaïeu bleu, tantôt en couleurs, où le violet de manganèse domine, de cavaliers désignés dans le pays sous le nom de *Malbroux*, de saint Martin, de femme tenant une fleur, etc. C'est vraisemblablement à Desvres qu'ont été fabriquées les cruches en forme de femme assise, à la tournure plus ou moins grotesque et à la robe *fleurtée*, désignées dans le nord sous le nom de *Jacquelines*.

Une pièce, décorée au feu de moufle d'un sujet champêtre, porte en toutes lettres :

FAIT A DESVRES LE 19 DÉCEMBRE 1771, J. VANDER PLAS

DEXTRA (Zacharie), maître faïencier établi en 1720 à Delft, à l'enseigne des *Trois Tonneaux (Drie Astonne)*. C'est lui qui, le premier, fit, en faïence peinte au feu de moufle, des imitations de porcelaines de Saxe, décorées et dorées de la façon la plus étonnante. « N'étaient l'épaisseur du biscuit et son opacité, dit M. Havard (*op. cit.*), on croirait avoir de la porcelaine sous les yeux. » Il marquait :

<pre>
            Z. DEX.
</pre>

DEXTRA (Jean-Theunis), surnommé *Dextra le Jeune* pour le distinguer du précédent, maître faïencier à Delft ; en 1759, il était établi à l'enseigne de *l'A grec*. Une coupe à fraises, à bords godronnés et découpés à jour, décorée en bleu et or, d'une finesse et d'une délicatesse exceptionnelles, est citée par M. Havard comme une des plus parfaites céramiques de Delft que l'on puisse souhaiter. Ses meilleurs produits sont marqués :

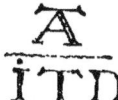

Mais cette marque se rencontre rarement, et le plus habituellement il signait de son monogramme, accompagné ou non, d'un numéro d'ordre :

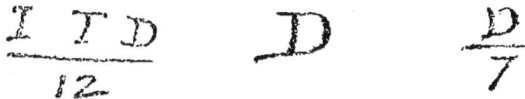

DIEUL. On ne sait rien de bien certain sur ce peintre faïencier, qui travaillait à Rouen vers le milieu du XVIIIe siècle, entre autres dans la manufacture des frères Vallet, en 1756, et dont on trouve la signature sur des faïences *à la corne* ou au *carquois* d'une très belle exécution :

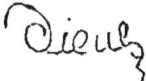

On lui attribue également les pièces marquées d'un D et d'un F conjugués.

DIGNE, faïencier, rue de la Roquette, à Paris. C'est à lui que l'on doit les vases et bouteilles, au décor bleu et jaune citrin, imité de Rouen, fabriqués pour la pharmacie qu'avait installée à l'abbaye de Chelles, dont elle était abbesse, la fille du duc d'Orléans, régent pendant la minorité de Louis XV. Tous ces vases dont on connaît de nombreux exemplaires de formes variées, mais du même type et du même décor, portent sur leur face antérieure les armes de la famille d'Orléans. Son fils ou un de ses parents possédait, en 1777, une manufacture située rue de Charonne.

DIJON (Côte-d'Or) a possédé plusieurs fabriques de faïences, mais à part un grand broc à vin ayant appartenu aux « Chevaliers de l'Arquebuse » et quelques pièces de style rouennais à armoiries, qui faisaient partie d'un service d'apparat du fameux collège dit *des Godrans*, tous les produits de ces fabriques sont assez grossiers et ne se distinguent en rien des faïences les plus ordinaires et les plus communes. D'après M. le docteur Louis Marchant, qui s'est fait l'historien des faïenceries dijonnaises, la plus ancienne manufacture aurait été établie, en 1669, par un sieur Dupont, originaire de Nevers, qui mourut en 1711. On retrouve l'influence nivernaise sur plusieurs pièces citées par M. Marchant, entre autres sur une bouteille de voyage de forme orbiculaire, représentant d'un côté, saint Bénigne, l'apôtre et le patron de la Bourgogne, et de l'autre, l'écusson fleurdelisé; cette bouteille porte le nom de son propriétaire *Benigne Vétré* et la date 1693; c'est, croyons-nous, une des plus anciennes, sinon la plus ancienne faïence patronymique qui soit datée. On a fabriqué, à Dijon, des pots à moutarde dont quelques-uns, surtout ceux de grandes dimensions dans lesquels on puisait avec une cuillère en bois pour la vente au détail, portent de riches écussons fleurdelisés surmontés de la couronne royale avec l'inscription : MOUTARDE FINE DE DIJON.

Les faïences de Dijon n'ont généralement aucune marque; quelques pièces cependant, entre autres une assiette décorée d'un Chinois tenant un drapeau, peinte sur émail, dans le genre de Strasbourg, sont signées en toutes lettres :

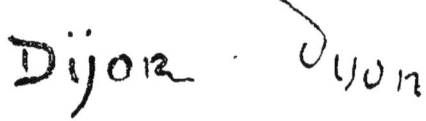

Cf. *Recherches sur les faïenceries de Dijon*, par le docteur LOUIS MARCHANT, in-4°, 1885.

DISDIER, fabricant de carreaux de revêtement en faïence, ou *Azulejos*, à Valence, mentionné par Gournay en 1788. Sa veuve était encore établie en 1808, ainsi qu'en témoigne un tableau composé de carreaux de faïence placé dans la salle du chapitre dans la cathédrale de Saragosse et signé :

Real^s Fabricas de Dª Maria Salvadora Disdier. Brit f^t año 1808.

DOES (Dirk van der), maître faïencier, établi à Delft en 1759, à l'enseigne de *la Rose*. Il signait tantôt de son monogramme, tantôt d'une *rose* très simplifiée, des faïences d'une exécution assez commune.

DOES (Willem van der), frère du précédent, maître faïencier à Delft, en 1764; fut un des propriétaires de la fabrique à l'enseigne des *Trois Cloches*. Sa marque déposée devait consister dans son monogramme, deux V et un D conjugués; mais il est probable, dit M. Havard, qu'il ne l'employa guère, car on retrouve sous de jolies pièces, qui sont évidemment de son temps, les trois cloches traditionnelles usitées par ses prédécesseurs.

DON POTTERY, près de Doncaster (**Angleterre**). Manufacture de faïences dites *cream colour* ou *Queen's ware*, établie vers 1790 par John Green, de Leeds, qui s'associa bientôt avec plusieurs membres de sa famille; ces faïences, qui se rapprochent beaucoup de celles de Leeds, avec lesquelles on les confond, sont marquées :

DON POTTERY	ou	GREEN DON POTTERY.

DOORNE (**Pieter van**), maître faïencier à Delft, en 1759; il fut propriétaire de la fabrique à l'enseigne de *la Bouteille de porcelaine;* ses produits n'offrent rien de remarquable. Marque :

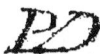

DOUAI (**Nord**). Les faïences, ou, comme on disait autrefois, les *grèxeries* de Douai, si elles ne sont pas très remarquables au point de vue de l'art, n'en sont pas moins dignes d'occuper un rang assez élevé dans l'histoire de la céramique, en ce sens qu'elles ont été la première manifestation en France, et comme le point de départ d'une industrie qui devait prendre rapidement un développement considérable et qui constitue une des branches les plus importantes de la fabrication actuelle.

La manufacture de Douai fut fondée en 1781 par deux Anglais, les frères Leigh, que les persécutions exercées contre les catholiques avaient forcés à quitter leur pays où ils avaient dirigé dans le Staffordshire les ateliers de plusieurs fabriques importantes. Dès leur arrivée ils furent aidés dans leur entreprise, d'une part, par un des principaux industriels de Douai, Georges Bris, qui après leur avoir avancé les premiers fonds s'associa avec eux, et, d'autre part, par la municipalité qui leur concéda gratuitement les terrains nécessaires à la construction des bâtiments de leur manufacture. Quelque temps après, et afin de donner une plus grande extension à la fabrication, on constitua une Société dans laquelle entrèrent plusieurs riches habitants de Douai représentés par Houzé de l'Aulnoit, avocat au Parlement et greffier de la ville. La durée de l'association qui avait été fixée à vingt-cinq ans fut prorogée en 1807 pour cesser en 1820, époque à laquelle la manufacture cessa d'exister. Une autre manufacture, dont les produits copièrent ceux des frères Leigh, avait été fondée en 1799 par un nommé Martin Dammann.

Les produits des manufactures de Douai sont de plusieurs sortes ; ce sont d'abord des faïences ou grès blancs d'un ton un peu ivoiré dont les formes sont empruntées tantôt à l'Angleterre, et particulièrement à Leeds, tantôt à Sèvres ; comme à Leeds on y fit beaucoup de pièces à bords treillissés et découpés à jour ; puis des biscuits, des grès rouges et noirs, et, enfin, des terres jaspées en plein ou seulement par parties. Les marques que l'on rencontre le plus fréquemment sont les suivantes :

Leigh et Cie   *Leigh 1790*   DOUAI   *Martin Dammann*

C'est dans cette manufacture que furent formés la plupart des ouvriers et des artistes qui allèrent plus tard travailler à Choisy-le-Roi, à Creil, à Forges, à Montereau, etc.

On connaît de Douai plusieurs pièces de la période révolutionnaire qui offrent un certain intérêt. Nous citerons entre autres un *buste de Voltaire* coiffé d'un bonnet phrygien, des tabatières avec l'inscription : *vive* [sic] *libre ou mourir 1792*, des assiettes à emblèmes, etc. On retrouve dans les faïences de Namur, avec lesquelles il est facile de les confondre, quelques formes de la manufacture des frères Leigh.

Cf. *Essai sur les faïences de Douai, dites grès anglais,* par M. A. Houzé de l'Aulnoit.

DUYN (Johannes van), maître faïencier, établi à Delft à l'enseigne du *Plat de porcelaine*, fabrique dirigée précédemment par Johannes Pennis duquel il l'acquit en 1760. Ses produits assez nombreux sont de qualités très diverses, mais presque toujours très soignés et souvent d'une richesse exceptionnelle. Outre quelques pièces modelées, entre autres des bouteilles en forme de statuettes, nous connaissons de lui des potiches surdécorées en plein, avec des couleurs végétales au vernis, de fleurs polychromes en relief imitant l'émail ; seuls, les boutons des couvercles, généralement en forme de perroquets, ont conservé leur caractère de faïence. Il marquait en toutes lettres :

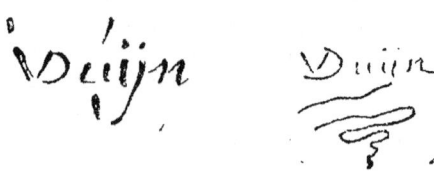

DYCK (**Kornelis van**), maître faïencier à Delft en 1759, fut un des propriétaires de la fabrique à l'enseigne de *la Griffe*, dont il conserva la marque. On trouve cependant des pièces, qui n'ont rien de remarquable, marquées de son monogramme :

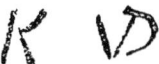

E

EENHORN (Les), faïenciers à Delft (xviie siècle). — Il y eut à Delft trois céramistes de ce nom : Wouter le père, qui s'établit en 1658, et ses deux fils, Samuel et Lambartus. Wouter et son second fils Lambartus produisirent des œuvres polychromes qui, dit M. Havard (*op. cit.*, p. 121), « peuvent compter parmi les plus belles et les plus hardies. Déjà du temps du vieux Wouter elles étaient justement admirées; c'est à lui que le « Magistrat » de Delft s'adressait quand il voulait faire quelque cadeau à des princes ou à des ambassadeurs. Mais il appartenait à Lambartus de porter ces grands et beaux ouvrages à une perfection qui n'a pas été égalée depuis. Élève de son oncle Willem Kleftyus, il continua la manière de celui-ci en le perfectionnant. Et dans ces potiches merveilleuses, aux dimensions colossales, aux profils harmonieux, cannelées, décorées dans ce genre spécial qu'on a nommé *cachemire*, mélange de lambrequins majestueux, de fleurs éclatantes et d'oiseaux fantastiques qui sortent pour la plupart de ses mains, on reconnaît, agrandie, élargie, rajeunie, l'inspiration de son maître. Lambartus n'eut guère dans ce genre magnifique qu'un émule, un rival, Louis Fictoor, dont soit hasard, soit concordance volontaire, le monogramme se rapproche singulièrement de sa signature. Et leurs œuvres se confondent si bien, qu'aujourd'hui, pour faire la part de chacun d'eux, il nous faut chercher dans des combinaisons monogrammatiques quelques traits accidentels qui viennent nous éclairer. Même dans leurs plus délicats ouvrages, leurs cafetières, leurs théières et leurs plaques, c'est la même préoccupation d'élégance, la même délicatesse d'exécution, la même finesse et le même éclat. »

Lambartus était établi en 1691, à l'enseigne du *Pot de métal*. Les pièces qu'il a exécutées portent son monogramme qu'il serait facile, ainsi que nous venons de le voir, de confondre avec celui de Louis Fictoor, s'il n'avait eu le soin de l'accompagner des initiales de ses contremaîtres : *Jan v. D. Buergen* d'abord, et les deux *Van der Kloot* ensuite :

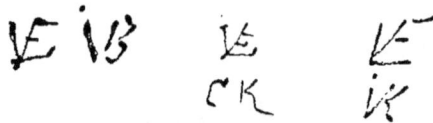

Quant à Samuel, établi, en 1674, à l'enseigne de l'*A grec*, c'est à lui qu'il faut attribuer ces ouvrages délicats, ces plats et ces bouteilles, ces potiches, ces pots et ces cornets qui sur une engobe azurée et parfois un peu verdâtre nous montrent une foule de fleurs, d'animaux ou de personnages habilement jetés, gracieusement dessinés, légèrement colorés en bleu pâle et relevés par un contour au trait qui leur donne un aspect tout spécial. Il marquait :

Cette marque a été attribuée à tort par quelques historiens de la céramique à un certain *Suter van den Even* dont on ne trouve aucune trace à Delft et dont le nom même n'est pas hollandais.

ELERS (Les frères), potiers, originaires de Nuremberg, établis à Bradvell, en Angleterre, à la fin du xviie siècle. — Voir *Astbury*.

ELLE. — Voir *Isle d'Elle*.

ENGOBE, ENGOBAGE. Le procédé de décoration au moyen d'*engobes* colorées, ou *engobage*, consiste à appliquer sur une terre d'une couleur foncée une mince couche de matière terreuse d'une coloration plus claire et cachant par son opacité le ton du dessous. Après une dessiccation plus ou moins complète, on enlève, au moyen de grattages par places et suivant un dessin tracé à l'avance, la couche superficielle jusqu'à ce que l'on découvre la terre du fond ; on trace par ce moyen des filets, des ornements, des inscriptions et même des figures qui, par suite de l'opposition vivement contrastée de la couleur des deux terres, apparaissent avec une grande netteté. Quelquefois l'engobage est plus foncé que la terre du dessous ; quelquefois aussi il est coloré différemment au moyen d'oxydes métalliques. Quand le dessin est tracé, on recouvre la pièce d'un vernis transparent à base de plomb.

Ce procédé a été employé un peu partout au xve siècle, mais surtout en Italie et dans le midi de la France.

PL. VII

PARIS — SAINT-CLOUD — LES ISLETTES

a Paris (imitation de Rouen).
e Paris (atelier d'Ollivier, décor sur émail). — *b c d* Saint-Cloud.
f Les Islettes.

PL. VII

PARIS — SAINT-CLOUD — LES ISLETTES

a Paris (imitation de Rouen).
à Paris (atelier d'Ollivier, décor. sur émail). — b : à Saint-Cloud
y Les Islettes.

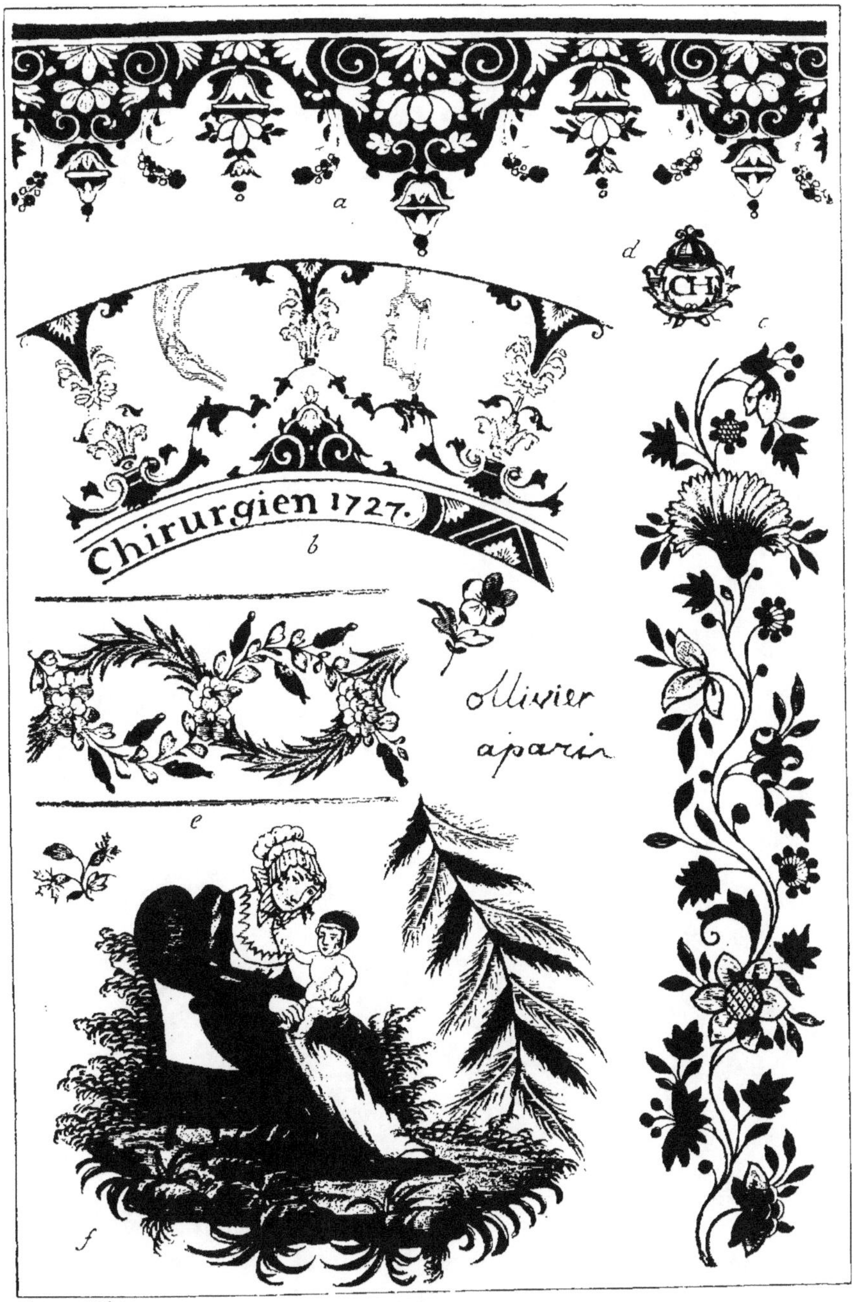

ÉPERNAY (Marne). Manufacture de poteries vernissées en brun, fondée dans la première moitié du XVIIe siècle. C'est à Épernay surtout qu'étaient fabriquées les terrines portant en demi-relief sur le couvercle un lièvre, une volaille, des fleurs de lis, etc. Il existe au Musée de Cluny un encrier avec galerie à jour en terre brune vernissée (n° 3845), au revers duquel on lit, gravé en creux : *Jean Montigny, à Épernay, 1716, le 16 décembre.* Une terrine du Musée de Sèvres est marquée sur le couvercle en relief : ÉPERNAY ; une autre porte en creux, également sur le couvercle, la signature de *F. Dufiez.*

ÉPINAL (Vosges)¹. François Vautrin fonda dans cette ville, en 1760, une manufacture de faïences dont les débuts furent protégés par le roi Stanislas. On y fit plus tard, sous la direction des frères Bon, qui succédèrent à Vautrin, en 1766, des faïences fines, décorées de fleurettes et principalement de *barbeaux ;* ces faïences, qui n'ont rien de remarquables, sont quelquefois marquées au cachet :

ÉPINAL.

ÉPIS DE FAITAGE. On désigne ainsi les ornements en terre vernissée ou émaillée qui étaient placés sur les pignons, sur les croupes et sur les lucarnes des châteaux, des maisons et des fermes. C'est surtout dans la seconde moitié du XVIe siècle que furent fabriqués dans les environs de Lisieux, à Manerbe, à Bonnebault et à Pré-d'Auge, ces beaux épis de faîtage dont quelques-uns atteignent parfois une hauteur de 1 m. 80 cent., et qui sont composés de tubes ou manchons en terre émaillée, décorés avec le goût le plus varié, et formant autant de pièces séparées, reliées entre elles au moyen d'une longue tige de fer scellée dans le poinçon du faîtage.

On fabriquait également des épis ou *étocs,* mais beaucoup moins importants, en Normandie, à Malicorne, à Armentières, à Infreville, en Bretagne, aux environs de Lamballe, et dans quelques poteries de la Champagne. Le Musée de Troyes entre autres possède plusieurs faîtages en terre vernissée qui remontent au XIVe et au XVe siècle.

ÉTOILE (L'). Enseigne d'une manufacture de faïences fondée en 1690 par Theodorus Witsenburgh. Les faïences de cette fabrique sont généralement très soignées et quelques-unes, surtout des plaques avec bordures en relief formant encadrement, peuvent être rangées parmi les plus belles œuvres de la céramique delftoise. Marque :

En 1705 la manufacture passa entre les mains de Damis Hofdick. — Voir ce nom.

ETRURIA, manufacture fondée vers 1769. — Voir *Wedgwood*.

F

FABRIANO, près Gubbio (Italie). La marque suivante a été relevée sur une magnifique faïence de la collection Castellani, exposée à Paris en 1867, — entrée depuis dans les collections Basilewski et Spitzer, — qui représente, d'après une gravure de Marc Antoine, *la Vierge et Sainte Anne gravissant les degrés du Temple*. Le V barré qui fait partie de cette marque se trouve également sur un plat (*tondino*) du *Museum of Practical Geology*, à Londres (c 96) dans la cavité duquel est peint un *Amour* et, sur les bords, *l'Enlèvement de Proserpine*.

fabriano
1527
V

FAENZA (Italie). La fabrique de faïence établie dans cette ville fut certainement une des plus anciennes et des plus importantes parmi celles qui brillèrent d'un si vif éclat dans l'Italie du xvie siècle. Une plaque du Musée de Cluny porte la date de 1475, deux plats signalés par M. Malagola (*Memorie storiche sulle Maioliche di Faenza*, Bologne, 1880, in-4°), représentant les armoiries des Manfredi, seigneurs de Faenza, sont datés de 1480, et, dès 1485, il est question de ses « majoliques si blanches et si brillantes »; Piccolpasso, qui écrivait en 1548 et qui lui-même dirigeait une fabrique rivale, parle avec de grands éloges des produits de Faenza « qui tient le premier rang pour la fabrication des vases ».

L'influence orientale ou tout au moins persane se fait sentir dans la décoration un peu archaïque des premiers produits de Faenza, qui se reconnaissent à la raideur des formes et au ton particulier d'un bleu lapis tournant parfois au pourpre. Plus tard, la coloration devient plus douce, plus harmonieuse, en même temps que les formes sont plus élégantes et la décoration plus souple, plus variée et plus originale. C'est principalement des ateliers de Faenza que sont sorties ces belles majoliques ornées d'arabesques légères et gracieuses, charmantes de dessin, et de coloration harmonieuse, au modelé délicat s'enlevant sur un fond jaune orangé, brun ou quelquefois jaune clair, et les pièces, flacons ou coupes, à cannelures dont les rinceaux se détachent sur des fonds alternés de bleu lapis et de jaune. C'est également à Faenza que fut exécuté avec le plus de succès le décor dit *berettino*. (Voir ce mot.)

Dès le commencement du xvie siècle, les sujets à figures, les *historie* commencent à apparaître à Faenza, mais sans caractères bien déterminés, et il est facile de les confondre avec ceux des autres fabriques, particulièrement d'Urbino; on croit pouvoir cependant les distinguer à leur revers orné de cercles concentriques, de spirales ou d'imbrications largement tracées en jaune ou en bleu. Un atelier qui semble avoir eu une certaine importance était établi dans la *casa Pirota;* plusieurs faïences d'une belle exécution en portent la marque :

Fata in Faenza in caxa Pirota

Parmi les artistes qui ont travaillé à Faenza, on ne peut guère citer que *Baldasara Manara* dont on trouve quelquefois la signature en toutes lettres sur plusieurs pièces, entre autres sur une plaque du *British Museum* :

Mille cjnque cento trentasej
adj tri de luje Baldasara
manara faentino faciebat.

et auquel on attribue également la marque :

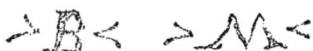

Les autres marques que l'on trouve le plus souvent sur les produits de Faenza sont les suivantes :

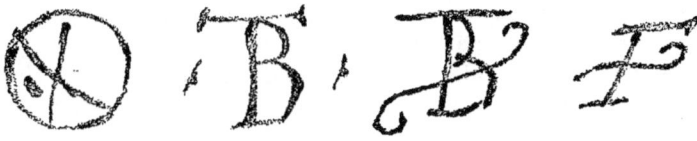

FÉBURIER ou **FEBVRIER** (**Jacques**), faïencier à Tournay, vint en 1696 fonder à Lille, avec Jean Bossu, de Gand, une manufacture de faïences « à la façon d'Hollande ». Il mourut en 1729, laissant sa fabrique à sa veuve et à son gendre François Boussemaert. Son nom se trouve en toutes lettres sur deux petits autels portatifs, l'un au Musée de Sèvres, l'autre dans l'ancienne collection de Liesville :

Fecit Jacobus feburier
Insulis in flandriá
Anno 1716.

(Voyez *Lille*.)

FENTON (**Angleterre**). Fenton, dans le Staffordshire, fut au siècle dernier un centre assez considérable de la fabrication des poteries. Parmi les plus importants fabricants de cette localité, nous citerons plus particulièrement Thomas Whieldon, qui eut Wedgwood pour associé jusqu'à 1759 et dont les élèves, Aaron Wood, Josiah Spode, William Greatbach, etc., devinrent des manufacturiers renommés. Whieldon, dont les poteries très variées touchent à tous les genres, marquait ses poteries en toutes lettres :

WHIELDON

Il eut également pour élèves John Barthes et Joseph Garner, qui établirent vers 1750, à Row House, près Fenton, une manufacture de faïences à glaçures noires ou blanches, et de *cream colour* qui prospéra rapidement.

Whieldon a fabriqué en grandes quantités des manches de couteaux et des tabatières en pâte de couleurs jaspées imitant l'agate.

FERRARE (**Italie**). M. le marquis Giuseppe Campori a signalé, dans la *Gazette des Beaux-Arts* (1864) et dans un travail spécial (*Notizie storiche e artistiche della maiolica et della porcellana di Ferrara nei secoli XV et XVI etc.*, 3e édit., Pesaro, 1879, in-8º), l'existence d'un atelier de majoliques à Ferrare dès la fin du xvᵉ siècle, mais on ne connaît jusqu'à présent aucune pièce qui puisse, avec certitude, être attribuée à cette fabrique dont les produits doivent être confondus avec ceux de Faenza. Il résulte, du reste, du travail de M. le marquis Campori que ce sont surtout des artistes de Faenza qui travaillaient à Ferrare.

FERRYBRIDGE (Angleterre). Une manufacture de poteries peu importante et dont les œuvres n'offrent pas un bien grand intérêt fut fondée en 1792 à Ferrybridge, dans le Yorkshire, par W. Tomlinson et plusieurs de ses amis, sous la raison sociale TOMLINSON & Cº; nous ne la mentionnerions pas si, par suite de la présence, à dater de 1796, parmi les copropriétaires, de Ralph Wedgwood, petit cousin du célèbre Josiah Wedgwood, cette petite manufacture ne s'était pas crue autorisée à marquer ses produits :

WEDGWOOD & Cº

ce qui pourrait amener des confusions regrettables. Quelques faïences portent la marque, imprimée en creux :

TOMLINSON & Cº ou FERRYBRIDGE

FICTOOR (Louwys), maître faïencier, établi à Delft en 1689, à l'enseigne de *la Double Burette.* « Ses produits, dit M. Havard, étaient d'une qualité exceptionnelle. Ce sont ces belles potiches, ces gracieuses bouteilles décorées au grand feu qui nous ravissent encore aujourd'hui par l'élégance de leurs formes et la richesse de leur ornementation. Beaucoup de ces pièces sont cannelées ou côtelées, ce qui était la grande mode d'alors. La couverte manque parfois de blancheur et semble mêlée à quelque substance grasse qui aurait empêché les couleurs de se fixer uniformément; mais l'émail est toujours éclatant et le décor digne d'être pris pour modèle. » La marque de Louwys Fictoor se compose de ses deux initiales accompagnées des lettres D S ou D K, initiales de son enseigne (*Dubbelde Schenkkan* ou *Dubbelde Kan*, double burette) :

Voir *Eenhorn (Lambertus)*, dont la marque peut être facilement confondue avec celle de L. Fictoor.

FIGULINE. Ce mot n'est plus guère employé aujourd'hui dans le langage de la céramique que pour qualifier une argile d'une nature spéciale, qui sert à la confection des faïences communes, des terres cuites, des briques, et, en général de toutes les poteries qui n'ont pas besoin d'être soumises pour leur cuisson à une haute température.

L'interprétation donnée par Littré : « vase en terre cuite », n'est plus usitée à notre époque, si ce n'est pour désigner exclusivement les œuvres sorties des mains de Bernard Palissy ou de ses successeurs et imitateurs directs, et il semble que ce soit Palissy qui ait, sinon inventé le mot, — puisque dans des actes officiels datant du xve siècle, le plus modeste potier de terre est appelé *figulus*, — au moins appliqué le premier, dans son langage un peu prétentieux, aux produits de l'art du potier. Lui-même, dans une quittance datée du 1er février 1565, se donne le titre d' « Architecteur et d'Ynventeur des grotes figulines des rois de France ». Ces grottes, garnies à l'intérieur de jets d'eau, de fontaines, de dressoirs, de buffets, de sièges et de tables rustiques, étaient destinées à fournir contre les chaleurs de l'été un abri frais et luxueux où l'on pouvait « banqueter » à l'aise. Palissy a pris soin de nous apprendre que les siennes étaient « de terre cuite insculptée et émaillée en façon d'un rocher tortu, bossu et de diverses couleurs estranges », sur lequel se montraient à profusion « des plantes, des coquillages et des animaux aquatiques », auxquels si l'on en juge par les fragments retrouvés aux Tuileries, sur l'emplacement même où il avait établi ses fours, il devait ajouter parfois de grandes figures[1]. Les plats, les bassins et les aiguières qu'il ornait également de reptiles, de coquillages et de plantes recouverts de ses merveilleux émaux si purs et d'une coloration si intense et si profonde, doivent évidemment être compris parmi ses « rustiques figulines », mais, à côté de ces pièces où on voit tout ce monde de « bestioles », il est d'autres œuvres, et non des moins importantes, qui ne sont autre chose que des surmoulages de pièces d'orfèvrerie ou de bas-reliefs, et qui ne nous semblent pas pouvoir être rangées dans cette catégorie.

Il en est de même des œuvres de ses successeurs, au moins de celles qui ne rentrent pas dans cette série spéciale de ses travaux ; nous ne croyons pas, du reste, que le mot *figuline* ait été employé après sa mort. En effet, Héroard, médecin de Louis XIII enfant, raconte que le 30 juillet 1608, le jeune prince jouait avec des « *figurines* en faïence, dont une entre autres, représentant un singe », et, à diverses reprises, il le montre très épris de « ses petits marmouzets de poterie », qui provenaient de la fabrique d'Avon, près Fontainebleau. — Voir *Palissy*.

FLANDRES (Grès de). C'est à tort que l'on désigne généralement sous le nom de *Grès de Flandres*, *grès flamands*, la plupart des grès des xvie et xviie siècles qui se trouvent aujourd'hui dans les collections, surtout si l'on entend par là des grès fabriqués dans la Flandre proprement

---

1. Le Musée de Sèvres possède un grand nombre de ces fragments trouvés en 1878 dans les fouilles de la place du Carrousel.

dite ; jamais celle-ci n'a possédé de fabriques de grès. Cette expression cependant est ancienne et, d'après un document cité par M. Schuermans (*Mille inscriptions des vases de grès dits Flamands*), on la trouve dès la fin du xvie siècle à Cologne à propos d'un navire qui transportait par le Rhin des grès, sans doute de Raeren, à destination de Leiden[1]. Ce qui explique l'origine et la persistance de cette dénomination, c'est, d'une part, que Raeren, qui a produit ces sortes de grès, appartenait au Limbourg, par conséquent, aux Pays-Bas, et que ceux-ci étaient connus à l'étranger sous le nom général de Flandre, et, d'autre part, que la Flandre, tout en n'ayant pas produit de grès, est certainement de toutes les contrées de l'Europe celle dans laquelle on en a rencontré la plus grande quantité ; les collections les plus célèbres, celle d'Huyvetter qui possédait le fameux *roi des vases*, aujourd'hui au *South Kensington Museum*, la collection Minard van Hoorebeke et tant d'autres ont été formées et vendues à Gand, à Bruges, etc. La Belgique cependant a possédé, surtout au xviie siècle, des fabriques de grès établies à Bouffioux, à Châtelet et à Pont-de-Loup, mais ces localités faisaient partie du pays Wallon et leurs produits, qui sont, du reste, d'une époque de décadence, devraient être appelés *grès Wallons*.

FLEUR DE LIS. La marque de la fleur de lis se trouve sous des faïences attribuées à la manufacture de Savy, de Marseille, qui se crut autorisé à prendre cette marque à la suite de la visite que fit, en 1777, à son établissement, Monsieur, comte de Provence.

On rencontre aussi, mais rarement, des fleurs de lis sous des faïences de Rouen de fabrication assez commune : la confusion est impossible entre les faïences ainsi marquées, les premières étant décorées au feu de moufle, c'est-à-dire sur émail *cuit*, et les autres sur émail *cru*.

Quelques rares pièces de Lille, d'une décoration très soignée, portent également la fleur de lis accompagnée d'une lettre et d'un chiffre.

FLORENCE. — Voir **Robbia** (**Della**).

Il y eut à Florence au xviiie siècle une fabrique de faïences assez communes, à décor pseudo-chinois exécuté par Domenico Calegari, dont on rencontre les initiales D. C. sous quelques pièces.

FLYT, faïencier à Delft en 1669 ; on lui attribue des faïences un peu

---

1. M. Schuermans, à qui on doit de si remarquables recherches sur les grès, les verreries, etc., signale à ce propos l'erreur commise par certains auteurs qui, d'après une mauvaise traduction ou une fausse interprétation d'une légende inscrite sur quelques grès de Raeren : IN LEIDEN GEDOLT (*patience dans la douleur*), ont fait de Leiden un centre important de la fabrication des grès.

grossières, en émail d'un beau blanc, mais à décor lourd et pâle. Une pièce qui lui est attribuée est marquée et datée :

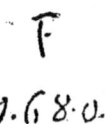

FONTANA (Les), céramistes italiens du xvie siècle, dont le véritable nom, suivant plusieurs historiens, était Pellipario, le surnom de Fontana ayant été donné à un membre de cette famille, originaire de Castel-Durante, à cause de la profession qu'il exerçait. Le plus célèbre parmi les Fontana fut Orazio; il était le second fils de Guido Fontana, qui possédait un atelier à Urbino et qui signait souvent en toutes lettres les majoliques sorties de ses fours, et petit-fils de Nicolo dont on ne connaît aucune pièce bien authentique.

On sait qu'Orazio travailla avec son père jusqu'en 1565, époque à laquelle il s'établit à son compte, et qu'il mourut en 1571, laissant une fille nommé Virginia, mais la plus grande incertitude règne encore sur ses œuvres; on lui attribue cependant un grand nombre de pièces de valeur différente, mais dont quelques-unes sont d'une exécution extrêmement remarquable, et la place qu'il occupe dans l'histoire de la céramique italienne est considérable. On s'accorde généralement à reconnaître comme étant de sa main des sujets facilement reconnaissables à une légère ébauche faite avec la couleur bleue qui lui servait à dessiner les figures et qui modèle les chairs avec une grande douceur : souvent même le sujet est exécuté entièrement en camaïeu bleu d'une façon bien supérieure à celle des majoliques en général. Quant à ses marques, à part quelques pièces qui portent son nom en toutes lettres :

FATE IN BOTEGA DI MESTRO ORATIO FONTANA IN ORBINO

FATE IN BOTEGA DI ORAZIO FONTANA

elles sont rares et peu connues. On croit pouvoir lui attribuer cependant, avec certitude, le monogramme suivant dans lequel on retrouve les éléments de toutes les lettres formant son nom ORATIO :

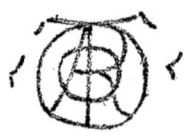

On croit également qu'il a employé, comme marque, les deux lettres grecques Φ et Δ inscrites dans un parallélogramme :

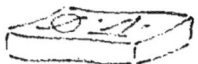

dans cette marque le Φ grec est fait quelquefois de façon à former un O traversé par un F (*Orazio Fontana* ; quant au Δ il serait la première lettre de *Durantino*.

Orazio eut deux frères, Camillo et Nicolo qui travaillèrent dans son atelier et dans celui de leur père, mais rien ne peut faire reconnaître les œuvres qu'ils ont produites. On a dit que Camillo, appelé par le duc Alphonse II, à Ferrare, y serait mort tué par l'explosion d'un canon, mais d'après les recherches de M. Campori, ce Camillo, bien qu'arrivant d'Urbino, n'aurait pas appartenu à la famille des Fontana ; on ne sait rien sur Nicolo dont le nom est seulement mentionné dans un acte de 1570.

C'est à l'atelier des Fontana et surtout à Orazio que l'on attribue les décors de *grotesques* sur fond blanc et l'exécution d'une grande partie des vases de la célèbre pharmacie de Lorette. — Voir *Urbino*.

FONTENAY-LE-COMTE (Vendée). Il existait dans cette ville, au XVIe siècle, une fabrique de poteries vernissées dans laquelle on cherchait à imiter les faïences à relief et les *rustiques figulines* de Palissy, mais les produits assez grossiers qui lui sont attribués ne méritent guère qu'une simple mention.

Cf. Benj. Fillon, *L'Art de terre chez les Poitevins*.

FONTENY (Jacques de), poëte parisien, confrère de la Passion, faïencier et émailleur. L'Estoile en parle à plusieurs reprises dans son *Journal de Henri IV*, et ce qu'il en dit nous montre que Fonteny faisait surtout de ces assiettes pleines de fruits modelés et émaillés en *trompe-l'œil* qui furent fabriquées plus tard à Nevers et dans d'autres manufactures : « Fonteny m'a donné pour étrennes (5 janvier 1607) un plat de marrons de sa façon, dans un petit plat de faïence si bien faict, qu'il n'y a celui qui ne les prenne pour vrais marrons, tant ils sont bien contrefaits près du naturel. » « Fonteny, le boiteux, m'a donné ce jour (le 29 février 1607) un plat artificiel de poires cuites au four, qui est bien la chose la mieux faite et la plus approchante qui se puisse voir. »

FORLI (Italie) a possédé au XVIe siècle une ou plusieurs manufactures peu importantes dont les produits sont une imitation de ceux de Faenza avec lesquels on les confond facilement quand ils ne portent pas de marque. On y a créé cependant une variété assez rare de décor dit *berettino* (voir ce mot); au lieu de s'enlever sur un fond de même couleur plus clair comme à Faenza, les arabesques de Forli se détachent en bleu clair modelé de blanc de rehaut sur un fond plus foncé ; il semble, du reste, que, au moins à une certaine époque, les artistes de Forli aient affectionné le bleu, car c'est la couleur qui domine dans leurs œuvres.

Les faïences de Forli sont marquées en toutes lettres dans un cartouche, ou des lettres G I, inscrites dans une pierre, dans un livre ou dans un cartouche.

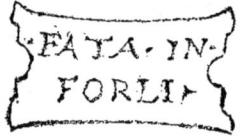 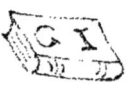 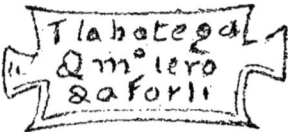

FORTUNE (La). Enseigne d'une fabrique fondée à Delft vers 1692 et qui ne tarda pas à acquérir une juste célébrité. Ses produits, très variés et d'une belle fabrication, portent comme marque les lettres *I H F* signifiant *In Het Fortuyn* (à la Fortune), ou le nom de l'enseigne en toutes lettres et quelquefois même la lettre et le nom réunis :

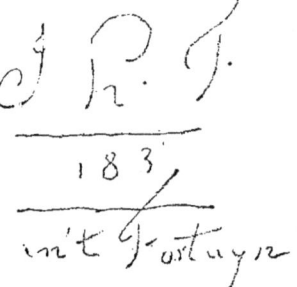

FOUQUE (Joseph), habile décorateur de Moustiers, s'associa, vers 1745, avec Pierre Clérissy, qui deux ans plus tard lui céda sa manufacture. En 1789, on trouve encore à Moustiers la manufacture de Fouque père et fils auxquels on attribue les marques :

$$\mathcal{F} \qquad \mathcal{F}.e \qquad \mathcal{EF}$$

(Voir *Clérissy* et *Moustiers*.)

PL. VIII

MARSEILLE

a Atelier de Le Roy (imitation de Rouen). — *b c* Atelier de Savy.
e Atelier de Robert. — *f* Atelier de la veuve Perrin.
d g h Motifs variés.

Pl. VIII

MARSEILLE

a Atelier de Le Roy (imitation de Rouen). — b c Atelier de Savy.
e Atelier de Robert. — f Atelier de la veuve Perrin.
d g h Motifs variés.

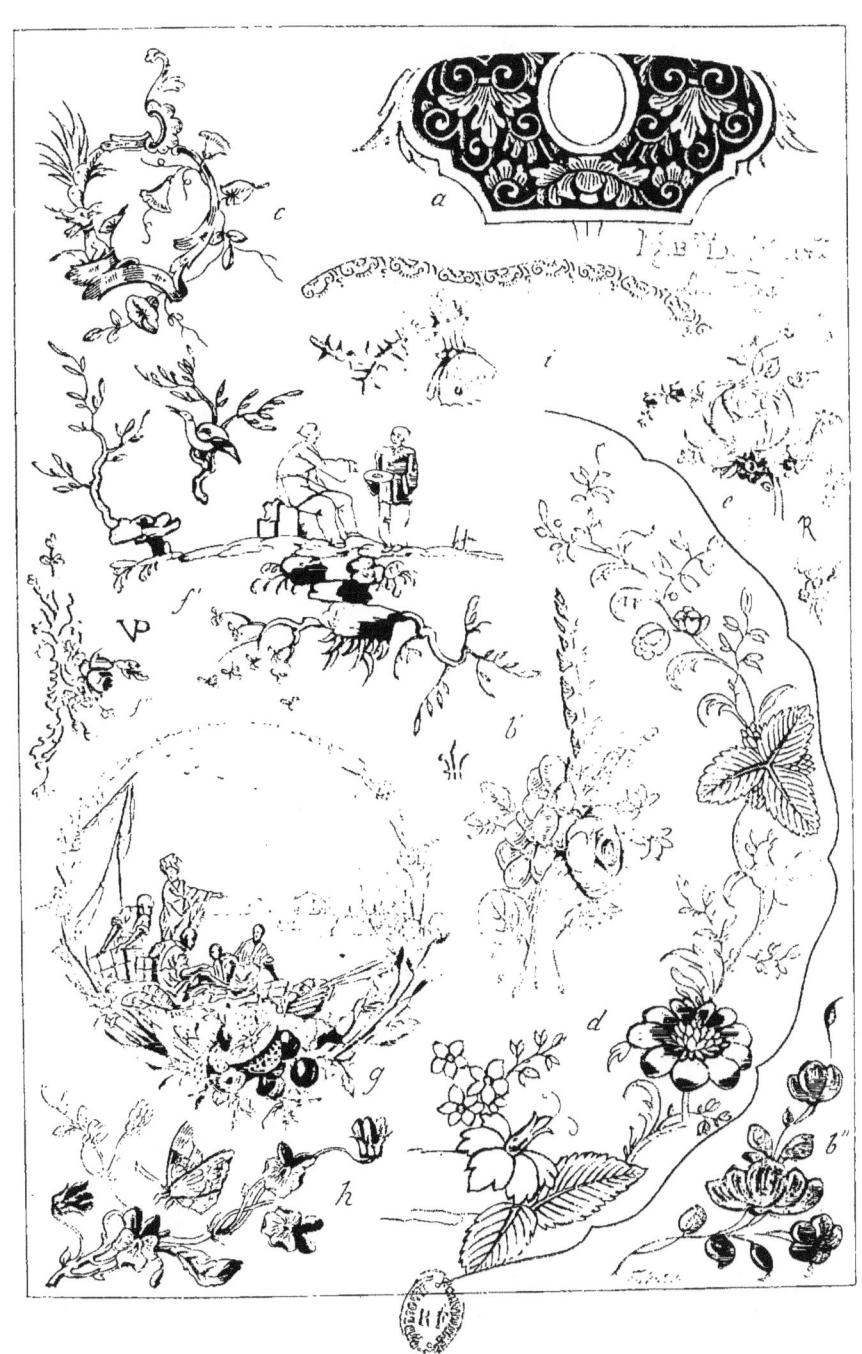

FRANKENTHAL. (Allemagne). La manufacture que Paul Hannong fonda dans cette ville, lorsque, en 1743, il fut contraint de quitter Strasbourg (voir *Hannong*), fabriquait également des porcelaines et des faïences; ces dernières ressemblent absolument, sauf l'émail qui est un peu moins blanc, à celles que les Hannong faisaient à Strasbourg et n'offrent aucun caractère particulier qui puisse les faire reconnaître. On s'accorde cependant à attribuer à Frankenthal celles qui portent la marque des Hannong accompagnée d'un F :

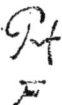

FRASNAY (Pierre de). Nous ne le mentionnons ici que comme l'auteur d'un poème sur *la Fayence*, souvent cité, et qui a été publié dans *le Mercure de France* (juillet 1735).

FRATTA (La), petite ville située entre Citta di Castello et Gubbio, en Italie, paraît avoir employé le procédé de décoration au moyen de traits gravés sur engobe (*graffio*) usité à Citta di Castello. Quelques auteurs même donnent à La Fratta les pièces attribuées à Castello, mais sans autres preuves que celles tirées de ce fait qu'aujourd'hui encore on y fabrique des poteries de ce genre.

FRECHEN, près Cologne. C'est dans cette localité, ainsi qu'à Raeren, que furent fabriqués, au XVIᵉ siècle, la plupart des grès à pâte jaunâtre, recouverts d'une glaçure brune plus ou moins foncée et quelquefois mouchetée de bleu. Beaucoup de ces grès sont décorés de frises circulaires représentant, en relief, des chasses, des danses, ou des sujets empruntés à l'Ancien Testament; on y fit aussi des grès portant sur la face antérieure du col des mascarons à longue barbe. (Voir *Barbmans* et *Bellarmines*.) M. Schuermans qui, ainsi que nous l'avons dit, a fait une étude spéciale des grès, indique comme caractère distinctif des grès de Frechen, qui peuvent souvent être confondus avec ceux de Raeren, la trace elliptique de la corde par laquelle le pied du vase a été séparé de la girelle du tour sur laquelle il était adapté; le foyer des ellipses parallèles ainsi formées n'est jamais le centre réel du pied du vase. Cette trace est presque toujours effacée sur les produits des autres ateliers. — Voir *Raeren*.

FRUTTING (Emmanuel-Jean). Fonda à Berne, dans la dernière moitié du xviiie siècle, une manufacture de faïences où il fabriqua des poêles décorés de plaques sur lesquelles il peignait au feu de moufle des fleurs d'une couleur superbe, ou au grand feu, en camaïeu bleu, de charmants paysages avec figures. Un petit modèle de ces poêles, appartenant à la collection Gasnault au Musée de Limoges, porte ses initiales que l'on retrouve dans plusieurs faïences dont la provenance était jusqu'à présent douteuse :

$$E.I.F$$
$$1772$$

(Voir *Berne*.)

FRYTOM (Frédéric van), peintre sur faïence, établi à Delft en 1658. C'était un artiste d'un grand talent, et dont on connaît quelques œuvres décorées en camaïeu bleu de paysages avec figures exécutés avec beaucoup de finesse et de précision. Un magnifique paysage, peint sur une grande plaque du *Nederlandsche Museum* de La Haye (reproduit dans l'ouvrage de M. Havard, pl. VIII), est signé :

F. V. FRYTOM

FULHAM (Angleterre). Une manufacture de poteries fut établie, vers 1671, dans cette ville par John Dwight, d'Oxford, qui avait obtenu des lettres patentes pour fabriquer des « poteries transparentes désignées communément sous le nom de *porcelaine de Chine* ou *terre de Perse*, ainsi que des grès (*stone-ware*), vulgairement appelés *terre de Cologne* ». D'après cette dernière désignation, on a cru devoir attribuer à Fulham les grès à pâte grise rehaussée d'ornements en émail bleu portant les initiales ou les noms de souverains anglais : A. R. (*Anna Regina*); — G. R. (*Georgius Rex*); — WILHELMUS III D. G. MAG. BRIT. FRANC. ET HIB. REX., etc.; mais l'importation considérable de grès allemands qui se faisait en Angleterre et la ressemblance parfaite qui existe entre ces grès et ceux que l'on attribue à Fulham permettent de douter de la justesse de cette attribution. Par contre, aucune incertitude ne peut subsister relativement aux statuettes, bustes, pots à bière, etc., en grès blanc recouvert d'une glaçure légère, dont il existe de nombreux spécimens dans les musées et les collections anglaises. La manufacture de Fulham, par suite du mariage de la fille de Dwight, passa entre les mains de White, dont les descendants en furent propriétaires pendant plusieurs générations. C'est surtout à Fulham que l'on a fabriqué, au siècle dernier, les grès à glaçure brune, cruches, pots ou brocs à bière (*jug*), gobelets (*mug*), bouteilles, etc., décorés en relief de chiens et de chasseurs à cheval poursuivant des cerfs ou des lièvres, de figures grotesques, de singes, de bateaux et de tant d'autres sujets, estampés dans des moules et collés un peu au hasard sur la pièce. Beaucoup de ces grès, dont le plus ancien est daté de 1721, portent des noms de propriétaires, et, souvent, des inscriptions gravées à la pointe. Sur plusieurs pots à bière on voit le buste de la reine Anne avec l'invitation de boire à sa pieuse mémoire : « *Drink to the pious Memmory of good Queen Anne 1729* ». En 1740 « *Walter Vaughan of Hereford* » recommande à ses domestiques de ne pas briser le pot *(mug)* dans lequel il boit sa bière : « *His mugg must not be brock.* »

Cf. Dr PLOT, *History of Oxfordshire*.

G

GAAL (Johannes), faïencier à Delft, en 1707. On connaît peu d'œuvres de lui; mais toutes sont extrêmement remarquables. Il signait :

$$I\ G\ \text{ou}\ J:G$$

M. Havard cite de Gaal une belle plaque qui porte son nom en toutes lettres, accompagné des armoiries de sa famille.

GÊNES (Italie). D'après Piccolpasso il aurait existé, à Gênes, au xvie siècle, une fabrique de faïences dont il indique le genre (et les prix) de décoration; mais ces faïences, confondues probablement avec celles de Venise de la même époque, sont, comme elles, peu connues. Plus tard, au xviie et au xviiie siècle, les produits de la manufacture de Gênes se confondent encore si bien avec ceux de Savone, que beaucoup d'auteurs ont nié son existence. Quelques pièces cependant, assez élégantes de formes et recouvertes d'un bel émail, se distinguent par un décor particulier caractérisé surtout par la présence de petits personnages bien campés et très spirituellement dessinés, par des fabriques, des arbres, etc., en motifs séparés. Elles portent, du reste, la marque de la lanterne du port de Gênes que Savone ne peut revendiquer.

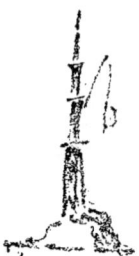 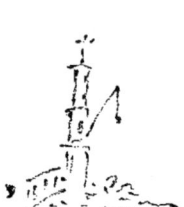

Deux bouteilles de pharmacie du Musée de Sèvres décorées en camaïeu bleu d'animaux courant entre des touffes d'arbustes et de feuillages, attribuées également à Gênes, sont marquées d'un poisson :

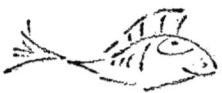

Peut-être faudrait-il voir là cependant le *poisson* que l'on retrouve sur certaines faïences données à Séville.

GENNEP (Duché du Luxembourg). On a fabriqué à Gennep, dans l'ancien duché de Clèves, jusqu'à la fin du siècle dernier, des poteries en terre rouge, assez communes, décorées sur engobes de gravures en creux, accompagnées parfois de rehauts de couleurs. Quelques plats de grande dimension (quelques-uns ont jusqu'à 0^{m}72 de diamètre) portent des inscriptions et des dates qui varient de 1690 à 1785 ; le décor se compose, au début, de fleurs ornemanisées qui ne manquent pas d'un certain caractère, et, plus tard, de sujets religieux ou à personnages variés. Plusieurs sont signés : *Antonius-Bernardus von Vehlen 1770-1771* ou *Albert Murs*. L'aspect des poteries de Gennep est généralement d'un ton jaunâtre ou verdâtre sale.

GÉRARDMER (Vosges). On a fait à Gérardmer au siècle dernier des poteries à pâte jaspée et marbrée, dans le genre de celles que l'on attribue généralement à Orléans et à Apt, et qui sont d'une fabrication au moins égale ; elles portent souvent le nom GÉRARDMER, estampé en creux dans la pâte.

GHISBRECHTS (Lambrecht), maître faïencier étranger à Delft, où il vint s'établir en 1640 et où il mourut en 1644. On lui attribue des pièces à décor polychrome d'un émail éclatant et aux couleurs vives, entre autres des oiseaux, coqs, canards, etc., très habilement exécutés et qui sont marqués :

LC

GHISBRECHT (**Lambrecht Kruyk**), maître faïencier, établi à Delft en 1645, fils et successeur du précédent. On connaît de lui des faïences assez élégantes de formes, décorées d'une façon très particulière en camaïeu bleu un peu pâle sur fond légèrement azuré. Il marquait :

K   GK

GIORGIO (**ANDREOLI**). — Voir *Andreoli*.

GOGGINGEN (**Bavière**). Cette fabrique, fondée vers 1750, paraît n'avoir produit que des faïences décorées en camaïeu bleu, quelquefois dans le style de Moustiers. Un plat à bord festonné du Musée de Sèvres, portant, dans tout le bassin, un grand écusson avec supports aux armes de Joseph, landgrave de Hesse-Darmstadt, évêque d'Augsbourg, est signé au revers :

Göggingen

GOINCOURT (**Oise**). En 1795, un faïencier nommé Martin y établit une petite fabrique à laquelle il donna le nom de *L'Italienne*; cette fabrique, dont l'existence fut de courte durée, décorait ses produits au *pochoir* ou à la *vignette*; on y a fait aussi beaucoup de statuettes et de groupes de saints, des vierges, des animaux, etc., portant la marque :

L'ITALIENNE

GOUDA (**Martinus**), maître faïencier, établi à Delft en 1671, à l'enseigne du *Romain*. Ses faïences, décorées en camaïeu bleu sans beaucoup de finesse, portent une marque composée de caractères, de chiffres et de signes disposés d'une façon assez étrange :

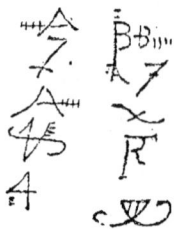

GOULT (**Vaucluse**). Cette petite manufacture, fondée vers 1740, par M. de Doni, seigneur de Goult, qui l'établit dans son château même, a produit des faïences d'un ordre particulier et qui sont généralement attribuées à Moustiers d'où étaient venus, du reste, la plupart des décorateurs appelés par M. de Doni. C'est de Goult que sont sorties la plupart des faïences à décor de médaillons de rocailles renfermant des personnages spirituellement dessinés et peints en camaïeu jaune foncé. Les bordures sont généralement occupées par des poésies plus ou moins légères écrites sur une seule ligne en frise circulaire : « *Vn inconnu pour vos charmes soupire, son sort Égaleroit celui des dieux, s'il pouvoit lire, dans vos beaux yeux, quávéc plaisir vous souffrés en ces lieux, le soin qu'il prend de le faire dire, etc., etc...* »

Une très belle assiette du Musée de Sèvres est décorée en camaïeu polychrome aux tons doux et harmonieux rappelant les décors de Moustiers, mais comme toujours le sujet est en camaïeu jaune. (Pl. e.)

GRANGEL (**F. O.**), peintre décorateur sur faïence; a travaillé à Alcora et peut-être à Moustiers ; ses travaux se font remarquer par une grande finesse et une excessive habileté de main. Il signait :

F. O. Grangel

(Voir *Alcora*.)

GRENZHAUSEN, près **Coblentz** (**Prusse Rhénane**). Grenzhausen et Höhr paraissent avoir été les centres les plus importants de la fabrication des grès, et surtout des cruches, à pâtes grise ou bleuâtre, rehaussés d'émaux bleus, violets (lie de vin) ou bruns et décorés par estampage d'ornements variés, de sujets de figures, d'armoiries, de mascarons, etc., appliqués un peu au hasard au moyen de moules, sans aucune idée d'ensemble dans la conception du décor, mais toujours avec une certaine richesse et une grande habileté. On a fabriqué à Grenzhausen un grand nombre de chauffe-mains en forme de livres, des encriers, des salières, etc. (Pl. 20.)

GREY-BEARDS. — Voir *Bellarmines* et *Barbmans*.

GRIFFE (La). Enseigne d'une manufacture de faïences fondée en 1662 par Cornelis van der Hoeve. Les produits de cette fabrique, souvent assez communs, mais parfois aussi d'une extrême finesse et d'une exécution délicate, sont décorés généralement en camaïeu bleu; ils portent comme marque le signe suivant qui ressemble assez à la patte ou à la griffe d'un oiseau :

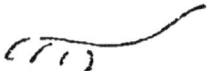

GROEN (Johannes), maître faïencier, établi en 1683 à Delfshaven; on lui attribue quelques faïences assez originales, entre autres une statuette polychrome à tête mobile, signée :

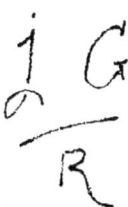

GROENLANT (Jan), faïencier peu connu, établi à Delft en 1660. On lui doit quelques figurines avec des essais de polychromie. Une petite statuette de la Vierge, décorée en camaïeu bleu avec un manteau vert, porte sur le socle la marque :

I G

GROTESQUES (Décor dit à). En Italie, le décor dit à *grotesques* fut employé à Faenza et surtout à Castel-Durante dès le commencement du XVIe siècle; il se composait alors de rinceaux symétriques et d'enroulements terminés par des corps de chimères, de monstres, d'oiseaux, de chevaux marins, de mascarons, etc., exécutés en grisaille ou en couleur sur des fonds généralement d'un bleu intense. Plus tard, ce même décor plus léger, entourant de petits médaillons en camaïeu imitant les pierres antiques, et d'un arrangement qui rappelle les compositions de Jean d'Udine et de Perino del Vaga, fut peint sur fond blanc, d'abord à Ferrare, puis à Urbino, principalement dans l'atelier des Fontana. Le Louvre possède, en ce genre, des grands plats d'une exécution absolument remarquable. En France, le décor à grotesques ne fut guère employé qu'à Moustiers, où il se composait de caricatures et de figures ridicules, posées au hasard et en motifs isolés sur le fond des plats et des assiettes, et peints en camaïeu jaune et vert, vert mélangé de noir, ou simplement jaune. Quelques-unes de ces figures grotesques sont dans le genre de Callot, mais le plus souvent ce sont des fantaisies assez médiocres dues au talent des peintres du pays ou copiées un peu partout ; elles sont quelquefois cependant exécutées avec beaucoup de soin.

GRUE (Les). — Voir *Castelli*.

GUBBIO, dans l'ancien duché d'Urbino (Italie). L'histoire de cette fabrique se résume presque tout entière dans celle de M° Giorgio Andreoli dont nous avons parlé plus haut, et on ne peut guère lui attribuer, avec certitude, que les pièces à reflets métalliques rouge rubis, parmi lesquelles des *coppe amatorie* d'un très beau dessin. — Voir *Andreoli (Giorgio).*

GUILLEBAUD, ou **GUILLIBAUD (Jean),** faïencier, établi à Rouen, rue Tous-Vents, vers 1720. On le considère généralement comme ayant appliqué le premier sur la faïence un décor polychrome, composé de tiges de fleurs ornemanisées, de pagodes ou de paysages fleuris dans le style pseudo-chinois, reconnaissable aux bordures dont les dessins quadrillés vert et rouge sont coupés par des réserves de bouquets ou de branches de fleurs symétriquement disposées. On connaît de lui des faïences admirablement exécutées, entre autres une série de pièces ayant fait partie d'un splendide service aux armes des Montmorency-Luxembourg, un surtout avec les armoiries de M. de Forbin-Janson, etc. On lui attribue les marques suivantes :

 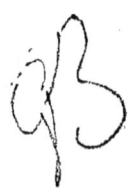

GUILLOTINE (Assiette dite à la). On a beaucoup parlé, vers 1872, d'assiettes représentant l'*Exécution de Louis XVI*, et deux brochures parues à cette époque [1] en ont même publié des reproductions accompagnées de longues dissertations ; il a été prouvé depuis que ces sinistres faïences étaient l'œuvre d'audacieux « truqueurs » et que l'*assiette à la guillotine*, dont on rencontre encore aujourd'hui cependant des spécimens chez quelques collectionneurs entêtés ou crédules, était de fabrication toute récente.

H

HAAK (Arend de), faïencier à Delft, en 1780. M. Havard cite de lui une faïence fine en terre de pipe, signée en toutes lettres :

AREND DE HAAK. J. S.

HACHE DE PORCELAINE (La). Enseigne d'une fabrique de faïences établie à Delft en 1679, par Huibrecht Brouwer; en 1697 elle fut dirigée par Joris van Torenburg, et, en 1759, par Justus Brouwer qui lui donna une extension considérable. Les produits bien connus de cette manufacture sont assez variés, mais toujours soignés et d'une belle couleur ; ils sont marqués d'une hache tracée avec plus ou moins de soin, en bleu, ou en manganèse sur les pièces à décor polychrome :

HAGUENAU, à 28 kilomètres de Strasbourg (Alsace), possédait dès 1696, une manufacture dont les produits ne sont pas déterminés; Charles Hannong en établit une autre en 1724. Après la décadence de la manufacture de Strasbourg, dont elle était une sorte de succursale, la fabrique de Haguenau se transforma peu à peu ; en 1787 elle passa entre les mains de trois associés, Austtet, Barth et Vollet, qui y fabriquèrent des poêles en faïence et surtout des objets usuels en *terre de pipe* n'ayant aucun caractère d'art. Les faïences de Haguenau n'ont pas de marques spéciales ; confondues avec celles de Strasbourg, elles portent comme elles les monogrammes des Hannong. C'est à la

[1]. GOUELLAIN (G.), *Céramique révolutionnaire* ; *l'assiette dite à la guillotine*, in-4°, Paris, 1872, pl. en coul. — POUY (F.), *Les Faïences d'origine picarde*, in-8°, Paris, 1873.

manufacture de Haguenau que sont attribuées quelques plaques peintes en camaïeu signées : H. E. V. Lowenfick, que Paul-Antoine Hannong avait fait venir de Höscht pour diriger la manufacture pendant son absence. — Voir *Hannong* et *Strasbourg*.

HALDER (**Jacobus**), maître faïencier, établi à Delft en 1765, à l'enseigne de l'*A grec*. Outre la fabrication courante, il fit des figurines et des animaux en relief qu'il marquait de son monogramme surmonté de l'A de sa fabrique. La marque suivante se trouve sur deux salières doubles, à décor polychrome et or, formées l'une, par un jeune homme, l'autre, par une jeune fille assise sur un rocher et retenant, de chaque côté, un plateau. (Collection Gasnault, au Musée de Limoges.)

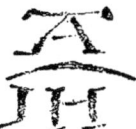

HALY (**Philippe**), faïencier à Nevers; on rencontre sa signature :

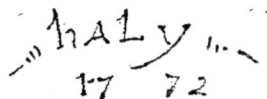

sous des assiettes décorées de bouquets détachés et portant en haut-relief peint au *naturel* et disposés en *trompe-l'œil*, des fruits, des olives, des œufs, des noix, etc., modelés avec une grande perfection. Il était probablement fils de François Haly dont le nom se trouve sur une statue de saint Hubert, au Musée de Varzy.

HAMMEN (**Jan Ariensz van**), maître faïencier, établi à Delft en 1660. On lui attribue une grande quantité de potiches, bouteilles, garnitures composées de plusieurs pièces, etc., décorées en camaïeu bleu et qui n'ont rien de bien remarquable, et des faïences polychromes d'un très bel éclat. Il marquait du monogramme suivant qu'il ne faut pas confondre avec celui de Joseph Hannong :

accompagné du chiffre de réassortiment.

HANAU (Hesse-Électorale). Les produits de cette manufacture, fondée vers le milieu du xvııe siècle par deux Hollandais et qui, au commencement du xvıııe, devint la propriété de Simon van Alphen, sont peu connus. Un encrier décoré de bouquets et de fleurettes franchement dessinés de traits noirs et lavés de vert un peu opaque, de bleu de deux tons, de jaune et de violet, est marqué :

Hanau

HANLEY, dans le Staffordshire (Angleterre), possédait dès la fin du xvııe siècle une fabrique de poteries. M. Solon, dans son bel ouvrage *The Art of the old English potter*, donne la figure d'une tasse à quatre anses assez finement décorée d'après le procédé connu sous le nom de *pastillage* (voir ce mot) et portant le nom de *Joseph Glass;* il cite également plusieurs pièces dues au même potier.

HANNONG (Les) occupent une place des plus importantes dans l'histoire de la céramique du xvıııe siècle. Le premier, CHARLES-FRANÇOIS, fonda, en 1709, à Strasbourg, rue du Foulon, une manufacture de pipes et de poêles en terre vernissée, à reliefs, dans le genre de ceux de Nuremberg ; vers 1721, il s'associa avec un ouvrier nommé Wackenfeld, qui avait quitté Meissen pour venir à Strasbourg où il avait tenté, mais sans succès, de monter une fabrique de porcelaines, et, par suite de cette association, fit concurremment de la faïence et de la porcelaine ; le succès répondit à ses efforts et ses affaires prospérèrent assez pour qu'il fût bientôt forcé, afin de pouvoir répondre aux demandes qui affluaient de toutes parts, d'établir en 1724 une seconde manufacture à Haguenau, à 28 kilomètres de Strasbourg. Il mourut le 19 avril 1739, âgé de soixante-dix ans. Dès 1732, il avait cédé ses fabriques à ses deux fils PAUL-ANTOINE et BALTHAZAR : le premier, plus intelligent et plus tr--- ˡleur que son frère, devint bientôt seul propriétaire de la manufact.. de Strasbourg, qui était de beaucoup la plus importante, et dans laq. le, tout en continuant à fabriquer de la porcelaine, il avait réservé une place considérable à la production de la faïence, sur l'émail blanc de laquelle il parvint, en 1744, à appliquer des décorations en or, dont il soumit les premiers spécimens à Louis XV lors de son passage à Strasbourg. En 1750, la fabrication de sa porcelaine avait pris un développement assez considérable pour porter ombrage à la manufacture privilégiée de Vincennes — plus tard, manufacture royale de Sèvres — et. malgré la protection et les démarches du duc de Noailles, Paul Hannong dut obéir à l'arrêt qui lui enjoignait de démolir ses fours à porcelaine, dans la quinzaine ; il alla alors s'établir à Franckenthal, dans le Palatinat, tout en conservant dans sa manufacture de Strasbourg et dans celle de Haguenau, qui était redevenue sa propriété, la fabrication de la faïence, que ses fils Pierre-Antoine et surtout Joseph dirigèrent avec une grande intelligence et firent prospérer jusqu'au jour où la *ferme royale* voulut revenir, pour taxer leurs produits, à l'ancien tarif applicable aux marchandises provenant de provinces réputées étrangères. Joseph Hannong, resté seul par suite du départ de son frère pour Paris, lutta courageusement contre ces prétentions exagérées et injustes, sans pouvoir obtenir une solution favorable, mais en 1779, après avoir vu son commerce et sa fabrication arrêtés pendant cinq années, en proie à des embarras financiers qui augmentaient tous les jours, traqué par des créanciers acharnés à sa perte et mis même en prison par ordre du prince-évêque de Strasbourg, il dut s'avouer vaincu et s'enfuit précipitamment à Munich, où il mourut bientôt dans la misère.

Quant à son frère, Pierre-Antoine, d'un caractère inquiet et entreprenant, après avoir vendu à Sèvres le secret de la fabrication de la porcelaine dure, connue alors sous le nom de porcelaine allemande, et avoir vu résilier son marché faute de pouvoir en assurer l'exécution [1], il se lança dans diverses entreprises qui ne paraissent pas lui avoir beaucoup réussi. C'est ainsi qu'on le vit tour à tour fonder plusieurs manufactures de porcelaine et diriger, pendant quelque temps, la fabrique de faïence établie en 1767 à Vincennes par Martin des Aubiez, manufacture qui n'eut qu'une durée éphémère et dont les produits, qui se confondaient probablement avec ceux de Strasbourg, n'ont pu être identifiés.

L'histoire de l'industrie de la faïence à Strasbourg, qui disparut complètement quelques années après le départ de Joseph, malgré les tentatives faites pour lui redonner un peu de vie, se résume donc dans celle des membres de la famille Hannong dont nous venons de citer les noms; c'est à eux que l'on doit l'application, sur les faïences à émail stannifère, des procédés qui servaient à la décoration des porcelaines, c'est-à-dire l'emploi, sur émail *cuit*, des couleurs mélangées de *fondants* qui les font adhérer à l'émail à une température moins élevée que celle où cet émail entre en fusion, procédés qui furent adoptés un peu partout, particulièrement en France et en Allemagne, et qui modifièrent singulièrement les conditions de la production et de la décoration de la faïence, jusqu'au jour où cette dernière cessa d'exister pour faire place à la *terre de pipe* anglaise et surtout aux porcelaines.

1. Le prétendu secret de la fabrication de la porcelaine que Pierre Hannong avait vendu à Sèvres reposait, en effet, sur l'emploi du kaolin dont on ne connaissait alors en France aucun gisement et qu'il aurait fallu faire venir à grands frais d'Allemagne.

Les marques des Hannong ont peu varié : elles se composent toujours des monogrammes suivants, seuls ou accompagnés de numéros destinés, selon toutes probabilités, à faciliter les réassortiments :

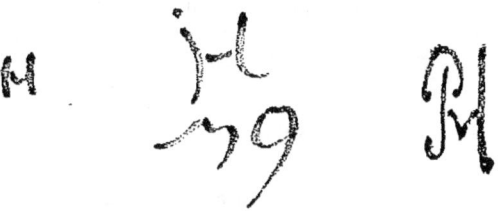

On attribue aussi à Hannong le père la marque suivante, mais nous ne l'avons jamais rencontrée :

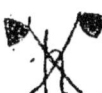

HARLEES (Johannes), maître faïencier, établi à Delft vers 1770, à l'enseigne de *la Bouteille de porcelaine*. On connaît de lui des faïences d'un bleu magnifique, mais d'un dessin un peu lourd, marquées du monogramme :

quelquefois accompagné de *la bouteille*.

HARLEES (Dirck), neveu et successeur du précédent auquel il succéda en 1795 ; les pièces qu'il exécuta pour être reçu Maître dans la Gilde de Saint-Luc sont conservées aux Archives de Delft ; elles ont été gravées dans l'ouvrage de M. Havard. (Fig. 27, 28 et 29.) Il marquait :

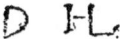

HB accolés, lettres initiales de la raison sociale de la fabrique de *La Hubaudière et Cie*, à Quimper. — Voir *Quimper*.

HEIMBERG, près Thoun, canton de Berne (Suisse). C'est à Heimberg et à Thoun que furent établies dès le xve siècle ces fabriques de poteries en terre rougeâtre, lourde et épaisse, désignées généralement sous le nom de *vieux Berne*, et décorées par *pastillages* de dessins d'un caractère archaïque qui quelquefois n'est pas sans intérêt, surtout si on les compare aux produits modernes de même nature, aux formes prétentieuses et aux couleurs criardes et sans harmonie.

HENRI II (Faïences dites de). — Voir *Oyron* et *Saint-Porchaire*.

HERCULANEUM. Cette manufacture, établie à Liverpool, vers 1790, par Richard Abbey, fut reprise vers 1796 par Worthington, Humble et Holland qui lui donnèrent une grande importance; à l'imitation de Wedgwood, qui avait appelé sa fabrique *Etruria*, Worthington et ses associés baptisèrent la leur du nom d'*Herculaneum*. On y fit, au début, d'assez bonnes faïences dites *Queen's ware*, décorées en bleu par impression et marquées :

HERCULANEVM

A dater de 1800, on y fabriqua concurremment de la faïence et de la porcelaine marquées des mots HERCULANEUM POTTERY accompagnés d'une couronne.

HERMANSZ (Gerrit), maître faïencier, établi à Delft, en 1614. On connait quelques-unes de ses productions. « Les pièces qu'on lui attribue, dit M. Havard, sont fort intéressantes; l'engobe en est généralement beau; les sujets, trop ambitieux pour le talent du dessinateur, manquent plus souvent de vigueur et de fermeté. » Ce sont presque toujours des batailles ou des scènes historiques peintes en camaïeu bleu; un plat reproduit dans l'*Histoire de la Faïence de Delft* (p. 92) est signé :

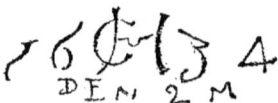

HESSE (Frédéric van), faïencier à Delft, en 1730. On trouve sa signature sous de petits objets délicatement exécutés et finement décorés; la lettre R qui l'accompagne laisse supposer à M. Havard (*op. cit.*) qu'il dirigea pendant quelques années la fabrique de *la Rose*. Marques :

F Hefs. F.   *J·C· S*
              R

HIRSCHVOGEL (Les, potiers à **Nuremberg**. Le chef de cette famille, Veit HIRSCHVOGEL (1441 † 1525), était peintre sur vitraux et potier ; il eut plusieurs fils, dont un, Augustin HIRSCHVOGEL, s'adonna presque exclusivement à l'art de la poterie. C'est à lui que l'on attribue la fabrication de ces vases, recouverts d'émaux assez purs et très éclatants, et portant, sur la panse ou dans des cavités en forme de niches pratiquées dans le corps même du vase, des figures modelées en relief. — Voir *Nuremberg*.

HISPANO-MORESQUES (Faïences). On désigne généralement sous le nom d'*hispano-moresques*, et non d'*hispano-arabes*, comme le font certains collectionneurs, les faïences à lustre métallique fabriquées en Espagne pendant — et même après — la domination des Maures, et décorées de feuillages, de rinceaux, d'entrelacs, d'inscriptions, d'armoiries et quelquefois de figures et d'animaux, disposés avec cette ingéniosité vraiment extraordinaire que les artistes musulmans ont toujours déployée dans la décoration de leur architecture, aussi bien que dans la peinture de leurs manuscrits et le dessin de leurs étoffes. Les principaux centres de fabrication étaient la ville de Malaga, située à l'embouchure de la Guadajoz et voisine de Grenade, Ynca, petite ville située dans l'intérieur de l'île de Majorque (îles Baléares), Valence, Manisès et Trayguera.

A dater du xvie siècle, les faïences hispano-moresques perdent tout caractère artistique ; la fabrication qui s'en était continuée cependant jusqu'à nos jours, pour venir échouer misérablement entre les mains d'un *posadero* (aubergiste), que le baron Davillier[1] cite comme confectionnant dans ses moments de loisir des poteries assez lourdes que sa femme enluminait grossièrement d'ornements dorés, a été reprise dernièrement dans des manufactures assez importantes, notamment à Valence, à Paris et à Florence où l'on exécute des copies ou des imitations de faïences hispano-moresques véritablement remarquables.

HŒCHST-SUR-LE-MEIN, près Mayence (Allemagne). Cette manufacture, dans laquelle on fabriquait concurremment la faïence et la porcelaine, fut fondée vers 1720 par Geltz, de Francfort. Les faïences de

1. *Histoire des faïences hispano-moresques à reflets métalliques.*

Hœchst, très recherchées des amateurs, se ressentent de la perfection qu'exigeait la fabrication de la porcelaine, dont elles reproduisent souvent les formes et même la décoration. Comme les porcelaines, elles sont marquées de la *roue* à six rayons, tirée du blason de l'archevêque de Mayence, protecteur de cette manufacture ; cette roue est figurée seule ou accompagnée de la lettre initiale du décorateur [1].

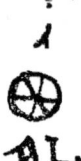

Le général de Custine détruisit la manufacture en 1794, mais les moules et les modèles qui avaient pu être sauvés furent rachetés par un potier nommé Dalh qui, dans les premières années de ce siècle, établit, non loin de l'emplacement où elle était située, une nouvelle manufacture dans laquelle les produits moins soignés portent également comme marque la *roue* de l'archevêque de Mayence, accompagnée d'un D.

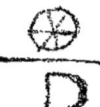

Dalh paraît avoir peint plus particulièrement sur émail cru. Nous connaissons de lui plusieurs faïences décorées en bleu d'un ton doux très harmonieux dessiné de manganèse, de fleurs, de fleurettes et d'oiseaux. (Pl. 18 a.)

HŒHR (Grès de). — Voir *Grenzhausen*.

HOFDICK (Damis), maître faïencier à Delft ; en 1705, il était propriétaire de la fabrique à l'enseigne de *l'Étoile*. On lui doit un certain nombre de faïences assez fines, à bords découpés à jour, décorées en camaïeu bleu verdâtre, et quelques pièces polychromes, surtout des perroquets, des canards, etc. Marque :

H

---

1. Le plus habile parmi ces derniers paraît avoir été Zeschinger, qui signait en toutes lettres ou simplement d'un Z.

HÖLITSCH Hongrie. Manufacture de faïences à émail stannifère, qui, à côté d'œuvres ayant un caractère assez original, a produit surtout des faïences copiées plus particulièrement sur les porcelaines ou les faïences allemandes. La coloration des faïences de Hölitsch est franche et assez accentuée; beaucoup de pièces sont des imitations un peu lourdes des faïences de Strasbourg; d'autres, à fond jaune uni avec médaillons en réserve, sont inspirées, évidemment, des faïences de Montpellier. Marque :

On attribue également à Hölitsch des assiettes, vases, etc., à décor plein absolument copié sur les faïences de Castelli. Ces faïences sont marquées :

H. F

HONGRIE. Rien, croyons-nous, n'a encore été publié sur l'histoire de l'industrie de la faïence en Hongrie, et si l'on en excepte les manufactures de Hölitsch et de Tata dont les produits ont pu être identifiés, on ne sait rien sur les autres fabriques d'où sont sorties cependant nombre de faïences qui mériteraient sous bien des rapports d'être recueillies et étudiées avec soin. Nous citerons surtout des plaques très habilement dessinées de manganèse et franchement peintes, reproduisant des sujets familiers, des personnages, des soldats aux riches costumes, etc., etc., que l'on trouve assez fréquemment aujourd'hui encore dans les campagnes. Elles portent souvent des légendes et presque toujours des dates inscrites en chiffres d'une forme très particulière qui semble n'avoir pas beaucoup varié, et qui, seuls, suffiraient à les faire reconnaître :

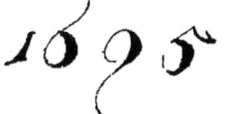

Le Musée de Sèvres possède plusieurs de ces intéressantes faïences.

HOORNE (Hendrick van), maître faïencier, établi en 1759, à l'enseigne des *Trois Tonneaux de cendre*; il adopta la marque de ses prédécesseurs :

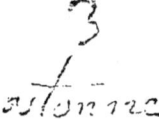

Toutefois on rencontre un certain nombre de pièces de style rocaille à décor polychrome, marquées de son monogramme ou de son nom :

HOPPESTEIN (**Jacob Wemmers**), maître faïencier, établi à Delft en 1661; il fut élève d'Abraham de Kooge, fondateur de la fabrique à l'enseigne de *la Tête de Maure*, et lui succéda en 1661. On connaît de lui un assez grand nombre de faïences à décor en camaïeu bleu très doux, ou polychrome, dont plusieurs sont des plus remarquables; celles surtout qui sont décorées en bleu. M. Havard (*op. cit.*) lui attribue les marques suivantes :

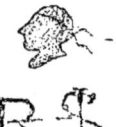

HOPPESTEIN (**Rochus Jacob**), fils du précédent, auquel il succéda en 1680; il produisit également des faïences décorées en camaïeu bleu et en couleurs rehaussées d'or. Sa marque, qui est assez rare, se compose de la *Tête de Maure* de la fabrique et de son monogramme :

HOUK (**Jan Sicktis van den**), faïencier à Delft, où il dirigea comme contre-maître plusieurs fabriques, entre autres celle qui avait pour enseigne *la Bouteille de porcelaine*, dans laquelle il entra en 1701. Plusieurs pièces polychromes, canards, poules, formant soupières ou casseroles à légumes, d'une belle exécution et très bien décorées, portent ses initiales.

PL. IX

ARDUS — MONTPELLIER — BORDEAUX — NÉGREPELISSE

a c Ardus (style de Moustiers).
b Montpellier (atelier de Philippe). — *d* Montpellier (fond jaune).
e f Négrepelisse. — *g* Montauban. — *h* Bordeaux.

Pl. IX

ARDUS — MONTPELLIER — BORDEAUX — NÉGREPELISSE

a et c Ardus (style de Moustiers).
b Montpellier (atelier de Philippe). — d Montpellier (fond jaune).
e, f Négrepelisse. — g Montauban. — h Bordeaux.

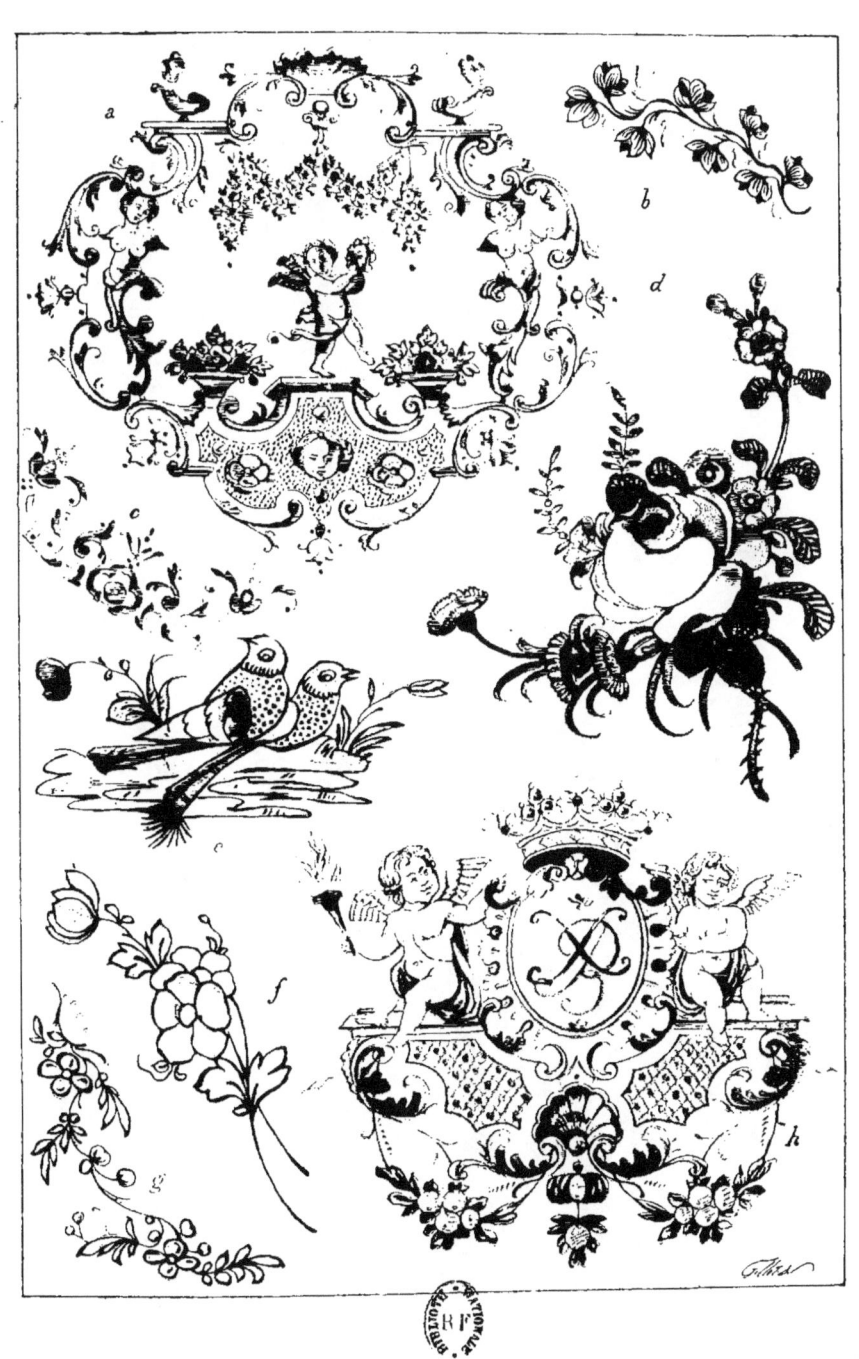

HURCH (**Pieter van**), maître faïencier, établi à Delft en 1696, à l'enseigne du *Timon (Inde Dessel);* sa fabrique eut sans doute une existence bien courte, car on ne connaît qu'une seule pièce que l'on puisse lui attribuer et qui est marquée en toutes lettres :

IN . DE . DELF . SE VINKEL
I D

dans le magasin de Delft I[nde] D[essel].

I

IMPRESSION (**Décor par**). La décoration sur faïence ou sur porcelaine par des procédés d'impression s'obtient en *reportant* sur la pièce à décorer une épreuve faite sur une planche de cuivre ou d'acier au moyen d'encres spéciales contenant des oxydes colorants mélangés avec de l'huile de lin qui s'évapore au feu. Cette épreuve, tirée sur un papier fin, sans colle et convenablement humecté, est appliquée sur la pièce préalablement enduite d'un mordant ou d'une mixture saline, et décalquée par pression à l'aide d'un tampon de feutre ou d'un petit rouleau. Le papier s'enlève ensuite avec facilité, et comme la gravure qu'il portait a été transportée sur la glaçure de la poterie, il ne reste plus qu'à la fixer au moyen de la cuisson au feu de moufle.

La première application du procédé d'impression à la décoration de la céramique fut faite à Liverpool, vers 1750, par John Sadler et son associé Guy Green [1]. Il fut employé ensuite à Marieberg, près Stockholm, en 1760, puis en France, à la manufacture de Sèvres, où les premiers essais qui en furent faits n'aboutirent pas à un résultat assez satisfaisant pour qu'il fût adopté ; ce n'est que plus tard, tout à fait à la fin du siècle dernier, qu'on s'en servit d'une manière suivie.

Les faïences fines anglaises décorées par impression offrent généralement un grand intérêt par suite de la grande variété de sujets qui sont entrés dans leur ornementation et qui reproduisent ainsi sur émail et

---

1. D'après une note de l'*Almanach de Gotha*, ce serait à un « sieur Herzberg, Silésien, que l'on doit l'invention d'appliquer sur la poterie des estampes en taille-douce et de les y cuire au four ». Nous ne savons sur quelle base repose cette assertion. Peut-être Herzberg introduisit-il le premier, en Allemagne, l'application de la gravure à la décoration, mais, jusqu'à preuve du contraire, il faut considérer Sadler et Green comme les véritables inventeurs de ce procédé.

sous une forme souvent satirique toute l'histoire politique et religieuse de l'Angleterre dans la dernière moitié du xviiie siècle.

ISLE D'ELLE (L' — Vendée). Les produits de cette petite manufacture, dont l'histoire n'est pas connue et ne mérite guère de l'être, sont assez grossiers mais ne manquent pas cependant d'une certaine originalité ; la pâte en est épaisse et l'émail gris craquelé. Un décor que les potiers de l'Isle d'Elle semblent avoir affectionné est formé par un oiseau sur terrasse tenant dans son bec une branche de feuilles ; ce décor assez habilement dessiné en manganèse est, tantôt en camaïeu d'un bleu ardoisé, tantôt en couleurs d'une harmonie agréable ; un large filet bleu pâle tourne autour du bord du marli. Un petit tonneau du Musée de Sèvres décoré d'oiseaux en couleurs et d'arbres en bleu posé à plat sans modelé porte sur chacun des côtés les noms suivants :

joseph girard notere   pierre girard 1741

ISLETTES (LES — Meuse). — C'est à tort que cette faïencerie est désignée sous le nom de fabrique des Islettes ; en réalité elle était située au *Bois-d'Epense* (Marne), hameau contigu au village des Islettes dont il n'est séparé que par la Biesme, petit cours d'eau qui forme la limite des départements de la Marne et de la Meuse ; mais comme la plupart des ouvriers employés dans la faïencerie habitaient les Islettes et que quelques-unes des dépendances de l'usine se trouvaient sur le territoire de cette commune, l'usage a prévalu de donner à ses produits la dénomination de faïence des Islettes. Cependant, sur les *listes* des faïenciers de la fin du siècle dernier, la fabrique est mentionnée sous le nom de Bois-d'Epense.

Ce n'est guère qu'à dater de 1785, avec François Bernard, successeur de son père, que la fabrique des Islettes, qui existait depuis longtemps déjà, commença à acquérir une certaine importance, et c'est surtout sous la direction de son fils, Jacques-Henri, que ses produits prirent ce caractère particulier d'éclat et de franchise de tons qui les font reconnaître entre tous et constituent leur originalité. Le pourpre de Cassius, le cobalt pur, le jaune vif et le vert de cuivre dominent presque toujours, dessinés — on pourrait même, dans beaucoup de cas, dire *soulignés* — par des traits bruns ou noirs fortement accentués.

Les sujets qui décorent les faïences des Islettes sont des plus variés ; ce sont principalement des fleurs formant de gros bouquets noués par un ruban rose ou groupés dans une corbeille en vannerie, des oiseaux et surtout des coqs, des Chinois et des paysages. Mais ce sont particulièrement les sujets à personnages (pl. 7), scènes familières ou égrillardes, pochades militaires, types des différents soldats de la Grande Armée, épisodes de la vie de Napoléon Ier, — entre autres, la scène si connue de : « On ne passe pas ! » — etc., etc., qui ont popularisé la faïence des Islettes très recherchée, non seulement en Lorraine et en Champagne, mais encore dans des pays assez éloignés, et dont la vogue se maintint pendant le premier quart de notre siècle.

Les faïences des Islettes ne sont pas signées. On nous a signalé cependant deux assiettes portant la marque :

Bernard
au
Bois-d'Epense

mais nous ne les avons pas vues.

Cf. F. LIÉNARD, *Les Faïenceries de l'Argonne*, in-8°, 1877.

ITALIENNE (Manufacture dite L'), fondée à Goincourt (Oise), vers 1795. On y a fabriqué surtout des faïences décorées au *pochoir*, qui n'ont rien d'artistique, mais qui méritent d'être signalées à cause de la singularité du procédé de décoration. Elles sont marquées en creux, estampé dans la pâte :

L'ITALIENNE

J

JACQUELINES. Dans le nord de la France et dans les Flandres, on donne le nom de *Jacquelines* aux bouteilles en grès à large ventre ; on appelle également ainsi les cruches d'une exécution assez grossière, en forme de femme assise, à la tournure plus ou moins grotesque et à la robe *fleurtée*, fabriquées un peu partout en France, mais principalement dans les manufactures d'Aire et de Desvres, etc. On en a fait également en Hollande et en Allemagne.

JANZ VAN DER MEER (Arij), faïencier à Delft, en 1671. Quelques pièces à décor chinois, à lambrequins et personnages, en camaïeu bleu pâle, portant sa marque, prouvent que c'était un artiste de talent. Il signait :

A J

JAPONNÉE (Faïence). Bien qu'elle ait été employée couramment pendant plus de cinquante ans, la désignation de *japonnée*, appliquée à la faïence, a été tellement oubliée depuis le commencement du siècle que la plupart des auteurs qui ont écrit sur la céramique n'en ont fait aucune mention ou l'ont citée en en donnant une définition absolument fausse.

Pour en bien faire comprendre le sens exact et montrer comment elle est entrée dans le langage du commerce de la faïence vers le milieu du XVIIIe siècle, il nous faut rappeler en quelques lignes l'influence exercée en France, de 1715 à 1720, par l'introduction de la porcelaine de Saxe et l'engouement qu'elle y avait excité. C'était bien là, surtout quand on la comparait aux porcelaines de Saint-Cloud, — les seules que l'on fabriquât alors en France, — de la véritable porcelaine, solide, transparente, aux arêtes fines, au décor délicatement exécuté avec des couleurs variées et éclatantes, et qui rappelait d'autant mieux la porcelaine de l'Extrême-Orient que l'ornementation, au moins à cette époque, en était empruntée presque exclusivement aux motifs qui décoraient les porcelaines du Japon, dont le Palais-Royal de Dresde possédait une si belle et si nombreuse collection.

Ce genre de décoration eut un tel succès que les fabriques françaises qui furent fondées à cette époque, celle de Chantilly, d'abord, puis celle de Vincennes et tant d'autres, commencèrent par copier le décor des porcelaines de Saxe, qui n'était autre que le décor des porcelaines archaïques d'Imari.

A leur tour, les faïenciers voulurent lutter ou tout au moins suivre la mode ; les uns, comme à Rouen, en remplaçant le décor bleu par une décoration polychrome, le plus souvent copiée sur des porcelaines chinoises ; les autres, plus ambitieux ou plus habiles, en cherchant tout d'abord à donner à leurs faïences l'apparence de la porcelaine. Nous ne croyons pas trop nous avancer en attribuant à Hannong, de Strasbourg, familiarisé depuis longtemps avec la fabrication et la décoration de la porcelaine allemande, la première application de ce procédé, qui consistait à exécuter la peinture sur l'émail déjà cuit, en mêlant aux couleurs un *fondant* qui les faisait adhérer à l'émail et qui, fusible à une température assez basse, permettait l'emploi de couleurs plus variées, et, particulièrement, des pourpres et des carmins, que l'on ne pouvait obtenir dans la décoration des faïences telle qu'on l'avait pratiquée jusqu'alors.

PL. X

LILLE — AIRE — SAINT-AMAND — SAINT-OMER

1 4 Lille (décor polychrome).
2 Lille (atelier de Boussemaert (style rouennais). — 3 7 Saint-Amand.
5 9 Aire. — 6 Saint-Omer (atelier du Haut-Pont).

Pl. X

LILLE — AIRE — SAINT-AMAND — SAINT-OMER

1, 4 Lille (décor polychrome).
2 Lille, atelier de Boussemaert (style rouennais). — 3, 7 Saint-Amand.
5, 9 Aire. — 6 Saint-Omer, atelier du Haut-Pont.

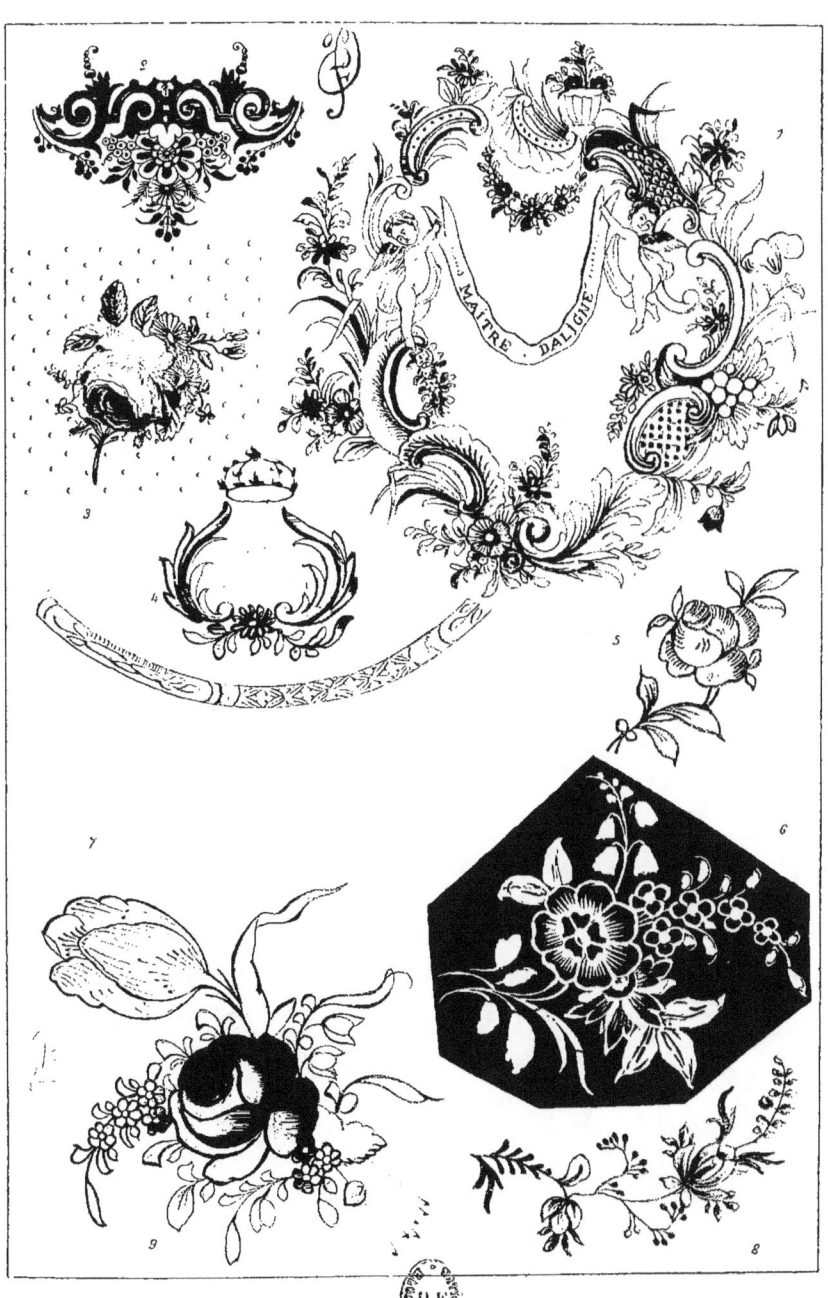

Comme les porcelaines étaient relativement rares et, par conséquent, d'un prix assez élevé, la nouvelle faïence, fine d'aspect, propre et coquette, obtint, dès son apparition, un succès considérable, et, pour la distinguer des produits relativement lourds et communs fabriqués à Rouen, à Nevers ou à Paris, on lui donna le nom de *faïence japonnée*, c'est-à-dire décorée à la manière des porcelaines du Japon ; puis, bientôt, quand les faïenciers copièrent les porcelaines de Saxe, qui avaient abandonné le décor d'Imari pour se couvrir de fleurs et de fleurettes en bouquets détachés, on ajouta à cette désignation celle de : *façon Saxe*.

Les *Annonces* et *Avis* des marchands et des fabricants de faïences de l'époque ne laissent aucun doute à ce sujet.

La première mention que nous en trouvons remonte à 1754. C'est l'annonce de l'établissement d'un dépôt et le tarif des produits de la fabrique de Sceaux, fondée vers 1753 par Chapelle, *démonstrateur en chimie* et membre de l'Académie des Sciences.

« Le Magasin général des *Nouvelles Terres et Faïences japponnées*, qui se fabriquent dans la Manufacture royale du sieur *Chapelle*, est établi à Paris, rue S. Honoré, près de la rue de l'Échelle. On y trouve tout ce qu'on peut désirer en bijoux et Service de Table. La couleur et la dorure appliquées sur les nouvelles Fayences n'en cèdent guère pour le Dessein et pour la nouveauté à celles des Porcelaines de Saxe. »

Au même moment, une autre manufacture que nous n'avons vue mentionnée nulle part, celle du sieur Hébert, faisait paraître l'annonce suivante dans les *Affiches de Paris* du 23 mai 1754 :

« Le sieur Hébert et Compagnie, à qui appartient la Manufacture de *Faïence japonnée façon de Saxe*, établie rue de la Roquette, Fauxbourg S. Antoine, n° 12, donnent avis au Public qu'ils ont ouvert leur Magasin où l'on trouve toutes sortes de marchandises propres pour l'utilité et pour l'agrément, dans les goûts les plus nouveaux et les plus satisfaisants, non seulement quant aux différentes formes, mais aussi quant à la perfection des Peintures et à la beauté du travail. »

Une troisième manufacture, également parisienne et dont on n'a jamais non plus signalé l'existence, celle de Germain Despargnes, se fit bientôt connaître par l'avis suivant, publié dans les *Annonces-Affiches* du 22 juin 1758 :

« Le sieur *Germain Despargnes* fait fabriquer une très belle FAYENCE JAPONNÉE, *façon de Saxe*, dans les goûts les plus nouveaux, rue des Boulets, fauxbourg S. Antoine, à la Croix Faubin, n° 3... Cette fayence imite singulièrement la porcelaine et a d'ailleurs l'avantage d'être plus solide et de coûter beaucoup moins. L'émail en est très brillant ; les formes sont très agréables... On y a même trouvé moyen d'y faire briller l'or comme sur la porcelaine... »

Il est inutile de multiplier ces citations ; l'expression, on le voit, était, dès cette époque, entrée dans le langage courant, et la désignation des faïences fabriquées et vendues dans les manufactures que nous venons de citer ne permet pas la moindre confusion à cet égard. Ce sont bien des faïences peintes *sur* émail et cuites au feu de moufle ou feu de *réverbère*, comme on disait alors.

Une pièce, qui fait partie des collections du Musée de Sèvres, vient, du reste, corroborer cette opinion. C'est un de ces pots à anse d'un décor de style rouennais très simplifié, à colorations franches, que l'on fabriquait communément dans la dernière moitié du siècle dernier, à Sinceny, à Saint-Paul, à Orléans et dans nombre de fabriques secondaires ; il porte, sur son décor exécuté sur émail *cru*, des touches de *pourpre*, mises après coup, comme échantillon, mais qui sont sorties du feu absolument mates et ternes ; le décorateur avait pris soin d'inscrire sous la pièce, comme point de repère : *poupre à japonne*, c'est-à-dire, en tenant compte de l'incorrection, qui était assez dans les habitudes des ouvriers céramistes du temps : *pou[r]pre à japonne* [r les faïences]. La façon dont cette pièce a été *surdécorée* de ce pourpre ne peut laisser aucun doute à cet égard, et cela d'autant plus que jamais, sur aucune pièce de ce genre, on ne trouve trace de ces couleurs, si communément employées à Strasbourg, et sur les autres faïences *japonnées*, le carmin, le pourpre de Cassius, etc. C'était un essai.

Cette pièce a donné lieu cependant à une confusion assez curieuse que nous devons mentionner ici. Certains auteurs ont cru voir dans cette inscription une indication de provenance et ont créé, à l'aide d'un dictionnaire de géographie, la fabrique des *Pourpres (Var)*. Quant aux mots *à japonne*, ils l'ont expliqué en disant que ces mots avaient « rapport au décor, *qui est dans le genre chinois* ».

Nous n'insisterons pas sur cette erreur qui a fait son chemin, mais nous pouvons affirmer que jamais il n'y a eu et ne pouvait y avoir eu une fabrique de faïences, si peu importante qu'elle eût été, aux *Pourpres*, petit hameau de deux cents habitants à peine, perdu sur le bord de la mer.

JARRY, décorateur à Aprey (Haute-Marne). — Voir *Aprey*.

J R accolés, marque de Joseph Robert, de Marseille. — Voir *Robert*.

JUNIUS (Isaack), artiste peintre de Delft, se livra assez tard à la décoration de la faïence, dans laquelle il ne paraît pas avoir réussi. Une plaque en camaïeu bleu est signée :

Junius 1657

K

KAM (Pieter Gerritsz), maître faïencier, établi à Delft en 1667. Ses faïences, d'une pâte fine, décorées généralement en camaïeu bleu dans le style oriental, sont marquées :

KAM (Gerritsz Pieter), maître faïencier, établi à Delft en 1674, à l'enseigne des *Trois Tonneaux de cendre*. C'était un artiste de talent dont on connaît plusieurs pièces importantes marquées :

KAM (David), fils de Pieter Gerritsz, devint en 1701 propriétaire de la fabrique du *Paon (de pauw)* dont il conserva la marque. On croit que c'est sous sa direction que furent fabriquées ces belles et curieuses pièces à engobes de couleurs dont on connaît quelques spécimens absolument remarquables.

KEEL (Abraham van der, maître faïencier, établi à Delft vers 1780 ; il fut le dernier propriétaire de la fabrique à l'enseigne de *la Lampette* : on trouve son nom sur une pièce sortie de cette fabrique :

KEISER (Aelbrecht Cornelis de), maître faïencier, établi à Delft en 1642. « Il fut le premier, dit M. Havard, à imiter les porcelaines du Japon, et ouvrit ainsi à la faïencerie delftoise des débouchés nouveaux et d'autant plus productifs que la porcelaine orientale était fort recherchée à cette époque. Ses ouvrages, excessivement remarquables, sont d'une extrême légèreté et d'une étonnante minceur. La couverte en est très blanche et très pure ; le décor très fin et très riche sans être trop chargé ; l'émail est superbe d'éclat. Même la pièce en mains, on croirait voir de la porcelaine. » Il marquait en bleu :

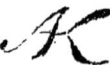

KEISER (Cornelis Aelbrechtsz de), fils du précédent, reçu maître faïencier à Delft en 1668. Il s'associa avec ses deux beaux-frères, Jacobus et Adrien Pynacker, et pour garantir contre les contrefaçons les belles pièces à décor oriental polychrome et or dont son père avait trouvé le secret, il déposa la marque suivante formée des lettres de son nom et de celles de ses associés, marque qui, jusqu'à présent, n'a été relevée sous aucune faïence :

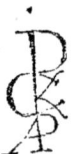

Quant aux pièces qu'il a exécutées pendant la période où il travailla seul, et dont beaucoup sont décorées sur fond noir ou brun, elles sont marquées :

KELLER (Sébastien), devint en 1778 propriétaire de la manufacture de Lunéville, qui, aujourd'hui encore, appartient à ses descendants. — Voir *Lunéville*.

KELLINGHUSEN (Sledswig). Le Musée de Sèvres possède de cette fabrique, qui ne paraît pas avoir été bien importante et dont l'histoire n'est pas connue, un joli bassin creux, de forme ovale, à bord horizontal finement godronné, portant en relief des fleurs et des mascarons à coquilles et décoré d'un bouquet de fleurs et de fleurettes peints sous couverte et assez librement exécutés, qui est marquée :

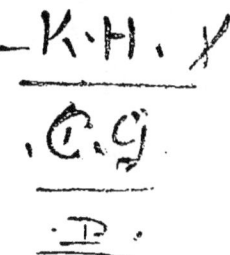

KESSEL (**Jeronimus Pietersz van**), maître faïencier, établi à Delft en 1656, à l'enseigne du *Pot de métal*, fabrique fondée par son père. On lui attribue la marque :

IVK

KESSEL (**Lucas Pietersz van**), fils du précédent, faïencier à Delft en 1675; plusieurs pièces à décor polychrome cachemire avec fleurs et lambrequins, d'une belle exécution, portent son monogramme :

L K

KESSEL (**Amerensie van**), maîtresse faïencière, établie à Delft en 1675, à l'enseigne de *la Double Burette;* on trouve, mais assez rarement, sa marque sur des faïences à décor polychrome :

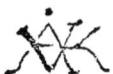

KEST (**Dirck van der**), établi maître faïencier à Delft en 1698, à l'enseigne du *Bateau* (*In de boot*); ses faïences, décorées de sujets religieux, peintes en camaïeu d'un bleu foncé presque noir, sont faciles à reconnaître ; quelques-unes portent le monogramme de Van der Kest accompagné du nom de son enseigne :

$$D.VK\ boot$$
$$1700$$

KIEL (Danemark). Une manufacture de faïences fut fondée dans cette ville, par Jean Buchwald, vers 1760 ; sous sa direction et avec l'aide d'un artiste de mérite, Abraham Leihamer, elle produisit des faïences peintes au feu de moufle, que leurs formes pures et élégantes et leur décor admirablement exécuté permettent de ranger au nombre des plus beaux produits de la céramique de la fin du siècle dernier. Ces faïences, assez rares, sont marquées *Kiel* en toutes lettres, ou

$$\frac{NB.}{K:} \qquad \qquad \frac{\psi}{K}$$

Une très belle plaque de la collection Gasnault au Musée de Limoges, avec cadre en relief à coins de style rocaille, représentant une marine signée au bas *A. Leihamer f.*, porte au revers la marque suivante :

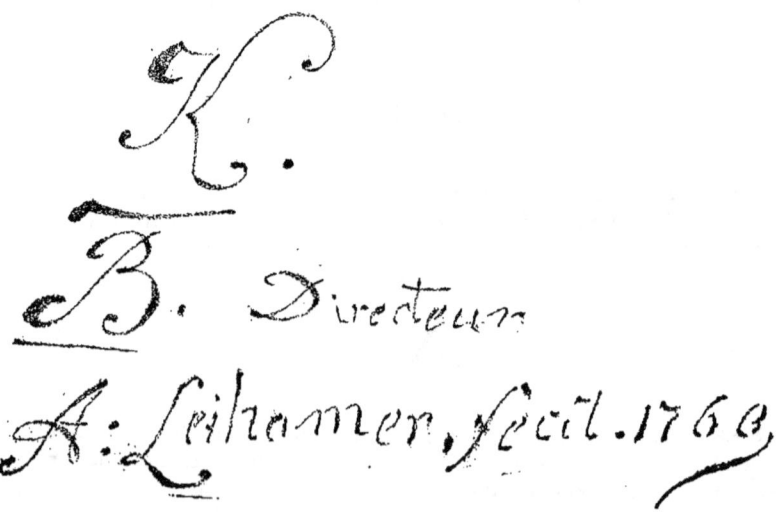

KIEL (Albertus), maître faïencier à Delft, établi en 1764, à l'enseigne de *l'Étoile*. Ses faïences assez communes, sauf quelques rares exceptions, sont marquées de son monogramme accompagné quelquefois de *l'Étoile* :

KLEFTIJUS (Willem), maître faïencier, établi à Delft en 1663 ; il était né à Cologne et avait résidé à Amsterdam avant de venir habiter Delft. Il a produit principalement des faïences polychromes dont la décoration est empruntée aux porcelaines orientales. Il marquait de son monogramme souvent accompagné de chiffres :

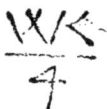

KLOOT (Cornelis van der), faïencier à Delft en 1695, travailla dans plusieurs fabriques et s'établit ensuite à son compte. On connaît de lui un certain nombre de faïences d'une exécution assez soignée, marquées de son monogramme accompagné quelquefois d'une date et de chiffres :

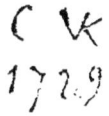

KLOOT (Johannes van der), maître faïencier, établi à Delft en 1764, à l'enseigne du *Romain*. On lui attribue les monogrammes :

KNŒTTER (Johannes), maître faïencier, établi à Delft en 1698 ; il fut l'un des successeurs de Jacobus Pynacker, dans la fabrique qui avait pour enseigne *la Bouteille de porcelaine*. Il marquait :

KONING (Hendrick et Gillis de), faïenciers à Delft en 1721. Leurs monogrammes, que l'on trouve souvent réunis, permettent de supposer qu'ils furent associés. On rencontre cependant celui d'Hendrick seul sur des faïences décorées en bleu, rouge et or, d'une exécution parfaite et d'un décor riche :

$$G\ d\ K$$
$$H\ d\ K$$
$$1721$$

$$HDK$$
$$2$$

KOOGE (Abraham de), maître faïencier, établi à Delft de 1632 à 1679, s'associa en 1648 avec Pieter Joppe Oosterlaan. « Abraham de Kooge, dit M. Havard (*op. cit.*), peut être considéré comme l'un des plus grands artistes qui aient illustré la faïence de Delft. Il fut l'un des rénovateurs de l'art céramique hollandais et les plus belles plaques qu'on lui attribue peuvent figurer parmi les chefs-d'œuvre du genre. Ces plaques merveilleuses, dont la plupart représentent des paysages et quelques-unes des portraits, sont peintes en camaïeu bleu avec une largeur, une solidité et une ampleur qui n'ont pas été égalées depuis... Ces œuvres magnifiques ne sont jamais signées, mais presque toutes sont datées au dos et quelquefois la date est enveloppée d'ornements qui décèlent un artiste de haute volée. »

KOOL ou COOL (Jacobus), maître faïencier, établi à Delft en 1676, et devenu en 1714 propriétaire de la fabrique à l'enseigne de *la Tête de Maure* ; il renonça comme marque de fabrique à *la Tête de Maure* employée par son prédécesseur et signa simplement ses faïences des deux premières lettres de son nom :

I K

KOOL ou **COOL (Willem)**, maître faïencier, établi à Delft en 1697, à l'enseigne des *Trois Bouteilles*. Ses faïences sont marquées d'un monogramme qu'il est facile de confondre avec celui de Willem Kleftijus ; cependant celles qui sont décorées en bleu, rouge et or doivent lui être attribuées.

KRUISWEG (Anthoni), maître faïencier, établi à Delft en 1759 ; il succéda à Jacobus Kool comme propriétaire de la fabrique à l'enseigne de *la Tête de Maure*, à laquelle il conserva son ancienne réputation. Il marquait :

KRUYCK (Johannes), faïencier, établi en 1662 à Delft, qu'il quitta pour aller à Rotterdam où on le retrouve en 1705. On lui attribue généralement des faïences décorées en camaïeu d'un beau bleu et des assiettes à armoiries avec bordure de fleurs et de lambrequins, d'une très belle exécution, marquées :

K

KUIK (Michiel van), faïencier à Delft. La collection P. Gasnault, au Musée de Limoges, possède une plaque décorée en camaïeu bleu, représentant *le Retour de l'enfant prodigue*, et signée en toutes lettres :

M. Y. KUIK. 1765

KULICK ou **CULICK (Jan Jansz)**, faïencier à Delft, où nous le trouvons de 1662 à 1680, dirigeant, comme contre-maître, plusieurs établissements ; c'était un céramiste d'une très grande habileté, d'un talent fin et délicat, et qui jouissait d'une certaine renommée. Suivant M. Havard, (*op. cit.*), il avait adopté la marque suivante, dont il fit le dépôt en 1680, mais cette marque n'a jamais pu, jusqu'à présent, être rencontrée :

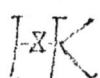

KUNERSBERG (Bavière). Manufacture peu connue et dont les produits, assez rares, sont d'une belle fabrication et décorés de bouquets d'un aspect très décoratif et bien peints. (Pl. 18.)

Marque :

Künersberg

Une charmante cruche du Musée de Sèvres aux bouquets délicatement dessinés de manganèse et lavés de rose, de violet et de bleu, ce dernier formant une légère auréole sur l'émail, est marquée :

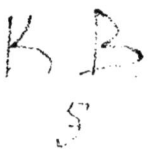

L

LAEN (**Jan van der**), faïencier à Delft en 1675 ; il dirigea la manufacture des *Trois Cloches*, dans laquelle il passa presque toute son existence; pendant tout le temps de sa gestion il fut autorisé à marquer de son monogramme la plupart des pièces qui sortirent de cette manufacture. Une assiette du Musée de Sèvres, à décor plein, de style chinois, largement exécuté, représentant deux oiseaux volant au milieu d'arbustes et de fleurs, aux tons vifs et francs, est marquée :

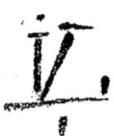

LA FOREST (Savoie). La faïencerie de La Forest fut fondée vers 1730, par Noël Bouchard, marchand de fer et de quincaillerie à Chambéry, qui fit venir de Nevers deux ouvriers faïenciers, Antoine Mogéry et Pierre Mietaz, auxquels il adjoignit plus tard d'autres ouvriers également nivernais. Noël Bouchard, mort en 1766, eut pour successeurs ses deux fils Jacques et Joseph qui tentèrent, mais sans succès, d'adjoindre à la fabrication des faïences celle des faïences anglaises (faïence fine) et de la porcelaine[1], et, plus tard, son petit-fils, Pierre Bouchard, qui, en 1797, forma une association avec Joseph Dimier, son beau-frère. Cette association n'eut qu'une durée éphémère et sa rupture amena la décadence complète de la manufacture qui cessa d'exister en 1810.

Les faïences de La Forest, assez rares dans les collections, se ressentent au début de l'influence nivernaise; bien que l'émail, d'une couleur généralement bleuâtre, soit assez épais, elles sont cependant moins communes que celles de Nevers; le décor plus riche et généralement assez bien exécuté se compose habituellement de fleurs et de paysages encadrés d'arabesques. Quelques pièces datant de la fin du siècle dernier imitent le décor de Moustiers. Nous avons vu à Aix un beau poêle (au Musée) et quelques plats très habilement décorés et qui font regretter que ces faïences ne soient pas mieux connues. Beaucoup portent la marque :

La Forest en Savoy

Cf De Loche, *Notice sur la fabrique de faïence de La Forest*, in-8°, 1886.

LAMBETH (Angleterre). Une fabrique de faïences à émail stannifère (*Delft ware*) paraît avoir été fondée à Lambeth, aujourd'hui un des quartiers de Londres, dès le milieu du xviie siècle; c'est de cette fabrique que sont sorties, suivant toute apparence, les bouteilles à vins blanc et rouge portant la désignation du genre de vin qu'elles devaient contenir (*whit*, *claret*, *sack*) et l'indication de l'année; quelques-unes de ces bouteilles datent de 1641. En 1676, un Hollandais, Jean Arriens van Hamme, auquel on attribue, mais sans preuve certaine, quelques rares plats représentant des scènes de l'Ancien Testament et des faïences à inscriptions, vint s'établir à Lambeth; en réalité on ne sait rien sur son compte ni sur celui des fabriques qui ont existé depuis cette époque jusqu'à l'année 1818, où MM. Doulton créèrent la manufacture connue sous le nom de *Lambeth pottery*, une des plus importantes et des plus justement célèbres de l'Europe.

LAMPETTE (**A La**). Enseigne d'une fabrique de faïences de Delft. — Voir *Brouwer*.

---

1. Nous avons vu chez M. le Dr Brachet, à Aix, une assiette en porcelaine à décor polychrome aux tons un peu rabattus, décorée d'enfants jouant avec une chèvre et qui porte, au revers, la marque :

*La Forest
en Savoy*

LANFREY (Claude-François). C'est à Lanfrey que le général comte de Custine confia, en 1774, la direction de la manufacture de Niederwiller, qui lui appartint après la mort du baron de Beyerlé; c'était un homme de goût, un administrateur intelligent et un des meilleurs industriels de son temps. Devenu plus tard propriétaire de la manufacture, il sut la conduire avec assez d'habileté pour qu'elle pût résister à la crise commerciale qui, à la fin du xviiie siècle, ruina un si grand nombre de fabriques. On trouve sa marque sur les porcelaines sorties des fours de Niederwiller, mais nous ne l'avons jamais rencontrée sur des faïences, ce qui laisserait supposer qu'à dater du moment où il fut maître de la manufacture il en avait abandonné la fabrication. — Voir *Niederwiller*.

LA ROCHELLE (Charente-Inférieure). Suivant toutes probabilités, La Rochelle possédait des fabriques de faïences, ou tout au moins de poteries, dès le commencement du xviie siècle, mais on ne sait rien de bien précis à ce sujet et il faut attendre jusqu'en 1721 pour avoir des documents certains. A cette époque, un faïencier nommé Catarnet vint établir à la Digue une fabrique qui, probablement par suite du manque de l'argent nécessaire pour l'organiser dans de bonnes conditions, n'eut qu'une existence éphémère. Aussi, l'année suivante, Catarnet dut-il s'adresser aux administrateurs de l'hôpital général pour leur demander à installer dans leur établissement même une manufacture dont ils feraient tous les frais et que lui, Catarnet, devait diriger moyennant l'abandon d'un quart des bénéfices réalisés sur les produits. L'affaire venait d'être conclue lorsque Catarnet mourut, indiquant comme devant être le plus capable de le remplacer, François Mourelon, venu de Lyon. Le succès ne répondit pas cependant aux espérances que l'on avait fondées et Mourelon dut quitter la fabrique et probablement La Rochelle vers 1725; il eut pour successeur Duboc, qui ne réussit pas mieux et l'on dut définitivement abandonner l'entreprise en 1728.

D'autres faïenceries furent fondées plus tard, d'abord, en 1743, celle de Bornier et ensuite de Briqueville, à laquelle on attribue la marque :

IB3

puis celle de la place Habert, dont tout le matériel venait de Marans et qui, sous la direction de plusieurs faïenciers plus ou moins habiles, subsista jusqu'en 1789.

Les produits de La Rochelle se ressentent des influences diverses

PL. XI

ÉCOLE DE STRASBOURG

a b Strasbourg (atelier des Hannong).
c Saint-Amand (atelier de Pierre Fauquez). — *d* Sceaux.
f Sceaux (décor à relief peint).
e Les Islettes. — *g* Sinceny (fin de la fabrication).

PL. XI

ÉCOLE DE STRASBOURG

a, b Strasbourg (atelier des Hannong).
c, d Saint-Amand (atelier de Pierre Hannong). — d Sceaux.
f Sceaux, décor à relief peint.
e Les Islettes. — g Sinceny (fin de fabrication)

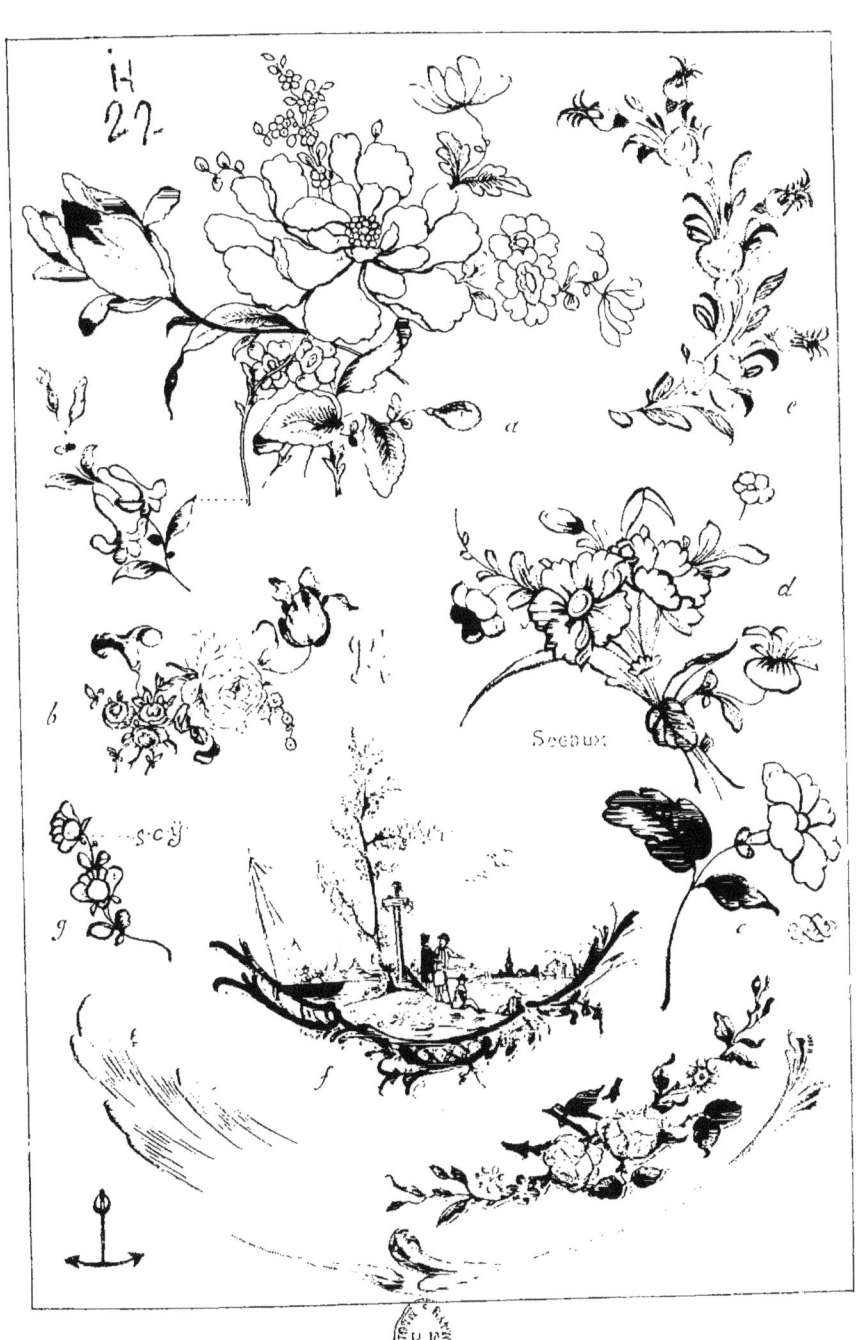

exercées par des directeurs venus de tous les points de la France. C'est d'abord le décor bleu imité de Nevers, et ensuite de Rouen; puis le décor polychrome où le bleu domine, et enfin des imitations de Moustiers et de Strasbourg.

Cependant un décor assez caractéristique des faïences de La Rochelle, décor qui lui est bien particulier, est celui où le sujet dominant est généralement un paon ou tout autre oiseau, accompagné d'une corbeille ou d'un arbuste, avec, sur le marli, des tiges de feuilles et des bluets accompagnés d'insectes et de papillons.

Parmi les pièces exceptionnelles sorties des fours de La Rochelle, nous citerons quelques fontaines et surtout des vases sur terrasse en émail blanc avec des tiges fleuries en haut relief peint polychrome qui rappellent absolument les pièces du même genre fabriquées à Marieberg. Il y a là une coïncidence qui méritait d'être signalée. Un vase de ce type si particulier, qui fait partie des collections du Musée de Sèvres, est signé en toutes lettres :

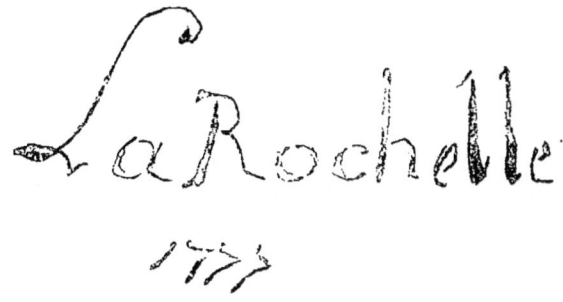

Cf. S. Musset, *Les Faïences Rochelaises*, in-4°, 1888, pl.

LEEDS (Angleterre). Vers 1760, les frères Green établirent dans cette ville, située dans le comté de Suffolk, une manufacture de faïences fines, d'un ton un peu jaunâtre, décorées de reliefs et d'ornements délicatement découpés à jour ; cette manufacture prit rapidement une très grande importance et, dès 1780, les faïences de Leeds — désignées, à l'imitation de celles de Wedgwood, sous le nom de *cream coloured ware* ou de *Queen's ware* — étaient expédiées dans toute l'Europe. Elles sont marquées en creux au cachet des mots :

LEEDS * POTTERY

ou

HARTLEY, GREENS & C°
LEEDS POTTERY

Leeds a fabriqué également des faïences à émail stannifère (*Delft ware*), mais ces faïences sont fort rares.

On connait quelques exemplaires d'un *Catalogue* illustré, imprimé en anglais, en français et en allemand, qui donne les formes et la désignation des nombreux modèles sortis des fours de cette importante fabrique qui avait des dépôts, même en Russie. Le titre français de ce rare catalogue qui fut imprimé plusieurs fois est : « Desseins de divers Articles de Poteries de la Reine en Couleur de Crème, Fabriqués à la Poterie de Hartley, Greens & Cº à Leeds : Avec une Quantité d'autres Articles ; Les mêmes émaillés, imprimés ou ornés d'Or à chaque Patron, aussi avec des armes, des Chiffres, des Paisages, etc., etc. Leeds 1783. »[1]

LEMIRE (Charles **SAUVAGE**, dit), sculpteur distingué, mort vers 1802, fut pendant plus de vingt ans directeur d'art à la manufacture de Niederwiller dans laquelle il était entré comme modeleur, après avoir travaillé pendant quelque temps à Lunéville et à Saint-Clément : on trouve son nom sur l'*État de tous les exempts de la subvention de Niderviller pour l'année 1759* : « Charles Lemire, garçon sculteur gagne environ vingt-quatre sols par jour. » Il commença par travailler à la faïence, mais il fit surtout des modèles de groupes et de statuettes dont la plupart furent exécutées en porcelaine et qui contribuèrent pour une large part à la renommée et au succès de la manufacture de Niederviller. Parmi les œuvres principales de cet artiste de talent, nous citerons surtout : *Apollon et Hébé*, *les Quatre Saisons*, *Vénus à la pomme*, *Saint Bruno*, *l'Amour forgeron* et *l'Amour rêveur*, *la Curée*, des *Bacchanales*, etc. Le Musée de Colmar possède un groupe allégorique d'une grande beauté ayant trait au mariage de Louis XVI et de Marie-Antoinette, avec l'inscription : « Cara Deum Soboles ». Ce groupe, fait exprès pour Marie-Antoinette, avait été posé dans sa chambre à coucher au palais de Strasbourg quand elle passa dans cette ville pour se rendre à Paris. Il porte l'inscription : *Lemire sculpteur à la fabrique de Niederviller*.

LEVAVASSEUR (**Jacques-Nicolas**), faïencier; en 1743, il était établi à Rouen, rue Tous-Vents, nº 1. C'est à lui que l'on doit les quatre magnifiques bustes des *Saisons* et les gaines qui les supportent, achetés

---

[1]. Le titre anglais est *Designs of sundry Articles of Queen's or Cream colour'd Earthen-Ware manufactured by Hartley, Greens & Cº, at Leeds-Pottery; with A Great variety of other Articles. The same Enamel'd, Printed or Ornamented with Gold to any Pattern; also with Coats of Arms, Cyphers, Landscapes, etc., etc., Leeds 1783.*

68,800 francs par le Musée du Louvre, à la vente Hamilton, en 1882. Il mourut, le 15 juin 1755, âgé de quarante ans. Sa veuve dirigea seule la fabrique, qui passa ensuite entre les mains de son fils Marie-Philémon Levavasseur. C'est lui qui introduisit ou tout au moins qui pratiqua surtout à Rouen la décoration au feu de moufle, qui marqua la fin de la fabrication. Plusieurs belles pièces en ce genre imitées de Strasbourg ou de Marseille portent son nom :

chez Levavasseur à Rouen   *Va Vasseur à Rouen*

un plat du Musée de Sèvres est signé :

LE VAVASSEUR
. A ROUEN

quelques autres pièces sont signées simplement :

W

Il mourut le 26 janvier 1793, âgé de quarante-quatre ans.

LIÈGE (Belgique). Une première manufacture établie dans cette ville par le baron de Bulow, chambellan de Jean-Théodore de Bavière, qui à la date du 27 juin 1752 lui avait accordé un privilège de trente ans, semble n'avoir pas eu de succès puisque, le 16 mars 1767, le prince-évêque, Charles d'Oultremont, donnait aux sieurs Lefébure et Gavron un nouveau privilège : malgré les secours qui leur furent accordés à plusieurs reprises par les États, les deux associés firent de mauvaises affaires dues principalement à l'incapacité de Gavron, et Lefébure, ruiné, dut céder son établissement à J. Boussemaert, fils de François de Lille. Celui-ci forma, en 1772, une société qui prospéra assez pour acheter, quelques années plus tard, une usine importante qui fut transformée en faïencerie. L'*Almanach* de Gournay de 1788 dit, en parlant de la faïence de Liège : « Le vernis de cette faïence est beau, blanc et peu sujet à s'écailler. Entrepreneur, M. Bousmar. » La manufacture de Liège, d'après M. Van de Castéele[1], a produit non seulement des fontaines, des plats,

---

1. *Catalogue de l'Exposition de l'art ancien au pays de Liège*, 1881.

des assiettes, des services complets, des pommeaux de canne, des manches de couteau, ainsi que des pots à fleurs, généralement décorés en vert, mais aussi des statuettes en tout genre et même des statues de jardin. Le décor, qui n'a rien d'original, copie celui de Rouen, surtout le décor bleu, ainsi que les fleurs peintes au feu de moufle de la manufacture de Strasbourg. Quelques pièces portent comme marque le *Perron liégeois* séparant les lettres L G, ou simplement ces deux dernières lettres.

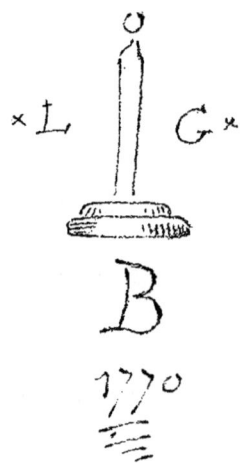

LILLE (Nord). Une première manufacture fut fondée dans cette ville en 1696, par Jacques Féburier (ou Febvrier), modeleur, originaire de Tournai, et Jean Bossu, peintre sur faïence; après la mort de Féburier, en 1729, sa veuve s'associa avec son gendre François Boussemaert, et la manufacture prit, sous la direction de ce dernier, un développement tel que, dans une demande qu'il adressa au Roi à l'effet d'obtenir pour cet établissement le titre de *manufacture royale*, il ne craignit pas d'affirmer que la fabrique de Lille était « sans contredit la plus importante du royaume ». Boussemaert mourut en 1778 et eut pour successeur Petit.

En 1711, Barthélemy Dorez et son neveu Pierre Pelissier avaient fondé une seconde manufacture que dirigèrent plus tard Claude et François-Louis Dorez, fils de Barthélemy. Deux autres manufactures furent ensuite établies, une, en 1740, par un Hollandais, Wamps, auquel succéda Jacques Masquelier, et l'autre, en 1758, par un Strasbourgeois, nommé Héreng, à qui l'on doit la grande cheminée à corniche saillante, décorée de paysages avec figures, en camaïeu bleu, qui fait partie des collections du Musée de Cluny. Il y eut également à Lille une manufacture de poteries, fondée en 1774 par un nommé Chanon, qui fabriquait des ouvrages de terres brunes, désignées sous le nom de « terres du Saint-Esprit à la façon d'Angleterre et du Languedoc », et qui n'eut qu'une existence éphémère, ainsi qu'une autre, établie en 1773, par un Anglais, William Clarke, de Newcastle, qui possédait, disait-il, « le secret d'une espèce de faïence qui ne se fait qu'en Angleterre, qui est à peu près aussi belle que la porcelaine et qui a la propriété de résister au feu sans se fêler, etc... »

Les faïenciers de Lille, après avoir au début, copié servilement le décor bleu de Rouen, transformèrent peu à peu le style de leur décoration tout en lui conservant cependant le caractère rouennais, c'est-à-dire des rinceaux et des arabesques s'enlevant en réserve blanche sur un fond bleu (pl. II²); dans quelques autres œuvres, comme dans les deux autels datés de 1716, et si souvent cités — l'un au Musée céramique de Sèvres, et l'autre dans la collection Liesville, — l'influence hollandaise se fait sentir; Boussemaert reprit la tradition rouennaise, mais il est facile de distinguer ses faïences de celles de Rouen à leur facture plus correcte et plus soignée, à leur bleu moins intense et à leur modelé plus doux. Ces qualités se retrouvent aussi dans la décoration polychrome de Lille, composée d'élégants motifs de style rocaille, d'une composition originale, exécutés en couleurs d'un ton doux et harmonieux, qui contraste avec les colorations franches et vives des fabriques normandes. (Pl. II¹.)

Nous croyons utile de signaler également un décor d'un style assez particulier que l'on retrouve également sur les porcelaines tendres et qui peut servir à faire reconnaître bien des faïences de Lille dont l'attribution serait douteuse.

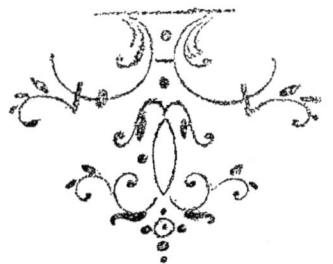 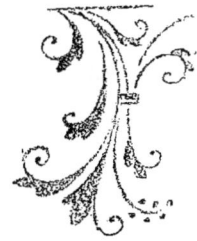

L'autel du Musée de Sèvres est signé au revers en toutes lettres :

Fecit Jacobus feburier
Insulis in flandriâ
Anno 1716
Pinxit Maria stephanus Borne
Anno 1716

Plusieurs faïences de Boussemaert portent son chiffre, quelquefois accompagné du nom de la ville :

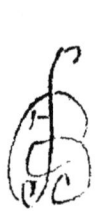 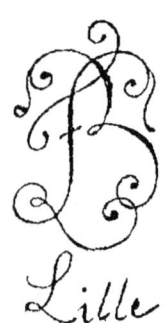

(Voir aussi *Boussemaert*.)

Sur une grande assiette à décor polychrome, du Musée de Sèvres, se trouve la marque reproduite en couleurs (pl. II) :

LILLE 1767

Quelques faïences de style rouennais, décorées en camaïeu bleu de sujets de figures reproduisant des types ou des usages locaux, portent en toutes lettres le nom de *Dorez* avec une date; d'autres enfin, le mot *Lille* également avec une date. Une grande et belle cruche de la collection Houdoy, représentant une dentellière, est signée :

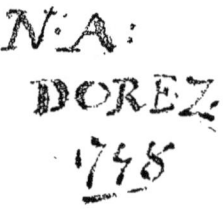

Ce Dorez travailla plus tard à Saint-Amand où on retrouve sa marque N. A. DOREZ avec la date de 1757.

LIMOGES (Haute-Vienne). Un grand plat rond du Musée de Sèvres à décor plein représentant une chasse au cerf, dessiné et peint en camaïeu violet nuancé de vert, est signé :

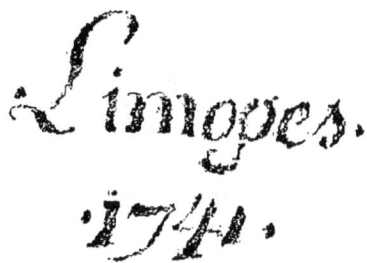

L'émail, un peu gris, est sec et très finement piqueté ; le dessin est brouillé et les couleurs éteintes.

Un plat du même genre, représentant un sujet religieux et marqué également, fait partie des collections du Musée de Limoges, ainsi qu'une fontaine d'applique richement décorée en camaïeu bleu dans le style de Moustiers de motifs détachés et d'une belle armoirie.

On ne sait rien de positif sur la faïencerie de Limoges, qui a dû être fondée vers 1737 par un sr Massié et qui, plus tard, après la découverte des gisements de kaolin de Saint-Yrieix, a dû être convertie en manufacture de porcelaines.

LINDOS (Ile de Rhodes). C'est aux recherches de M. Salzmann, consul de France à Rhodes, que l'on doit la connaissance de la fabrique de Lindos, établie, suivant toute probabilité, par Héron de Villeneuve, vingt-cinquième grand maître de l'ordre de Saint-Jean de Jérusalem, de 1319 à 1346. Suivant une tradition locale recueillie par M. Salzmann, une galère de l'ordre, ayant capturé un grand navire turc, fit de nombreux prisonniers parmi lesquels se trouvaient quelques Persans, ouvriers faïenciers, dont les chevaliers de Saint-Jean songèrent à utiliser l'industrie et qui établirent une fabrique à Lindos où le sable de la plage, très fin et très pur, pouvait fournir un bel émail vitreux et transparent. Cette tradition se trouverait confirmée par un plat du Musée de Cluny sur lequel un jeune Persan, Ibrahim, s'est représenté les yeux levés au ciel et tenant à la main une tablette sur laquelle on lit une longue inscription dans laquelle il se plaint des rigueurs de la captivité.

Dans la décoration extrêmement variée de ces faïences, la flore ornementale joue le principal rôle ; les roses, les tulipes, les jacinthes, les œillets d'Inde aux rouges éclatants y sont principalement représentés, tantôt sous leur aspect véritable, tantôt sous une forme symétrique conventionnelle, mais toujours avec un goût et un art parfaits.

Outre les plats, qui sont relativement assez communs et dont le Musée de Cluny possède une série de plus de cinq cents pièces, on a fabriqué, à Lindos, des vases, des aiguières, des coupes et surtout des pots à boire de forme cylindrique à anse carrée ; toutes ces faïences offrent le même système de décoration.

Après la conquête de l'île de Rhodes, par Soliman II, en 1523, l'industrie de la faïence fut à peu près complètement abandonnée à Lindos, où ne produisit plus que des œuvres d'une facture et d'une décoration grossières, dans lesquelles on retrouve cependant les procédés de fabrication employés au xve siècle.

La similitude qui existe entre la glaçure et la décoration de carreaux de revêtement provenant de Damas et de certains plats attribués généralement à Rhodes, nous laisserait supposer que beaucoup de ces derniers doivent être restitués à Damas qui fut jusqu'au xviie siècle le centre d'une fabrication importante de poteries.

LIVERPOOL. On attribue à Liverpool des faïences à émail stannifère et particulièrement de grands bols à punch, décorés, en bleu, de vaisseaux, d'attributs de marines, d'inscriptions et portant des dates qui vont de 1628 à 1750, mais, en réalité, on ne sait rien de positif sur l'existence des fabriques établies dans cette ville. Ce qui est certain, cependant, c'est que c'est à Liverpool, chez John Sadler et Guy Green, que furent appliqués, vers 1750, pour la première fois, les procédés de la décoration céramique au moyen du transfert par impression de planches gravées en métal. Beaucoup de manufactures anglaises et des plus importantes, celle de Wedgwood entre autres, envoyaient à Liverpool des voitures entières de faïences blanches qui en revenaient décorées ainsi par impression.

LODI (Italie). Suivant quelques auteurs, Lodi aurait possédé, depuis le commencement du xviiie siècle, plusieurs manufactures de faïences, mais on ne sait rien sur leur existence, et leurs produits n'ont pu être identifiés. Nous devons donc nous borner à signaler les faïences dont nous connaissons des spécimens absolument authentiques, sans chercher à les attribuer à une fabrique déterminée. Ces faïences d'une pâte mince, légère recouverte d'un émail d'un ton un peu triste, sont décorées de motifs détachés, jetés au hasard, très spirituellement dessinés et librement peints. Ces motifs, que l'on voit répétés sur plusieurs pièces, se composent de petits personnages, de paysans, de maisons et de tours, de chien courant, etc., toujours à côté d'un arbre au tronc un peu ondulé. Une assiette du Musée de Sèvres porte, au centre, une riche armoirie avec la devise OFFENDERE NESCIT; une autre, plus petite, est marquée :

Lodi
M.

Un certain Antonio Feretti aurait établi à Lodi, à la fin du siècle dernier, une fabrique dont les produits étaient marqués :

FERETTI A LODI

mais nous n'en connaissons aucun spécimen, non plus que de la fabrique de Rossetti dont on a signalé la marque :

FABRICA DI
ROSSETI IN
LODI

LONGPORT (**Angleterre**). Il existait dans cette ville une manufacture de faïences fines, fondée vers 1773 et dont John Davenport devenu propriétaire en 1793 marquait des produits d'une exécution assez soignée :

LONGPORT

Parmi les autres manufactures moins importantes de Longport, nous citerons celle de Rogers, qui imitait les faïences de Wedgwood, et celle de Phillips dont les grès sont quelquefois marqués :

PHILLIPS
LONGPORT

LORETTE (**Italie**). Au XVIIIe siècle on y vendait aux pèlerins des faïences représentant la Vierge et l'Enfant Jésus, qui portaient l'inscription suivante :

CON · POL · DI · S · CASA

[*con pulvere di Santa Casa*].

Ces faïences, dont quelques spécimens sont venus jusqu'à nous, étaient faites, disait-on, avec de la terre dans laquelle on mélangeait de la poussière qui s'attachait aux vêtements de la Vierge et aux murs du sanctuaire ; suivant toute apparence, elles étaient fabriquées à Castel-Durante pour les religieux de Lorette qui apposaient dessous le cachet de leur couvent en cire rouge.

LORRAINE (Terre de). On désigne sous ce nom les faïences à pâte blanche — et plus particulièrement les bustes, les statuettes et les groupes, etc. — restées à l'état de biscuit ou émaillées, que l'on fabriquait dans la dernière moitié du siècle dernier à Lunéville, Saint-Clément, Bellevue, près Toul, Niederwiller, etc., et dont les modèles étaient donnés par Cyfflé, Lemire, Guibal et autres artistes moins connus. Beaucoup de ces statuettes, d'un art charmant et très recherchées des amateurs, qui portent estampés et creux dans la pâte les mots :

TERRE DE LORRAINE

sortent de la manufacture de Lunéville.

(Cf. Morey, *Les Statuettes dites de terre de Lorraine*, in-8° de 36 p., Nancy, 1871.)

On reproduit aujourd'hui, dans certaines fabriques de la Lorraine, les statuettes qui ont fait la réputation des anciennes manufactures, mais elles sortent de moules tellement usés et l'exécution en est si peu soignée qu'il est inutile de mettre les amateurs en garde contre ces imitations que nous devions cependant signaler.

LOUISBOURG (Wurtemberg). Avant l'établissement de la manufacture de porcelaines faite par Ringler en 1753, il aurait existé à Louisbourg (ou *Ludwisburg*) une fabrique de faïences dont Jacquemart a décrit une pièce datée de 1726 et marquée des deux C croisés, marque adoptée plus tard pour les porcelaines. Nous n'avons jamais rencontré cette marque sur les faïences.

LUNÉVILLE (Meurthe-et-Moselle). La manufacture de Lunéville, établie en 1730 par Jacques Chambrette, fabricant habile et commerçant intelligent et hardi, prit rapidement une importance telle qu'elle paralysa l'importation des faïences étrangères et que, pour répondre aux demandes qui lui arrivaient de tous côtés, Chambrette fut bientôt obligé de fonder deux nouvelles manufactures, l'une à Lunéville même, l'autre dans un village voisin, à *Saint-Clément*.

Jacques Chambrette mourut en 1758, laissant à son fils, Gabriel

Chambrette, et à son gendre, Charles Loyal, ses manufactures en pleine prospérité. Le roi Stanislas Leczinski renouvela en leur faveur les privilèges qui avaient été accordés à leur père et les autorisa en outre à donner à la faïencerie de Lunéville le titre de *Manufacture Royale*. Bientôt cependant, soit qu'ils aient mal dirigé la fabrication, soit qu'ils aient eu à lutter contre la concurrence des manufactures nouvellement établies, leurs affaires devinrent tellement embarrassées que Chambrette fut obligé de se mettre en faillite : son beau-frère prit alors à son compte les trois établissements, mais il se vit à son tour, en 1778, forcé de vendre la manufacture de Lunéville à Sébastien Keller et Guérin, dont les descendants l'exploitent encore actuellement.

Lunéville a fabriqué des faïences en terre de Lorraine et des faïences à émail stannifère, de formes élégantes et variées, décorées au feu de moufle de fleurs imitant le genre de Strasbourg, ou, simplement, de bleu et or. C'est également à la manufacture de Chambrette que l'on doit les grandes pièces représentant des lions plus ou moins héraldiques ou des chiens couchés. La mode était, au siècle dernier, d'en placer deux en regard l'un de l'autre sur le perron ou dans le vestibule des maisons et les chiens, notamment, avaient généralement une mine si peu engageante que cette coutume avait amené le proverbe : *Se regarder en chiens de faïence.*

Les faïences blanches de Lunéville portent souvent, surtout les statuettes, la marque imprimée en creux :

Terre de Lorraine

a dater de 1788, elles sont marquées :

K & G
Lunéville.

LYON (Rhône). D'après les documents publiés par M. Natalis Rondot, plusieurs potiers de terre seraient venus s'établir à Lyon dans la première moitié du xvie siècle, mais on ne sait rien sur leur genre de fabrication et ce n'est qu'à dater de 1556 que l'on trouve la preuve certaine de l'existence dans cette ville d'une manufacture de faïences, celle de Sébastien Griffo, de Gênes, dont il est fait mention dans les *Actes consulaires* de la ville; mais, ici encore, on en est réduit à de simples conjectures et on ne connaît aucun produit qui puisse lui être attribué. A la même époque, du reste, d'autres artistes italiens vinrent à Lyon : d'abord Jean Francesco, de Pesaro, qui s'y livra à la fabrication de la « vaisselle de terre, façon de Venise », puis Julien Gambyn et

Domenico Tardessir, de Faenza, qui obtinrent d'Henri III des lettres patentes leur permettant d'exercer leur industrie. C'est à eux que l'on attribue un certain nombre de pièces qui se trouvent dans plusieurs Musées et que le regretté M. Darcel a décrites en ces termes :

« Ces pièces montrent tous les caractères de la faïence italienne de la seconde moitié du xvie siècle, mais sont signalées par quelque dureté dans la couleur, par un certain air de parenté dans les têtes, par une certaine recherche du réel dans la peinture des édifices pour celles où il y en a de représentés, et par l'emploi d'un jaune particulier pour enluminer leurs façades ; enfin, des inscriptions françaises, tracées au revers en bistre noir, souvent bouillonné au feu, expliquent le sujet représenté. Ce français y est néanmoins italien par la forme, tel que devaient l'écrire des ouvriers étrangers établis depuis quelque temps en France[1]. »

Le Louvre possède huit de ces faïences et le Musée de Sèvres un beau plat représentant la Reine de Saba rendant visite à Salomon, avec cette inscription au revers :

La · rayne · de Sabat · qui vient a Sallomon au 3 liure Des Roys. Chapitre X.

Un autre plat de la collection de M. Gaston Le Breton, de Rouen, représentant Joseph et ses frères, porte l'inscription :

Les frère' · de' Joseph
Venus · A luy · en · egipte
Au · Genese · xlii

Toutes ces faïences sont certainement l'œuvre de potiers italiens, elles appartiennent par leur genre à la tradition des fabriques d'Urbino et dénotent la seconde moitié du xvie siècle.

Plus tard, jusqu'en 1733, les renseignements font défaut ; les fabriques restèrent cependant en activité, mais il semble qu'elles n'aient produit que des faïences blanches ; on trouve pourtant l'inscription suivante sur un grand vase de pharmacie, en pâte grossière, mal émaillée, d'un décor médiocre en bleu sur fond blanc dans le goût italien :

morelan a la croix rousse 1730

---

1. Alfred Darcel, *Notice des faïences peintes italiennes, hispano-moresques et françaises*, 1864, p. 353.

PL. XII

NIEDERWILLER — APREY

a b d e f Niederviller. — *h g* Aprey.

PL. XII

NIEDERWILLER — APREY

a b d e f Niederviller. — *h g* Aprey

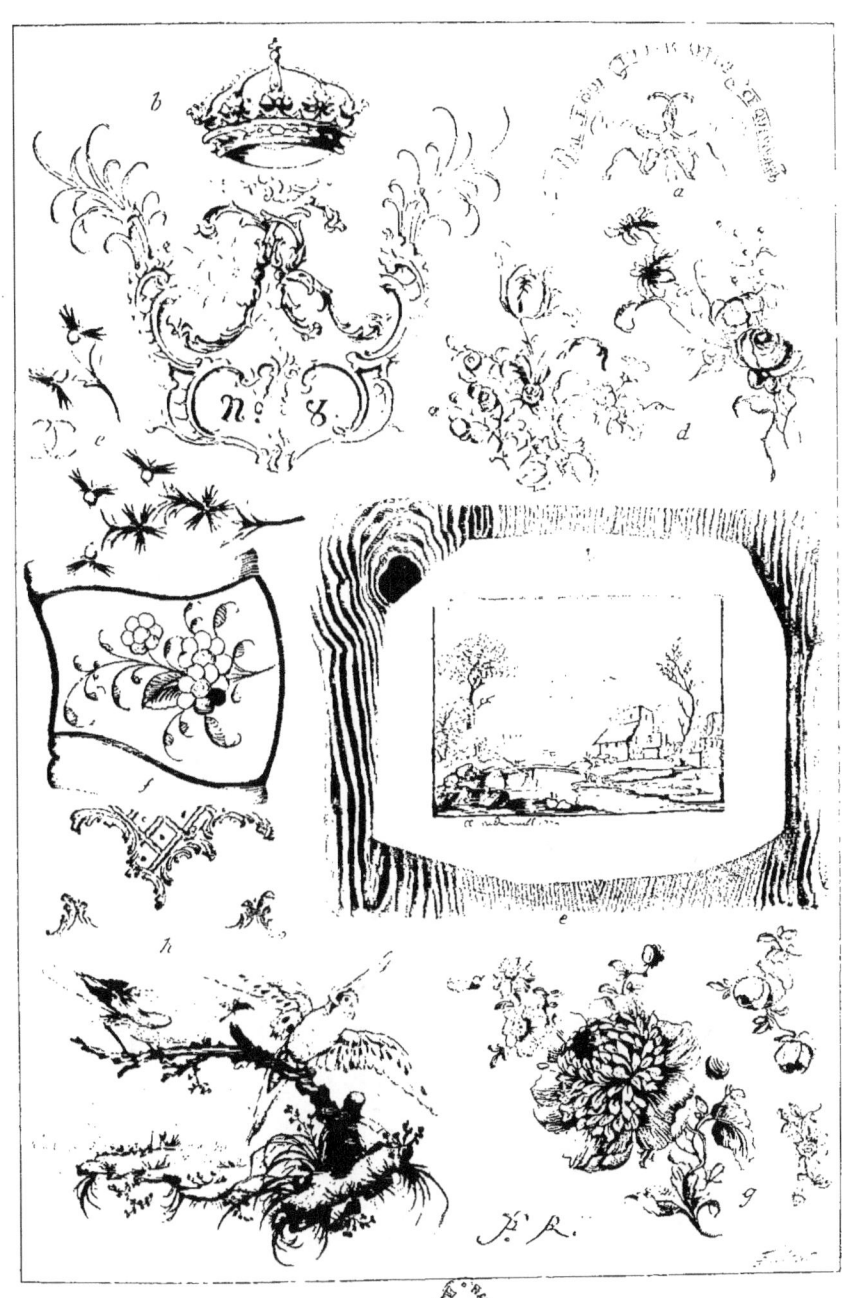

En 1733, un arrêt du Conseil d'État autorisa Joseph Combe, de Moustiers, et Jacques-Marie Ravier à fonder une manufacture qui prit le titre de « Manufacture Royale de fayance »; continuée par une dame Lemalle, et ensuite par le gendre de celle-ci, François-Joseph Patras, elle cessa d'exister probablement en 1758. Les faïences de cette fabrique, bien travaillées et dont l'émail brillant est légèrement bleuté, sont décorées dans le style de Moustiers dont elles copient absolument les bordures. Un beau plat du Musée de Lyon sur le fond duquel est peinte *Daphné métamorphosée en laurier*, et dont la bordure est coupée par une armoirie et signée au revers :

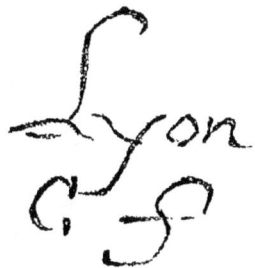

d'autres faïences de la même fabrique sont simplement marquées d'un C.

Une assiette du Musée de Sèvres, bien inférieure comme exécution et d'un dessin un peu lourd, représente sainte Blandine, dans un médaillon entouré de l'inscription :

Fait · a · Lyon · le 14 davril : 1738
Ste Blandine · Dafflond.

Il y eut encore à Lyon, jusqu'à la fin du XVIIIe siècle, plusieurs autres manufactures dont les produits ne sont pas rares, mais en l'absence de marques et de caractères bien déterminés, ces faïences sont difficiles à reconnaître. Quelques-unes, assez fines, d'un émail blanc jaunâtre, un peu mat, portent les lettres :

I · P · S

elles sont datées de 1773 à 1776, mais on ne sait à quelle fabrique les attribuer. De 1789 à 1792 on a fait à Lyon, comme un peu partout du reste, des faïences grossières à décoration polychrome représentant les personnages et les événements du temps : Louis XVI et Marie-Antoinette, des gardes-françaises, le monument de la fête de la Fédération à Lyon, etc.

(Cf. Comte de La Ferrière-Percy, *Une Fabrique de faïence à Lyon sous le règne de Henri II*, in-8°, 1862. — F. Rolle, *Documents relatifs aux anciennes faïenceries lyonnaises*, in-8°, 1855. — Natalis Rondot, *La Céramique lyonnaise du XIVe au XVIIIe siècle*, in-8°, 1889. Id. *Les Potiers de terre italiens à Lyon au XVIe siècle*, in-8°, librairie de l'Art, 1892.

M

MAJOLICA. Nom donné communément aux faïences italiennes, principalement à celles qui datent du xve et du xvie siècle. Suivant l'opinion émise par plusieurs auteurs et généralement adoptée, ce nom viendrait des faïences fabriquées à Majorque, qui faisait un commerce considérable avec l'Italie et les côtes de la Méditerranée. J. César Scaliger, qui écrivait au commencement du xvie siècle, dit en parlant des vases qui arrivaient d'Espagne : « Nous les appelons *majolica*, en changeant une lettre, du nom des Iles Baléares, où, assure-t-on, se font les plus belles » ; et Fabio Ferrari affirme, dans ses *Origines de la langue italienne*, que le mot *majorica* a été changé en *majolica* « par une certaine caresse de langage *(per un certo vezzo di lingua)* ».

La fabrication des majoliques, qui commence vers le milieu du xve siècle pour arriver à son apogée dans la première moitié du xvie, eut pour centres principaux : Faenza, Urbino, Pesaro, Castel-Durante, Gubbio, Cafaggiolo et Deruta (voir ces noms) ; à la fin du xvie siècle, la plupart de ces fabriques étaient en pleine décadence et disparurent bientôt tout à fait ; d'autres résistèrent pendant quelque temps encore, mais pour traîner péniblement une existence difficile qui ne rappelait en rien leur splendeur passée et sans avoir même su conserver ces procédés de fabrication si particuliers que nous avons mentionnés dans notre *Résumé historique* (voir page XLIII) et qui, entre les mains des artistes de la Renaissance, avaient donné de si merveilleux résultats.

Cf. Piccolpasso (Cipriano), *Li tre libri dell' Arte del vasaio*, etc., in-4°, Rome, 1857, fig. Il existe de cet ouvrage, dont le manuscrit original appartient à la Bibliothèque du *South Kensington Museum*, une traduction française due à M. Claudius Popelyn.

MAJORQUE (Une des Iles Baléares). Ynca, petite ville située dans l'intérieur de l'île Majorque, et Iviça paraissent avoir été les centres principaux de la fabrication de ces faïences des Iles Baléares si renommées « pour leurs vaisselles de terre, bien cuites et curieusement décorées, dont une quantité considérable était exportée sur les côtes d'Afrique et dans d'autres pays où elles étaient recherchées, non seulement à cause de leur supériorité et de leur valeur, mais aussi pour la nature spéciale de leur terre, *qui préservait du poison* [1] ».

Les faïences des Iles Baléares, dont celles de Majorque sont le type le plus parfait, sont décorées d'arabesques, de fougères et de dessins géométriques de style moresque, accompagnés d'inscriptions en caractères moitié gothiques et moitié arabes, sans signification réelle et la plupart du temps illisibles; toute cette décoration est généralement exécutée en lustre métallique rouge cuivreux, employé seul ou quelquefois rehaussé, mais très discrètement, de traits bleus.

(Cf. Baron CH. DAVILLIER, *Histoire des faïences hispano-moresques à reflets métalliques*, Paris, in-8° de 52 p., 1861. — DRURY et T. FORTNUM, *A Descriptive Catalogue of the Maiolica, Hispano-Moresco, Persian, Damascus and Rhodian wares*, etc., *with historical notices*, etc., gr. in-8°, Londres, 1873).

MALAGA (Espagne). Suivant toutes probabilités, c'est à Malaga, vers 1320, qu'ont été fabriqués les célèbres vases qui décoraient l'Alhambra de Grenade, ces vases, dont la réputation est européenne et qui sont, à juste titre, regardés comme les monuments les plus remarquables de l'industrie céramique des Mores d'Espagne. Les faïences de Malaga étaient, du reste, renommées dès le commencement du XIVe siècle, à l'époque où Ibn Batoutah, de Tanger, visitant Grenade, écrivait : « On fabrique à Malaga la belle poterie ou porcelaine dorée que l'on exporte dans les contrées les plus éloignées [2] ». Les ateliers de faïences existaient encore au XVIe siècle et plusieurs chroniqueurs, entre autres Lucio Marineo, en 1517, parlent des « très beaux vases de faïence » que produisait cette ville [3].

La coloration générale des faïences de Malaga est d'un bleu de deux tons rehaussé de ce lustre métallique auréo-cuivreux qui décore si richement toutes les faïences hispano-moresques.

(Cf. Baron CH. DAVILLIER, *Histoire des faïences hispano-moresques à reflets métalliques*, in-8°, Paris, 1861).

MALICORNE (Sarthe). — On a fait à Malicorne, près de Pont-

[1]. Passage emprunté aux *Ordonnances royales* concernant l'île d'Iviça, cité par M. J. C. ROBINSON, *Catalogue of the special loan Exibition of Spanish art*, etc. 1881
[2]. *Voyages d'Ibn Batoutah*, trad. française de DEFRÉMERY, Paris, 1858.
[3]. LUCIO MARINEO, *De las cosas memorables de España*.

Valin, des épis de faîtage ou *étocs*, mais il est impossible de leur assigner un caractère spécial qui les distingue de ceux qui étaient faits dans d'autres localités de la Normandie, à Armentières, à Infreville, à Châtel-la-Lune, etc. Jacquemart signale à Malicorne un atelier d'où seraient sorties, vers 1700, des terres vernissées presque toujours d'un brun jaspé fondu.

MANERBE (Calvados). Il existait dès le XVIIe siècle, à Manerbe, une fabrique de poteries vernissées dont les produits étaient assez renommés pour qu'un auteur du XVIIe siècle les ait mentionnés en ces termes : « La vaisselle de terre de Manerbe, près Lisieux, se rapporte à celle de Venise par son artifice et sa beauté. » Nous ne connaissons aucune de ces *vaisselles de terre*, mais c'est surtout à Manerbe que l'on s'accorde généralement à attribuer ces épis de faîtage, qui devaient être d'un si bel effet décoratif sur les toits et les pignons des anciens manoirs normands : on en fabriquait également à Malicorne (Sarthe), à Infreville et à Armentières, en Normandie.

MANISÈS (Espagne). Manisès, petit village des environs de Valence, possédait des fabriques de faïences « si bien dorées et peintes avec tant d'art, dit un vieil auteur [1], qu'elles ont séduit le monde entier : à tel point que le pape, les cardinaux et les princes envoient ici leurs commandes, admirant qu'avec de simple terre on puisse faire quelque chose de si exquis ». C'est à Manisès que paraît avoir commencé la fabrication des carreaux peints ou à reliefs désignés sous le nom de *Azulejos* (voir ce mot); le Musée de Cluny possède une enseigne d'une fabrique du commencement du XVIIIe siècle, située à Manisès, dont les lettres sont formées par des personnages peints chacun sur deux carreaux, dans des attitudes variées, et composant, par rapprochement, les mots : Fabrica de Azulejos; ces figures sont peintes en camaïeu bleu sur fond blanc.

La fabrication des faïences à reflets auréo-cuivreux n'a jamais cessé à Manisès. En 1780, un voyageur anglais, Talbot Dillon, rapporte [2] que « à deux lieues de Valence est un joli village qu'on appelle Manisès, composé de quatre rues et dont les habitants, potiers pour la plupart, fabriquent une belle faïence de couleur de cuivre orné avec de la dorure que le peuple du pays emploie tout à la fois pour l'ornementation et les usages domestiques ». En 1801, un voyageur allemand, Fisher, mentionne encore les « plats ornés de figures dorées » que l'on y faisait, et

---

1. Diago, *Annales du royaume de Valence.*
2. *Travels through Spain*, Londres, 1780.

enfin, le baron Davillier raconte avoir vu un simple aubergiste « Jayme Cassans » qui occupait ses loisirs à fabriquer des faïences d'ouvrage doré « obra dorada », qui se vendaient quelques sous. « Son outillage, dit-il, est des plus simples : un tour et un four de petite dimension. Sa femme est spécialement chargée de la décoration des pièces qui sont pour la plupart des tasses, des assiettes et quelques vases de fantaisie, ordinairement d'un reflet cuivreux assez terne ; sauf les tasses, dont les reflets sont les plus réussis, parce qu'on les emploie pour juger de la qualité du vin qui laisse plus ou moins voir le fond de la tasse suivant son degré de limpidité. »

MARANS, près La Rochelle (Charente-Inférieure). Manufacture fondée en 1740 par Pierre Roussencq, de Bordeaux, qui en 1749 s'associa avec deux négociants de La Rochelle. La société n'ayant pas prospéré fut dissoute en 1751 et une partie du matériel transporté à La Rochelle où l'un des associés fonda une nouvelle manufacture. La fabrique de Marans continua cependant d'exister, mais pour ne plus produire bientôt après la mort de Roussencq, en 1756, que des faïences extrêmement communes. On a fait à Marans des imitations de Rouen et quelques pièces avec des reliefs qui n'ont rien de remarquable, mais le décor le plus habituel se compose d'oiseaux entre deux tiges de fleurs dessinés au manganèse et posés sur des tertres bleus ; le marli des assiettes est orné de trois tiges fleuries et de fleurettes. Une fontaine du Musée de Sèvres, qui doit être une pièce exceptionnelle, est marquée :

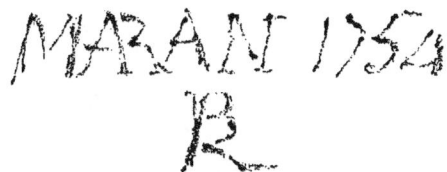

On a fait également à Marans des faïences décorées au feu de moufle à l'imitation de Strasbourg, reconnaissables à leurs couleurs un peu violentes et à l'intensité de leurs pourpres. Beaucoup sont marquées des lettres M R accompagnées d'un chiffre et d'une lettre :

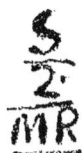

MARIEBERG (Suède). La manufacture de Marieberg, petit village situé aux environs de Stockholm, fut fondée en 1758 par Louis Ehrenreich, avec l'aide et sous le patronage du comte Charles-Frédéric Scheffer, un des plus riches et des plus grands personnages de la cour de Suède, qui obtint bientôt pour elle le titre de *Manufacture royale*. Ses faïences, décorées au feu de moufle, sont assez rares et très justement estimées; elle se rapprochent beaucoup comme genre de celles de Niederwiller et de Strasbourg, et sont souvent ornées de fleurs et de branchages en relief; quelques vases sont d'une conception un peu puérile ou d'une forme bizarre [1].

C'est à Marieberg, vers 1765, que furent faites les premières applications, dans une fabrique continentale, des procédés d'impression sur faïence, procédés connus en Angleterre depuis le milieu du xviii° siècle. Un petit vase porté sur un tertre, de l'ancienne collection Gasnault, au Musée de Limoges (n° 1045), est, croyons-nous, un des premiers exemples de ce genre de décoration sur faïence à émail stannifère.

Les faïences de Marieberg sont marquées des lettres MB accolées, surmontées des trois couronnes des armes de Suède, et accompagnées quelquefois d'une lettre indiquant probablement le nom du décorateur et de la date en chiffres disposés d'une façon assez particulière :

(quinzième jour du onzième mois de l'année 1768).

(G. H. Shæle, *Rörstrand et Marieberg*, notices et recherches sur les céramiques suédoises du xviii° siècle. Stockholm, 1872, in-8°. (Trad. française.)

MARIGNAC (Haute-Garonne). Une fabrique de faïences y fut établie en 1737, par M. de Lafüe, « seigneur du lieu »; elle subsista jusqu'à la fin du siècle dernier, mais nous ne connaissons aucune pièce qu'on puisse lui attribuer avec certitude.

1. Une soupière en forme de mitre d'évêque figurait à l'Exposition rétrospective de 1884.

MARSEILLE. Les faïences de Marseille (pl. 8), décorées au feu de moufle, méritent certainement d'être classées parmi les plus beaux produits de la céramique française de la dernière moitié du xviiie siècle; une série assez rare d'assiettes, ornées de sujets de marine exécutés en camaïeu rose (pl. 8 g), peuvent rivaliser avec les œuvres des meilleurs peintres sur porcelaine de l'époque, et l'on rencontre souvent des pièces de service, notamment des soupières et des légumiers à boutons à reliefs, qui, sous le rapport de la fabrication, de la blancheur de l'émail, de l'élégance et de la richesse des formes et de la perfection du décor, sont bien supérieures à beaucoup de faïences de manufactures plus renommées.

Des neuf fabriques en activité vers 1770, celles dont les produits méritent surtout d'être cités sont :

1º La manufacture d'Honoré Savy, qui, après la visite que lui fit, en 1777, Monsieur, comte de Provence, prit le titre de *Manufacture de Monsieur, frère du Roy*, et adopta pour marque une fleur de lis.

 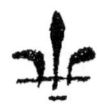

C'est Savy qui, le premier, paraît avoir employé un beau vert de cuivre transparent, très caractéristique, particulier à Marseille, et qui a servi souvent à décorer en *à-plats* des pièces dont le dessin et le modelé sont indiqués en traits noirs assez accentués pl. 8 b, b', c).

2º La manufacture de Joseph Robert, d'où sont sortis un grand nombre de services des plus remarquables, décorés d'insectes, de fleurs et surtout de coquillages marqués :

R   *Robert a Marseille*

Une pièce du Musée de Sèvres marquée en très petits caractères

MANUFC^{ture} DE
ROBERT ET ETIEN
A MARSEILLE

laisserait supposer que Robert aurait eu pendant quelque temps un associé.

3º Celle de la veuve Perrin, qui paraît avoir été la plus importante ; elle marquait :

 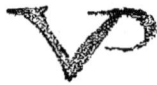

4º Celle de Jacques Borelli, qui était probablement d'origine italienne et dont la famille possédait depuis longtemps une manufacture à Savone ; ses faïences, dans lesquelles on remarque souvent l'emploi du vert de Savy, sont signées en toutes lettres :

Jacques Borelly

On rencontre quelquefois des pièces décorées de fleurs, d'insectes ou de coquillages, marquées :

qui, en l'absence de documents certains, peuvent être attribuées tout aussi bien à la fabrique de la veuve Fesquet qu'à celle de Fauchier, dont on trouve les noms sur le *Guide marseillais*.

Les faïences sorties des fours de ces manufactures sont toutes décorées au feu de moufle ; on trouve cependant quelques pièces peintes sur émail cru et le Musée de Sèvres possède en ce genre une belle assiette à décor de style rouennais assez particulier (pl. 8 a) signée, *Le Roy*. C'est le seul exemplaire de ce genre que nous connaissions.

(Cf. Baron Ch. Davillier, *Histoire des faïences et porcelaines de Moustiers, Marseille et autres fabriques méridionales*, in-8º, 1863. — Montreuil, *Anciennes Industries marseillaises*, in-8º, 1858.)

MARTRES (Haute-Garonne). Nous ne connaissons de cette fabrique qu'une petite bouteille assez habilement décorée de fleurs et d'insectes polychromes en motifs détachés et portant au bas, tracée au manganèse, l'inscription :

Marie Therese   Faite a Martres
Le · Conte   Le 18 7bre 1775

MARUM (Petrus Van), maître faïencier, établi à Delft en 1759, à l'enseigne du *Romain*. Ses produits, qui n'ont rien que de très ordinaire, décorés généralement en camaïeu bleu, sont signés :

        M   P. V : M

MARZACOTTO. — Les procédés de décoration des faïences italiennes différaient de ceux qui étaient en usage dans les autres pays par l'addition d'une couverte incolore, transparente, mettant, pour ainsi dire, la couleur sous une couche de vernis qui en avivait les tons. L'émail employé par les potiers italiens contenait une grande quantité de terre blanche qui formait une sorte d'engobe sur laquelle on peignait avant la cuisson. Cet émail était plus sec, plus dur et moins absorbant que celui des *faïences françaises*, et c'est à cette qualité toute particulière qu'il faut attribuer la perfection du modelé des figures, ainsi que la netteté, la finesse et la précision de certains détails. Les couleurs étaient appliquées du premier coup, délayées à l'eau et sans aucune retouche possible. Mais la sécheresse de l'émail exigeait l'emploi d'une matière siliceuse pouvant servir de *fondant* aux couleurs avec lesquelles on la mélangeait et c'est cette matière, très fusible, composée de lie brûlée et de sable, que l'on appelait *marzacotto;* elle était employée également pour émailler une seconde fois les pièces après la décoration, et leur communiquait ainsi un brillant que le premier émail n'aurait pu leur donner. Ainsi que nous l'avons dit, c'est là, principalement au point de vue technique, la différence qui existe entre les majoliques italiennes et les faïences françaises ou étrangères, celles de Delft exceptées. Dans les premières, l'émail, qui sert pour ainsi dire d'engobage à la terre, est recouvert lui-même d'un autre émail vitreux, transparent, qui donne la glaçure aux couleurs; dans les secondes, la couleur entre dans l'émail en fusion et s'incorpore dans cet émail qui lui communique son éclat.

MATHAUX (Aube). La manufacture de Mathaux, exploitée d'abord par son fondateur, Claude Lepetit de Lavaux, baron de Mathaux, commença à fonctionner en 1751 sous la direction de J. B. Debray et de Claude Dorez, tous deux peintres, le premier venu de Nevers et le second de Valenciennes. Elle passa ensuite, en 1778, dans les mains de Jean Varin pour cesser d'exister en 1800. Les produits de cette petite manufacture peuvent être classés, suivant leur décor, en trois genres : 1º genre rouennais; 2º genre nivernais; 3º genre lorrain. Les deux premières périodes ont été de peu de durée. D'après M. Habert, de Troyes (Cf.

9

l'Intermédiaire, 10 octobre 1886), qui possède une collection importante de ces faïences, Mathaux n'avait pas de marque de fabrique et les M lourds en vert sale que portent plusieurs de ces faïences seraient des indications de séries. Il ne connaît qu'une seule pièce, un plat à barbe à décor polychrome, genre rouennais, qui soit marqué en toutes lettres :

MATHAVLX

MEILLONAS (Ain). La fabrique de Meillonas fut établie dans une dépendance de son château, en 1761, par Mme de Marron, baronne de Meillonas, qui décora elle-même des faïences assez finement peintes, dont elle faisait présent à ses parents et à ses amis. Après elle, la fabrique passa en différentes mains et perdit peu à peu son caractère artistique.

Le décor des faïences de Meillonas consiste en fleurs, en oiseaux au long bec, et, souvent, en guirlandes de fleurs reliées par des rubans aux couleurs brillantes entourant des paysages et quelquefois des sujets de figures. Un artiste d'un certain talent, *Pidoux*, a travaillé à Meillonas ; une jardinière, décorée de paysages d'une très belle exécution, porte sa signature en toutes lettres :

PIDOUX fecit 26 octobre 1765
à MILIONA

(Cf. Et. Milliet, *Notice sur les fabriques artistiques de Meillonas (Ain)*, in-8°, Bourg, 1877.)

MENNECY-VILLEROY (Seine-et-Oise). On ne sait rien de bien certain sur l'existence de cette fabrique, à laquelle on peut attribuer plusieurs faïences marquées D V (marque adoptée plus tard pour la porcelaine tendre), entre autres, un pot à décor en camaïeu bleu de style rouennais, portant l'inscription : *Ville-Roy 1735*.

MESCH (Johannès), maître faïencier à Delft, en 1667. Il épousa en 1674 la fille de Quiring Kleijnoven, et, comme son beau-père, produisit ces belles décorations rouge et or, si riches et si harmonieuses ; on ne connaît pas de pièces portant la marque dont il avait cependant fait le dépôt, et qui était composée des lettres de son nom, ainsi disposées :

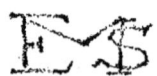

MEUDON (Seine-et-Oise). On attribue, mais sans beaucoup de certitude, à une fabrique qui existait à Meudon, ou plutôt au Val-sous-Meudon, au siècle dernier, des faïences décorées assez librement en camaïeu bleu ou en couleurs dans le style rouennais, et portant des attributs de métiers ou des inscriptions. Ces faïences, dont il existe plusieurs spécimens au Musée de Sèvres, sont identiques à celles qui sont attribuées à Paris.

MEULAN (Seine-et-Oise). La faïencerie de Meulan ne nous est connue que par la communication suivante qu'a bien voulu nous faire M. Grave, archiviste à Mantes, qui nous écrivait à la date du 15 octobre 1889 : « ... Si cela peut vous intéresser, je vous dirai qu'il y a eu dans le même temps une faïencerie à Meulan. Elle était installée dans un faubourg, et je ne serais pas étonné qu'elle y ait été sous la protection d'un Bignon. J'ai vu à Mantes un saladier que je n'ai pu acquérir sous lequel était inscrit en bleu au grand feu :

fait à meullan au mois de septembre 17////

le décor, cela était très remarquable, était bleu, rayonnant, comme celui des belles pièces couramment attribués à Rouen. »

MIDDELDYK (**Hendrick van**), maître faïencier à Delft, en 1764, à l'enseigne du *Cerf*. Précédemment il avait travaillé chez Van den Bogaert et c'est de cette époque que date un plat patriotique décoré en camaïeu bleu de la collection Evenepoel. Il marquait :

HVMD   MDK
1750   1764

MILAN. Les faïences de Milan, décorées généralement au feu de moufle, sont facilement reconnaissables à la finesse de leur pâte et à la pureté de leur émail ; la décoration, souvent rehaussée d'or, est presque toujours copiée sur les porcelaines chinoises ou japonaises ; quelquefois les pétales des fleurs sont peints en émail blanc formant une épaisseur assez accentuée. Quelques pièces sont à fond bleu persan à décor blanc ou avec des réserves de médaillons décorés de sujets en couleurs. Elles portent au revers le nom de la ville, écrit en toutes lettres ou en abrégé :

Les plus belles pièces sortent de la fabrique de Rubati et en montrent la signature :

F. de Pasquale Rubati. Mil°

ou le monogramme, assez rare :

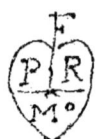

[*Fabrica Pasquale Rubati. Milano.*]

MILDE (**Jacobus de**), maître faïencier, établi à Delft en 1759, à l'enseigne du *Paon*. Il marquait :

IDM

ou du nom de son enseigne :

pacuw
1740

MOMBAERTS (**Les**), faïenciers à Bruxelles. C'est en 1705 que Camille Mombaerts, le chef de la famille, établit à Bruxelles une fabrique qui, après sa mort, passa entre les mains de son fils et qui pendant longtemps fut renommée pour ses faïences à émail un peu dur, « résistant au frottement et supportant la chaleur. » Le *Journal du Commerce* pour 1761 cite avec éloges Philippe Mombaerts, « manufacturier de S. A. royale », dont on trouve le nom sous un grand nombre de faïences imitant les décors de Delft ou de Rouen

philippus
mombaers
tot Bruxelle
1709

sous un damier, et, sous une soupière,

brussel le 15 nouvamber 1746
P. mombaers

(Voir *Bruxelles*.)

PL. XIII

ÉCOLE DE NEVERS

(DÉCADENCE DE LA FABRICATION)

a b Sujets champêtres.
c d Faïences patronymiques. — *e f* Faïences dites *patriotiques*.

PL. XIII

ÉCOLE DE NEVERS

DÉCADENCE DE LA FABRICATION

a b Sujets champêtres.
c d Faïences patronymiques. — e f Faïences dites patriotiques.

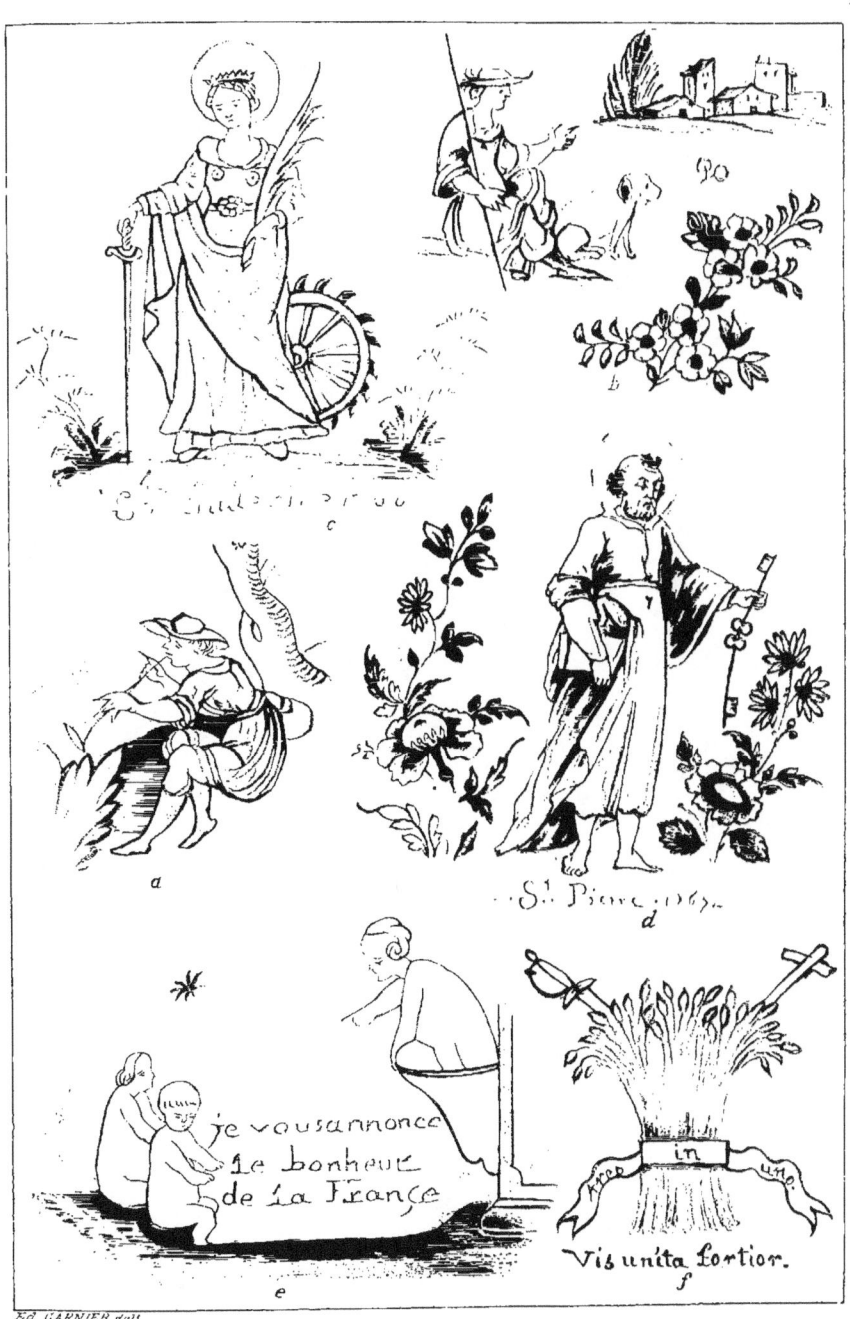

MONTAUBAN (Tarn-et-Garonne). Armand Lapierre, qui avait travaillé pendant plusieurs années à Ardus, vint en 1770 fonder à Montauban une manufacture qui semblait devoir prendre une assez grande importance lorsqu'il mourut en 1772, âgé seulement de quarante ans. Sa veuve et ses enfants la dirigèrent alors tant bien que mal jusqu'en 1780, époque à laquelle la fille aînée de Lapierre épousa Jean Quinquiry, qui s'associa avec ses beaux-frères et, par son esprit d'ordre et son entente des affaires, fit prospérer l'entreprise jusqu'à l'époque où, comme la plupart des manufactures françaises, elle fut ruinée par l'importation des faïences anglaises.

On a fabriqué à Montauban un grand nombre de services armoriés portant au centre des écussons polychromes tandis que les marlis étaient seulement en bleu ou en jaune. Beaucoup de pièces sont décorées de bordures dans le genre de Moustiers avec une fleur en bleu. On y a fait également des faïences à personnages, surtout à Chinois grotesques, et à paysages, mais d'une exécution assez commune.

Dans les faïences peintes au feu de moufle, le vert est empâté et forme croûte sur l'émail; le pourpre est très brillant et les autres couleurs très franches.

A l'exception d'une pièce signalée par M. Forestié et qui est marquée en toutes lettres:

MONTAUBAN EN QUERCY 1779

les faïences de Montauban ne portent aucune marque. On croit cependant pouvoir attribuer à la période de Lapierre et Quinquiry une marque formée par la combinaison des lettres

L P Q

et quelques-unes marquées d'un M.

Une autre fabrique moins importante fut fondée à Montauban vers 1783 par Jean-Pierre Garrigue, sous le nom de *Faïencerie de Pomponne*, du lieu où elle était située dans un faubourg de la ville; on en connaît seulement quelques pièces à décor polychrome, où domine le violet de manganèse, sur émail blanc laiteux d'une pureté exceptionnelle.

Cf. Édouard Forestié, *Les Anciennes Faïenceries de Montauban, Ardus*, etc., in-8°, 1876.

MONTBERNAGE. — Voir *Poitiers*.

MONTE-LUPO, près **Florence** (**Italie**). Cette fabrique est connue surtout par ses poteries à reliefs élégants en terre rouge vernissée en brun, ou recouvertes d'une engobe jaunâtre et décorées par enlevage, avec beaucoup de goût et de délicatesse, d'arabesques et de rinceaux variés d'une exécution ferme et d'un aspect harmonieux. On y fit également des faïences à émail stannifère sur lesquelles sont peints assez grossièrement en couleurs des personnages en costume de *matadores* ou des figures se détachant sur un fond jaune. Une pièce du Musée de Sèvres porte au revers l'inscription :

DIPINTA
GIOVINALE
TERENI
DA · MONTE · LVPO

sur un plat du même Musée on lit dans un écusson :

MON

TELV

PO

et sur une faïence du *South Kensington Museum* :

RAFAELLO GIROLAMO FECIT M^{te} L^{po} 1635.

MONTPELLIER (Hérault) possédait au xviie siècle une fabrique de faïences dont l'existence est constatée par deux passages des *Mémoires* d'André Delort. Le premier (t. II, p. 156) où il est question d'un ouvrier logeant au Courreau en 1684 « qui a fait présent d'une garniture de cheminée de fort belle poterie de fayence qu'il avait travaillée lui-même, car il était du mestier »; le second où l'on parle de ce qui est arrivé « au faubourg Saint-Guilhem, dit le Courreau, en la personne de demoiselle Marie Olivier, fille du sieur André Olivier, potier en fayence », mais on ne sait rien sur cette fabrique. Une autre manufacture qui fut établie, en 1750, par André Philip, de Marseille, produisit surtout des pièces de service décorées sur émail cru de bouquets en couleurs, où le violet de manganèse domine, se détachant le plus souvent sur fond jaune uni d'un ton assez pur. (Pl. 9 d.) Ces faïences ne portent aucune marque.

MORTLOCK, marchand de porcelaines et de poteries, établi à la fin du siècle dernier à Londres, dans *Oxford street*. Il paraît avoir eu le dépôt exclusif des fameuses théières à couverte brun pourpré désignées sous le nom de *Rockingham pottery*, que l'on fabriquait à Swinton, dans le Yorkshire, et dont la plupart portent son nom estampé en creux. — Voir *Rockingham*.

MOULINS (Allier). Un plat long, à pans coupés, du Musée de Sèvres, à riche décor de figures, de fleurs et d'oiseaux, dans le style pseudo-chinois rouennais polychrome, porte au revers la mention :

a moulins

Ce plat nous paraît être une pièce exceptionnelle, et nous ne connaissons pas d'autres faïences que l'on puisse attribuer à cette fabrique sur laquelle, du reste, on ne sait rien de précis.

MOUSTIERS. Moustiers, petite ville du département des Basses-Alpes, perdue au milieu des montagnes, possédait à la fin du xviie siècle des fabriques de faïences qui prirent rapidement une importance considérable et qui jouissaient cinquante ans plus tard d'une réputation si grande que l'abbé Delaporte, dans son *Voyageur françois*, disait que « la faïence de Moustiers passait pour être la plus belle et la plus fine du royaume ». Et véritablement, quand on voit dans les musées et les collections ces belles pièces d'une fabrication si parfaite, recouvertes de cet émail blanc et pur que bien peu de manufactures possédaient, on ne trouve pas cet éloge excessif. Les faïenciers de Moustiers, en outre, ont su créer un décor original, d'un style bien particulier, et l'on pourrait presque dire, si le mot ne paraissait pas trop ambitieux, appliqué à de simples œuvres de céramique, qu'ils ont fondé une sorte d'école dont l'influence se fit sentir dans toutes les fabriques du midi de la France et jusqu'en Espagne. (Pl. 5 et 6.)

Il serait trop long de faire ici l'histoire complète des différentes manufactures qui ont existé à Moustiers, mais nous pouvons du moins en esquisser les grandes lignes.

La première et la plus importante fut certainement celle de Pierre Clérissy, né en 1652 ; la date de son arrivée à Moustiers est inconnue, mais, dès 1686, il est mentionné dans les actes comme « maistre faïencier ». Mort en 1728 à l'âge de soixante-seize ans, Pierre Clérissy eut pour successeur son neveu, nommé également Pierre, qui donna une grande extension à la fabrication et sut attirer auprès de lui un grand nombre d'artistes de talent, tels que Gaspard Viry, le plus habile de tous, dont on trouve le nom sur plusieurs faïences, entre autres, au Musée Borély, à Marseille, sur un beau plat représentant *le Bon Samaritain*, signé

G Viry f^{it} à Monstiers. chez Clerissy

1711

son fils, Jean-Baptiste Viry, Feraud, Faucher, Baron, Pol et Hyacinthe

Roux, Pelloquin, etc. Nommé secrétaire du roi en la chancellerie de Provence, Pierre Clérissy céda vers 1748 sa fabrique à Joseph Fouque avec lequel il était associé depuis plusieurs années et auquel succéda l'aîné de ses fils Gaspard Fouque, « le dernier des vrais fabricants de la vieille faïence de Moustiers ».

Parmi les autres fabriques de Moustiers nous citerons celle qui fut fondée vers 1738 par Olerys associé avec son beau-frère Laugier; l'association, ayant été rompue en 1749, fut reconstituée sous le nom de Laugier et Chaix, gendre d'Olerys qui alla travailler dans d'autres manufactures secondaires; puis viennent celles d'Achard et Mille, formée vers 1795, des Bondil, des Ferrat, qui introduisirent à Moustiers la décoration au feu de moufle, des Feraud, etc., etc.

Au début, les décorateurs de Moustiers copièrent, en camaïeu d'un beau bleu intense, des sujets empruntés à Frans Floris, et, surtout, à l'œuvre considérable d'Antonio Tempesta, représentant des chasses aux bêtes féroces ou des combats entre cavaliers; pour les bordures des plats ainsi décorés ils s'inspirèrent des frises italiennes de l'époque et, quelquefois aussi, de celles des faïences rouennaises, qu'ils remplacèrent bientôt par des bordures de lambrequins légers peu en rapport avec l'importance du sujet principal. Mais celui-ci disparaît bientôt pour faire place à une décoration exclusivement ornementale inspirée des compositions de Bérain, de Boulle et surtout de Bernard Toro. Cette décoration, formée de gracieux entrelacs au milieu desquels se jouent des figures de nymphes, de satyres et d'Amours et qu'accompagnent des baldaquins, des cariatides, des gaines et des lambrequins arrangés avec autant de goût que de hardiesse, est exécutée le plus souvent en camaïeu bleu avec une habileté et un soin extrêmement remarquables.

Plus tard, les artistes de Moustiers qui avaient été appelés à Alcora, par le comte d'Aranda, rapportèrent d'Espagne une décoration polychrome d'un caractère particulier qui se traduisit surtout par la reproduction de sujets mythologiques et quelquefois religieux, copiés un peu partout sans beaucoup de talent et peints dans des médaillons entourés ou reliés entre eux par des guirlandes de fleurs d'une coloration douce et harmonieuse, associées le plus souvent à de légères bordures de lambrequins dits *à dentelles* et de rinceaux bleus. Ces bordures de guirlandes de fleurs et de lambrequins furent également exécutées en camaïeu noir ou violet de manganèse; certaines faïences ainsi décorées portent des inscriptions bachiques assez grossières; elles sont assez rares pour qu'il soit permis de croire que c'étaient là des œuvres isolées plutôt que la manifestation d'un genre communément adopté.

On fit également à la même époque des faïences décorées de figures *grotesques* peintes en camaïeu jaune ou vert, ou vert mélangé de noir et de manganèse. Ces figures, posées au hasard et en motifs isolés, paraissent empruntées à Callot ou sont dues à l'imagination ou au talent assez grossier des peintres du pays. (Pl. 6 a.)

Beaucoup de faïences de Moustiers de la belle époque portent des armoiries toujours dessinées et peintes avec le plus grand soin.

Les faïences de Moustiers, surtout les belles pièces à décor dit *à baldaquins*, sont rarement marquées. On attribue, mais sans preuves bien certaines, à Fouque, successeur de Clérissy, les marques suivantes :

Quelques faïences de la fabrique de Fouque à la fin du siècle dernier étaient marquées :

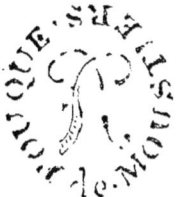

Quant à Olerys, son monogramme, formé d'un O traversé par un L (Olerys-Laugier), se trouve assez fréquemment peint en jaune orangé et quelquefois, mais rarement, en noir et en bleu, précédé d'une lettre initiale ou d'un signe indiquant sans doute un nom de décorateur :

Nous connaissons de Hyacinthe Roux, qui latinisait son nom, plusieurs très belles pièces signées et datées :

Hyacintus Rossetus f. 1729

au milieu de paraphes.

Nous citerons, enfin, Ferrat, qui signait en toutes lettres

ferrat Moustiers

des faïences décorées au feu de moufle de petits personnages, particulièrement de Chinois, assez spirituellement dessinés.

(Cf. Bon J. Charles Davillier, *Histoire des faïences et porcelaines de Moustiers*,

Marseille, etc., in-8°, Paris, 1863. — Doste, *Notice historique sur Moustiers et ses faïences*, in-8°, Marseille, 1874. — Eug. Fouque, *Moustiers et ses faïences*, in-8°, 1889, fig.)

MUSIQUE (Assiettes à). On trouve fréquemment sur des faïences de plusieurs fabriques, Delft, Moustiers, Nevers, Lille, etc., notamment dans le fond des assiettes, des couplets généralement assez grivois empruntés aux recueils du temps, mais c'est seulement, croyons-nous, sur des assiettes de Rouen que l'on a rencontré jusqu'à présent des couplets ou *ariettes* avec les airs notés en musique. Ces assiettes, fort rares, — on n'en connaît guère que quatorze, — à bordures polychromes d'un très bon style, atteignent, quand par hasard il en passe en vente, des prix extrêmement élevés. Quelques faïences de Lille et de Delft présentent cependant aussi des airs notés sur des cahiers de musique grands ouverts, mais elles sont loin d'égaler celles de Rouen.

(Cf. G. Gouellain, *La Céramique musicale au Trocadéro et ailleurs, en 1878*, pet. in-8°, Paris.)

N

NANTES (Loire-Inférieure). Des manufactures importantes ont existé à Nantes depuis le xvi° siècle jusqu'à la fin du xviii°, mais il est très difficile d'en déterminer le caractère. Benjamin Fillon (Cf. *l'Art de terre chez les Poitevins*) attribue à la fabrique fondée en 1654 par Charles Guermeur et Jacques Rolland des faïences blanches avec des fleurs de lis peintes en relief que l'on trouve assez communément en Bretagne et en Vendée. Une autre faïencerie fut établie, en 1752, à Nantes, par Leroy de Montillée, qui eut pour successeurs Delabre et, plus tard, Perret et Fourmy, sous la direction desquels elle fut autorisée à prendre le titre de Manufacture Royale. Nous ne connaissons aucun spécimen bien authentique de cette fabrique.

NAPLES (Italie). Bien que, suivant toutes probabilités, il ait existé des manufactures de faïences à Naples au xvi° siècle, on ne connaît aucunes pièces qui puissent leur être attribuées avec certitude. Jacquemart (Cf. *Les Merveilles de la céramique*, t. II, p. 253) avait pensé pouvoir faire remonter à l'année 1568 un vase peint en camaïeu bleu repiqué de noir, signé :

Paulus Franc^{cus} Brandi Pinx ..68

mais un autre vase semblable, entré au mois de mars 1890 au Musée de Limoges. (Cf. *Bulletin des musées*, 15 mars 1890), est venu réfuter cette opinion en fixant au xviiᵉ siècle l'époque où ces vases furent décorés. Celui du Musée de Limoges, représentant *le Christ au Jardin des Oliviers*, porte en effet d'une façon absolument distincte la marque suivante :

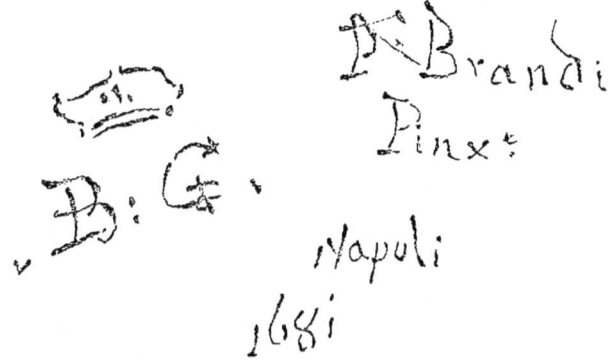

Cette marque permet d'attribuer définitivement à Naples les faïences marquées d'une couronne fermée accompagnée ou non de monogrammes et au sujet desquelles il restait encore parfois quelques incertitudes, plusieurs de ces faïences offrant tous les caractères de celles des fabriques du nord de l'Italie.

NEALE, potier anglais; il fut d'abord associé avec Palmer, manufacturier à Hanley, dans le Staffordshire, puis, en 1776, devint seul propriétaire de la fabrique qu'il dirigea jusqu'en 1778, époque à laquelle il s'associa avec Robert Wilson. Les poteries de Neale, qui imitent de très près celles de Wedgwood, sont marquées suivant les différentes époques de la fabrication.

Neale & Palmer   *I. NEALE · HANLEY*

Neale & Wilson   *Neale & Co*

NÉGREPELISSE (Tarn-et-Garonne). C'est seulement en 1780 que cette petite ville industrieuse qui, de tout temps, avait possédé de nombreuses fabriques de poteries, eut une faïencerie dont l'existence fut de courte durée ; une assiette du Musée de Sèvres, à décor polychrome au grand feu, porte au centre deux oiseaux sur terrasse, dessinés d'un trait accentué en violet de manganèse et lavés de bleu, de jaune et de vert. (Pl. 9 e.) Sauf une fontaine, sur le pied de laquelle on lit :

A Negrepelisse le 11 mars 1786

et qui nous paraît être une pièce exceptionnelle, les faïences de Négrepelisse ne portent aucune marque.

NEVERS (**Nièvre**). Suivant toutes probabilités, plusieurs villes de France ont possédé au xvie siècle des fabriques de faïences à émail stannifère, établies par des Italiens, mais on ne sait rien de bien positif relativement à leur existence et c'est un peu au hasard qu'on leur attribue certaines pièces relativement fort rares qui ne rappellent que très grossièrement les majoliques de la décadence d'Urbino et de Faenza. (Pl. 1 a.) Nevers eut certainement une de ces fabriques dirigée par Scipion Gambin (ou Gambini), *pothier*, dont le nom figure en 1590 sur les registres de baptêmes de plusieurs paroisses de la ville et qui devait être parent du faïencier du même nom, originaire de Faenza, auquel Henri III avait concédé en 1574 l'autorisation d'établir une manufacture à Lyon. Quoi qu'il en soit, c'est seulement à dater de 1608 que nous trouvons la première mention positive d'une fabrique française un peu importante, celle qu'avaient fondée à Nevers quelques années auparavant les frères Conrade, transfuges des manufactures de Savone.

Les Conrade conservèrent aux faïences sorties de leurs mains les formes italiennes du xvie siècle, mais ils changèrent entièrement le style et l'aspect de la décoration qui fut presque exclusivement exécutée en camaïeu bleu parfois rehaussé de manganèse ; aux scènes mythologiques, aux sujets puisés dans l'histoire romaine ou dans l'Ancien Testament, succédèrent les motifs jetés un peu au hasard, sans aucun parti pris de décoration, sans ensemble, empruntés tantôt aux porcelaines orientales qui commençaient à affluer en Europe, tantôt aux ornements italiens de l'époque, et qui se trouvent mélangés ensemble sur la même pièce. (Pl. 1 b, c.) Dominique Conrade, qui dirigeait en 1672 la manufacture, prenait la qualification de « maistre faïencier ordinaire de Sa Majesté », et c'est probablement à lui qu'il faut attribuer plusieurs pièces, celles entre autres du Musée de Sèvres qui portent les marques :

D'autres manufactures que celle des Conrade s'élevèrent bientôt; dès 1632, on en comptait quatre, parmi lesquelles la plus importante fut celle qui portait l'enseigne de *l'Autruche* et qui appartenait à la famille des Custode. Suivant toute apparence, c'est à cette fabrique que l'on doit ces belles faïences à fond bleu, d'un ton chaud et vigoureux, dit *bleu persan*, décorées en blanc fixe parfois rehaussé de jaune, d'arabesques élégantes, de fleurs, d'animaux et quelquefois, mais plus rarement, de personnages empruntés à l'art oriental; ces faïences, les plus parfaites que Nevers ait produites, peuvent être rangées parmi les œuvres les plus remarquables de la céramique européenne du xviie siècle. (Pl. 1 d. C'est à cette belle période de la fabrication qu'il faut aussi faire remonter les faïences beaucoup plus rares, décorées également de fleurs et d'ornements en blanc fixe rehaussé de bleu se détachant sur un fond jaune légèrement ocré. (Pl. 1 e.)

Nous ne connaissons, dans ces deux sortes de faïences, aucune pièce portant une marque de fabricant ou de décorateur.

Mais bientôt ces beaux produits de l'industrie nivernaise disparurent pour faire place à des œuvres beaucoup plus communes; à dater du commencement du xviiie siècle, l'influence italienne cessa complètement de se faire sentir: les statuettes de saints et de saintes que Nevers fabriquait en grand nombre et qui jusqu'alors avaient conservé une certaine apparence artistique, devinrent des figures absolument grotesques.

Les faïences décorées avec des motifs empruntés surtout aux porcelaines orientales et que les céramistes nivernais traduisaient avec une grande liberté, un peu au hasard, mais qui néanmoins sont remarquables par leur exécution franche et spirituelle et surtout par la pureté et l'intensité de leur beau bleu, souvent accompagné de manganèse, firent place à des œuvres beaucoup plus communes. (Pl. 13.) C'est alors que l'on fabriqua par milliers ces faïences à enluminage grossier, et surtout ces assiettes qui portent avec des dates la figure du saint patron et le nom de la personne à laquelle on les destinait, ces plats ornés de sujets et d'attributs se rapportant à la profession de celui qui les commandait, ces saladiers sur lesquels étaient représentées des scènes grivoises et souvent licencieuses dont le type le plus recherché était *l'Arbre d'Amour* copié sur une image populaire du temps. Presque toujours, ces faïences, sans en excepter celles qui furent fabriquées pendant la période révolutionnaire et qui sont désignées aujourd'hui sous le nom de *faïences patriotiques*, sont généralement des œuvres lourdes, grossières, sans aucun sentiment décoratif et sans aucune valeur artistique. (Pl. 13 *e, f.*)

Nevers n'en reste pas moins un des centres les plus importants de la production céramique française, les faïences qui sortaient des fours de ses nombreuses fabriques étaient transportées par les bateliers de la

Loire jusqu'à des distances éloignées, et son commerce sous ce rapport était l'un des plus considérables du royaume. A différentes époques ses potiers ont cherché à imiter les faïences des autres fabriques, principalement celles de Rouen et de Moustiers, mais ces imitations un peu lourdes se reconnaissent toujours à leur exécution moins soignée et, dans les pièces polychromes, à l'absence du rouge, que d'autres fabriques, Rouen surtout, employaient avec un si grand succès ; jamais les faïenciers de Nevers n'ont pu produire de rouge et lorsque, dans les faïences dites *patriotiques*, ils avaient à peindre le bonnet de la Liberté, ce bonnet était forcément jaune plus ou moins foncé.

Les faïences de Nevers sont rarement marquées : cependant, outre le nom de *Conrade* que nous avons reproduit plus haut, nous trouvons les noms ou monogrammes suivants sur des pièces dont l'origine nivernaise ne paraît pas douteuse :

J. Boulard
a Neuers
1622

sous une pièce signalée par Benjamin Fillon ;

H - B   E Borne
1689   1689

marques d'*Henri* et *Estienne Borne* sous des statuettes de saints d'un assez bon style ;

monogramme de *Jacques Bourdu* (XVIIe siècle) ;

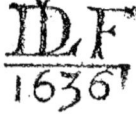

marque de *Denis Lefebvre* qui aurait travaillé chez les Conrade ;

F · R 1734

sous une pièce attribuée à François Rodrigues,

et enfin, la marque en toutes lettres de Philippe Haly :

haLy
17 72

auquel on doit des assiettes de corbeilles ajourées décorées de bouquets détachés et chargés de fruits, d'olives ou d'œufs modelés en haut-relief et disposés en *trompe-l'œil* avec une véritable perfection.

Cf. L. Du Broc de Ségange, *La Faïence, les faïenciers et les émailleurs de Nevers*, in-4°, Nevers, 1663. — Fieffé et Bouveault, *Les Faïences patriotiques nivernaises*, in-4°, Nevers, 1883.

NEWCASTLE-UPON-TYNE (Angleterre), fut à la fin du siècle dernier un centre assez important de fabrication. Les faïences qui y furent fabriquées, particulièrement à Saint-Anthonys, vers 1780, sont généralement inférieures à celles du Staffordshire ou de Leeds; quelques-unes néanmoins ne sont pas sans mérite. On y trouve les marques suivantes :

FELL   T. FELL & C°

SEWELL

ST. ANTONY'S   SEWELL & DONKIN

NIEDERWILLER. La manufacture de Niederwiller, petite localité située aux environs de Sarrebourg, fut fondée en 1754 par Jean-Louis de Beyerlé, conseiller du Roi et directeur de la monnaie de Strasbourg, qui après y avoir attaché, dès le début, un grand nombre d'artistes et d'ouvriers choisis parmi les meilleurs dans les deux fabriques de faïences des Hannong, leur adjoignit plus tard des peintres sur porcelaine qu'il fit venir de Meissen. La nouvelle entreprise grandit alors rapidement et acquit bientôt une réputation justement méritée, grâce surtout à la direction artistique que sut lui imprimer Mme de Beyerlé, femme douée d'un goût exquis et qui non seulement donnait la plupart des modèles de formes et de décoration, mais encore peignait souvent elle-même les pièces qu'elle destinait à ses parents ou à ses amis. « Parmi les différentes manufactures de faïance actuellement existantes en Europe, dit *l'Avant-Coureur* de 1772, on peut citer celle qui est établie à Niederwiller, près de Strasbourg, dans la généralité de Metz. On y fabrique tout ce que l'art a pu imaginer dans ce genre, depuis les vases les plus précieux jusqu'à ceux qui sont les plus communs. Les personnes opulentes, comme les moins riches trouveront à y satisfaire leurs goûts et leurs besoins... Comme le Directeur de cette Manufacture n'a rien négligé pour se procurer les meilleurs peintres et les plus habiles sculpteurs et qu'il est artiste lui-même, nous pouvons assurer qu'il n'est aucun ouvrage de faïance qu'il ne puisse entreprendre. Ceux qui désireront tenir de la première main sont priés d'écrire à M. *Martin*, chargé de la correspondance de ladite manufacture... On fabrique dans cette manufacture : 1º de la faïance superfine peinte sur émail, avec des couleurs dont la préparation est particulière au Directeur de la Manufacture. Il y en a de rehaussée d'or et à bord d'or ou sans bordure dorée ; 2º de la faïance dans le goût du Japon de différentes qualités; c'est-à-dire de trois degrés différents de perfection ; 3º du beau commun, dit *en bleu*, et du blanc fin, dit *de Niederwiller*, étant particulière à cette manufacture; 4º de gros commun au plus bas prix. »

En 1774, la manufacture passa entre les mains du général comte de Custine qui en confia la direction à François Lanfrey, un des industriels les plus remarquables de l'époque, et introduisit à Niederviller, sans négliger cependant la fabrication de la faïance, celle de la faïence anglaise, ou terre de pipe, et surtout celle de la porcelaine. Après la mort tragique du général de Custine, en 1793, Lanfrey devint propriétaire de la fabrique qui perdit peu à peu son caractère artistique.

Les faïences de Niederwiller, fabriquées avec soin et recouvertes d'un bel émail blanc laiteux, sont décorées le plus souvent de bouquets de fleurs peintes avec art et disposées avec un goût parfait. Un genre de décor qui paraît avoir été particulier à Niederwiller et qui devait avoir un certain succès si on en juge par les pièces assez nombreuses qui sont parvenues jusqu'à nous, est celui qui consiste dans l'imitation d'un bois veiné recouvrant entièrement la pièce et sur lequel on aurait fixé un paysage[1] finement peint en camaïeu rose sur une feuille de papier à grandes marges simulant une gravure fixée au moyen d'une épingle. (Pl. 10 *b*.) Parmi les pièces les plus remarquables sorties des fours de

---

[1]. D'après le recueil que nous avons cité plus haut, on aurait peint à Niederwiller d'autres paysages que ceux dont nous parlons ici. Nous lisons, en effet, dans l'*Avant-Coureur* de la même année 1772 : « On a imaginé depuis peu de peindre à Niederwiller des paysages en différentes couleurs sur des plaques de faïence émaillée. Le succès a surpassé l'attente. On croirait voir de superbes paysages en émail qui feraient le désespoir des émailleurs vu leur grandeur. On peut donner à ces plaques de faïence jusqu'à 18 pouces de long sur 12 de large. On remédie à leur fragilité en mettant une bordure de bronze doré à ces nouveaux tableaux, qui réunissent la fraicheur de l'émail à la vivacité des couleurs. Cette nouvelle découverte mérite l'accueil et l'encouragement des connaisseurs. On ne saurait en assigner le prix juste puisqu'il est relatif à la grandeur des paysages et au nombre des figures qui égaient la scène. »

PL. XIV

FAIENCES ITALIENNES

a Gubbio. — *b* Castel-Durante. — *c d e f* Cafaggiolo.

PL. XIV

FAÏENCES ITALIENNES

a Gubbio. — b Castel-Durante. — c␣d e f Cafaggiolo

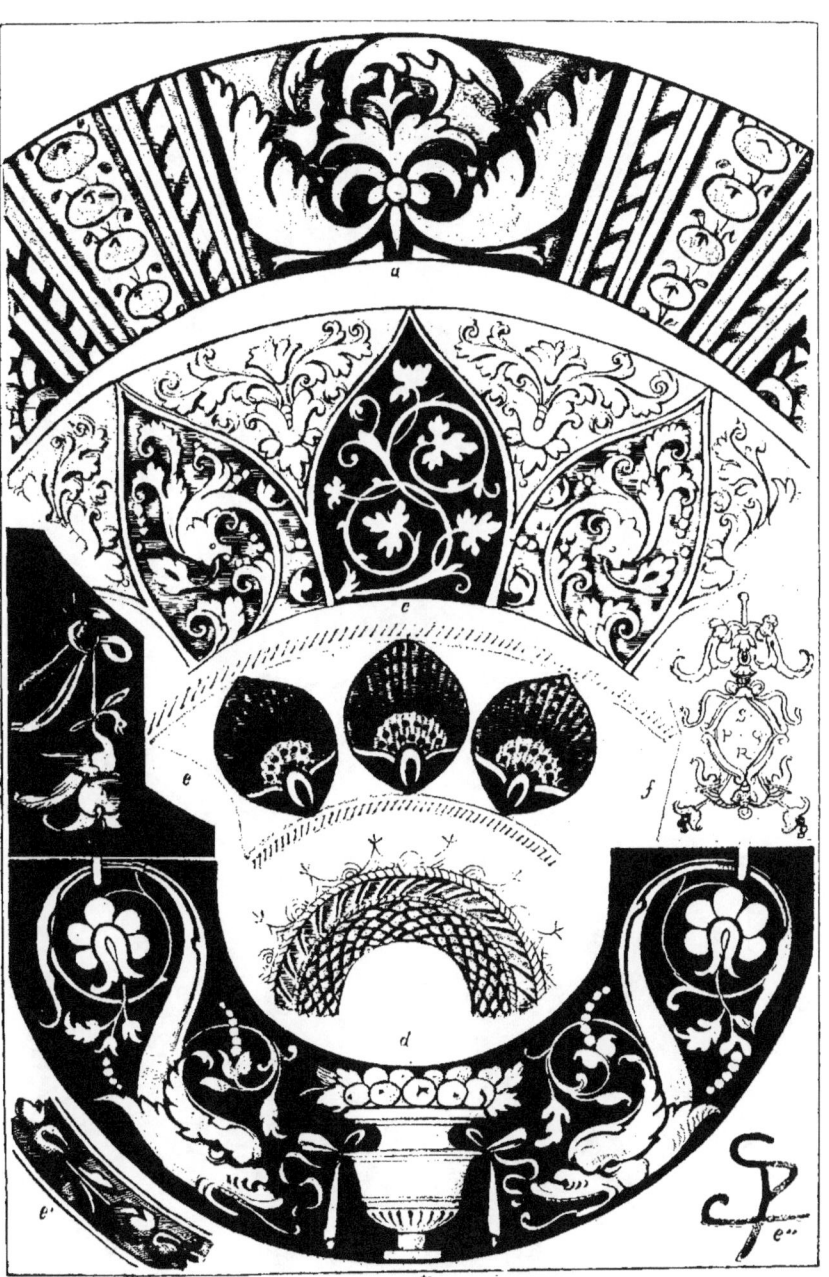

Niederwiller, nous citerons, en première ligne, les deux merveilleux vases décoratifs donnés par le roi Stanislas à l'hôpital Saint-Charles, lors de sa fondation, et que possède aujourd'hui le Musée lorrain de Nancy. Ces vases, qui ne mesurent pas moins de 1 m. 10 cent. de hauteur, sont de style rocaille, avec anses formées d'animaux emblématiques et couvercle surmonté d'un Indien charmeur de serpents; sur la face antérieure, se trouvent les armes de Stanislas admirablement peintes, accompagnées de la couronne ducale. Le Musée de Sèvres possède une série de vases provenant du même hôpital qui servaient à la conservation des médicaments; ces petits vases, d'une forme charmante et décorés avec soin, portent le chiffre de Stanislas. (Pl. 10 b.) Le service de table fabriqué pour le comte de Custine et portant sa devise : *Fais ce dois, advienne que pourra* (pl. 10 a), est également remarquable comme exécution. Niederwiller a fabriqué également beaucoup de services à décor dit à *barbeaux* (pl. 10 c) et des assiettes avec fruits en reliefs peints au naturel.

Pendant la période du baron de Beyerlé les faïences de Niederwiller étaient marquées d'un B et d'un N (Beyerlé-Niederwiller).

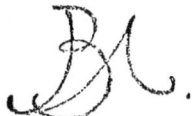

plus tard elles portèrent le chiffre du comte de Custine, composé de deux C entrelacés et, suivant quelques auteurs, quelquefois surmonté d'une couronne de comte[1].

Quelques pièces sont marquées d'un C et d'un N (Custine-Niederwiller).

NIMES (Gard). L'existence d'une fabrique de faïences à Nîmes, au XVIe siècle, est prouvée par une belle gourde de style italien francisé, d'une très belle exécution, qui a figuré, en 1889, à l'Exposition du Tro-

---

[1]. Les porcelaines de Louisbourg portent également une marque composée de deux C entrelacés, quelquefois accompagnés d'un W et parfois aussi surmontés d'une couronne, mais dans cette dernière la couronne est *fermée*. Nous n'avons, du reste, jamais rencontré sur les faïences les deux C surmontés de la couronne.

cadéro. Cette pièce remarquable, qui fait partie de la collection de M. le baron Gustave de Rothschild, et qui porte sous le pied l'inscription :

Nismes

1581

a servi à identifier plusieurs faïences de même style et montrant les mêmes procédés de décoration — trait bleu modelé de jaune et de vert clair — qui avaient été jusqu'alors attribuées aux fabriques italiennes.

NOTTINGHAM (Angleterre). Les grès fabriqués à Nottingham au siècle dernier sont, à juste titre, regardés comme les produits les plus remarquables de l'industrie céramique anglaise de cette époque ; les plus beaux et les plus recherchés sont à glaçure brune, brillante et unie, ornés de rinceaux de feuillages délicatement gravés et portent parfois des inscriptions avec des dates ; la pâte en est d'une finesse extrême et les formes généralement élégantes. C'est à Nottingham que furent fabriqués la plus grande partie des pots à bière en forme d'*ours* debout, à tête mobile servant de couvercle, si fort en usage, parait-il, dans les tavernes anglaises au commencement du xviiie siècle.

NUREMBERG. Quelques archéologues allemands, poussés par un faux amour-propre national, ont prétendu, mais sans fournir de preuves concluantes à l'appui de leur assertion, que l'Allemagne avait précédé tous les pays d'Occident dans la connaissance et la pratique d'un grand nombre d'arts industriels, et, particulièrement, dans la fabrication des poteries à émail stannifère ou faïences, dont la composition, suivant eux, aurait été connue dès le xiiie siècle. Nous n'avons pas à discuter ici cette opinion, mais nous devons constater que l'on ne connaît pas de faïences allemandes antérieures à la fin du xve siècle, et que, pendant tout le xvie, l'Allemagne n'est guère représentée dans l'industrie de la céramique que par les Hirschvogel, de Nuremberg, qui, comme les Della Robbia, en Italie, paraissent avoir conservé pendant longtemps le secret, ou tout au moins le monopole presque exclusif de l'art de la poterie émaillée.

C'est surtout à Augustin Hirschvogel que l'on s'accorde généralement à attribuer ces vases, aujourd'hui si rares et si recherchés en Allemagne, recouverts d'émaux polychromes assez purs et très harmonieux, et portant des figures modelées en relief sur la panse ou dans des cavités en forme de niches pratiquées dans le corps même du vase.

Mais ce qui par-dessus tout fit la réputation des fabriques de Nuremberg, ce furent ces magnifiques poêles en terre recouverts d'un beau vernis vert foncé ou brun rehaussé de dorures, composés de deux masses cubiques superposées et formées par des pièces fabriquées séparément, carreaux, plaques, pilastres, cariatides, chapiteaux, etc., dont l'assemblage constituait un ensemble riche et varié; sur leur surface étaient reproduits en relief des sujets mythologiques, des scènes prises dans l'Ancien et le Nouveau Testament, des figures allégoriques ou des motifs décoratifs.

Le château et le Musée germanique de Nuremberg possèdent plusieurs de ces grands poêles du xvie siècle, dont la belle ordonnance justifie la réputation que s'étaient acquise les potiers de Nuremberg.

A ces poêles vernissés en vert ou en brun succédèrent les poêles en faïence peinte en couleurs variées; dans le principe, cette décoration polychrome s'appliquait sur des bas-reliefs représentant presque toujours des sujets bibliques; plus tard, les reliefs disparaissent pour faire place à des sujets peints à plat.

Nuremberg a fabriqué également des faïences usuelles qui méritent d'être recherchées par les collectionneurs. Les plus remarquables, datant de 1720 à 1730, sont décorées en camaïeu bleu de figures ou de sujets allégoriques, et, plus tard, d'ornements copiés sur les porcelaines orientales. Les décorations à sujets de figures peints en polychromie sont assez rares. Parmi ces dernières, nous citerons cependant deux plats du Musée de Sèvres, l'un représentant la Vierge, l'Enfant Jésus et saint Jean-Baptiste dans un médaillon circulaire entouré d'une large et riche bordure de rinceaux; le sujet, reproduit d'après une gravure, est assez maladroitement copié en hachures et traits en violet de manganèse recouverts d'un lavis de couleurs d'un aspect assez harmonieux. Il est signé :

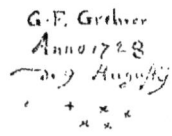

l'autre plat, du même artiste, signé et daté de 1730, est décoré d'un sujet allégorique se rapportant au second jubilé de la Confession d'Augsbourg.

Parmi les potiers de Nuremberg dont on connaît les noms et qui ont signé leurs produits, nous citerons Ströbel dont un beau plat, décoré en camaïeu dans le genre de Bayreuth, mais plus intense, est signé :

Ströbel:
A°: 1730:
9: 7z: Jobris:

Kordenbusch, qui travailla également à Bayreuth (pl. 18 d); Christophe Marx, dont le Musée de Sèvres possède une belle cloche décorée en camaïeu bleu des armes de Nuremberg et datée de 1724; Passinger, qui signait, en 1727, un plat décoré d'un paysage, etc.

Les vaisselles pour service de table ne sont pas rares; beaucoup sont décorées de bouquets détachés, dessinés d'un trait assez ferme aux couleurs accentuées dans lesquelles le violet de manganèse presque noir domine. (Pl. 17 h.) Les faïences portent habituellement la marque :

$$\frac{NB}{I}$$

avec une lettre ou un chiffre de série.

O

OGNES, près Chauny (Aisne). Cette manufacture, fondée vers 1748 par Dumoutier de la Fosselière, fut dirigée par des ouvriers de Sinceny; aussi est-il presque impossible de distinguer ses produits de ceux de Sinceny avec lesquels ils se confondent. Elle cessa d'exister en 1782. On a voulu lui attribuer, mais sans aucune preuve, quelques faïences marquées C H, initiales de Chauny dont le village d'Ognes est presque un faubourg.

OLERYS (Joseph), peintre et fabricant de faïences à Moustiers, était d'origine marseillaise. Il est certain qu'avant de s'associer avec son beau-frère Laugier en 1738, il avait travaillé chez Pierre Clerissy qui fut témoin à son mariage en 1721. Appelé en Espagne par le comte d'Aranda, il y importa les procédés employés à Moustiers et en rapporta, par contre, un genre spécial de décoration polychrome dont on connaît de nombreux exemplaires signés de son monogramme; on ignore la date de sa mort. Son fils fut également peintre en faïence; il est probable qu'ils travaillèrent ensemble et que le fils adopta la marque du père. Il mourut le 16 février 1795. — Voir *Moustiers*.

OLLIVIER, faïencier, établi à Paris, rue de la Roquette. Ollivier est surtout connu comme fabricant de poêles en faïence ou en poterie vernissée; c'est lui qui offrit à la Convention Nationale un poêle, aujourd'hui au Musée de Sèvres, reproduisant fidèlement la *Bastille*, et on lui doit un album intitulé : *Collection de dessins de poêles de forme antique ou moderne de l'invention et de la manufacture du sieur* OLLIVIER, *rue de la Roquette, faubourg Saint-Antoine*. Cet album, dont le seul exemplaire connu est aujourd'hui à la Bibliothèque du *Soan Museum*, à Londres, contient des dessins peu intéressants.

Ollivier, qui avait, pendant la Révolution, donné à sa manufacture le titre de *Fabrique générale de faïence de la République*, a également produit des pots de pharmacie en faïence à émail stannifère décorés assez finement au feu de moufle de guirlandes et de fleurettes (pl. 7 e), marqués :

Ollivier aparis

des plats assez grossiers, à revers bruns, désignés par le peuple sous le nom de *culs-noirs* et portant au centre des devises ou des emblèmes révolutionnaires imprimés à la vignette ou au *pochoir*, comme on disait alors et qui portent la marque :

OLLIVIER
A PARIS

OOSTERWISCK (Joris), maître faïencier, établi en 1706 à Delft, à l'enseigne de *la Fortune*. Les faïences fabriquées pendant sa direction portent, comme marque, le nom de l'enseigne de la manufacture. — Voir *Fortune*.

ORLÉANS. Il y eut à Orléans plusieurs manufactures de faïences dont les produits sont peu remarquables et difficiles à reconnaître; on y a fabriqué des faïences peintes en bleu au grand feu, ou décorées sur émail, dans le genre de Strasbourg, de fleurs et surtout de Chinois, assez largement peints, des poteries à pâte jaspée et marbrée, ou agatisée à l'imitation anglaise, des faïences en terre blanche, émaillée ou non. Une fabrique privilégiée, autorisée par arrêt du Conseil, en date du 13 mars 1753 et qui prit le titre de *Manufacture royale*, y fut fondée par Jacques-Étienne Dessaux de Romilly, auquel succéda en 1757 Gérault Deraubert qui fit venir de Sceaux, où il travaillait alors, un sculpteur qui ne manquait pas de talent, Jean Louis, de Strasbourg, auquel on doit plusieurs statuettes. C'est à cette manufacture, dite « de faïence en terre blanche purifiée », que nous croyons devoir attribuer la marque suivante, un O surmonté de la couronne royale, dont nous ne connaissons que deux exemples : dont un au Musée de Limoges sur une statue d'enfant adossée à un tronc d'arbre et tenant devant lui une corbeille :

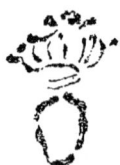

Bernard Huet, établi en 1767, a signé de son nom retourné :

TƎVH

quelques figures d'assez grande dimension, mais d'un art médiocre.

Quant aux terres jaspées, elles sont presque toujours marquées en creux au cachet :

ORLÉANS

ORSILHAC (Haute-Loire). En 1780, les États du Languedoc accordèrent une gratification de six cents livres « au sieur Lazerme, négociant du Puy, qui a établi à grands frais dans son domaine d'Orsilhac une fabrique de faïencerie, dont les ouvrages sont de la plus grande utilité, cet établissement étant d'ailleurs unique dans le Velay ». Cette fabrique est mentionnée, en 1785, dans l'*Almanach des Marchands* et elle figure également dans la liste de Gournay, en 1788, mais ses produits, probablement fort communs, n'ont jamais été reconnus.

OYRON (Deux-Sèvres). Jusqu'en l'année 1889 on avait cru, d'après des documents mis à jour en 1864 par Benjamin Fillon, pouvoir attribuer à un atelier établi en 1524, au château d'Oyron, par Hélène de

Hangest, dame de Boissy, veuve d'Arthur Gouffier, ancien gouverneur de François Ier et grand-maître de France, des faïences d'un art remarquable, dans la décoration desquelles on retrouve les dessins et les ornements des belles reliures du xvie siècle, imprimés en creux sur la terre molle à l'aide de fers analogues à ceux qui servaient pour la reliure, et remplis ensuite d'une argile colorée dans la pâte qui venait affleurer sa surface ; ces belles faïences « véritables sphinx de la curiosité », désignées précédemment sous le nom de *faïences de Henri II*, avaient été alors appelées faïences d'Oyron. Aujourd'hui, d'après de nouveaux documents découverts récemment par M. Edmond Bonnaffé, elles auraient été faites à Saint-Porchaire, et l'atelier d'Oyron, qui a réellement existé, il semble n'y avoir aucun doute à ce sujet, se serait probablement borné à la fabrication de poteries usuelles et des carreaux émaillés, dont le pavage de la chapelle privée du château offre un remarquable spécimen. — Voir *Saint-Porchaire*.

P

PADOUE (Italie). Suivant Piccolpasso, cette ville possédait, vers 1540, plusieurs manufactures de faïences, sur lesquelles il n'existe que peu de documents et dont les œuvres, du reste, n'offrent rien de bien remarquable. Sur des plats à sujets de figures on lit le mot Padoue, accompagné de dates et souvent d'une croix :

PADVA   A PADOA +
1548   1563

Le Musée de Padoue possède une plaque circulaire représentant la Vierge et l'Enfant Jésus entre saint Roch et sainte Lucie en relief blanc légèrement coloré par places, exécuté d'après Nicolo Pizzolo, dont le nom est inscrit sur le dossier du trône de la Vierge et qui date de la fin du xve siècle. Certains vases de pharmacie, à deux anses, d'un art assez médiocre, décorés de fleurs, d'arabesques et, parfois, de grotesques, étaient connus, paraît-il, sous le nom de vases *alla Padovana*.

PALERME (Sicile). Un vase de pharmacie donné au Musée de Cluny par M. Leroux en 1890 et qui offre tous les caractères des faïences datant de la décadence des ateliers de Castel-Durante, porte, au milieu de trophées, la marque :

FACTA IN PALERMO 1605

Nous ne connaissons pas d'autre exemple des produits de cette fabrique.

PALISSY (Bernard). Bernard Palissy, le plus connu et certainement le plus populaire de tous les hommes qui se sont adonnés à l'art de la terre, naquit, suivant toutes probabilités, à La Chapelle-Biron, près Agen, en 1510. On sait peu de chose sur sa jeunesse; comme la plupart des artistes et artisans de son temps, il commença par voyager, exerçant plusieurs métiers, entre autres la *vitrerie* (qui comprenait la peinture et l'assemblage des vitraux), la *pourtraicture*, l'arpentage et la géométrie. Il parcourut ainsi successivement les provinces du Midi et de l'Est, la Basse-Allemagne, les Flandres, etc., où, tout en travaillant pour gagner sa vie, il recueillait des trésors d'observations géologiques et de remarques ingénieuses qu'il a consignées plus tard dans ses écrits et qui devaient l'aider singulièrement dans les recherches qu'il entreprit par la suite. Il se maria vers 1539 et nous le retrouvons à Saintes, en 1542, « déjà aux prises avec la pauvreté ». C'est alors qu'il se mit en tête de chercher la composition des émaux. Après des travaux et des essais sans nombre, il arriva à trouver un émail blanc « qui estoit, dit-il, singulièrement beau », mais qu'il ne sut pas employer d'une façon pratique. Pour faire taire ses créanciers et nourrir sa nombreuse famille, il dut alors avoir recours à son ancien métier d'arpenteur; mais aussitôt qu'il avait un peu d'argent devant lui, c'était pour reprendre la recherche de ses émaux. Après deux ou trois nouvelles tentatives, aussi infructueuses que la première, et pendant lesquelles, suivant son expression « il cuida entrer iusques à la porte du sepulchre », il parvint enfin à se rendre entièrement maître de son art. Il fabriqua d'abord des faïences couvertes d'émaux jaspés qui le firent vivre pendant quelques années; puis, ensuite, des plats ou bassins rustiques, ornés de serpents, grenouilles, poissons, lézards, etc., moulés en relief, qui sont restés les monuments les plus populaires de son génie. Sa réputation grandit alors; ses curieuses et remarquables vaisselles de terre furent de plus en plus recherchées des grands seigneurs et lui donnèrent, avec l'aisance qui lui fit oublier ses misères passées, des protections qui devaient lui être d'un grand secours, entre autres celle du connétable Anne de Montmorency, qui lui commanda pour son château d'Écouen des travaux importants dont il ne reste malheureusement plus aucune trace. Mais bientôt, emporté par son esprit ardent et inquiet, Palissy embrassa les nouvelles idées religieuses; il fut un des fondateurs de l'Église réformée de Saintes et son atelier devint un lieu de réunions et de conciliabules. Lorsqu'en 1562 le Parlement de Bordeaux ordonna d'exécuter dans son ressort l'édit de Henri II, qui punissait de mort « le crime d'hérésie », il fut arrêté et, malgré la sauvegarde que lui avait donnée le gouverneur d'Aquitaine, Louis de Bourbon, duc de Montpensier, conduit de nuit aux prisons de Bordeaux. Heureusement pour lui, le connétable de Montmorency, ayant appris le danger qu'il courait, lui fit décerner, par Catherine de Médicis, le brevet d'*inventeur des rustiques figulines du roy* ; il échappait ainsi à la juridiction du Parlement de Bordeaux, comme faisant partie de la maison du roi, et était sauvé. Il quitta alors Saintes, et après un séjour de quelques années à La Rochelle alla s'établir à Paris, où il dut arriver vers 1565 et où il retrouva la protection de Catherine de Médicis, qui lui commanda une *grotte rustique* dans les jardins du palais des Tuileries qu'elle venait de faire construire. C'est à Paris que, tout en continuant la fabrication de ses poteries, il publia ses *Discours admirables sur la nature des eaux et fontaines, des métaux*, etc., et qu'il fit publiquement des cours scientifiques, véritables conférences auxquelles il conviait les savants de son époque et qui étaient annoncées au moyen d'affiches collées « dans tous les carrefours ». Il mourut en 1590. Dénoncé par un de ses anciens coreligionnaires, il fut arrêté en 1588 ; ses protecteurs étaient morts, et, malgré l'appui du duc de Mayenne, qui fit prolonger son procès, mais ne put le rendre à la liberté, il termina en prison, à l'âge de quatre-vingts ans, une existence commencée dans la misère.

L'œuvre assez considérable de Palissy comprend trois périodes distinctes, correspondant à chacune des phases de sa vie, que nous venons d'indiquer rapidement.

De la première période, celle des recherches et des tâtonnements, datent les plats, les « *vaisseaux* de divers émaux entremeslez en manière de jaspe » et le commencement des « bassins rustiques ». Au point de vue purement céramique, ce sont les plus belles et les plus intéressantes de ses œuvres. Même lorsqu'il fut arrivé à posséder parfaitement la pratique de son art, Palissy n'a rien produit qui vaille ces premières pièces aux tons chauds et brillants, aux émaux limpides et profonds

La seconde période est caractérisée principalement par la fabrication des *pièces rustiques;* ce sont celles qui portent surtout l'empreinte la plus franche et la plus caractéristique de son talent si original et si épris des merveilles de la nature. Elles se composent principalement de plats ou bassins presque toujours ovales, peu profonds, à bords évasés, dont quelques-uns atteignent parfois 50 et même 55 centimètres ; elles sont émaillées au revers d'une jaspure de différents tons. Les bouteilles ou gourdes de chasse et les aiguières sont beaucoup plus rares que les bassins. Parmi ces derniers, ceux qui datent des débuts de la fabrication sont extrêmement remarquables ; les feuilles, les coquillages, les reptiles et les poissons qui les décorent et les animent sont disposés et reproduits avec un goût parfait et une connaissance exacte de la nature.

La troisième période comprend les plats à ornements et à figures en bas-reliefs. C'est dans cette série qu'il faut ranger les corbeilles si délicatement découpées à jour, les bassins dont les bords sont souvent coupés par des cavités destinées à recevoir les épices, les vases d'apparat, les aiguières imitées des *étains* de Briot et quelquefois moulées sur les originaux ; les salières ornées de figures de sirènes et de masques grimaçants, les saucières, les flambeaux et tant d'autres pièces sur lesquelles on retrouve toujours la marque du goût pur et élevé du célèbre potier.

Palissy eut, non pas des élèves dans la véritable acception du mot, puisqu'il ne les initia pas entièrement à la connaissance de la fabrication de ses émaux, mais des aides, entre autres ses deux fils, — quelques auteurs disent ses neveux, — Nicolas et Mathurin Palissy, dont les noms figurent avec le sien sur les *Comptes* de la reine mère. Il eut des imitateurs et des continuateurs qui héritèrent de ses procédés, qui peut-être apprirent le métier sous sa direction, mais auxquels il ne livra pas les secrets qui lui avaient coûté tant de pénibles recherches et tant de misères. Aussi l'art qu'il avait si péniblement créé disparaît-il presque entièrement avec lui, ne produisant plus, sous ses continuateurs immédiats, que des œuvres médiocres, relativement ternes, sans finesse, et sorties de moules usés. Il faut cependant faire une exception pour la fabrique d'Avon, près Fontainebleau, à laquelle on a pu restituer, à la suite de la publication du *Journal* d'Hérouard, premier médecin de Louis XIII enfant, bien des pièces recouvertes d'émaux assez brillants pour qu'on les ait pendant longtemps attribuées à Palissy ; telles sont *le Joueur de cornemuse, le Joueur de tambourin, l'Enfant poursuivi par une lice,* etc., et, surtout, la délicieuse petite *Nourrice*, une des plus gracieuses figurines qu'ait produites la plastique émaillée. — Voir *Figuline*.

PALMER (**Henry**), potier anglais, né en 1760 ; il fonda, à Hanley, une fabrique dans laquelle il chercha surtout à contrefaire les produits de Wedgwood, et il le fit avec assez de perfection pour que celui-ci ait été obligé de lui intenter un procès : plus tard, il s'associa avec Neale. Marques :

H · PALMER · HANLEY

ou, en cachet circulaire :

Neale & Palmer

quelques pièces sont marquées en creux :

H. Palmer, Hanley. Stafforshire

PAON (**Le**). Enseigne d'une fabrique de faïences fondée à Delft en 1651 et qui subsista jusqu'à la fin du xviiie siècle. Les produits de cette manufacture, généralement assez soignés, portent souvent comme marque le nom de l'enseigne écrit en toutes lettres ou en monogramme :

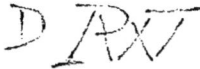

contraction des lettres D. PAUW.

C'est à cette fabrique que sont dues les faïences à décor plein, polychrome, formé de fleurs, d'arbustes et de larges lignes brisées, désigné dans le commerce de la curiosité sous le nom de *faïences au tonnerre*, si remarquables par leur beau rouge intense rehaussé de jaune fixe.

PAREE (Pieter), maître faïencier, établi en 1759 à Delft, à l'enseigne du *Pot de métal*. Les produits, assez peu rares, sortis du four de cette fabrique, pendant l'époque de la direction de P. Paree, sont marqués d'un monogramme formé des initiales de l'enseigne :

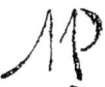

PARIS. Quoique la fabrication des poteries et des faïences ait occupé une place assez considérable dans l'industrie parisienne, on ne sait rien de positif sur son histoire, ses produits sont à peu près inconnus, et ce n'est que par analogie, et après un examen comparatif de plusieurs faïences du XVIIIe siècle, dont la provenance ne fait aucun doute, que nous croyons pouvoir indiquer quelques-uns des caractères principaux de ces faïences dont le décor procède de Rouen, tout en montrant, dans certains cas, une originalité qui leur assigne une place à part. Dans la première moitié du XVIIIe siècle, la pâte est lourde, l'émail un peu bis, parfois bouillonné et coulé ; la décoration, exécutée en couleur ou en camaïeu bleu, est d'un dessin vigoureusement accentué et cerné d'un trait noir. Plus tard, la fabrication s'améliore, l'émail devient plus blanc et plus pur, mais le trait noir subsiste toujours. Dans les faïences polychromes, le rouge si caractéristique de Rouen est remplacé par un ocre jaune d'un aspect assez triste ; le violet de manganèse est employé avec excès ; le jaune est d'un beau ton citrin assez éclatant qui rappelle celui de Sinceny, tout en étant plus transparent. Les *lambrequins* de Rouen servent de bordure, mais ils sont maladroitement dessinés et souvent ne se relient pas entre eux. Les vases, bien connus, fabriqués pour la pharmacie de l'abbaye de Chelles par Digne, sont des types bien caractérisés des faïences polychromes de Paris. (Pl. 7 a.) Beaucoup de pièces portent au centre des sujets de figures, ou des attributs de métiers avec des inscriptions et des dates.

A la fin du xviiie siècle, et même encore au commencement du xixe, le décor rouennais reste toujours en faveur, mais il est employé avec plus de science du dessin et plus de goût qu'autrefois et seulement en camaïeu bleu, toujours cerné de noir ; les fleurons, que Rouen avait abandonnés depuis longtemps, se transforment et deviennent souvent de véritables compositions de l'aspect le plus élégant et le plus varié.

Mais à côté de ces faïences relativement communes, sauf cependant les vases de Digne, il en est d'autres qui ne nous sont connues que par les mentions qui en sont faites dans les *Avis* et *Annonces* du temps et qui sont sorties cependant d'ateliers assez importants. Telles devaient être, entre autres, celles de la Manufacture de *Faïence japonnée, façon de Saxe*, établie rue de la Roquette en 1754, qui appartenait « au sr Hébert et Compagnie » et dans laquelle on trouvait « toutes sortes de Marchandises propres pour l'utilité et l'agrément dans les goûts les plus nouveaux et les plus satisfaisants » ; celles de Germain Despargnes, « rue des Boulets, faubourg S. Antoine, à la Croix Faubin, n° 3 », qui faisait savoir au public dans les *Annonces-Affiches* du 22 juin 1758 qu'il y avait « dans son magazin des figures pour les crystaux, des chandeliers, des pots-pourris à animaux, des garnitures et des bras de cheminée, des services de table, des pots à fleurs et une infinité d'autres ouvrages très bien exécutés en faïence imitant singulièrement la porcelaine et qui avait l'avantage d'être plus solide et de couter beaucoup moins » ; celles de la « Manufacture de Faïences bronzées pour figures » établie en 1760 rue de Charenton vis-à-vis l'ancienne Manufacture de velours, ou de la fabrique de Roussel « privilégié du Roi », qui existait à la même époque rue Basfroy et où l'on fabriquait des « faïences très blanches en dedans et feuille morte ou olive en dehors. »

Il est à remarquer, du reste, que Paris qui, cependant, a possédé à toutes les époques de nombreuses manufactures de poteries et de faïences, occupe une place des plus effacées dans les nombreux travaux qui ont été publiés sur la céramique. Alors que les fabriques les moins importantes de la province, dont les produits, souvent grossiers, ne méritent aucune attention, ont trouvé des historiens qui ont écrit sur leur existence parfois éphémère des monographies indigestes dans lesquelles ils ne nous ont fait grâce ni des alliances des hommes de peine qui y étaient employés, ni des parrains et marraines des enfants qui leur arrivaient, ni des voisins qui ont assisté à leur enterrement, etc., etc., les Manufactures de Paris, à quelques exceptions près, sont absolument ignorées. Il y a là une lacune importante à combler. On trouverait certainement sur leur compte aux Archives bien des documents intéressants et on pourrait, à coup sûr, en établissant quelques points de comparaison, identifier facilement leurs produits.

PL. XV

FAÏENCES ITALIENNES

a Faenza (décor dit *bianco sopra bianco*).
b Faenza (décor dit *smaltino* et *berettino*).
c Faenza (décor dit *alla porcellana*). — *d* Urbino (décor dit à *grotesques*).
e Castelli (atelier des Grue). — *f* Gênes. — *g* Lodi.

Pl. XV

FAIENCES ITALIENNES

a Faenza (décor dit bianco sopra bianco.
b Faenza (décor dit smaltino et berettino).
c Faenza (décor dit alla porcellana. — d Urbino (décor dit à grotesques).
e Castelli (atelier des Grue). — f Gênes. — g Lodi.

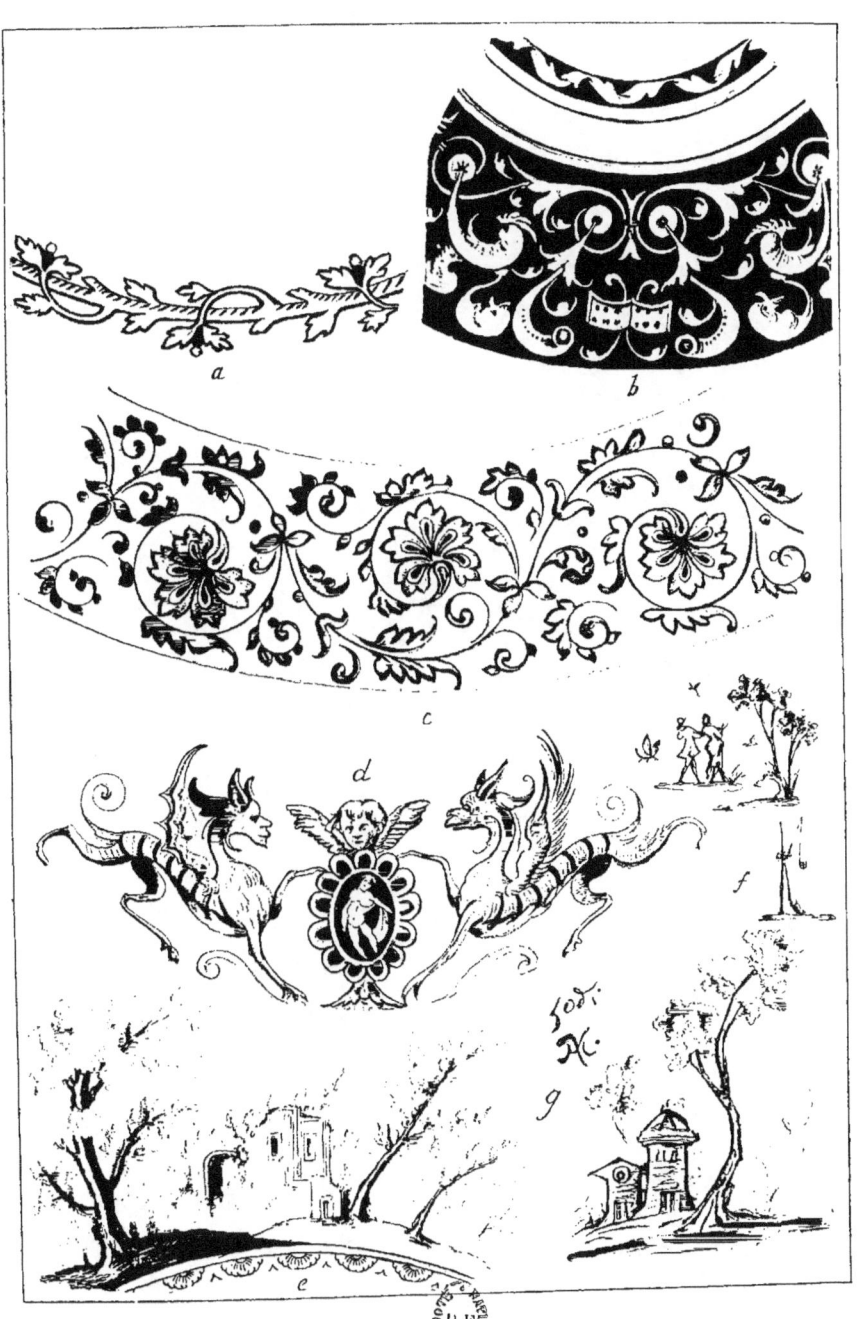

Les faïenciers parisiens, surtout ceux de la rue de la Roquette[1], ont excellé plus particulièrement dans la fabrication des beaux poêles et des riches cheminées en faïence blanche, quelquefois rehaussée d'or, ornés de mascarons et de guirlandes qui décoraient si harmonieusement les luxueux appartements d'autrefois ; beaucoup de ces poêles sont de véritables œuvres d'art, d'une fabrication irréprochable ; l'émail en est pur, solide et d'un blanc éclatant. Le plus connu des fabricants de poêles à la fin du siècle dernier était Ollivier. — Voir ce nom.

PASTILLAGE (**Décoration par le procédé du**). Ce genre tout particulier de décoration a été employé, depuis le xve siècle, sur les poteries vernissées fabriquées dans l'ouest et le nord de la France, aux environs de Beauvais, et surtout, en Suisse, dans le canton de Berne, notamment à Heimberg, près Thoun, où il est encore usité aujourd'hui. On l'obtient au moyen de bouillies liquides colorées par des oxydes très tingents, antimoine, cuivre, cobalt et manganèse, et renfermées dans de petites écuelles dont le bec étroit est muni d'un tuyau de plume par où s'échappe la couleur qui tombe goutte à goutte ou en filets, formant ainsi des linéaments déliés, des points, des fleurs, des armoiries et même des figures assez grossières aux tons durs et tranchés. Quelquefois la terre est recouverte d'un engobage coloré ou blanchâtre qui permet de varier à l'infini la décoration ainsi obtenue.

PATANAZZI (**Les**). Peintres sur faïences, qui travaillaient à

---

[1]. Dans le *Mémoire pour les Faïenceries du Faubourg Saint-Antoine* de Maunoury, avocat au Parlement, adressé en 1733 à M. de Machault, garde des sceaux, ministre et contrôleur général des finances, on lit le passage suivant : « Jean Binet, ouvrier en Faïance brune et blanche, demeure rue de la Roquette, fauxbourg Saint-Antoine. Il est inquiété pour raison du commerce qu'il fait et il s'agit pour lui de sa misère totale. C'est dans ce commerce qu'il a mis toute sa fortune et celle de sa femme.

« Le prétexte que l'on prend pour le troubler dans ce commerce est un avis du Conseil d'État du 9e aout 1728, qui fait défenses à toutes personnes d'établir à *l'avenir* aucuns fourneaux, forges, martinets et verreries, sinon en vertu de lettres patentes bien et duement vérifiées, à peine de 3,000 livres d'amende et de démolition des fourneaux, forges, martinets et verreries, et de confiscation des bois, charbons, mines et ustensiles servant à leur usage.

« Or, l'établissement de Jean Binet remonte au 15 janvier 1675, fondé par *François Dezon*, maître potier de terre et ses enfans auxquels a succédé :

« *Genest*, fabricant de faïences, qui pendant vingt années a fait son métier dans la même maison.

« Le sieur Genest, le 4e décembre 1750, a cédé et vendu à *Jean Binet...* »

Les faïenciers de Paris, nous apprend ce *Mémoire*, ne brûlaient que « des bois blancs et de rebut, qui ne peuvent servir ni au chaufage ni à la construction. »

En 1764, la fabrique de Jean Binet appartenait à son beau-frère.

Urbino à la fin du xvie siècle et au commencement du xviie. Le plus ancien, qui était sans doute élève d'Orazio Fontana, dont il a conservé les traditions, paraît être *Antonio*, qui a signé ainsi un beau vase orné de *grotesques*, d'une exécution remarquable, de la collection Spitzer :

```
·VRBINI·

·1580·
Mo ANTON
J~PA
TANAZ
~~~~~~
```

Vient ensuite *Alfonso*, auquel on attribue la marque :

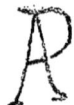

et dont on trouve fréquemment le nom écrit en toutes lettres :

ALFONSO PATANAZZI

FECIT

VRBINI. 1606

—

ALFONSO PATANAZZI FE

VRBINI IN BOTEGA DI

IOS. BATISTA BOCCIONE

1607

puis *Francesco*, dont les œuvres signées F. P. portent les dates de 1608 et de 1617, et enfin *Vincenzio*, qui, fier de son talent précoce, signait les pièces, fort médiocres, du reste, qu'il peignait, en les accompagnant de la mention de son âge :

VINCENZIO PATANAZZI

DE ANNI DODECI

—

VINCENZIO PATANAZZI

DA URBINO DI ETA

D'ANNI TREDECI DEL

1620

PAVIE. Bien que Giorgio Andreoli ait quitté Pavie pour venir se fixer à Gubbio, nous ne croyons pas qu'il ait existé dans cette ville une fabrique de faïence antérieurement à la fin du xviie siècle, c'est-à-dire à l'époque où les Cuzio décoraient de légendes et de rinceaux gravés leurs plats bruns d'un caractère si particulier. — Voir *Cuzio*.

PENNIS (Anthony, surnommé **le Jeune**), maître faïencier, établi, en 1759, à l'enseigne des *Deux Nacelles*. Son monogramme se trouve dans un grand nombre de pièces à décor polychrome :

PENNIS (Johannès, surnommé **le Vieux**), maître faïencier, établi, en 1759, à Delft, à l'enseigne du *Plat de porcelaine*, fit surtout des assiettes à musique ou à couplets, qu'il signait de ses initiales ou simplement d'un P surmonté d'un point.

Il mourut en 1788, âgé de quatre-vingt-six ans.

PERSE. Il est extrêmement difficile de déterminer d'une façon bien exacte la nature de la faïence de Perse, et la plus grande incertitude règne encore aujourd'hui sur l'histoire de la céramique dans ce pays où, cependant, la céramique a joué un rôle si considérable dans la décoration des édifices. Les pièces désignées, tantôt sous le nom de faïences, tantôt sous celui de porcelaines, ne sont, en réalité, ni des faïences proprement dites, ni surtout des porcelaines, malgré la transparence, très peu accentuée à la vérité, que l'on remarque dans quelques-unes d'entre elles ; leur pâte siliceuse les ferait cependant rentrer plutôt dans la classe des faïences, quoique beaucoup, d'une texture extrêmement mince, soient, en réalité, une sorte de vitrification. La plupart de ces pièces sont intéressantes par leur décoration, dont les éléments se composent de rinceaux, d'oiseaux, surtout de petits quadrupèdes, lièvres, chevreuils, etc., du style persan le plus pur. Il est cependant une certaine catégorie de vases et bouteilles, à vernis transparent, rehaussé par des ornements recouverts d'émail stannique, qui sont de vraies faïences ; quelques-uns de ces vases, auxquels on peut assigner une date extrêmement reculée, portent en léger relief une ornementation d'un grand caractère, qui semble être une tradition ou un lointain souvenir des sculptures de Ninive et de Babylone.

En réalité, la céramique persane est surtout caractérisée par les carreaux de revêtement à pâte également siliceuse et à couverte vitreuse qui, par juxtaposition, forment, sur les façades et à l'intérieur du palais et des mosquées, des mosaïques décoratives du plus beau style. Leur riche ornementation aux couleurs vives et harmonieuses se compose toujours de fleurs ornemanisées, tulipes, œillets d'Inde, roses ou jacinthes, de cyprès symboliques et parfois aussi d'animaux ; sur quelques-uns on voit la représentation d'un personnage à cheval, tenant un faucon sur la main droite, désigné sous le nom de *Schah-Abbas* ; ces sortes de carreaux ont eu une si grande vogue qu'ils ont excité le zèle des contrefacteurs et que beaucoup de ceux qui sont aujourd'hui dans le commerce sont de fabrication moderne. — Voir *Lindos*.

PESARO (Italie). Pesaro, petite ville du duché d'Urbino, a de tout temps possédé de nombreuses fabriques de poteries. Passeri, qui y était né et qui a donné des renseignements précieux sur l'industrie des faïences, affirme qu'une manufacture de majoliques y fut établie en 1462 et que c'est aux ateliers de cette industrieuse cité qu'il faut attribuer les pièces d'ancien style, à reflets métalliques jaunes ; d'après lui, également, la fabrication prit une grande extension, par suite de la protection qu'accorda aux faïenciers de la ville Guid'Ubaldo II, qui arriva du duché d'Urbino, en 1538, et qui fit construire à Pesaro un palais somptueusement décoré. Dans les plus anciennes pièces à reflets métalliques, attribuées à Pesaro, le revers est simplement vernissé ; plus tard, il est couvert d'émail blanc des deux côtés et est décoré, au revers, de lignes concentriques d'un ton *jaune feu* qui, à défaut de marques, servent à faire reconnaître les produits de cette fabrique. Vers la moitié du xvie siècle, un grand nombre de pièces portent en toutes lettres, et souvent avec une date, la mention *Fatto in Pesaro*. Quelquefois, mais rarement, cette mention est accompagnée de la désignation du sujet et du nom de l'artiste ou du fabricant :

LA CHACIA DEL PORCO
CHALIDONIO FATTO IN PESARO
1541

FATTO IN PESARO 1542
IN BOTTEGA DE MASTRO
GIRONIMO VASARO L. P.

On attribue également à Pesaro les marques suivantes :

P   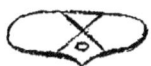   O†A
                            1582

C'est à Pesaro que paraissent avoir été fabriquées les premières faïences ornées de portraits et de devises *(amatorie)* qui occupent une place importante dans la céramique italienne, et qui sont précieuses en ce qu'elles nous donnent des renseignements intéressants sur les ajustements et les coiffures des dames italiennes du xvie siècle.

Ainsi que toutes les manufactures de majoliques italiennes, la fabrique de Pesaro cessa d'exister, ou tout au moins de produire des œuvres artistiques à la fin du xvie siècle. On la retrouve plus tard en activité, dans la dernière moitié du xviiie siècle, fabriquant avec deux peintres de Lodi, Filippo-Antonio Callegari et Antonio Casali, des faïences qui n'ont plus rien de commun avec les anciens produits et qui, suivant le goût du jour, cherchaient surtout à imiter la porcelaine de Chine. Il existe au Musée de Sèvres une assiette à décor chinois rehaussée d'or, signée au revers en or :

G G   G · G
Pesaro   Pesaro 1781

et le hasard a fait retrouver une assiette en porcelaine de Chine du même décor, qui permet de voir comment les artistes pesarais interprétaient les porcelaines qu'ils copiaient ainsi en faïence.

PICCOLPASSO (Le Chevalier), directeur d'une fabrique importante de Castel-Durante, placée sous le patronage de Guid'Ubaldo II, écrivit en 1548 un traité de la fabrication et de la décoration des faïences sous ce titre : *Li tre Libri dell'arte del Vasaio*. Le manuscrit, orné de dessins au trait, appartient à la bibliothèque du *South Kensington Museum* ; il a été traduit en français et publié en 1860, par Claudius Popelyn.

PIETER (Jeronimus, appelé aussi **PIETER VAN KESSEL)**, maître faïencier, établi à Delft, où il fonda vers 1639 la fabrique à l'enseigne du *Pot de métal* ; on lui attribue des faïences décorées en camaïeu bleu et marquées :

PIETERSZ (Herman), né à Harlem, est considéré par M. Havard (*op. cit.*, p. 88), comme le promoteur de l'industrie de la faïence à Delft, où il vint s'établir vers 1584. On lui attribue des fragments de carrelage ayant fait partie de la collection du D' Mandl, et décorés, en camaïeu bleu, d'une allégorie destinée à rappeler la mort de Guillaume le Taciturne.

PIETERSZ (Jan), faïencier à Delft en 1668. Il dut travailler longtemps chez L. Fictoor, car beaucoup de pièces cannelées à décor polychrome portent son monogramme placé au-dessous de celui de ce céramiste ; d'autres sont marquées simplement de son monogramme

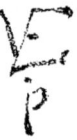 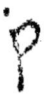

PISE (Italie. Cette ville, qui fut au xvi° siècle le centre le plus important de l'exportation en Espagne des faïences italiennes, en échange desquelles on renvoyait des poteries à lustre métallique, possédait également des manufactures dont les produits sont faciles à confondre avec ceux d'Urbino. On doit remarquer cependant, en prenant pour type un très beau vase à anses de serpents qui fait partie de la collection de

M. le baron Alphonse de Rothschild et qui porte en toutes lettres le mot

PISA

écrit dans des cartouches réservés sous les anses, que les faïences de Pise, d'un aspect solide, n'étaient pas recouvertes du *marzacotto* (voir ce mot) qui donne aux majoliques italiennes l'apparence d'une peinture vernie.

POITIERS (Vienne). Une manufacture de faïences fut établie dans un faubourg de cette ville, à Montbernage, vers 1776, par Pasquier, qui s'associa bientôt avec Félix Faulcon, imprimeur à Poitiers. La seule pièce que l'on puisse attribuer avec quelque certitude à cette fabrique peu importante est une assiette du Musée de Sèvres, décorée en bleu un peu ardoisé et portant au centre un cartouche dans lequel est peint un faucon, marque de l'imprimerie de Faulcon ; elle est signée au revers :

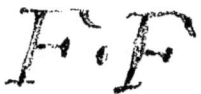

Une statuette en terre de pipe représentant un moine en prière est signée :

A MORREINE
Poitiers
1752

PONT-AUX-CHOUX (Manufacture du), à Paris. Cette manufacture, qui prit assez rapidement une assez grande importance, et qui était connue sous le nom de *Manufacture royale des terres d'Angleterre*, fut fondée en 1740 près le Pont-aux-Choux, à l'angle de la rue Saint-Sébastien. On n'y fabriquait que des faïences fines, d'un ton un peu jaunâtre, imitant les faïences anglaises dites *cream colour* ou *Queen's ware*. Elle est, du reste, mentionnée en 1772 dans l'*Almanach des marchands*, avec la désignation de *Manufacture royale des terres de France à l'imitation de celles d'Angleterre*. Les faïences du Pont-aux-Choux, d'une grande élégance de formes et d'une exécution remarquable, à en juger par les spécimens qui sont conservés au Musée de Sèvres, jouirent pendant longtemps d'une très grande vogue. Plusieurs sculpteurs de talent, entre autres Sigisbert Adam, de Nancy, ont travaillé pour cette manufacture, qui fut dirigée d'abord par Edme, allié à plusieurs familles de Nevers, et ensuite par un sieur Mignon, qui sut lui donner une importance considérable.

POULISSE Pieter, faïencier à Delft en 1690, fut d'abord associé avec Adriaen Pynacker, puis s'établit à son compte. On connaît de lui des pièces à fond noir et d'autres à décor polychrome et surtout rouge et or, entre autres un superbe plateau octogone de la collection Loudon, marqué :

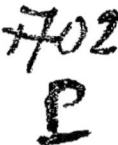

POURPRES (Les — Var). Cette fabrique, mentionnée par plusieurs auteurs, n'a jamais existé. — Voir *Japonnée (Faïence)*.

PRÉ-D'AUGE (Calvados), près Lisieux, et plusieurs localités des environs, furent pendant longtemps renommées pour leurs carreaux émaillés caractérisés par un dessin tracé à la pointe sur la terre encore molle, et cette fabrication était tellement importante que, jusqu'à la fin du XVIIIe siècle, les carreaux émaillés étaient généralement désignés sous le nom de *pavés de Lisieux*. C'est vers le milieu du XVIIe siècle qu'un ouvrier de Rouen, appelé Joachim, établit au village de la Bauqueterie, sur les confins de la commune de Pré-d'Auge et de la Boissière, cette fabrique, dont les produits portèrent pendant longtemps le nom de *pavés Joachim*. D'après les *Comptes des Bâtiments du Roi* pour l'année 1670 les vases et carreaux de faïence qui décoraient le *Trianon de Porcelaine* avaient été fournis par la fabrique de Pré-d'Auge.

PULL, rue de Vaugirard, à Paris. M. Pull établit, vers 1856, une petite manufacture dans laquelle il imita d'une façon tellement remarquable les faïences de Palissy et de son école que ses premières copies, entre autres celles de *la Nourrice* et du *Joueur de vielle*, furent vendues à des prix excessifs comme faïences originales. Ne voulant pas se faire complice de fraudes qui répugnaient à sa loyauté, M. Pull, prévenu, marqua alors ses produits de son nom en relief ou gravé en creux dans la pâte ; quelquefois, aussi, en émail blanc.

PYNACKER (Adriaan), maître faïencier à Delft en 1690, élève et gendre du célèbre *Aelbrecht de Keiser*; il fut d'abord associé avec son beau-frère, *Cornelis de Keiser* (voir ce nom), puis s'établit en s'associant avec *Pieter Poulisse*. Ses faïences, copiées sur les porcelaines du Japon, sont d'une fabrication et d'une décoration extrêmement remarquables. Elles sont signées :

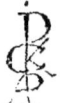

PYNACKER (**Jacobus**), maître faïencier établi à Delft en 1672, à l'enseigne des *Trois Bouteilles de porcelaine*; il fut en outre associé avec son beau-frère, *Cornelis de Keiser*, et produisit avec lui des pièces d'une exécution remarquable, à riche décor bleu, rouge et or. Il marquait :

QUEEN'S WARE. On désignait ainsi en Angleterre, au siècle dernier, — et ce nom même était employé quelquefois en France, — une *faïence fine*, fabriquée vers 1762 par Wedgwood et qui commença à établir sa réputation. La pâte de cette faïence était composée des argiles les plus pures et les plus blanches du Devonshire et du Dorsetshire, mélangées en proportions convenables avec du silex finement broyé. Wedgwood donna d'abord aux faïences qu'il obtenait ainsi et qui avaient une belle couleur de *crème*, le nom de *cream coloured ware*, qu'il changea contre celui de *Queen's ware* lorsqu'il eut obtenu pour sa fabrique le haut patronage de la reine Charlotte, femme de Georges III. Des faïences fines du même genre, désignées plus tard aussi sous le nom de *Queen's ware*, furent fabriquées également à Leeds (voir ce nom), par les frères Green; mais, à défaut du nom de provenance imprimé en creux au revers, on distingue facilement celles de Wedgwood en ce que, généralement, elles recevaient à Liverpool un décor imprimé, tandis que celles de Leeds sont le plus souvent ornées de dessins en relief.

QUIMPER (Finistère). Une manufacture de faïences fut fondée dans cette ville, au faubourg de Loc-Maria, vers 1690, mais ce n'est guère qu'à dater de 1743, sous la direction intelligente de Pierre Caussy, fils d'un maître faïencier de Rouen, que cette manufacture, qui prit alors une assez grande extension, produisit des faïences qui méritent d'être signalées. En arrivant à Quimper, le jeune céramiste normand apportait avec lui la décoration polychrome si fort à la mode au milieu du xviiie siècle, Chinois, fleurs en terrasses, bordures quadrillées, carquois, cornes d'abondance, etc., qu'il copia d'abord servilement, puis qu'il transforma bientôt de façon à créer un genre original du plus heureux effet et qui dénote de sa part une rare entente de l'ornementation céramique. Malheureusement, l'impossibilité dans laquelle il se trouvait de se procurer, à moins de frais énormes, les matières nécessaires à une bonne fabrication, ne lui permit pas de changer aussi complètement la pâte qui resta toujours épaisse, lourde, commune et recouverte d'un émail bis sur lequel le dessin est tracé au violet de manganèse en traits assez accentués. Les faïences de cette époque sont quelquefois marquées P. C. ou, plus fréquemment, C (Caussy).

En 1809, la manufacture de Loc-Maria devint la propriété de la famille de La Hubaudière, qui abandonna la fabrication des faïences pour celle des poteries vernissées; quelques années plus tard on y fit des grès assez fins marqués d'un H inscrit dans un triangle et surmonté d'une fleur de lis.

Vers 1872, le directeur de la manufacture, M. Fougeray, ayant retrouvé un nombre considérable de dessins, de poncifs et de calques laissés par Caussy, ainsi qu'un volume manuscrit dans lequel était notée en détail la composition des pâtes, des couleurs et des émaux, s'est servi de ces documents pour faire revivre dans toute son intégrité l'ancienne fabrication et il y est arrivé avec une perfection assez grande pour que beaucoup de ses faïences, *écaillées et vieillies* par des marchands peu consciencieux, aient pu tromper les yeux les plus exercés et passer dans le commerce de la curiosité comme datant du siècle dernier. Hâtons-nous d'ajouter que le fabricant était resté étranger à ce trafic et qu'avec une loyauté commerciale dont les exemples ne sont pas rares chez les industriels français et que nous sommes heureux de constater ici, il marquait tous ses produits :

HB

lettres initiales de la raison sociale de la fabrique (*La Hubaudière et Cie*).

QUIRING (Aldersz KLEIJNOVEN), maître faïencier à Delft en 1655, auquel, d'après M. Havard, on doit de belles imitations japonaises rehaussées de rouges magnifiques. En 1680, il fit le dépôt, comme marque de fabrique, du monogramme suivant :

qui, jusqu'à présent, n'a encore été rencontré sur aucune pièce.

R

RAEREN, commune de l'ancien duché de Limbourg (Prusse rhénane), possédait dès le commencement du XVIe siècle des fabriques de grès à pâte jaunâtre recouverts d'une glaçure brune plus ou moins foncée, semblables comme apparence à ceux de Frechen. Ceux de Raeren sont le plus souvent de forme sphérique, divisés en deux parties par une large bande cylindrique ou frise horizontale circulaire sur laquelle sont représentés en relief des sujets empruntés à *l'Ancien* ou au *Nouveau Testament*, des chasses, des danses, des cortèges, des écussons armoriés, etc.; le col est orné de médaillons également en relief, l'épaulement et le culot, de guillochages, d'ornements géométriques, de canaux, etc., etc.

« Bien que la couleur brune domine, dit M. Schmitz *(Lettres sur les grès Limbourgeois de Raeren)*, les potiers de Raeren ont néanmoins fait usage également d'une couleur bleue d'un éclat sans pareil; il est de tradition dans les familles Mennicken et Emonts [1] (ou Emens) que cette dernière couleur, désignée sous le nom de « bleu de Leipzig », était conservée comme un secret professionnel et que les membres de la gilde s'obligeaient entre eux à ne pas la divulguer au dehors. »

C'est à Raeren que furent fabriquées la plupart des cruches formées de deux anneaux s'entrecroisant dans le sens vertical ou d'un seul anneau vertical coupé par une bague horizontale.

Dans les grès bruns, les deux espèces les plus remarquables et les plus nombreuses sont celles qui ont reçu le nom de *Bauerntanz-Krüge*, sur la frise desquels sont représentées en relief des danses de villageois dans

---

[1]. Les Mennicken et les Emens exerçaient à la fois à Raeren l'art du *cartemaker* ou auteur du dessin et des moules, et l'industrie du *potenbecker* ou céramiste.

le genre des sujets représentés par Beham et Aldegrever, et les *Susanna-Kruge* qui reproduisent en plusieurs tableaux l'histoire de la chaste Suzanne. Les premiers sont souvent accompagnés d'inscriptions, en allemand et quelquefois en flamand, qui ne sont pas toujours d'un goût irréprochable.

Quelques grès de Raeren, tels que celui de l'ancienne collection d'Huyvetter, aujourd'hui au *South Kensington Museum*, sont des pièces d'une importance exceptionnelle et qui paraissent avoir été des œuvres de maîtrise plutôt que le résultat d'une fabrication courante.

RATISBONNE. On y fabriqua dès le XVIe siècle des grès bruns assez communs décorés en relief d'ornements et de sujets mythologiques. Quelques-uns, d'une exécution assez soignée, portent les initiales du graveur Jérôme Hoppfer :

I · H

RATO (Portugal). A part quelques pièces exceptionnelles qui figuraient à l'Exposition de 1887, les faïences de Portugal sont peu connues en France. Il est hors de doute cependant que la fabrication des poteries vernissées ou émaillées, particulièrement celle des carreaux de revêtement (*azulejos*) y remonte sans interruption jusqu'au XVe siècle. Au XVIIIe, la principale manufacture portugaise était celle de Lisbonne, connue sous le nom de « Manufacture royale de Rato », d'où sont sorties des faïences de tout genre, à reliefs ou à décor peint en camaïeu bleu, surtout à l'imitation de Rouen. Nous ne pouvons guère nous prononcer sur le mérite de ces faïences dont nous ne connaissons qu'un spécimen assez médiocre. C'est un plat ovale du Musée de Sèvres, maladroitement décoré en bleu sur le marli de fleurs et de feuilles en quatre motifs séparés et, sur l'épaulement, d'un mince rang de perles d'un très mauvais effet. Ce plat, dont la provenance n'est pas douteuse, est marqué :

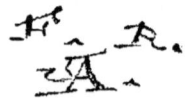

RAVENNE (Italie). Cette fabrique n'est connue que par une petite coupe de 0m235 de diamètre, de la collection Davillier, aujourd'hui au Musée de Sèvres, décorée à l'intérieur, en camaïeu bleu, d'une peinture sur émail gris bleuté, d'un beau dessin et d'une exécution parfaite,

PL. XVI
ÉCOLE DE DELFT
Décors variés.

PL. XVI

ÉCOLE DE DELFT

Décors variés.

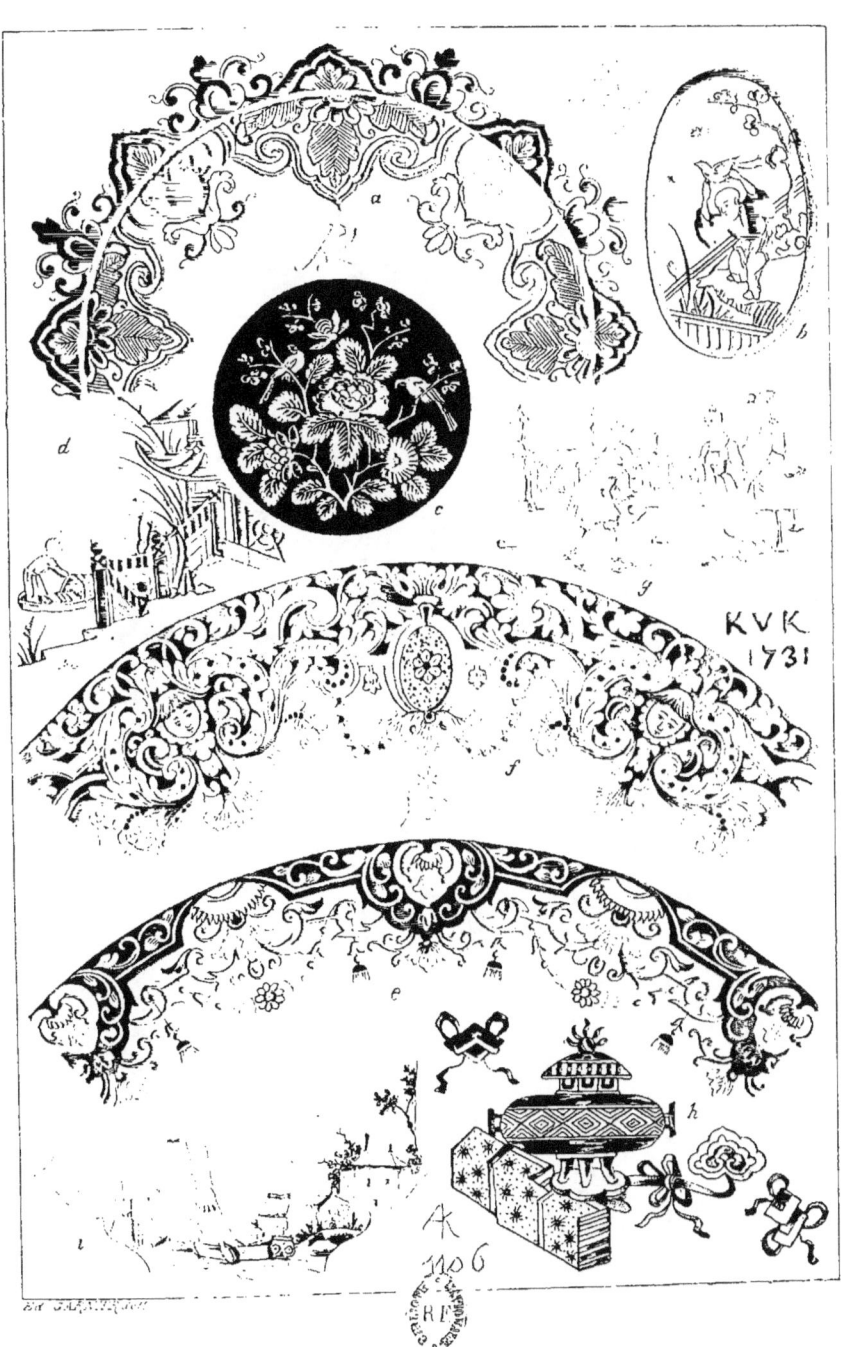

représentant *Arion porté sur trois dauphins et jouant du violon;* elle est signée en toutes lettres :

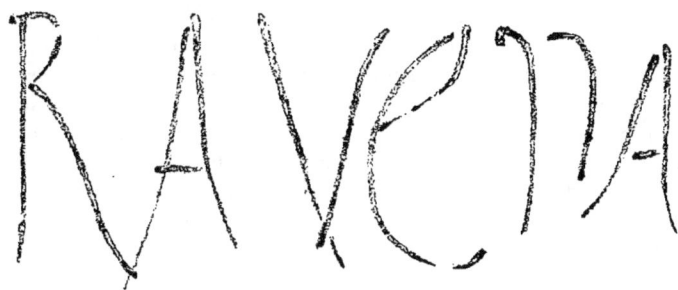

REHWEILER (Franconie). Le Musée de Sèvres possède de cette manufacture, dont l'existence n'a pas encore été signalée, deux charmantes assiettes admirablement décorées dans des tons doux et harmonieux de branches de fleurs ou de petits lambrequins fleuris du plus charmant effet; l'une de ces assiettes est marquée :

L

(Pl. 18 *e, g.*)

RENIER HEY (ou **REYER HEY**), faïencier à Delft en 1697, paraît avoir été un décorateur de grand talent. Le Musée de Sèvres possède de lui deux plaques décorées de marines très habilement exécutées en camaïeu d'un bleu doux, dont l'une est signée en toutes lettres :

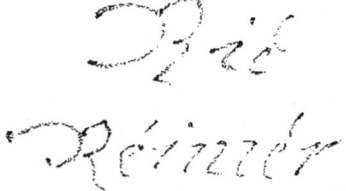

RENNES (Ille-et-Vilaine). Rennes possédait au xvie siècle des fabriques assez importantes de poteries à vernis vert assez intense jaspé de brun, mais jusqu'à présent on ne sait rien sur leur histoire, non plus que sur celle des faïenceries qui paraissent y avoir été établies au xviie siècle et dont l'existence est affirmée par de nombreux fragments de pierres tombales trouvées dans les cimetières des environs.

A dater de 1748, les documents sont plus précis et nous savons qu'à cette époque un Italien, Jean Forasassi, dit *Barbarino*, qui arrivait de Florence, établit à Rennes une manufacture à laquelle on attribue avec quelque certitude des statuettes de Vierge, de saint Yves et d'autres saints que l'on rencontre en grand nombre dans toute la Bretagne, mais qui, à part quelques exceptions qui remontent probablement aux premières années de la fabrication, ne sont que d'informes et grossières ébauches. Une fabrique plus importante fut fondée quelques années plus tard dans la rue Hue où elle existe encore aujourd'hui. On y a fabriqué de très belles faïences, dont les formes, à reliefs de rocailles, paraissent avoir été moulées sur des pièces d'orfèvrerie et qui sont décorées d'ornements ou de fleurs d'apparence un peu uniforme par suite de l'abus que les peintres rennais ont fait du violet de manganèse foncé ou du vert rappelant celui de Marseille, mais sali et assombri par l'addition du noir et du violet. Les faïences de Rennes sont rarement marquées. Nous citerons cependant une pièce de la collection de feu M. Éd. Pascal qui porte la mention :

Fait à Rennes, rue Hüe 1770

et l'encrier à tiroir de Bourgouin que nous avons déjà mentionné et sur lequel on lit l'inscription suivante :

Fecitte · P   *A RENNES*
Bourgouin   *ce · 12 · 8bre*
. . . . .   *1761*

RÉVÉREND (Claude), marchand faïencier à Paris. On a attribué à Révérend des assiettes et des plats décorés au centre de figures isolées accompagnées d'inscriptions françaises, *la Comédienne, le Marchand ambulant, l'Officier*, etc., ainsi que deux plats du Musée de Sèvres dont l'un est aux armes de France et dont l'autre porte l'écu de Colbert, mais ces pièces sont de fabrication hollandaise, ainsi que le prouve, du reste, la marque bien connue (voir ci-après) d'Augestijn Reygens, maître faïencier à Delft en 1663, que l'on voit sous la plupart de ces pièces. Révérend avait demandé en 1664 l'autorisation de « faire de la faïence et de contrefaire la porcelaine, en même temps qu'à introduire en France des marchandises déjà fabriquées en Hollande... », mais rien ne prouve qu'il ait mis à exécution la première partie de son projet ; par contre, on trouve aux Archives nationales son nom sur plusieurs mentions de fournitures de faïences faites aux résidences royales.

REYGENS (Augestijn), maître faïencier à Delft en 1663 ; on lui doit des faïences à riche ornementation polychrome, d'une exécution admirable, en même temps que des pièces assez ordinaires marquées :

 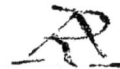

marque que l'on a voulu attribuer, sans aucune raison valable, à Claude Révérend.

RHODES (Ile de). — Voir *Lindos*.

RIMINI (Italie). Piccolpasso mentionne plusieurs fabriques qui existaient dans cette ville vers 1548, mais on ne sait rien sur leur histoire et on ne connaît qu'un très petit nombre de pièces qui puissent leur être attribuées avec certitude : tels sont un plat du Musée de Cluny représentant Adam et Ève chassés du Paradis et portant la marque :

1535. — De Adam e d'Eva in Rimino

un autre du *British Museum* sur lequel est peinte la chute de Phaéton :

In Arimin

Ces plats offrent des caractères d'exécution tellement accusés, notamment un travail de hachures jaune roux dans les ombres, blanc dans les lumières, un soin si particulier donné aux paysages et, surtout, une glaçure si belle et si limpide, que M. Darcel a cru pouvoir attribuer à cette manufacture un certain nombre de pièces du Musée du Louvre dont la provenance était inconnue.

ROANNE (Loire) a produit au siècle dernier des faïences qui, à en juger par les deux spécimens que possède le Musée de Sèvres, devaient être des plus communes, et d'après lesquelles nous ne croyons pas pouvoir accepter les conclusions de M. le Dr Noëlas, auteur d'une *Histoire des faïences Roanno-Lyonnaises* (in-8º, 1883), qui cédant un peu trop volontiers peut-être à un amour local exagéré, a attribué aux fabriques de Roanne toutes les faïences trouvées dans la région, depuis les carreaux du château de La Bâtie jusqu'à des faïences de Delft portant les marques si connues d'Augestijn Reygens, celle des *Trois Cloches*, etc., etc.

ROBBIA (Les Della), qui pendant plus d'un siècle pratiquèrent l'art de la terre et qui passent pour être les premiers qui, en Europe, ont appliqué l'émail d'étain aux sculptures décoratives (voir l'*Introduction*), occupent à juste titre une place des plus considérables dans l'histoire de la céramique.

Le chef de la famille, *Luca di Simone di Marco della Robbia*, naquit à Florence en 1399 ou en 1400. Très habile dans l'art de la sculpture, il fut, tout jeune encore, chargé à Rimini de travaux qui le firent connaître et lui valurent à son retour à Florence la commande d'œuvres importantes parmi lesquelles nous citerons particulièrement les admirables bas-reliefs de la tribune de l'orgue de l'église Santa Maria del Fiore, les portes de bronze de la sacristie de la même église et le tabernacle de la chapelle de Saint-Luc à l'hôpital de Santa Maria Nuova qui rendirent son nom célèbre dans toute l'Italie. Peu satisfait cependant, si on en croit Vasari, des résultats pécuniaires qu'il obtenait et irrité des obstacles que la lenteur de l'exécution en marbre apportait à son ardeur de produire, il s'appliqua à trouver le moyen de donner à ses œuvres en terre une durée indéfinie en les recouvrant d'un émail blanc qui devait leur donner l'éclat et la solidité du marbre. Il n'inventa certes pas cet émail connu depuis longtemps en Europe par les poteries hispano-moresques et les faïences orientales, mais il eut au moins le mérite de l'employer de façon à créer un art absolument nouveau. D'après Vasari, son premier ouvrage en terre émaillée serait le beau bas-relief de *la Résurrection* dans l'église Santa Maria del Fiore qui date de 1443, où les figures se détachent en blanc sur un fond bleu lapis; puis vinrent successivement *les Évangélistes* de la coupole de la chapelle des Pazzi à Santa Croce, où paraît dans les détails la première application des couleurs (vert, violet et jaune), et le bas-relief de *l'Ascension* qu'il exécuta en 1446. Il décora ensuite un grand nombre d'églises et de chapelles de la Toscane d'œuvres qui, alors comme aujourd'hui, excitèrent l'admiration générale. Dans ses compositions toujours simples, les figures sont en petit nombre, l'expression calme, les attitudes nobles et naturelles. Les encadrements sont formés de peu de moulures décorées sobrement d'ornements empruntés à l'art grec auxquels il ajouta parfois un tore de feuillages ou de fleurs en relief peu saillant. L'émail est très pur, d'un ton doux qui participe à la fois du marbre et de l'ivoire un peu jaunis; le bleu des fonds est doux et harmonieux.

Il mourut en 1482, laissant son atelier à son neveu ANDREA, né à Florence le 28 octobre 1435, qu'il avait associé depuis longtemps à ses travaux. Sous la direction d'Andrea, l'atelier se transforma en fabrique, tout en conservant néanmoins un grand caractère d'art. On y fit surtout des pièces sans destination définie à l'avance, médailles, tableaux d'autels, tabernacles, etc., facilement reconnaissables à leurs encadrements composés de lourdes guirlandes de fruits et de feuillages admirablement modelés et d'une coloration forte et soutenue, mais qui écrasent parfois le sujet principal.

Andrea, qui mourut le 4 août 1525, à l'âge de quatre-vingt-dix ans, eut sept fils dont cinq au moins l'aidèrent dans ses travaux. Plus tard, deux se firent dominicains.

Des trois qui restèrent, l'aîné, Giovanni, né le 8 mai 1469, demeura à Florence. C'était un artiste d'un talent très inégal et dont les œuvres, d'une composition lourde et confuse, d'une exécution froide malgré les surcharges de couleurs qui les distinguent, marquent une décadence très accentuée. On lui attribue cependant les beaux bas-reliefs représentant les *Œuvres de Miséricorde* qui décorent la façade de l'hôpital du Ceppo, à Pistoïe.

Le second, Luca, se rendit à Rome où, à la demande de Raphael, il peignit et émailla les pavages en terre cuite des *Loges* du Vatican. On croit qu'il établit également à Rome une fabrique de poteries d'où seraient sortis ces vases, qui se trouvent figurés quelquefois sur les œuvres des Della Robbia, à émail stannifère bleu lapis, décorés en léger relief d'imbrications et d'entrelacs et dont les anses sont formées par deux dauphins.

Le dernier, Girolamo, né le 9 mars 1488, fut appelé en France vers 1527 ou 1528 pour travailler à la construction et à la décoration du château de Madrid au Bois de Boulogne, château que Philibert Delorme appelait ironiquement *le Château de faïence*[1] et qui empruntait presque toute sa décoration extérieure aux arts du feu. Forcé, après la mort de François Iᵉʳ, d'abandonner son œuvre par suite de la jalousie de Philibert Delorme, envieux du succès des artistes italiens, il retourna en Italie en 1553, pour en revenir en 1557, rappelé par l'influence du Primatice; il reprit alors ses travaux et les termina avant sa mort, survenue à Paris, à l'hôtel de Nesles, le 4 août 1566. Il travailla également à Fontainebleau et à Orléans et eut à exécuter plusieurs travaux de sculpture en pierre et en marbre.

Si l'on examine les œuvres des Della Robbia, surtout celles de Luca et d'Andrea, au point de vue purement céramique, on est étonné de la perfection des procédés techniques dont elles témoignent. L'émail en est bien glacé, très pur et sans aucune gerçure; la terre est bien cuite et les retraits en ont été si habilement calculés que toutes les pièces qui composent l'ensemble des bas-reliefs et des statues de grande dimension

[1]. Le Musée de Sèvres possède trois fragments en terre cuite émaillée provenant de la décoration du château de Madrid : fragment de corniche (émail blanc), et deux fragments de rosaces (émail blanc et violet).

s'ajustent et s'assemblent sans laisser aucun vide. Dans quelques bas-reliefs les chairs sont restées à l'état de biscuit, c'est-à-dire sans être recouvertes d'émail ; le Musée du Louvre possède en ce genre plusieurs œuvres qui font regretter que ce procédé, qui laisse au modelé toute sa finesse et tout le caractère que l'émail, malgré son peu d'épaisseur, enlève toujours à la terre cuite, n'ait pas été plus souvent employé.

Les Della Robbia ont également modelé et émaillé un grand nombre d'écussons des familles italiennes du xve et du xvie siècle ; ces écussons, dont on voit encore aujourd'hui des spécimens aux portes des palais de Florence, sont supportés par des figures d'anges et indiquent avec les armoiries les noms des grands seigneurs qui les avaient commandés et la date de leur magistrature.

Cf. Barbet de Jouy, *Les Della Robbia*, in-12, 1855. — Bode, *Die Künstlerfamilie della Robbia...* — Cavallucci et Émile Molinier, *Les Della Robbia, leur vie et leur œuvre*, gr. in-4°. Librairie de l'Art, 1884. — De Laborde, *Le Château du Bois de Boulogne, dit Château de Madrid*, in-8°, Paris 1853.

ROCKINGHAM POTTERY. On désignait sous ce nom des poteries à glaçure d'un beau brun pourpré, à pâte fine et serrée, et d'une exécution irréprochable, fabriquées vers 1788 en Angleterre, à Swinton, près Rotherham, apanage du marquis de Rockingham. Les théières en *terre de Rockingham* — qui, disait-on, aidait à développer l'arome et la saveur du thé, — étaient particulièrement recherchées et se vendaient à des prix élevés : quelques-unes, désignées sous le nom de « Cadogan-pot », étaient en forme de fruits avec fleurs et feuillages en relief. Elles étaient vendues surtout à Londres dans Oxford street, chez Mortlock qui en faisait un commerce assez considérable ; aussi trouve-t-on fréquemment de ces théières portant en creux la marque :

MORTLOCK'S CADOGAN

ou simplement

MORTLOCK

et quelquefois, mais rarement

ROCKINGHAM

ROMAIN (Le), enseigne d'une fabrique de faïences fondée à Delft vers 1671 par *Martinus Gouda*. (Voir ce nom.) Plusieurs plats sortis des fours de cette fabrique sont décorés au centre du *Romain à cheval* qui lui servait d'enseigne.

RÖRSTRAND (Suède). La fabrique de faïences, fondée en 1725, à Rörstrand, un des faubourgs de Stockholm, grâce à l'initiative et avec le patronage du baron Pierre Adlerfelt, ministre de Suède à Copenhague, eut des commencements difficiles par suite de l'incapacité de son premier directeur Jean Wulf ou Wolf et de son associé André-Nicolas Ferdinand, mais elle prit bientôt une grande extension sous la direction de Conrad Hünger, qui avait travaillé comme décorateur à Meissen; aussi les beaux produits de cette manufacture rappellent-ils les formes un peu contournées et les décorations des porcelaines de Saxe. Outre les pièces à décor polychrome, exécutées toujours avec beaucoup de soin, on a fait à Rörstrand un grand nombre de faïences peintes en camaïeu bleu, des statuettes, des flambeaux et beaucoup d'autres objets variés, — entre autres des *porte-perruques* — reconnaissables à leur beau jaune citron et à leurs dessins cernés de noir ou de manganèse.

Vers 1760, on introduisit à Rörstrand un nouveau genre de fabrication, celle de la faïence fine dans laquelle on chercha, autant que possible, à imiter les formes et la décoration des faïences françaises de Strasbourg et de Marseille ; beaucoup de pièces de cette seconde période sont souvent décorées avec trop de profusion de fruits, de fleurs et de feuilles en relief.

Les marques des deux périodes sont différentes ; dans la première, les pièces portent le nom de Stockholm seul ou avec celui de Rörstrand en abrégé, accompagnés, ou non, de la date de la fabrication et souvent des initiales du peintre :

Dans la seconde, le nom de Stockholm est supprimé et Rörstrand est seul inscrit, mais toujours, cependant, avec les dates :

On rencontre parfois des plats ou des assiettes datant de 1750 à peu près, à rehauts de blanc *(bianco sopra bianco)*, portant des légendes facétieuses ou patriotiques : « Les hommes de Suède plaisent. » — « A la santé de toutes les jolies filles. » — « Bonne chance à nos drapeaux », etc.

ROSE (**La**), enseigne d'une fabrique de faïences fondée à Delft vers 1675 par *Arendt Cosijn*. (Voir ce nom.) Les produits de cette fabrique justement célèbre sont marqués d'une *rose* plus ou moins bien faite. Celles qui suivent sont empruntées à l'ouvrage de M. Havard, *Histoire de la faïence de Delft*, et à deux pièces du Musée de Limoges :

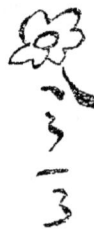 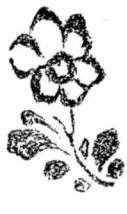 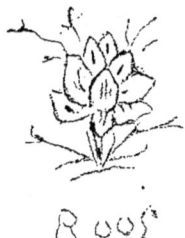

ROUEN (Seine-Inférieure). Rouen occupe à juste titre le premier rang dans l'histoire de l'industrie céramique en France, non seulement par l'importance et le nombre de ses fabriques, mais aussi, et surtout, par la perfection artistique de ses produits. Ce qui fait la supériorité des faïences rouennaises, en dehors de leur fabrication irréprochable, de la beauté de leur émail, de la pureté et de l'intensité de leurs couleurs, notamment du bleu, c'est le grand sentiment décoratif que l'on remarque dans toutes, même les plus ordinaires; c'est ce décor pour ainsi dire architectural qui met chaque motif à sa place juste et qui fait valoir harmonieusement non seulement l'ensemble de la forme, mais encore la plus petite moulure, le relief le moins important.

Il est assez difficile de déterminer d'une façon bien exacte les origines de l'industrie de la faïence à Rouen. Nous savons bien qu'au milieu du XVIe siècle un potier *(figulus)*, Masseot Abaquesne (voir ce nom), y fabriquait, pour le connétable de Montmorency, des carreaux précieusement conservés aujourd'hui dans nos musées, mais depuis cette époque jusqu'en 1644, c'est-à-dire pendant un siècle, le silence le plus complet se fait et on ne trouve plus dans les archives de la vieille cité normande aucune trace, aucune mention de l'existence ou de l'établissement d'un four de potier.

En 1644, des lettres patentes sont accordées à Nicolas Poirel, sieur de Grandval, huissier du cabinet de la reine-régente, Anne d'Autriche, l'autorisant à fabriquer et à vendre la faïence dans toute la province de Normandie pendant une durée de cinquante ans. Comment Nicolas Poirel profita-t-il de ce privilège et qu'en advint-il? Là encore on en est réduit aux conjectures. Ce qui est certain, c'est que quelques années plus tard, une manufacture au moins était en activité — le fait est prouvé par plusieurs pièces portant la mention :

faict a Rouen

1647

— et que dans un *Mémoire sur les Manufactures du Royaume*, manuscrit autographe de Colbert, on trouve ce passage qui ne laisse subsister aucun doute : « Protéger et gratifier les faïenciers de Rouen et environs et les faire travailler à l'envy. Leur donner des desseins et les faire travailler pour le Roy. » Quels étaient ces faïenciers que voulait ainsi protéger et gratifier Colbert? On l'ignore. Le Parlement de Rouen avait refusé, à trois reprises différentes, sans doute à cause de sa trop longue durée, d'enregistrer le privilège donné à Nicolas Poirel, qui l'avait cédé à Edme Poterat, sieur de Saint-Étienne, et nous devons attendre jusqu'en 1673 pour voir définitivement accorder à Louis Poterat, fils d'Edme, des lettres patentes pour l'établissement d'une fabrique de faïence et porcelaine à Rouen, avec privilège de trente ans. Ce privilège n'était pas encore expiré que plusieurs fabricants étaient établis dans le faubourg de Saint-Sever, sollicitant et obtenant l'autorisation de continuer leurs travaux, malgré les droits exclusifs de Louis Poterat qui demandait, mais inutilement, la démolition des fours de ses concurrents. Le moment, du reste, était favorable à la production de la faïence. La nécessité de subvenir aux dépenses occasionnées par une guerre acharnée au dehors, les inondations de la Loire et, surtout, la disette de 1709 avaient épuisé les finances. On cherchait « à faire argent de tout » et quelques seigneurs, afin de venir en aide au trésor, ayant porté leur argenterie à la Monnaie et l'ayant remplacé par de la faïence, virent bientôt leur exemple suivi de toutes parts[1]. Ce fait est relaté dans un grand nombre de lettres et de *Mémoires* du temps. C'est d'abord Madame, duchesse d'Orléans, belle-sœur de Louis XIV, qui écrit le 8 juin 1709 : « ... La famine est telle que des enfants se sont mangés les uns les autres. Le roi est tellement résolu à continuer la guerre qu'il a, hier, remplacé son service d'or par de la vaisselle de faïence; il a envoyé tous les objets qu'il avait en or à la Monnaie afin de les convertir en louis. » Puis Saint-Simon qui dans ses

---

[1]. Le même fait devait se produire cinquante ans plus tard. — Voir *Culs-noirs*.

Mémoires (année 1709) dit : « Tout ce qu'il y eut de grand et de considérable se mit en huit jours à la faïence ; ils épuisèrent les boutiques et mirent le feu à cette marchandise... Le roi agita de se mettre à la faïence; il envoya sa vaisselle d'or à la Monnaie et M. le duc d'Orléans le peu qu'il en avoit. »

En 1722, on comptait à Rouen onze fabriques importantes occupant plus de deux mille ouvriers, et ces fabriques prirent une si grande extension que le *Dictionnaire géographique* d'Expilly disait que « les Manufactures de faïences du fauxbourg Saint-Sever à Rouen, à la gauche de la Seine, étaient si considérables, qu'elles pourraient suffire à la fourniture de tout le royaume. » En 1783, le *Mémoire de la Commune de la Normandie*, présenté par la Chambre de Commerce à Louis XVI lors de son passage à Rouen, constatait qu'il y avait dans la ville dix-huit faïenciers et que les deux tiers de leurs produits étaient exportés dans les colonies. Malheureusement cet état prospère ne devait plus durer longtemps. D'une part, le traité de commerce conclu avec l'Angleterre en permettant la libre introduction en France de la faïence fine ou *terre de pipe* et, d'autre part, le développement que prenait chaque jour la fabrication de la porcelaine dont l'emploi devait bientôt se généraliser, eurent pour effet de ruiner à Rouen, comme à Nevers et à Moustiers, cette belle industrie de la faïence française qui avait brillé d'un si vif éclat pendant plus d'un siècle, et bientôt il n'y resta plus que le souvenir de ces manufactures autrefois si vivantes et si actives.

Le décor des faïences de Rouen a beaucoup varié ; dans les premiers produits, fort rares, du reste, l'influence nivernaise est tellement visible, les formes et le décor, tout rappelle si bien l'influence des Conrade, qu'il paraît de toute évidence que ce sont des ouvriers appelés de Nevers qui ont été les premiers agents de la fabrication rouennaise. Comme Nevers, Rouen a commencé par fabriquer des plats et des assiettes à large bord et à bassin étroit, dont la forme rappelle celle des drageoirs *(tondini)* italiens, et qui étaient ornés en camaïeu bleu de motifs détachés, chimères, oiseaux, fleurs, etc., imitant les décors des faïences de Savone ou ceux des porcelaines orientales. Mais cette première période d'imitation dura peu ; les artistes rouennais surent s'affranchir bientôt des influences étrangères et créèrent, vers la fin du XVIIe siècle, les beaux décors dits à *lambrequins* ou à *broderies* (pl. 2), si originaux, si vraiment français et dont les motifs alternés étaient empruntés pour la plupart aux étoffes, aux dentelles, à la marqueterie, à la ferronnerie ou aux fleurons et culs-de-lampe des beaux livres de l'époque.

Le décor à lambrequins fut d'abord exécuté très simplement en camaïeu bleu, il se composait le plus souvent de deux motifs alternés, reliés entre eux et répétés de façon à former une bordure sur le marli des plats et des assiettes, ou sur le pourtour des vases, des aiguières, des sucrières à poudre et autres objets de forme symétrique. Ces lambrequins étaient plus ou moins compliqués, mais toujours composés d'après le même principe, de palmettes, de feuilles et de rinceaux réservés en blanc sur un fond rechampi en bleu.

Le centre des plats et des assiettes était occupé par un fleuron qui a subi un grand nombre de variations. Dans le principe, il se composait d'un motif assez chargé, un peu lourd, et représentant toujours au milieu de fleurs, de palmettes et de rinceaux se détachant en réserve sur fond bleu, deux animaux fantastiques, quelquefois à tête humaine, affrontés, c'est-à-dire se regardant face à face, une moitié du décor retourné et répété ayant servi à constituer l'autre moitié et à former ainsi tout le fleuron. (Pl. 2.) Cette répétition symétrique est, du reste, un des caractères distinctifs du décor bleu rouennais; même dans les motifs qui paraissent le plus compliqués, les éléments constitutifs sont toujours très simples, et l'on est étonné, en les décomposant, de voir avec quelle ingéniosité les faïenciers rouennais les ont disposés et quel parti ils ont su en tirer. Quand les motifs alternés et répétés à intervalles égaux partent du bord de la pièce et convergent vers le centre, ils forment ce que l'on appelle le décor de *style rayonnant*, mais malgré la richesse apparente de ces beaux décors dont les combinaisons éclatantes et symétriques rappellent les rosaces de nos vieilles cathédrales, le principe reste toujours le même.

Ainsi que nous l'avons dit, ce sont surtout les fleurons qui décorent le centre de leurs plats et de leurs assiettes que les faïenciers rouennais se sont plu à varier; celui que l'on rencontre le plus fréquemment et que toutes les fabriques, même celles qui produisaient les faïences les plus communes, ont employé, qui a subi de nombreuses transformations et que l'on trouve parfois associé à de riches ornements, se compose d'une corbeille remplie de fleurs de convention, toujours disposées d'une façon symétrique. Dans tous ces fleurons, on retrouve les mêmes principes décoratifs, composés de feuilles dentées disposées en rinceaux ou formant culot, et puisés soit dans les livres de l'époque, soit dans les œuvres de Bérain. Tous ces décors étaient exécutés en camaïeu bleu ou en bleu rehaussé de rouge de fer, avec une grande liberté de pinceau et une hardiesse spirituelle qui donnent un véritable caractère d'art à toutes les faïences rouennaises et qui étaient nécessaires pour corriger la froideur résultant de la disposition symétrique des ornements.

Le décor polychrome commença à être exécuté à Rouen à la fin du xviie siècle; dans le principe il emprunta ses motifs aux éléments qui composaient les lambrequins, mais la disposition en fut variée à l'infini; le décor à *ferronnerie*, dans lequel on retrouve comme une reproduction des beaux ouvrages en fer forgé de l'époque, mais dont les spécimens sont assez rares, paraît avoir été la plus ancienne manifestation de l'emploi des couleurs variées sur les faïences rouennaises. Les plus remarquables exemples du décor polychrome de cette première période de la fabrication de Rouen sont les pièces du service commandé par François-Henri de Montmorency, duc de Luxembourg, maréchal de France et gouverneur de Normandie de 1690 à 1695. Le Musée de Cluny possède plusieurs échantillons de ce service qui a été attribué, mais sans preuves positives, à la fabrique de Jean Guillebaud ou Guillibaud auquel on doit, sans aucun doute possible, la création d'un décor bien particulier et qui apparaît un peu plus tard dans l'industrie rouennaise. Ce décor aux couleurs vives et éclatantes, et qui a surtout été appliqué sur des plats et des assiettes, se compose, au centre, de pagodes et de paysages fleuris dans le style pseudo-oriental de l'époque ; il est surtout reconnaissable aux bordures, dont les dessins quadrillés vert et rouge sont coupés par des réserves de bouquets ou de fleurs détachées, du plus gracieux effet.

C'est à ce moment également qu'apparaît le décor à fond jaune ocré sur lequel se détachent en bleu foncé, presque noir, de charmantes arabesques formant des rinceaux élégants et variés, au milieu desquels ressortent, en réserves blanches légèrement modelées en bleu, des figures d'Amours dessinées sans beaucoup d'art, mais pleines d'entrain et de verve. La bordure, du même ton, est ornée de mosaïque quadrillée coupée par des médaillons ovales à rinceaux. (Pl. 3.)

Une autre décoration exceptionnelle est celle à fond bleu lapis sur lequel se détachent en blanc fixe et en jaune des fleurs et des insectes de style oriental dessinés d'un trait fortement accentué. (Pl. 3.) Ce genre est une imitation des décors à fond bleu persan qui avaient acquis une si grande célébrité aux fabriques de Nevers; mais si, dans les faïences de Rouen, le décor est plus correct et mieux dessiné, en revanche le bleu du fond est loin de valoir celui de Nevers comme pureté et comme intensité.

Vers le milieu du xviiie siècle, les faïenciers normands s'inspirent, pour décorer leurs œuvres, du genre *rocaille* si fort à la mode alors. L'application de ce décor dans la céramique rouennaise consiste dans une ornementation à bordure irrégulière et, surtout, dans l'emploi de carquois et de torches enflammées, de trophées d'armes ou d'instruments de musique, d'arcs, de flèches, etc. Le décor dit *au carquois* peut être considéré comme le type de ce genre. Puis l'ornementation subit enfin une nouvelle et dernière transformation, et l'on voit bientôt apparaître le décor *à la Corne* (pl. 4), formé par une sorte de *corne d'abondance* d'où s'échappent des tiges de fleurs accompagnées d'insectes et de papillons. Ce genre de décoration, que les peintres rouennais ont varié à

PL. XVII

ALLEMAGNE — SUISSE — HOLLANDE — SUÈDE

a Stralsund. — *b c* Rörstrand. — *d* Marieberg. — *e* Amsterdam.
f Amberg. — *g* Frankenthal. — *h* Nuremberg. — *i* Winterthur.

Pl. XVII

ALLEMAGNE — SUISSE — HOLLANDE — SUÈDE.

a Stralsund. — b c Rotersand. — d Mariebrg. — v Amsterdam. — f Amberg. — g Frankenthal. — h Nuremberg. — i Winterthur.

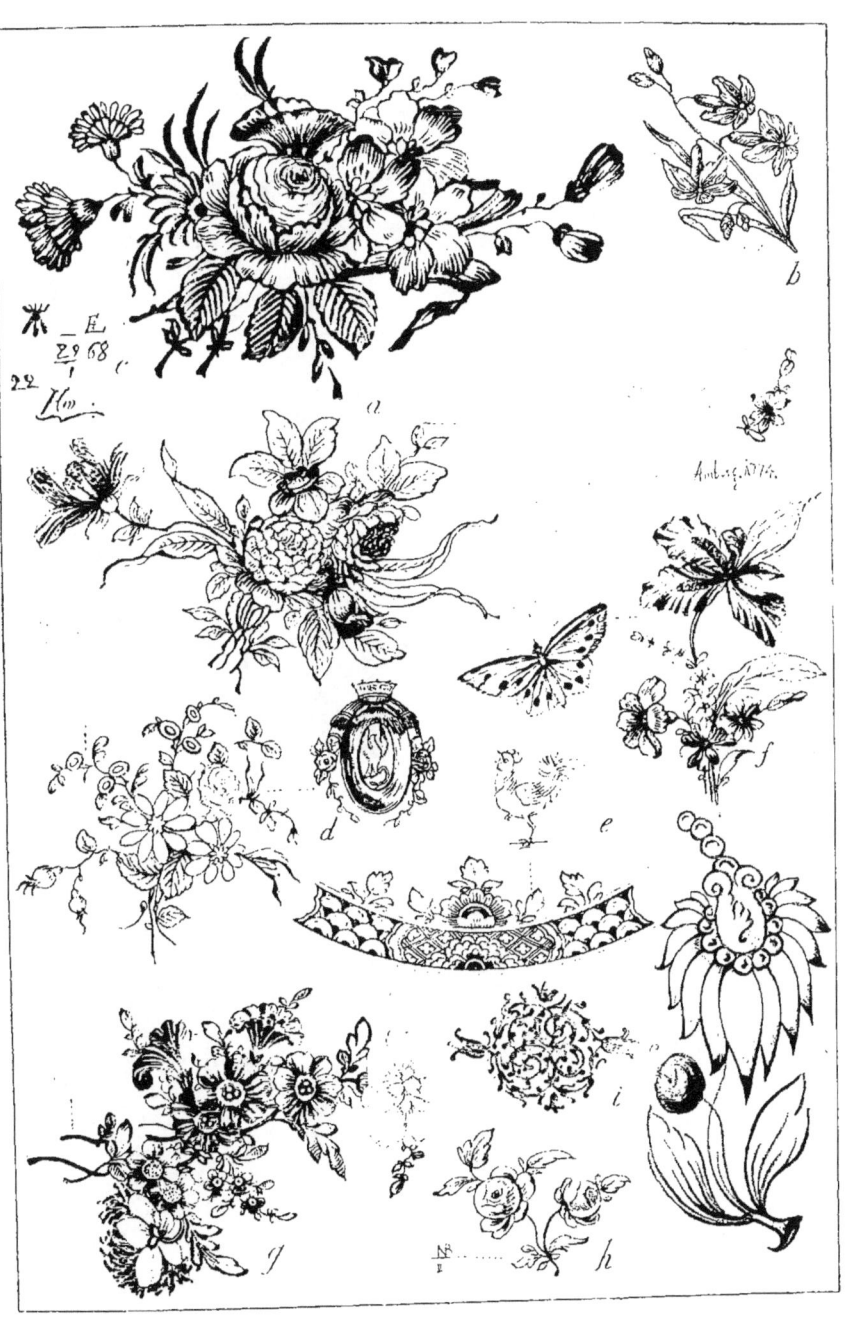

l'infini, dut jouir d'une grande vogue, si nous en jugeons par les nombreux spécimens conservés dans les musées et les collections.

C'est là la dernière manifestation du décor rouennais; quelques fabricants, entre autres Levasseur, tentèrent, pour suivre la mode et lutter contre l'envahissement des porcelaines et des faïences fines, l'imitation des peintures sur porcelaine, c'est-à-dire des peintures *sur émail cuit*, mais leurs efforts restèrent inutiles; la faïence était définitivement condamnée.

Dans ce rapide examen de la fabrication du centre le plus important de la production céramique en France, nous n'avons pu qu'esquisser les principaux caractères de l'ornementation à différentes époques. Quelques artistes cependant ont fait des tentatives isolées qu'il est nécessaire de mentionner. C'est ainsi qu'en 1726, Pierre Chapelle exécutait dans la fabrique de Mme de Villeray des globes célestes et terrestres de grande dimension, dont deux allèrent orner le vestibule des appartements de Louis XV à Choisy-le-Roi, et que, dix ans plus tard, Claude Borne et Leleu décoraient de sujets mythologiques des pièces d'une exécution remarquable. Mais ce qui distingue surtout la fabrication rouennaise, c'est la grande variété d'objets que ses manufactures ont produits. Pièces de services, bustes, gaines, consoles, chambranles de cheminées, lampes d'église, jardinières, écritoires, râpes à tabac, crucifix, brocs à cidre, etc., Rouen a tout fabriqué et tout décoré d'une façon toujours appropriée à la forme, avec une fécondité d'invention qui n'a jamais été dépassée. Sous le rapport de la fabrication proprement dite, les faïences de Rouen ne sont pas moins remarquables, et il en est qui sont d'une perfection rare, telles que les charmantes fontaines à dauphins si fort à la mode au siècle dernier, les sucrières à poudre, à couvercles vissés, en forme de balustres d'une rare élégance, les boîtes à épices à compartiments, etc.

Les marques que l'on rencontre sur les faïences de Rouen sont nombreuses et variées, mais aucune ne peut donner une indication de fabrique; ce sont probablement des signatures de décorateur, et à l'exception de la marque de Guillebaud et de celle de Dieul que nous avons indiquées plus haut, il n'y en a pas qui puisse servir de point de repère. Quant à la fleur de lis que plusieurs auteurs attribuent à Rouen, il faut, croyons-nous, faire des réserves à son sujet, beaucoup de faïences lilloises, de style rouennais, ayant été ainsi marquées.

Nous ne reviendrons pas sur ce que nous avons dit dans notre *Introduction* relativement aux nombreuses fabriques qui ont cherché, et souvent avec succès, à imiter Rouen. Dans la plupart des imitations, du reste, si on y regarde avec attention, il y a des différences assez sensibles soit dans le dessin et l'agencement des parties constitutives du décor, soit dans la couleur, qu'un peu d'habitude peut faire reconnaître.

ROUY, près Sinceny (**Aisne**). M. de Flavigny fonda dans cette localité, en 1790, une petite manufacture dont les produits peuvent être facilement confondus avec les faïences de la fabrication courante de Sinceny. Après la mort de M. de Flavigny, qui périt sur l'échafaud en 1793, la manufacture de Rouy passa entre les mains de Joseph Bertin, et, plus tard, du fils de celui-ci, Théodore Bertin, qui lui donna une extension assez considérable. On trouve quelquefois des faïences portant le nom *Rouy* en bleu.

S

SAINT-AMAND-LES-EAUX (**Nord**). Cette manufacture, fondée vers 1740, par Pierre-Joseph Fauquez, de Tournai, mérite d'occuper une place assez importante dans l'histoire de l'industrie de la faïence française, autant par la perfection de ses produits que par leur variété et leur caractère souvent bien particulier. Pierre-François-Joseph Fauquez, qui la dirigea après la mort de son père, décédé le 8 avril 1741, paraît avoir été un homme habile, très artiste et très savant, connaissant non seulement tous les procédés et tous les genres de décoration employés de son temps, mais ayant aussi cherché à en faire revivre qui étaient oubliés à cette époque. Tels sont, entre autres, le décor en blanc de rehaut sur émail légèrement teinté (pl. 113-7), rappelant le *bianco sopra bianco* des Italiens du xvie siècle, et le décor en blanc fixe sur fond bleu (pl. 116), pratiqué d'abord à Nevers et imité plus tard à Rouen.

Saint-Amand a fabriqué également des faïences copiant franchement celles de Rouen, et surtout de Strasbourg, et exécutées avec beaucoup de soin, de finesse et de goût, ainsi que des faïences genre porcelaine, qui sont remarquables par la perfection de leur décor, parfois rehaussé d'or. On y fit aussi des faïences fines, d'une fabrication extrêmement soignée.

Les faïences de Saint-Amand portent la marque suivante qui a donné lieu à bien des interprétations, mais dans laquelle suivant nous on retrouve les lettres initiales de Pierre Fauquez :

Cette marque fut modifiée plus tard, à l'époque où commença la fabrication des faïences fines, mais elle conserva toujours le P et l'F de Fauquez, avec les deux lettres initiales de Saint-Amand :

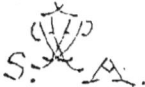

Un plat creux godronné, avec saucière en forme de bol au centre, décoré de fleurs de style chinois en camaïeu bleu, à motifs détachés, est signé :

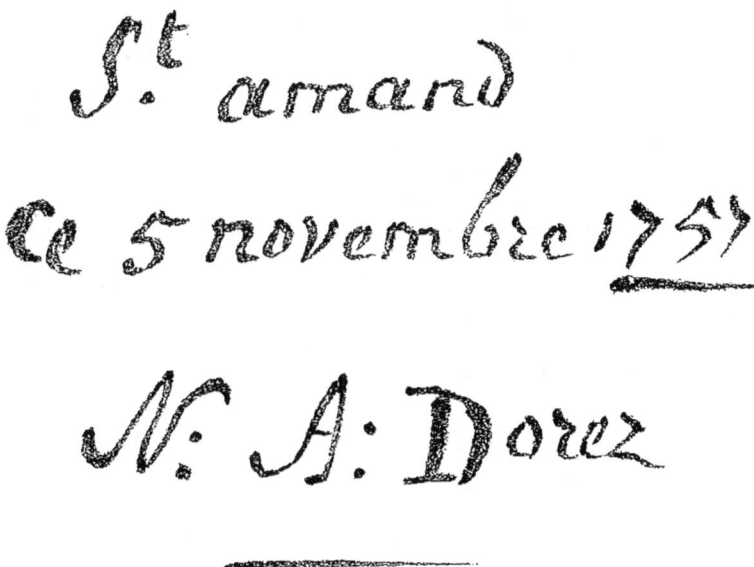

Ce N. A. Dorez, fils ou certainement parent de Barthélemy Dorez, de Lille, avait travaillé dans cette dernière ville en 1748.

SAINT-CLÉMENT, près Lunéville. Cette fabrique fut établie en 1758 par Jacques Chambrette, déjà propriétaire d'une manufacture qu'il avait fondée à Lunéville, manufacture qui avait pris une extension si grande qu'elle ne pouvait suffire aux commandes qui affluaient de toutes parts. Après la mort de Chambrette, en cette même année 1758, son fils et son gendre Charles Loyal exploitèrent les manufactures de Lunéville et de Saint-Clément, mais ils firent de mauvaises affaires et furent bientôt obligés de se séparer. Pour la direction de Saint-Clément, Charles Loyal, qui en était resté propriétaire, prit comme associés Mique qui devint plus tard intendant des bâtiments de la couronne et alla habiter Versailles, et le sculpteur Cyfflé, mais cette association dura peu, et de nouvelles sociétés durent se former pour conserver un semblant d'existence à cette manufacture qui devint, en 1824, la propriété d'un homme intelligent, M. Germain Thomas, dont les descendants l'exploitèrent longtemps encore avec succès.

Comme Lunéville, Saint-Clément a fabriqué des faïences en terre blanche, non émaillées généralement, connues sous le nom de *terres de Lorraine*, et d'excellentes faïences à émail stannifère, ainsi que des faïences fines (*terre de pipe*), de formes élégantes et variées et décorées en couleurs, dans le genre de Strasbourg, ou, le plus souvent, simplement en bleu ou en or. Les imitations modernes des anciennes faïences de Saint-Clément sont seules marquées; les anciennes ne portaient aucunes marques; du moins n'en avons-nous jamais rencontrées.

Parmi les groupes et statuettes fabriqués à Saint-Clément, nous citerons plus particulièrement *le Savetier qui siffle son sansonnet*, *Henri IV et Sully*, *l'Agréable Leçon*, *l'Oiseau mort*, *le Pot cassé*, et toute une série de *Cris de Paris*, comprenant des marchands ou marchandes de volailles, poissons, fruits, vieux habits, joueurs de violon, de vielle, etc. Tous ces sujets sont l'œuvre de Cyfflé. Ils étaient exécutés en biscuit blanc et très fin; quelques-uns, mais on les rencontre rarement, ont été cependant peints *sur émail*.

SAINT-CLOUD (Seine-et-Oise). La manufacture de Saint-Cloud, fondée dans la dernière moitié du xviie siècle par Chicaneau (ou Chicoineau) et ses fils, prit bientôt une grande importance, surtout lorsque l'intelligent potier eut ajouté à la fabrication des faïences celle des porcelaines tendres, dont il avait eu vraisemblablement le secret de Louis Poterat, de Rouen. On commença par y faire des imitations des décors bleus rouennais, à lambrequins et à bordures, mais en les cernant d'un trait noir; puis on y ajouta des motifs originaux qui consistaient surtout en rinceaux de fleurs ornemanisées, d'un style élégant, peints en camaïeu bleu, parfois un peu ardoisé et légèrement modelés : les beaux vases conservés dans la pharmacie de l'hôpital de Versailles, fondé par Louis XIV à la fin du xviie siècle, peuvent être considérés comme types des décors originaux de Saint-Cloud. C'est dans cette fabrique également qu'étaient faites les faïences destinées au service des résidences royales; on en rencontre fréquemment des spécimens qui portent, dans un cartouche surmonté de la couronne de France, la lettre initiale du château auquel elles étaient destinées. C'était, paraît-il, une sorte de réputation acquise à la manufacture de Saint-Cloud de fabriquer des faïences sur commande, car on lit dans le *Livre commode des adresses* d'Abraham de Pradel, publié en 1690, la mention suivante : « Il y a une fayencerie à Saint-Cloud où l'on peut faire exécuter tels modèles que l'on veut ». Les faïences de Saint-Cloud sont rarement marquées : cependant sur quelques pièces, aussi bien sur celles d'une exécution soignée que sur des faïences très grossières à pâte lourde, épaisse, à émail gris craquelé, mais toujours décorées des rinceaux caractéristiques de Saint-Cloud, on trouve la marque de Trou, successeur de Chicaneau, avec les lettres initiales de Saint-Cloud :

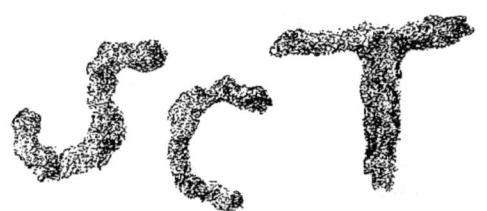 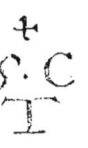

La seconde marque est également celle dont il se servit pour la porcelaine tendre.

SAINT-DENIS-SUR-SARTHON (Orne). Cette faïencerie, fondée en 1750 par Jean Ruel, fut dirigée dans les premières années par Pierre Pellevé, autrefois directeur de la manufacture de Sinceny, qui y resta pendant quelques années et y fit venir son fils et quelques-uns de ses anciens ouvriers. Aussi la décoration des faïences de la première période de l'existence de cette manufacture se ressent-elle de l'influence de Sinceny, tout en étant plus commune. Dans la seconde période, on a créé à Saint-Denis-sur-Sarthon un type de décor assez particulier se composant de deux feuilles étalées d'où partent des tiges d'œillets alternés. On y a souvent fabriqué des assiettes et des pots à boire le cidre *(moques)*, portant souvent le nom du propriétaire en lettres noires : « IE SUIS A FRANCOIAZE MARCHAND 1766. » — « JE SUIS A MONSIEUR MOUTON. 1770. »

Cette faïencerie, dont les produits devinrent de plus en plus communs, existait encore en 1860.

Cf. DESPIERRES, *Histoire de la faïence de Saint-Denis-sur-Sarthon*, in-4°, 1889.

SAINT-JEAN-DU-DÉSERT, faubourg de Marseille. Un plat de

la collection Davillier représentant une chasse, d'après Tempesta, porte en toutes lettres la mention :

A Clérissy, à Saint-Jean-du-Dézert 1697, à Marseille.

Cette pièce, dont l'émail est légèrement bleuâtre, se distingue des faïences de Moustiers, sur lesquelles se trouvent également des sujets d'après Tempesta, par son dessin tracé en violet de manganèse un peu pâle. Un plat long à pans coupés, du Musée de Sèvres, décoré en bleu, au centre d'un baldaquin avec cariatides dans le style de Moustiers, et, sur le bord, de lambrequins à motifs répétés imités de Rouen, est marqué au revers :

cx s^t_ iean. ᴅᵘDesert

On ne sait rien de précis sur cette fabrique qui a dû cesser d'exister vers 1709.

SAINT-OMER (**Pas-de-Calais**). Après avoir tenté de fonder une manufacture de faïences à Dunkerque, Louis Saladin sollicita et obtint, le 9 janvier 1751, un privilège pour établir une fabrique à Saint-Omer, au faubourg du Haut-Pont. Une belle soupière en forme de chou épanoui, d'un modelé parfait et d'une exécution extrêmement soignée, qui figurait à l'Exposition rétrospective de 1867, porte en toutes lettres :

A Saint-Omer

1759

Une pièce semblable du Musée de Sèvres, ayant au fond du plateau un bouquet finement dessiné de manganèse et assez délicatement peint, est marquée :

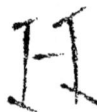

Nous ne connaissons pas d'autres pièces que l'on puisse attribuer avec certitude à cette manufacture qui existait encore en 1791 et dont les produits sont sans doute confondus avec toutes les faïences du Nord dont la provenance est indéterminée ; on s'accorde cependant à donner à Saint-Omer des faïences décorées en camaïeu violet de manganèse ou vert.

SAINT-PAUL (Oise). La fabrique de Saint-Paul, qui existait dans la dernière moitié du xviiie siècle et au commencement du xixe, a produit des faïences assez communes décorées en couleur sous émail de personnages, de fleurettes, etc. Un pot à boire du Musée de Sèvres, en forme de garde-française à cheval sur un tonneau et tenant une bouteille d'une main, est marqué en toutes lettres :

$$S^t Paul$$

SAINT-PORCHAIRE (Deux-Sèvres). M. Edmond Bonnaffé a démontré récemment, à l'aide de documents dont l'authenticité et l'importance paraissent ne devoir laisser subsister aucun doute, que les faïences d'un style si particulier et d'un art si parfait, désignées pendant longtemps sous le nom de *faïences de Henri II* et attribuées ensuite à *Oyron*, près Thouars, devaient être définitivement restituées à un atelier établi à Saint-Porchaire. Les preuves concluantes apportées par M. Bonnaffé détruiront définitivement, il faut l'espérer du moins, cette opinion, professée par quelques amateurs qui, poussés par un sentiment que l'on ne s'explique guère, et sans donner, du reste, aucune raison positive, persistent, aujourd'hui encore, à refuser à notre industrie nationale la fabrication de ces merveilleuses faïences qu'ils attribuent à l'Italie, quoique rien, dans la céramique italienne du xvie siècle, n'en rappelle ni les procédés de fabrication, ni le genre de décoration. Pour nous, la provenance de ces œuvres si délicates ne fait aucun doute ; il existe, en effet, non loin de Saint-Porchaire, près de Thouars et surtout de Parthenay, de nombreux gisements d'une argile plastique, blanche, dont l'analogie avec celle des faïences de Saint-Porchaire, au moins comme apparence après la cuisson, est incontestable. Il a suffi d'un potier assez intelligent pour comprendre le parti qu'il pouvait tirer de cette terre blanche, et d'un homme assez ingénieux et assez artiste pour y appliquer une ornementation fort simple, du reste, au point de vue du procédé technique, pour créer un produit nouveau ne procédant en rien de ce qui avait été fait jusqu'alors dans aucun pays.

Les faïences de Saint-Porchaire, en effet, n'indiquent aucun progrès, ni au point de vue de la matière, ni sous le rapport de la couverte qui est celle que les potiers d'alors connaissaient tous, modifiée, comme cela a lieu pour toutes les poteries, suivant la nature de la terre sur laquelle elle devait être employée : elles sont bien le résultat d'une industrie particulière, spéciale, qui devait disparaître avec celui qui l'avait trouvée, sans exercer aucune influence sur la marche générale de la céramique française; c'est une application ingénieuse au point de vue artistique et non une découverte.

La fabrication de Saint-Porchaire peut être divisée en trois catégories. Dans la première, les formes sont simples et les ornements, employés d'une façon relativement sobre, sont généralement d'un seul ton, brun noirâtre, rehaussé parfois de quelques notes d'un beau rouge d'œillet ou d'un brun plus clair; elles portent presque toutes des armoiries ou des emblèmes héraldiques et conservent, avec une exécution parfaite et un grand caractère artistique, une harmonie remarquable.

La seconde période de la fabrication montre les progrès techniques réalisés par les habiles artistes de Saint-Porchaire, après une pratique de quelques années. Les ornements, plus compliqués et plus savamment disposés, s'enrichissent de couleurs variées; l'ocre jaune, le vert et le bleu apparaissent. Les ornements en relief : mascarons, consoles, figurines, pilastres aux chapiteaux délicatement fouillés, sont plus fréquemment employés et, quelquefois, moins heureusement disposés. C'est l'époque des flambeaux de style monumental, ornés de figures en relief, et, surtout, des salières, dont les formes et l'ornementation rappellent celles des œuvres les plus charmantes de la Renaissance française. Mais dans cette surcharge d'ornements on sent trop parfois l'absence d'un esprit modérateur. Parfaitement maîtres des procédés de fabrication, les artistes de Saint-Porchaire ont créé des merveilles d'ingéniosité et d'adresse, ont fait de véritables tours de force et de patience; mais ils n'ont pas su assez résister au désir de montrer leur habileté qui amène quelquefois une certaine lourdeur dans les formes et un peu de confusion dans l'ensemble de la décoration.

La troisième période ne conserve plus rien de la perfection d'autrefois; les formes, qui, dans certaines pièces imitent celles des aiguières italiennes, sont couvertes d'ornements poinçonnés un peu au hasard, sans aucun souci de la surface à décorer, et, la plupart du temps, sans que les motifs se combinent et se raccordent ensemble; les reliefs, exécutés assez grossièrement, ne sont presque jamais retouchés et n'offrent aucune finesse dans les détails; ils sont appliqués sans soin et, bien souvent, ne sont pas collés à leur place. Le voisinage de Palissy se fait sentir; les colorations jaspées apparaissent, mais ternes et sans vigueur, et, sur certaines pièces, se montrent quelques « petites bestioles », lézards et grenouilles *peints au naturel*, qui sont comme une première et mauvaise imitation des *rustiques figulines* du potier de Saintes, dont les œuvres commençaient à être connues. C'est tout à fait l'époque de la décadence, et les faïences de cette troisième période sont, en réalité, et malgré leur extrême rareté, d'un art tout à fait inférieur et qui marque la fin de la fabrication, que l'on peut placer vers l'année 1570.

On connaît à peine cent pièces que l'on puisse, avec certitude, attribuer à la fabrication de Saint-Porchaire ; sur ce nombre, cinquante-trois seulement appartiennent aux belles époques de la fabrication et méritent d'être classées. Les plus remarquables se trouvent au Louvre et au Musée de Cluny, chez MM. les barons Alphonse et Gustave de Rothschild et dans la collection Dutuit, de Rouen ; la collection Spitzer en comptait sept pièces dont une très belle coupe de la première période de la fabrication, cinq salières et une aiguière. En Angleterre, le *South Kensington Museum*, sir Anthony de Rothschild et M. Alfred de Rothschild en possèdent de très beaux spécimens.

Les faïences de Saint-Porchaire ne portent aucune marque. — Voir *Oyron*.

Cf. DELANGE (C. et F.), *Recueil de toutes les pièces connues jusqu'à ce jour de la faïence française dite de Henri II et de Diane de Poitiers*, in-f°, Paris, 1861. — FILLON (Benj.), *Les Faïences d'Oyron. Lettre à M. Riocreux*, in-8°, Fontenay, 1862 ; ID., *L'Art de terre chez les Poitevins*, in-4°, Niort, 1864. — BONNAFFÉ (Edmond), *Faïences de Saint-Porchaire*, in-8°, Paris, 1889.

SAINT-SERAIN (**Nièvre**). Deux écritoires en grès, à émail bleu, portent les inscriptions suivantes gravées à la pointe :

faict le premier   *faict le 5ᵉ may*
Jour de Aoust 1641   *1642*
A Sᵗ Serain par   *par Edme Briou*
Edme Briou   *demeuᵗ à Sᵗ Serain*

On ne connaît aucune pièce de ce *Briou* ou *Brion*.

SAINTES (**Charente-Inférieure**). Cette petite ville, illustrée par les travaux de Bernard Palissy, a continué pendant longtemps la fabrication des poteries vernissées ; elle possédait également, à la fin du xviiᵉ siècle, une fabrique de faïences blanches, ainsi que le prouve une gourde de chasse, décorée sur le pourtour de roses et de tulipes, citée par Benj. Fillon, et qui porte, avec le nom *Alexandre Beschet*, l'inscription :

P P
à Limage N. D.
à Saintes
1680

Gournay signale, en 1788, quatre fabriques en activité.

SAMADET (Landes). Fondée en 1732, en vertu d'un privilège accordé à l'abbé de Roquépine, cette manufacture a fabriqué des faïences dont le décor polychrome a beaucoup varié; ce sont le plus communément des paysages avec figures d'enfants, ou de fleurettes aux couleurs douces et fondues; plus tard, la fabrication devient plus commune et le décor simplifié se compose de fleurs et de fleurettes à tiges filiformes exagérées, lavées de vert, de bleu et surtout de manganèse; la plupart des formes sont imitées de l'argenterie; l'émail est blanc et épais. Quelques pièces en camaïeu bleu un peu grisâtre sont décorées de guirlandes de fleurettes. La manufacture de Samadet subsistait encore au commencement du siècle.

Une assiette du Musée de Sèvres, datant de la première année de la manufacture, à décor de personnages dans le style pseudo-chinois de Sinceny, est marquée :

Samadet 1732

SAND (Sixtius van der), maître faïencier à Delft en 1705; ses ouvrages très rares et qui ne présentent rien de remarquable sont quelquefois marqués

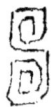

SARREGUEMINES (Meurthe-et-Moselle). Cette manufacture, fondée en 1770 par Paul Utzchneider, prit rapidement une importance considérable qui n'a fait que grandir depuis. Ses faïences fines et surtout ses imitations de marbres et de jaspe sont d'une fabrication et d'un goût extrêmement remarquables. Elles sont marquées du mot

SARREGUEMINES

imprimé en creux dans la pâte.

SAVIGNIES (Oise). Les poteries vernissées en vert uni un peu clair et les grès recouverts d'un émail bleu uni dont il est fait mention dans plusieurs auteurs du xvi siècle, étaient fabriqués, ainsi que nous l'avons dit plus haut, à Beauvais et dans plusieurs localités des environs, particulièrement à La Chapelle-aux-Pots et à Savignies. Ces dernières surtout étaient renommées et lorsque François Ier, se rendant à Arras en 1520, passa par Beauvais, le chapitre diocésain décida qu'il serait donné à la reine, qui accompagnait le roi dans ce voyage, des bougies et des *vases de Savignies*; plus tard, par délibération du 4 décembre 1536, on décida de « faire présent au roi d'un *buffet de Savignies* »; des hommages semblables lui furent faits également en 1540 et 1544. En 1689, on jugeait encore les poteries de Savignies dignes d'être offertes à la reine d'Angleterre à son passage à Beauvais, lorsque s'enfuyant de Londres elle se rendit à Saint-Germain. — La fabrication des grès communs s'est continuée à Savignies jusqu'en ces derniers temps.

SAVONE (Italie). La fabrication des faïences à Savone, petite ville du littoral, à huit lieues à l'ouest de Gênes, — ou pour être plus exact, à Albissola, village situé aux portes de la ville, — commença à la fin du XVIe siècle, et prit rapidement une importance considérable qu'elle dut surtout au caractère purement commercial de ses produits qui étaient d'un prix beaucoup moins élevé que les majoliques même les plus communes d'Urbino ou de Faenza et qui, par cela même et aussi par suite du voisinage de Gênes, étaient exportés au loin en grandes quantités. Les faïences de Savone sont décorées généralement, surtout au début de la fabrication, de sujets de figures, d'un dessin souvent incorrect, mais qui, parfois, ne manque pas d'un certain charme, en camaïeu bleu quelquefois un peu violacé; plus tard, les figures font place à des paysages, puis à des tiges de fleurs, à des fleurons et à des motifs variés en bleu ou en couleurs dessinés d'un trait noir fortement accentué, disposés quelquefois d'une façon assez ingénieuse. Elles sont le plus souvent marquées de l'écu aux armes de la ville ou d'un S au-dessous d'une étoile :

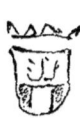 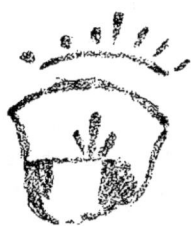 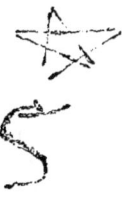

Un plat de la collection Gasnault, au Musée de Limoges, décoré en camaïeu bleu de trois guerriers et d'enfants dans un fond de paysage et portant les armes du duc de Medina, porte la marque :

D B R

L'étoile est parfois accompagnée d'initiales de décorateurs et fabricants, sans la lettre S :

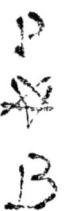

Quelques faïences sont également marquées d'un soleil avec ou sans les lettres G S ; on croit que cette marque est celle d'une famille de faïenciers du nom de *Salomoni*.

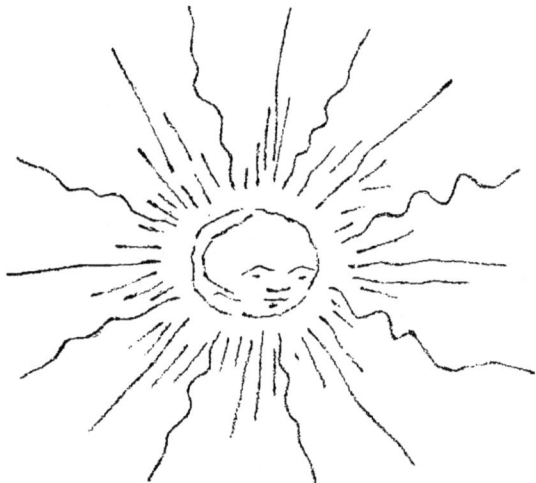

Dans la dernière moitié du xviiie siècle, Jacques Borelli, dont on retrouve le nom sur des faïences de Marseille et qui appartenait à une famille de potiers bien connus, paraît avoir eu une fabrique à Savone. Plusieurs pièces sont signées :

Giacomo Borelly

un grand vase décoré en camaïeu vert porte la mention suivante :

Jacques Borelly, Savone 1779, 24 septembre

PL. XVIII

ALLEMAGNE — HONGRIE

a a' Höscht. — *b* Bayreuth. — *d* Bayreuth (atelier de Kordenbusch).
c Kunersberg. — *e* Rehweiler. — *h* Holitch.

Pl. XVIII

ALLEMAGNE — HONGRIE

a, a'. Höscht. — b. Bayreuth. — d. Bayreuth (atelier de Kordenbusch).
c. Kunersberg. — e. Rehweiler. — f. Holitch.

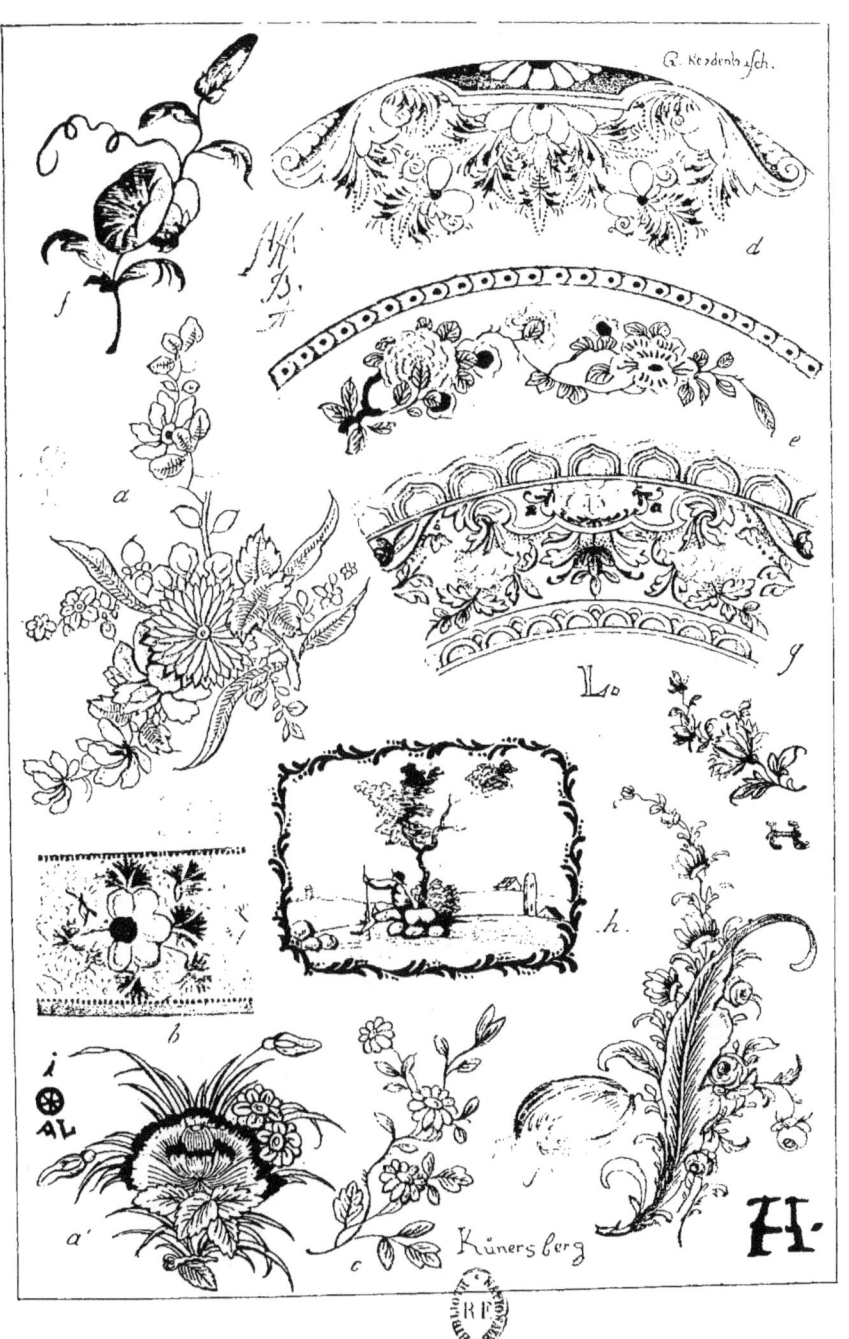

SCEAUX (Seine). La manufacture de Sceaux, fondée vers 1750, sous la protection de la duchesse du Maine, et placée, plus tard, sous celle du duc de Penthièvre, grand amiral de France, est certainement celle dont les produits se rapprochent le plus de la porcelaine, autant par les soins donnés à la fabrication que par la perfection et la finesse du décor. Elle fut dirigée d'abord par Chapelle, démonstrateur en chimie et membre de l'Académie des Sciences, et ensuite par Richard Glot, écuyer et fourrier des logis du Roi, qui était en même temps un des plus habiles sculpteurs ornemanistes de son temps. C'est sous l'impulsion de ce dernier qu'elle produisit ces charmantes faïences à pâte fine, enrichies de moulures et de reliefs délicats et décorées, avec un art charmant et plein de goût, de figures, de fleurs, d'oiseaux et d'arabesques rehaussés d'or. Avec Glot, qui céda la manufacture à Antoine Cabaret en 1794, finit la période artistique qui fut bientôt remplacée par une fabrication de faïences usuelles.

Sceaux a d'abord marqué ses produits des lettres S P (*Sceaux-Penthièvre*), seules ou accompagnées de l'ancre de grand amiral de France

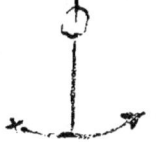

et à la fin de la fabrication du mot *Sceaux*, avec ou sans l'ancre, imprimés à la vignette :

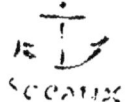 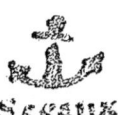

Une *annonce* de 1754 nous apprend que « Le Magasin général des *Nouvelles Terres et Faïences Japponnées* qui se fabriquent dans la manufacture royale du sieur Chapelle » était établi à Paris, rue Saint-Honoré, près de la rue de l'Échelle. « On y trouve, ajoute l'annonce, tout ce qu'on peut désirer en bijoux et service de table. La couleur et la dorure appliquées sur les nouvelles Fayences, n'en cèdent guère pour le dessin et pour les nouveautés à celles des Porcelaines de Saxe. »

C'est à cette première époque de la fabrication qu'il faut attribuer les pièces si remarquables de la manufacture de Sceaux conservées dans nos musées et dans les grandes collections, entre autres une magnifique écuelle et son plateau, aux armes du duc de Penthièvre, rehaussés d'or et décorés de bouquets de fleurs admirablement exécutés. Cette pièce hors ligne, une des plus belles certainement qu'ait produites l'industrie de la faïence de la fin du xviiie siècle, appartient à M. le comte de Nattes-Villecomtal ; elle est marquée :

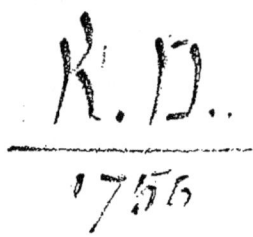

Par contre, nous croyons que l'on attribue à tort à la manufacture de Sceaux plusieurs pièces en faïence fine — entre autres un vase dit *pot-pourri* du Musée de Sèvres — qui, suivant nous, devraient être restituées à la fabrique de Germain Despargnes, établie à Paris, rue des Boulets, faubourg Saint-Antoine, à la Croix-Faubin, n° 3. Ni la pâte, ni l'émail, ni le décor de ces faïences ne ressemblent à ceux de la faïence de Sceaux bien caractérisée par la pièce que nous signalons plus haut.

SCHAGEN (Cornelius van), faïencier à Delft en 1694. Le Musée de Cluny possède de lui un petit pot trompeur décoré en camaïeu bleu, marqué :

$$C.V:S$$

SCHIE (Dirck Jansz van), maître faïencier à Delft en 1679. On connaît de lui de grands pots à lait décorés en camaïeu bleu et qui portent sa signature :

$$D.V:schie$$
$$1729$$

SCHLESTADT (Alsace). Une tradition très répandue en Allemagne veut que soit un potier de Schlestadt, mort en 1283, et dont le nom n'a pas été conservé, qui ait inventé en Europe le vernis plombeux. Nous ne discuterons pas cette tradition que les faits contredisent, — puisqu'il existe dans nos musées des poteries vernissées trouvées en France et en Italie datant du XIIe et même du XIe siècle — et qui ne repose que sur le passage suivant des *Annales dominicarum* de Colmar, qui en relatant les événements de l'année 1283 dit : *Obiit figulus Slezlstatt qui primus in Alsatia vitro vasa fictilia vestiebat*. Or, ce passage prouverait tout au plus que le potier dont il est fait mention a le premier, en *Alsace*, fabriqué des poteries vernissées, art qu'il aurait pu apprendre soit en France, soit en Italie.

SCHOONHOVEN (Lysbet ou Bettje van), maîtresse faïencière à Delft en 1702, fut pendant quelque temps propriétaire de la fabrique à l'enseigne de *la Griffe*. Quelques pièces d'une exécution remarquable faites sous sa direction portent son monogramme :

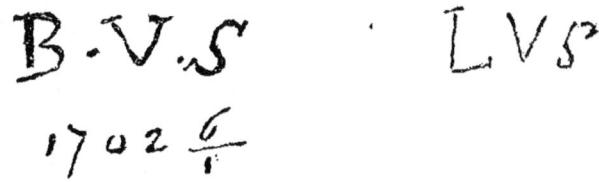

SCHRETZHEIM, près Elvangen (Allemagne). Au château de la Favorite, près Baden, on voit plusieurs pièces d'un service en faïence figurant l'une un jambon, l'autre une hure de sanglier, etc., attribué à la fabrique fondée à Schretzheim vers 1620 par un potier nommé *Wintergurst*, dont les descendants, faïenciers également, vivaient encore en 1810. Nous ne savons sur quoi repose cette assertion, mais ce n'est pas parce que ce service serait dû aux Wintergurst qu'il faudrait, comme l'affirme l'auteur du *Guide de l'Amateur*, attribuer à ces potiers toutes les pièces figuratives, entre autres celles qui ont été fabriquées, sans qu'aucun doute soit possible à cet égard, à Bordeaux, à Bruxelles, à Saint-Omer, etc., etc.

D'après le même auteur, de grandes quantités de faïences anciennes de cette manufacture qui étaient restées emmagasinées à Schretzheim jusqu'en 1865 ont été vendues à cette époque, entre autres de nombreux tableaux à encadrements de rocailles, décorés au feu de moufle, et que leur parfaite conservation peut faire croire de fabrication moderne.

SEPTFONTAINES (Luxembourg). Les frères Boch, faïenciers à Audun-le-Tige, sollicitèrent le 25 juin 1765 du gouvernement des Pays-Bas l'autorisation, qui leur fut accordée l'année suivante, d'établir une fabrique de faïence aux environs de la ville de Luxembourg, à Septfontaines, où ils se fixèrent en 1767; en 1795 Pierre-Joseph Boch resta seul propriétaire de la manufacture que ses descendants exploitent encore aujourd'hui. On y fabriqua surtout des vases et des pièces de service de formes élégantes, en excellente faïence fine à pâte très blanche et à couverte très pure, décorées simplement de fleurettes, de tiges d'un type assez particulier imité de Chantilly (fig. ci-contre), et de filets tracés en beau bleu de cobalt, portant en bleu la marque suivante :

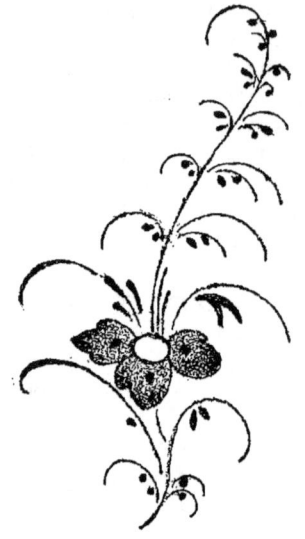

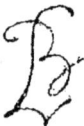

accompagnée souvent d'initiales ou de sigles de décorateurs.

Un très beau porte-huilier en forme de bateau, rehaussé de bleu, au Musée de Douai, est marqué :

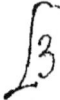

Au commencement du siècle, cette marque fut imprimée en creux dans la pâte : B L (Boch-Luxembourg). — Un artiste nommé *Dalle* y peignit vers 1784, sur des plaques de faïence formant de véritables petits tableaux, des vues de villas et des sujets variés qu'il copiait sur des gravures. On connaît également des statuettes et des groupes qui offrent plus d'un point de ressemblance avec les biscuits en pâte tendre de Sèvres et qui sont probablement dus à des ouvriers italiens : ces biscuits, fort rares, paraissent être des essais d'une fabrication à laquelle il ne fut pas donné suite. — La manufacture de Septfontaines est renommée aujourd'hui par ses carrelages.

SÉVILLE (Espagne). Quelques auteurs attribuent à la manufacture de Séville, mentionnée par De Laborde dans son *Voyage en Espagne*, et plus tard par Davillier, les faïences à décor de guirlandes, de ruines et de figures en motifs isolés, dessinées d'un trait noir accentué, rehaussé de couleurs où le jaune orangé et le brun dominent, et qui sont également données à Savone, portant la marque :

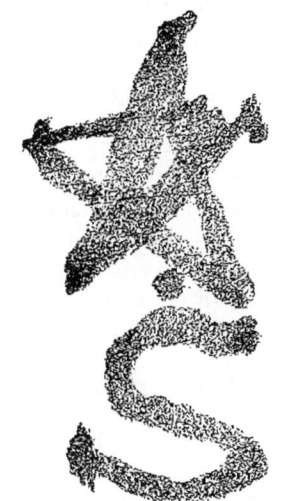

Nous ne pouvons nous prononcer sur cette question, mais par contre, nous croyons pouvoir attribuer à Séville la marque suivante :

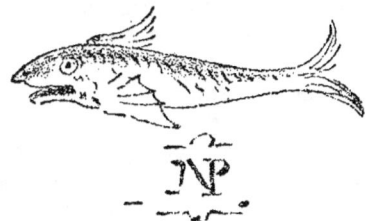

qui se trouve sur un plateau rectangulaire porté sur quatre pieds en griffes avec encadrement en relief, décoré en camaïeu bleu dans le style de Savone, de rochers avec arbustes et d'un riche écusson à lambrequins. Le *poisson* de Séville a, du reste, été signalé plusieurs fois sur des pièces que nous ne connaissons pas, appartenant à M. Arosa et à d'autres collectionneurs espagnols.

SÈVRES (Seine-et-Oise). Il exista à Sèvres, de 1785 à 1790, une manufacture de faïences fines fondée par un nommé Lambert, sur laquelle on a peu de renseignements. Le Musée céramique possède un vase de bon style et à colorations douces, que M. Riocreux lui attribuait. Pendant un certain temps, vers 1865, on a fait à la manufacture nationale de Sèvres des vases et quelques plats en faïence, mais cette fabrication fut assez promptement abandonnée. Ces faïences portaient la marque habituelle de la manufacture.

SIENNE (Italie). Le *South Kensington Museum* possède une série assez nombreuse de carreaux provenant du palais Petrucci, à Sienne, datant du commencement du xvie siècle, et décorés de chimères, d'oiseaux, de dragons, etc., peints en couleurs sur fond blanc, que l'on attribue, mais sans autre certitude que leur provenance, à la fabrication de cette ville. En réalité, on ne connaît de Sienne, à cette époque, qu'un plat creux ou écuelle d'un excellent dessin et d'une exécution très soignée, faisant également partie des collections du Musée de Kensington et représentant *Saint Jérôme dans le désert*; il porte en dessous la marque suivante :

fata ī siena
da m° benede
tto

Au xviiie siècle on retrouve à Sienne des manufactures en pleine activité, mais elles ne produisirent que des œuvres assez médiocres. Parmi les peintres dont les noms se trouvent sur les faïences de cette seconde période nous citerons *Bartolomeo Terenzio*, en 1727; *Bartolomeo Terchi, Ferdinando-Maria Campani*, surnommé, paraît-il, le *Raphael de la majolique*, dont un plat daté de 1733 et représentant *Dieu créant les étoiles*, d'après Raphael, se trouve au *British Museum*.

SINCENY (Aisne). Parmi les nombreuses fabriques qui procèdent de Rouen, il faut citer en première ligne celle de Sinceny dont les produits furent pendant bien longtemps confondus avec les faïences rouennaises qu'ils égalent dans bien des cas.

Cette manufacture fut fondée vers 1733 par M. de Fayard, seigneur de Sinceny, qui en confia la direction à Pierre Pellevé, de Rouen; celui-ci amena avec lui des ouvriers et des artistes rouennais qui apportèrent au nouvel établissement les procédés de fabrication et de décoration des faïenceries normandes. Aussi la similitude entre les produits de Sinceny et ceux de Rouen, à cette époque, est telle qu'on ne peut les distinguer qu'à certains caractères assez fugitifs, l'émail un peu bleuté et le rouge qui est légèrement *glacé* à Sinceny, tandis qu'à Rouen il reste presque toujours mat et *bouillonne* souvent. Mais bientôt, et probablement sous l'influence de Dominique Pellevé, fils ou tout au moins parent de Pierre Pellevé, dont on trouve la signature en toutes lettres sous une pièce du Musée de Sèvres :

la décoration se transforme et prend un caractère original ; on imite bien à Sinceny le décor pseudo-chinois de Guillebaud, mais en y ajoutant des personnages aux robes éclatantes d'un beau jaune citron franc et pur qui est comme la note bien particulière des faïences de Sinceny de la deuxième période et que l'on retrouve également sur les statuettes de personnages — généralement des Chinois dans le goût de l'époque — destinés à concourir à l'ornementation des tables pendant les repas. Puis, vers 1775, sous la direction de Chambon qui appela à Sinceny des peintres lorrains, la fabrication se transforme de nouveau et on imite non sans grand succès les décors peints sur émail au feu de moufle, que Strasbourg avait mis à la mode ; les faïences de cette troisième période sont assez difficiles à reconnaître, tant l'imitation est souvent parfaite.

Les faïences de Sinceny portent souvent un S assez grossièrement tracé en bleu ou le nom de la ville en abrégé :

Un vase du Musée de Reims, à émail enlevé par places, décoré de deux médaillons ovoïdes sur lesquels sont peints, en camaïeu bleu, d'un côté Louis XI et, de l'autre, Mirabeau, porte, dans deux cartouches réservés en émail, les inscriptions suivantes :

MANUFACTURE	SINCENY
DE	A LOUIS
LEPAGE	DIDIER
	G.

Cette manufacture de Lepage n'a, croyons-nous, jamais été signalée. Quant au vase en lui-même, il est bien certainement une œuvre individuelle qui ne peut en aucune façon servir de type.

SPAANDONCK (Thomas), maître faïencier, établi en 1764 à Delft, à l'enseigne de *la Double Burette* (*jnde Deubbelde Schenkkan*), dont il adopta les lettres initiales comme marque de ses produits, qui, bien que d'une belle fabrication, marquent déjà l'époque de la décadence de Delft :

$$\mathcal{DSK}$$

STAFFORDSHIRE (Angleterre). Il est assez difficile de retracer d'une façon certaine l'histoire de l'établissement de l'industrie céramique dans le Staffordshire, renommé de tout temps pour le nombre et l'importance de ses manufactures de poteries et dont une partie des plus importantes est désignée depuis le siècle dernier sous le nom de *les Poteries*. Ce qui est certain c'est que, dès le commencement du xvie siècle, il existait dans cette contrée des fabriques de poteries communes, décorées par les procédés du *pastillage* (voir ce mot), dont il existe d'intéressants spécimens dans les musées et les collections de l'Angleterre ; ce sont surtout des plats d'assez grande dimension, portant des noms que l'on suppose être des noms de potiers, mais qui peuvent tout aussi bien être ceux des personnes pour lesquelles ils ont été fabriqués ; ces plats sont décorés de feuillages, d'ornements, d'animaux fantastiques, de figures et parfois de personnages grossièrement exécutés, accompagnés d'inscriptions indiquant que le potier a eu la prétention de représenter un roi ou une reine d'Angleterre. On rencontre aussi, mais plus rarement, des chandeliers, des bols à punch, des pots à boire, etc., décorés de la même façon. L'incertitude cesse à dater de l'époque où les frères Elers et leur élève Astbury (voir ce nom), vinrent s'établir dans la contrée, à Bradwell et à Shelton, et commencèrent cette fabrication de poteries et de grès que devaient perfectionner Wedgwood et ses imitateurs.

STOCKHOLM (Suède). — Voir *Rörstrand*.

STOKE-UPON-TRENT (Angleterre). Josiah Spode, qui avait travaillé à Fenton, chez Thomas Wieldon, établit, vers 1770, une manufacture dans laquelle il introduisit, vers 1784, les procédés d'impression en bleu ; il y fabriqua également des faïences en terre jaunâtre (*cream ware*), décorées en noir, des poteries noires de ce style pseudo-égyptien si fort à la mode en Angleterre à la fin du siècle dernier, des terres jaspées, etc., marquées généralement de son nom, imprimé en creux dans la pâte:

SPODE

Il mourut en 1797, laissant sa manufacture à son fils qui, vers 1800, abandonna la fabrication des poteries pour y substituer celle des porcelaines.

Une autre manufacture de faïences fut établie à Stoke, vers 1790, par Thomas Minton, élève de Turner, de Caughley, chez lequel il avait travaillé comme graveur. Jusqu'en 1798, il se borna à la fabrication des faïences fines décorées en bleu par impression, en imitation des porcelaines communes de Chine, connues alors sous le nom de *porcelaines de Nankin;* son extrême habileté comme graveur lui acquit promptement une grande réputation dans ce genre, qu'il abandonna cependant, vers 1798, pour se livrer à la fabrication des porcelaines, que ses successeurs devaient porter à un si haut degré de perfection.

STRALSUND (Poméranie). Cette manufacture, fondée vers 1731, par Jean Paskowitz, un des meilleurs ouvriers de Rörstrand, prit une assez grande importance en 1767, sous la direction d'Ehrenreich. Elle produisit alors un grand nombre de pièces remarquables, à décor, généralement en camaïeu bleu, d'un caractère assez particulier (pl. 17 c), mais que la similitude apparente de leurs marques avec celles de Stockholm et de Marieberg a fait classer jusqu'à présent parmi les faïences suédoises. La marque de Stralsund, cependant, est facilement reconnaissable à la présence d'une pièce prise dans les armes de la ville et qui rappelle un peu l'hermine de Bretagne, surmontée d'une petite couronne et accompagnée de la lettre E, initiale du nom d'Ehrenreich, directeur de la manufacture; quant aux chiffres, ils se lisent comme ceux des fabriques suédoises : 20/7 68, c'est-à-dire vingtième jour du septième mois de l'année 1768 (20 juillet 1768). Le plus souvent, des initiales de décorateurs accompagnent cette marque:

STRASBOURG (Alsace). La manufacture de Strasbourg, dont les produits sont les premiers qui aient été peints sur émail cuit dans le but d'imiter la décoration de la porcelaine, fut fondée par Charles Hannong vers 1709; au début on n'y fabriquait guère que des pipes et, surtout, des poêles imités de ceux de l'Allemagne et de la Suisse. Vers 1721, Charles Hannong s'associa avec un ouvrier sorti de Meissen, Wackenfield, qui avait tenté sans succès d'établir seul à Strasbourg une manufacture de porcelaine; il transforma alors sa fabrique de poêles en manufacture de faïence et porcelaine et, quelques années après, en 1724, le succès ayant couronné ses efforts, il fonda une autre fabrique à Haguenau, petite ville située à quelques lieues de Strasbourg. En 1732, il céda ses deux manufactures à ses fils dont l'un, Paul Hannong, plus actif et plus sérieux que son frère, devint bientôt seul propriétaire de celle de Strasbourg.

Nous avons dit plus haut comment Paul Hannong, qui avait donné surtout ses soins à la fabrication de la porcelaine, tout en appliquant à la faïence les procédés de la décoration de la porcelaine, avait dû céder aux prétentions de la manufacture royale de Vincennes — plus tard Sèvres — et transporter ses fours dans le Palatinat; nous avons vu comment ses fils, Pierre d'abord, et, plus tard, Joseph, avaient été forcés de cesser leur fabrication, ruinés qu'ils étaient par les exigences de la *Ferme royale* qui voulait taxer leurs produits aux anciens tarifs des marchandises provenant des provinces réputées étrangères; nous ne reviendrons sur ce sujet que pour constater qu'à dater du jour où Joseph dut s'exiler, comme l'avait fait son père, pour aller mourir dans la misère à Munich, la fabrication languit pour cesser complètement quelques années plus tard, les tentatives faites pour la faire revivre étant restées absolument inutiles.

Mais pendant cette période de près de cinquante ans, les Hannong avaient produit des faïences qui méritent à juste titre d'occuper une place à part dans l'histoire de l'industrie céramique. Ils avaient su créer une école.

Les faïences de Strasbourg, en effet, qui se distinguent par la beauté et la pureté de leur émail, par leurs formes élégantes et capricieuses, et, surtout, par la vivacité et la franchise de leurs couleurs, notamment des pourpres et des carmins, ne procédaient en rien de ce qui avait été fait précédemment. Leur décoration se compose presque exclusivement de bouquets de fleurs, surtout de roses, de pivoines, de jacinthes, d'œillets, de tulipes et de myosotis d'une coloration fraîche, exécutés avec beaucoup de sûreté, tantôt au moyen de traits noirs qui forment un dessin dont l'intérieur est recouvert d'à-plats transparents, tantôt modelés avec une finesse et une précision qu'envierait le meilleur peintre sur porcelaine.

Outre les pièces de service et la vaisselle de table, Strasbourg a fabriqué une quantité de faïences qui témoignent de l'habileté et du profond sentiment décoratif de ses artistes: pendules, cartels, appliques, vases, etc., avec reliefs parfois rehaussés d'or, d'une exécution remarquable.

Les faïences de Strasbourg sont presque toujours marquées des monogrammes des Hannong accompagnés quelquefois de chiffres indiquant les numéros d'ordre de la fabrication et destinés probablement à faciliter les réassortiments.

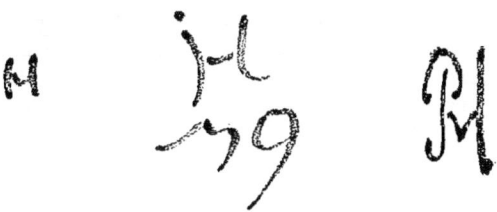

Le genre de décoration innové à Strasbourg fut promptement imité dans presque toutes les manufactures de faïence. La plupart de ces manufactures, tout en appliquant les procédés des Hannong, surent bientôt créer un genre particulier de décor, mais dans beaucoup d'autres, à Lunéville, à Saint-Amand et surtout à La Rochelle, on se borna, pendant longtemps à copier servilement les bouquets de Strasbourg et ce n'est qu'avec la plus grande attention et après avoir fait une étude comparative très suivie des produits de ces manufactures que l'on peut les distinguer les unes des autres. Dans les imitations cependant, surtout dans celles de La Rochelle, le dessin est moins souple, le trait plus accentué et les couleurs généralement plus lourdes et moins pures, surtout les carmins qui n'ont pas la fraîcheur et la délicatesse de modelé de ceux de Strasbourg.

STROOM (Paulus van der), faïencier à Delft, en 1725; on lui attribue un certain nombre de pièces aux couleurs vives et brillantes, marquées :

P. V. D. S.

Jacquemart signale une de ces marques accompagnée de la date 1754.

STROOM (Pieter van der), maître faïencier établi à Delft en 1693, à l'enseigne du *Pot de fleurs doré*, dont il ne conserva la propriété que pendant deux ans à peine, mais qu'il continua cependant à diriger; M. Havard lui attribue la marque suivante :

$$PVS$$
$$WVS$$
$$\cdot 1717 \cdot$$

SWINTON, près Rotherham, dans le Yorkshire (Angleterre). La petite ville de Swinton, située dans une contrée riche en argiles plastiques de diverses natures, possédait, en 1745, des manufactures de faïences assez importantes, mais elle doit surtout sa renommée à la fabrication des fameuses théières en terres de Rockingham. *(Rockingham pottery.)* — Voir ce nom.

T

TALAVERA-LA-REYNA (Espagne). Cette petite localité, située près de Tolède, était tellement renommée pour ses faïences au xviie et au xviiie siècle, que l'on disait communément alors en Espagne du *Talavera*, comme on dit en Angleterre du *Delft*, pour désigner la faïence à émail stannifère, de quelque fabrique qu'elle provienne. Et cependant, par une singulière coïncidence, il n'est pas de manufacture dont les produits soient moins connus. M. Casati, qui a consacré une courte notice aux faïences de Talavera, a noté cependant un caractère distinctif assez particulier qui peut servir à les faire reconnaître ; c'est la nuance verdâtre de l'émail, nuance se rapprochant du vert d'eau ; il cite plusieurs pièces, coupes, vases, encriers, etc., sur lesquelles cette nuance verte est très accentuée. Quant au décor, il offre, dit-il, une certaine analogie avec les faïences italiennes. « Elles n'atteignent pas le même degré de perfection artistique, mais elles se distinguent par un faire assez large; les dessins sont faits à grands traits avec une certaine ampleur. Ces faïences ne se font pas remarquer, en général, par le fini de l'exécution, mais plutôt par la facilité et l'entrain. » Deux pièces de sa collection sont signées, l'une :

Josphe Albarez f.

l'autre :

d. Ioseph Rossado

PL. XIX

POTERIES VERNISSÉES

a Beauvaisis (xve siècle). — *b* Beauvaisis (xviie siècle).
c Beauvaisis (xviiie siècle). — *d* Ateliers des bords de la Meuse.
e Angleterre (xviie siècle).
f Pavie (atelier des Cuzio). — *g* La Frata (Italie). — *h* Thunn (Suisse).

PL. LXXX

POTERIES VERNISSÉES

a : Beauvaisis, xv⁰ siècle. — B : Beauvaisis, xvi⁰ siècle.
c : Beauvaisis (xviii⁰ siècle). — d : Ateliers des bords de la Meuse.
e : Angleterre (xviii⁰ siècle).
f : Pavie (atelier des Gazon. — g : La Fratta, Italie. — h : Thoune, Suisse.

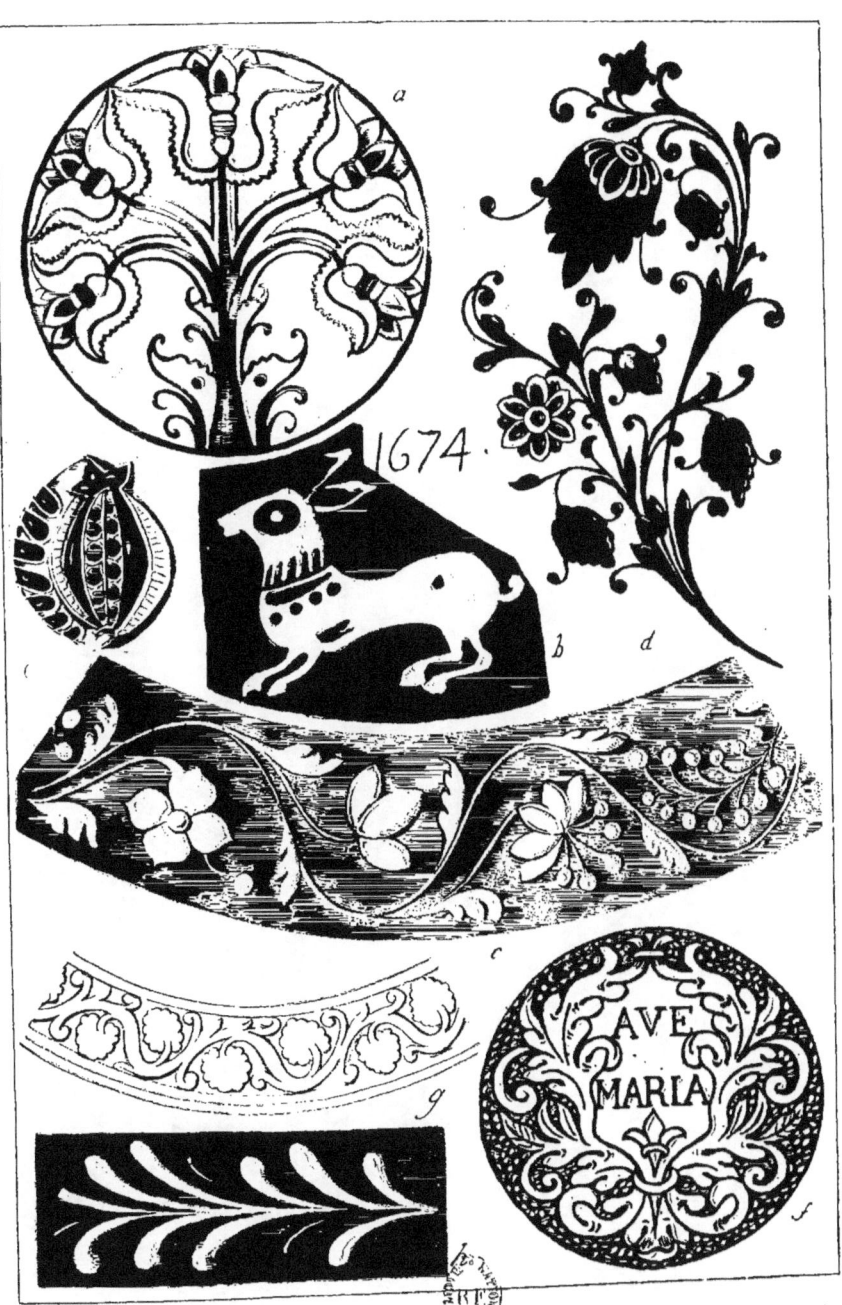

Talavera, qui a également imité, mais d'une façon assez peu artistique, les faïences de Savone et de Delft, aurait cependant fabriqué également des faïences remarquables de formes et de décor dont l'émail est très blanc et bien glacé, ainsi que des pièces à décor polychrome de feuillages d'un ton doux et harmonieux, dans le style de Moustiers.

Cf. Ch. Casati. *Note sur les faïences de Talavera-la-Reyna*, in-8°, 1873.

TASSIE (James), né en 1735, mort en 1799. Après avoir été primitivement tailleur de pierre près de Glascow, Tassie se mit à faire en pâtes de diverses couleurs des imitations de camées et surtout des portraits sur des médaillons ovales, remarquables par leur grand caractère et la délicatesse de leur exécution ; Wedgwood l'employa pendant longtemps. Il existe de lui au *Soane's Museum* et dans diverses collections des portraits et des plaques en terre cuite émaillée, signés :

Tassie F.

TAVERNES (Var). Cette manufacture, créée vers 1760, par un sieur Gaze, cessa d'être en activité en 1780. Un petit plateau à bords festonnés, aujourd'hui au Musée de Sèvres, de fabrication commune, à émail tout piqueté, décoré d'un semé de fleurettes bleues assez maladroitement exécuté, a été donné au baron Davillier à Tavernes même, par un arrière-petit-fils de Gaze ; cette faïence est marquée :

TERVUEREN. près Bruxelles (Belgique). Une petite fabrique de faïences fut établie dans le parc du château de Tervueren, par Charles-Alexandre, duc de Lorraine et de Bar, gouverneur général des Pays-Bas pour l'impératrice Marie-Thérèse. Les produits de cette manufacture princière, dont l'existence est constatée pour la première fois en 1767 et qui cessa d'exister en 1781, après la mort du duc, n'étaient pas livrés au commerce, et on ne connaît guère qu'un spécimen qu'on puisse lui attribuer avec certitude ; c'est une fontaine avec guirlandes en relief, décorée des armes de Lorraine et de bouquets finement peints, qui appartient au Musée d'Antiquités, à Bruxelles, et qui porte sous le pied les marques :

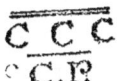

TÊTE DE MAURE (La Vieille), enseigne d'une fabrique de faïences à Delft, fondée à la fin du XVIIe siècle. — Voir *Hoppestein*.

TEYLINGEN (Hollande). Une tradition, très répandue en Hollande, attribue à Jacqueline de Bavière, comtesse de Hainaut, prisonnière, en 1425, au château de Teylingen, non loin de Leyde, la confection des premières poteries de grès. Cette princesse, autant pour occuper les tristesses et les loisirs de sa captivité que pour laisser aux âges futurs des souvenirs de sa présence, aurait, dit-on, fabriqué des canettes en grès, qu'elle jetait ensuite dans les fossés du château où elles furent retrouvées et désignées, ainsi que plus tard les poteries de même forme, sous le nom de *Jacoba's kannetjes*. Il est à présumer que cette tradition ne repose que sur la quantité assez considérable de cruches en grès très communes et de débris trouvés, au siècle dernier, dans les fossés du château de Teylingen, où il peut y avoir eu, à une époque indéterminée, un four à poteries de grès. Cette découverte donna lieu, en 1757, à une publication imprimée à Arnheim, sous le titre de *Vrow Jacoba's kannetjes*.

THOUROUT, près Bruges (Belgique). Poteries en terre rouge vernissée, décorées de figures et d'ornements gravés en réserve sur engobe jaunâtre clair et rehaussés parfois, par *pastillage*, de couleurs variées. Ces poteries sont confondues avec celles du même genre qui ont été fabriquées de tout temps dans le Beauvaisis, l'ancien Ponthieu et dans le nord de la France. Quelques-unes portent des dates qui varient de 1706 à 1780.

TONNEAUX (Les Trois), enseigne d'une fabrique de faïences fondée à Delft vers 1674, par Gerris Pietersz Kam. Quelques pièces sorties de cette fabrique sont marquées du nom de l'enseigne :

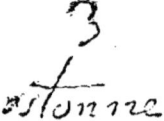

TOULOUSE (Haute-Garonne). L'existence de cette manufacture n'est connue que par une bouteille de chasse décorée en camaïeu bleu, portant l'inscription :

Laurens Basso.
A Toulouza.
Le 14ᵃ maÿ 1756

et par quelques pièces à décor de grotesques portant en toutes lettres le mot *Toulouse*.

TOUR-D'AIGUES (La — **Vaucluse**). On connaît de cette fabrique établie antérieurement à 1773, dans son château par M. de Buni, baron de la Tour-d'Aigues, un très beau plat du Musée de Sèvres décoré, en camaïeu vert d'un ton doux et harmonieux, d'un sujet rustique, d'un excellent dessin, portant l'inscription et la marque :

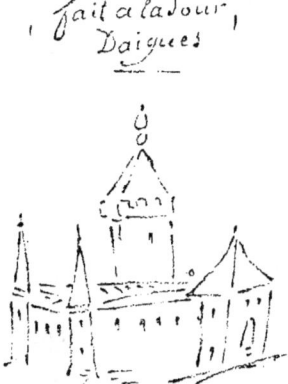

TOURNAI (**Belgique**). Pierre-Joseph Fauquez, qui possédait déjà une manufacture à Saint-Amand (Nord), en établit bientôt une seconde à Tournai. Après sa mort, en 1741, cette manufacture devint la propriété de son fils qui, à son tour, après la signature du traité d'Aix-la-Chapelle, la céda à Péterynck, de Lille, sous la direction duquel, par suite de l'adjonction de la fabrication des porcelaines à celle des faïences, elle prit une importance considérable. Les faïences de Tournai qui n'étaient pas marquées, ou dont, tout au moins, on ne connaît pas les marques, doivent être confondues avec celles de Saint-Amand et peut-être aussi avec quelques faïences de Hollande ; les Hollandais, d'après un rapport fait vers 1695, par l'intendant du Hainaut, venaient chercher de la terre à Bruyelle, village situé à une lieue de Tournai.

Jacquemart *(Histoire de la Céramique)* croit pouvoir attribuer avec certitude, à Tournai, quelques pièces sur lesquelles il a rencontré les marques suivantes qui se trouvent également sur la porcelaine tendre de Péterynck :

TOURS (**Indre-et-Loire**). Vers 1770, Thomas Sailly établit, dans le faubourg Saint-Pierre-des-Corps, une fabrique qui, à sa mort, en 1782, passa entre les mains de son fils, Noël. Cette manufacture paraît n'avoir produit que des faïences assez communes, à en juger par une gourde du Musée de Sèvres, qui porte sous le pied l'inscription suivante : *fait à tours le 21 mais 1782. Louis Liavte.* C'est dans une des fabriques du faubourg de Saint-Pierre-des-Corps que Avisseau, de Tours, fit son apprentissage de potier.

TRIANA, près Séville (Espagne). On y a fait en tout temps des *azulejos* et des épis destinés au couronnement des édifices. Triana a fabriqué également des poteries à lustre métallique assez communes et de grossières faïences usuelles.

TURIN (Italie). Une fabrique sur laquelle on ne possède aucun document précis et qui n'est guère connue que par une pièce portant la mention :

Fatta in Torino adi 12 d setebre 1577

a existé à Turin au XVIe siècle.

Au XVIIe et au XVIIIe siècle, cette ville a possédé une autre manufacture dont les produits, décorés en bleu, dans le genre de Savone, sont marqués de l'écu de Savoie, surmonté de la couronne royale.

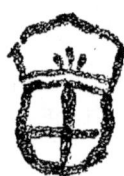

Un magnifique plat du Musée de Sèvres, décoré en camaïeu bleu d'une façon absolument remarquable d'un sujet de figures représentant la fille de Pharaon recueillant Moïse dans son berceau, porte au revers l'inscription suivante :

Cet Hyacinthe Roux est le même dont on trouve le nom latinisé (*Rossetus*) sur un surtout de table de Moustiers, au Musée de Limoges. (Collection Gasnault.)

Une pièce polychrome porte l'inscription :

Fabrica Reale di Torino 1737

TURNER (John), potier anglais, fonda vers 1762, à Lane End, dans le Staffordshire, une manufacture importante, dont les produits, d'une exécution parfaite, peuvent rivaliser avec ceux de Wedgwood; ils sont marqués en creux au cachet :

TURNER

Après sa mort, arrivée en 1786, ses fils s'associèrent avec Abbott et continuèrent sa fabrication sous la raison sociale : *Turner & Abbott, Potters to the Prince of Wales, Lane End;* ils marquaient :

TURNER & C°

U

URBANIA. — Voir *Castel-Durante*.

URBINO (Italie). Des fabriques de faïences existaient à Urbino à la fin du xve siècle, mais c'est seulement dans le second quart du xvie que, sous la haute protection du duc Guid'Ubaldo II, elles prirent le développement considérable et l'importance artistique qui devaient les placer au premier rang des manufactures italiennes. Avec celles de Faenza, en effet, les faïences d'Urbino peuvent être considérées comme les produits les plus remarquables et les plus parfaits de la céramique du xvie siècle; on les envoyait en présent aux grands seigneurs, aux souverains même, et leur renommée était si grande que pendant longtemps, en Italie, ce fut une opinion assez communément répandue que beaucoup d'entre elles étaient dues à Raphael, dont elles reproduisaient les compositions avec une perfection incontestable. Trois artistes surtout contribuèrent à établir cette renommée si justement méritée.

Le premier est Guido Durantino, dont la réputation s'étendait au loin et qui recevait des commandes importantes de l'étranger, ainsi que le prouvent plusieurs pièces d'un service aux armes du connétable de Montmorency et des plats portant l'écusson du cardinal-chancelier Duprat. Très fier de ses œuvres, M° Guido les signe en toutes lettres, en faisant précéder son nom de la désignation du sujet dans un style souvent pompeux que devaient exagérer plus tard les autres artistes d'Urbino :

> Joseph reuenduto in E
> gitto a Putifar captanto
> In La botega di m Guido
> Durantino In Vrbino
>
> 1535

Les œuvres de Guido Durantino, — ou Guido Fontana, — d'un dessin souvent incorrect, tracé en bleu et d'un modelé parfois sec et dur, sont facilement reconnaissables à leur coloration vigoureuse où le jaune orangé très intense arrive presque au rouge, et à leur exécution franche et hardie. C'est cet artiste qui semble avoir, le premier, couvert les majoliques de sujets qui en occupent toute la superficie, sans tenir compte de la forme des pièces qu'il avait à décorer et sans se soucier des déformations que devait subir le dessin dans la plupart des cas. Il y là évidemment, au point de vue décoratif, une faute grave que n'ont point commise les artistes de Faenza, mais on ne peut s'empêcher de l'excuser en voyant la richesse de coloration et la beauté d'exécution de ces merveilleuses céramiques.

Un artiste non moins célèbre, qui vivait à la même époque, est Francesco Xanto Avelli da Rovigo, qui signait ses œuvres en toutes lettres

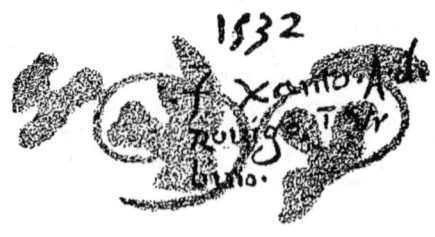

sous une coupe du Louvre à revers d'émail blanc à feuillages en volutes jaunes à rubis métalliques, ou, simplement, avec les initiales et la date :

« Artiste habile, dit M. Darcel dans sa *Notice des faïences italiennes*, Xanto ne manque ni de style ni d'ampleur dans le dessin ; et s'il est certaines de ses peintures qui indiquent la hâte d'une fabrication peu soignée, il en est d'autres qui peuvent rivaliser avec ce que la peinture sur faïence a produit de plus parfait. La couleur est appliquée par grandes teintes unies modelant simplement les objets, et d'un bistre brun un peu froid dans les carnations. Le ton général de sa peinture est clair, avec quelques oppositions d'un noir brillant et des verts lumineux d'un grand éclat dans les feuillages et les draperies. » Xanto copiait surtout des gravures d'après Raphael et souvent il les modifiait et les arrangeait à sa guise ; les longues inscriptions destinées à expliquer et à commenter les sujets représentés, que portent les revers de ses plats, feraient croire, si elles sont de lui, que c'était un lettré.

A l'époque où il mourut, vers 1545 à peu près, un autre artiste dont le nom domine tous les autres apparaît dans l'histoire de la fabrique d'Urbino : c'est Orazio Fontana, fils de Guido Fontana, qui possédait un atelier dans lequel Orazio travailla jusqu'en 1565. On lui a attribué, mais sans une bien grande certitude, plusieurs marques, entre autres celles-ci :

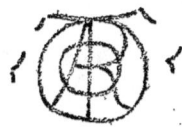 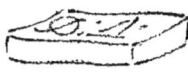

On retrouve dans la première les éléments de toutes les lettres de son nom ; quant à la seconde, le Φ est fait quelquefois de façon à former un O traversé par un F et se lirait alors *Orazio Fontana* ; le Δ serait la lettre initiale de *Durantino*. Il signait également en toutes lettres :

Fatto in botega de mestro Oratio Fontana in Urbino

Les sujets peints par Orazio sont facilement reconnaissables à une légère ébauche faite avec la couleur bleue qui lui servait à dessiner les figures et qui modèle doucement les chairs; quelquefois même le sujet est peint entièrement en camaïeu bleu, et d'une exécution bien supérieure à celle des majoliques en général.

Mais ce qui est surtout particulier à Orazio Fontana ou tout au moins à l'atelier des Fontana, ce sont les décors de *grotesques* sur fond blanc, d'un aspect gracieux et léger, dont l'arrangement est inspiré des compositions de Jean d'Udine et de Perino del Vaga. Quelques pièces absolument remarquables et d'une importance considérable sont décorées entièrement de ces grotesques; sur d'autres, ils entourent des médaillons dans lesquels sont peints des sujets de figures.

Une autre famille d'artistes, celle des Patanazzi, dont les œuvres datent de la fin du xvie siècle, clôt la série des peintres faïenciers d'Urbino. Le plus ancien, celui qui a le mieux conservé les traditions d'Orazio Fontana, est Antonio Patanazzi, dont nous avons relevé la signature sur un beau vase orné de grotesques, de la collection Spitzer :

```
   VRBINI
   
   1580
  M° ANTON
   I° PA
  TANAZ
```

Cette famille paraît avoir conservé un atelier pendant assez longtemps, car on retrouve, en 1620, le nom d'un Patanazzi Vicenzio, qui, fier de son talent précoce, signait les pièces qu'il peignait en les accompagnant de la mention de son âge :

Vincenzio Patanazzi da Urbino di età danni tredici del 1622

Il devait être fils d'Alfonso, dont on connaît plusieurs pièces datées des premières années du xviie siècle :

Alfonso Patanazzi fecit Urbini 1606

C'est à Urbino qu'ont été fabriquées les faïences avec figures, chimères et ornements en reliefs, salières, écritoires, vasques, coffrets, etc., qui, malgré leur exécution un peu alourdie par l'émail, sont d'une conception heureuse et d'une forme très décorative. Mais de tous les produits d'Urbino, les plus remarquables, sans contredit, et les plus artistiques, ce sont les magnifiques vases dont Battista Franco composa les dessins et qui furent exécutés en partie par Orazio Fontana. Après la mort du dernier duc d'Urbin, cette incomparable série, qui ne comprend pas moins de trois cent quatre-vingts vases, fut portée à la *Santa Casa de Lorette*, où on les voit encore aujourd'hui. Suivant Passeri, des artistes de talent, B. Franco, Raffaele del Borgo et autres n'auraient pas dédaigné de se faire peintres céramistes et de se joindre à Orazio pour travailler à leur exécution.

A la fin du xviiie siècle, un Français nommé Rolet s'était établi à Urbino ; il y fabriquait des faïences assez grossièrement décorées, dans le style de Moustiers, et les marquait de la singulière inscription suivante :

*Fabrica di majolica fina di Monsiéur Rolet,
in Urbino a 28 aprile 1773*

VALENCIENNES (**Nord**). La manufacture fondée à Valenciennes vers 1735 par Fr.-Louis Dorez, dont le père était établi à Lille, fut dirigée, après la mort de son fondateur, en 1739, par sa veuve d'abord, puis par Joseph Bernard, dont l'incapacité compromit l'existence de l'établissement, et, enfin, par Claude Dorez, frère de Louis. Les faïences de Valenciennes ne se distinguent par aucun caractère original ; comme à Lille, on y a imité les produits en vogue des manufactures du centre de la France, celles de Rouen surtout, aussi sont-elles fort difficiles à reconnaître. M. le Dr Lejeal, qui a publié une monographie des fabriques de l'arrondissement de Valenciennes, croit pouvoir attribuer à Valenciennes les marques suivantes que nous n'avons jamais rencontrées.

On ne sait rien de précis sur une autre manufacture qui a existé de 1755 à 1757, non plus que sur celle dirigée par Bécar, de 1772 à 1774.

VARAGES (Var). Il a existé à Varages, de 1740 à 1800, six fabriques qui toutes, ont imité plus ou moins grossièrement les faïences de Moustiers, qui n'était qu'à six lieues de cette petite localité. Aucune de ces fabriques ne paraît avoir marqué ses produits; cependant on attribue à Varages un plat du Musée de Sèvres décoré, avec assez de soin, de bouquets détachés imités de Moustiers et portant la marque :

VAVASSEUR. — Voir *Levavasseur*.

VENISE (Italie). Venise, qui a possédé, dès la fin du xve siècle, des manufactures dont les œuvres, assez rares, datées de 1542, 1543, 1546, 1562, etc., n'offrent rien de bien remarquable, surtout quand on les compare à celles des autres manufactures italiennes de la même époque, produisit, au commencement du xviiie siècle, — probablement dans une fabrique établie à Murano par les frères Bartolini, qui demandèrent au Sénat l'autorisation d'ouvrir un magasin de vente à Venise, — des faïences d'un genre tout à fait particulier, caractérisées par la finesse, la légèreté et surtout la densité de leur pâte, qui les fait résonner comme du métal. Cette série comprend plus particulièrement des plats à larges bords, légèrement bombés, ornés de fleurs ou d'ornements repoussés en relief, se détachant parfois sur un fond coloré et qui paraissent avoir été surmoulés sur des pièces d'argenterie. Les reliefs ou bossages sont cernés et dessinés de traits noirs ou violets assez fins, et le bassin est décoré de paysages largement peints et d'une coloration puissante, représentant le plus souvent des ruines; souvent la pièce entière est ornée de gaufrures en relief s'enlevant en bleu pâle sur un fond bleu plus foncé. Ces pièces portent le plus ordinairement les marques suivantes, dont le sens n'a pas encore été déterminé :

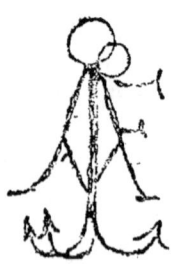

Sur quelques faïences du xviie siècle, à décor de figures, on trouve, comme dans une des marques ci-dessus, le C ou G formé par un hameçon et accompagné d'une date ou même d'un nom :

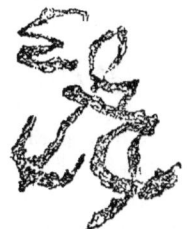

La marque suivante se trouve dans une magnifique vasque à armoiries du Musée de Sèvres, datant de la fin du xviie siècle :

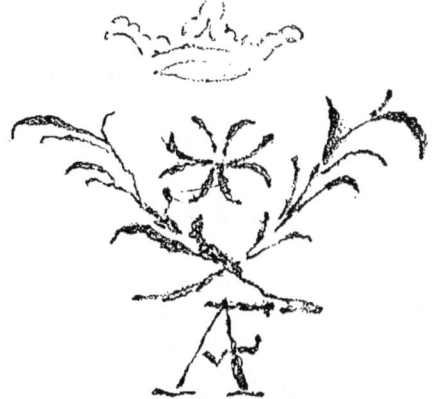

Un plateau à piédouche à décor de paysage et bordure de fleurons en relief formant encadrement, de la collection Gasnault au Musée de Limoges, est marqué :

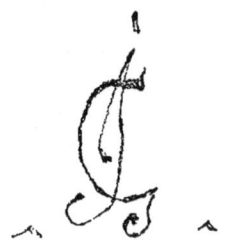

Venise a également fabriqué, dans la dernière moitié du siècle dernier, — mais, si l'on en juge par leur rareté, plutôt à titre d'essai que d'une façon suivie, — des faïences assez soignées et d'une pâte fine, à décor pseudo-chinois, rappelant celui de ses porcelaines ; comme les porcelaines, elles portent la marque :

Ven^a

VERHAAST (Gysbert), peintre céramiste, né à Delft en 1737; on connaît de lui des tableaux peints en polychromie, que l'on a attribués à tort à Johannes Vermeer, et qui sont de véritables chefs-d'œuvre de couleur et d'exécution. Quelques-uns sont signés en toutes lettres :

G Verhaast

VERHAGEN (Johannes), maître faïencier, établi de 1725 à 1759, à l'enseigne de *la Nouvelle Tête de Maure*, fabrique à laquelle il sut imprimer un haut caractère artistique. Il signait de son monogramme, accompagné d'une date :

IVH

1729

Après sa mort, sa veuve continua à diriger la fabrique, mais elle adopta la marque suivante :

C:B:S.

VÉRONE (Italie). On ne connaît qu'une seule pièce pouvant être attribuée à cette ville, qui, cependant, si l'on en croit Piccolpasso, aurait possédé, vers 1540, un nombre considérable de fabriques. C'est un très beau plat représentant *Alexandre et la famille de Darius*, et portant l'inscription : *1563 adi 15 genaro Giu Giovani Batista da faenza. In Verona*. Un monogramme, composé d'un M lié probablement à un V, mais illisible par suite d'un léger accident de cuisson, accompagne cette inscription.

VERSTELLE (Geertruy), maîtresse faïencière établie en 1764, à Delft, à l'enseigne de *la Vieille tête de Maure*. Ses produits, dont quel-

PL. XX

GRÈS-CÉRAMES

a Sieburg, près Cologne. — *b* Raeren. — *c* Cruche, dite *grey-beard*.
d e Grenzhausen, près Coblentz.
g Creussen (pot dit *apostel krüge*). — *h i* Motifs variés.

Pl. XX

GRÈS-CÉRAMES

a Siebürg, près Cologne. — b Räeren. — c Cruche, dite grès Ménard, d e Grenzhausen, près Coblenz.
g Creussen (pot dit apostel krüge). — h i Motifs variés.

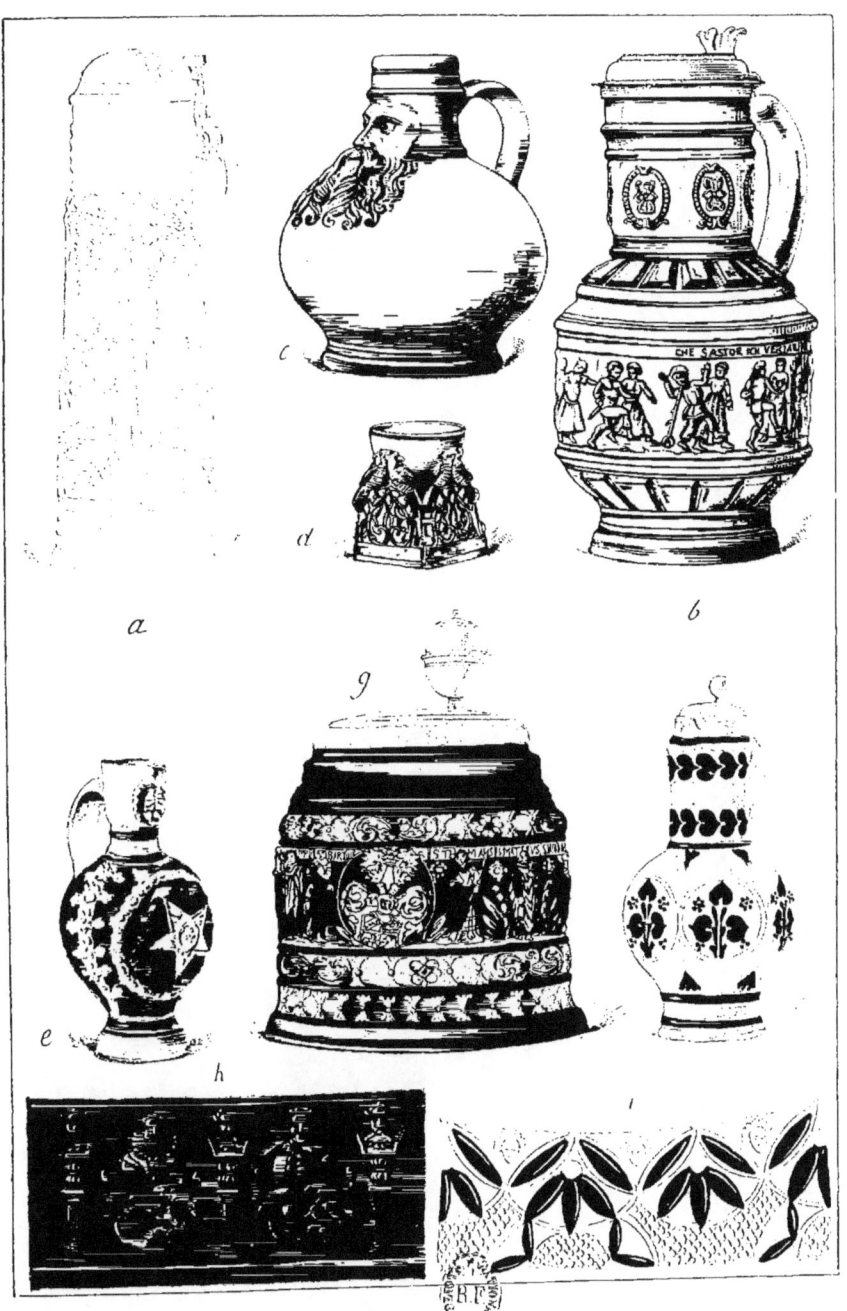

ques-uns sont d'une exécution fine et soignée, mais dont la plupart sont d'une fabrication ordinaire, portent les lettres initiales de son nom :

GVS   G:V.S

VINCENNES (Seine). L'existence de cette manufacture n'est connue que par un arrêté du 31 décembre 1767, accordant à un sieur Maurin des Aubiez l'autorisation d'établir au château de Vincennes, dans les anciens locaux de la Manufacture royale de porcelaine, transférée à Sèvres en 1756, une fabrique de « faïence dans le style de Strasbourg, imitant la porcelaine ». Cette fabrique fut dirigée par Pierre-Antoine Hannong; mais ses produits qui semblent n'avoir eu rien de particulier doivent être, jusqu'à présent, confondus avec ceux des autres manufactures des Hannong.

VINEUF, près Turin (Italie). Le Dr D. Gioanetti, qui établit, à Vineuf, dans la dernière moitié du siècle dernier, une manufacture de porcelaine, aurait fabriqué également des faïences qui portent la même marque que ces porcelaines, un V surmonté de la croix de Savoie :

    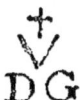

Nous ne connaissons aucun spécimen de ces faïences.

VITERBE (Italie). Sur un plat du Musée de Kensington, à bordure de trophées et à sujet représentant *Diane et Actéon*, une figure tient une banderole portant l'inscription :

I VITERBO DIOMED 1544.

C'est le seul spécimen de cette fabrique qui soit connu jusqu'à présent.

VIZEER (Piet), faïencier à Delft, en 1752, fabriqua plus particulièrement des plaques et des carreaux polychromes, qu'il signait en toutes lettres :

P Vizeer

VOISINLIEU (Oise). Vers 1839, Jean Ziégler, artiste d'un certain talent, que sa vue fatiguée obligeait d'abandonner la peinture, établit à Voisinlieu, près Beauvais, une fabrique de *grès artistiques* dont quelques spécimens méritent d'être recherchés. La pâte de ces grès, recouverts le plus généralement d'une glaçure qui laisse transparaître le ton brun de la terre, est dure et sonore. La grande cruche, dite des *Apôtres*, dont plusieurs exemples existent dans les musées en France et à l'étranger, est une œuvre remarquable. Les grès de Voisinlieu sont marqués en creux dans la pâte :

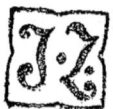

VOYEZ (J.), sculpteur français. Il travailla à Londres, chez le célèbre architecte décorateur Adams, et entra ensuite, en 1768, chez Wedgwood, pour lequel il fit de nombreux modèles, puis chez Palmer, à Hanley. Il paraît ensuite s'être établi à Cowbridge, près Newcastle, où il fabriquait des imitations de camées et d'intailles en terre cuite, « pouvant résister à tous les acides ». On connaît de lui quelques poteries avec des figures en relief, assez grossièrement rehaussées de couleurs, portant sa signature :

VOYEZ
1788

Il publia, en 1773, un catalogue de ses imitations de camées sous le titre de : « A CATALOGUE OF INTAGLIOS AND CAMEOS, *after the most esteemed of the Antiques mad by F. Voyez, sculptor ; Member of the Royal Society of Artists of Great Britain, and to be sold rt his house at Cowbridge near Newcastle, Stafforshire.*

VRON (Somme). Cette manufacture, fondée dans la dernière moitié du XVIIIe siècle, par Courpont, a produit principalement des carreaux de fourneaux de cheminée ou de revêtement pour boutiques de bouchers et autres, des pots et des pintes, des encriers, des plats et des assiettes, décorés en couleurs ou le plus souvent en violet tirant sur le noir, de sujets de personnages, de paysages et d'animaux, assez maladroitement traités, mais qui avaient, du moins, le mérite de l'originalité.

Après la mort de Courpont, sa veuve, qui continua d'exploiter la faïencerie, se remaria avec un sieur Verlingue dont elle eut une fille qui épousa un nommé Delahodde entre les mains duquel passa la fabrique.

Une plaque du Musée de Sèvres, portant au centre les mots : « VIVE LE ROI » et la devise : « *Manibus lilia date plenis* », est signée :

MANUFACTURE DE VRON
25 AVRIL DELAHODDE-VERLINGVE 1815

W

WAL (Johannes van der), maître faïencier à Delft, en 1691, fut d'abord contremaître chez Lambacher van Eenhorn, dans la fabrique du *Pot de métal*, puis s'établit à son compte. Ses produits, qui sont d'un ordre inférieur, sont marqués de son monogramme :

JVDW

WEDGWOOD (Josiah), céramiste anglais, né à Burslem (Staffordshire) en 1730, mort en 1795. C'était le plus jeune fils de Thomas Wedgwood, fabricant de poteries à Burslem et qui appartenait à une famille de potiers dont on trouve la trace dans l'histoire de la céramique anglaise dès les premières années du xviiᵉ siècle. A peine âgé de onze ans, il quitta l'école pour entrer comme apprenti chez son frère Thomas, qui avait succédé à son père, mort en 1739 ; il y resta jusqu'à l'âge de dix-neuf ans, concentrant toute son application à la composition de dessins d'ornements appliqués à la poterie et, surtout, à la recherche de pâtes colorées qui le conduisirent plus tard à l'imitation des agates, des onyx et des pierres précieuses. Il s'associa ensuite avec Harrison, de Stoke, puis avec Wheildon, de Fenton, mais ces associations furent de peu de durée et, en 1759, il revint à Burslem, où il fonda une petite manufacture couverte en chaume, suivant l'usage du pays à cette époque. Ses affaires prospérant, il en établit bientôt une seconde, puis une troisième, plus importante, dans laquelle il créa cette belle poterie couleur de crème (*cream ware*), qui devait commencer sa réputation et dont il présenta des échantillons variés à la reine Charlotte, qui fut tellement charmée de leur beauté et de leur perfection, qu'elle l'autorisa à prendre le titre de *Fournisseur de la Reine*, et qu'elle voulut même que la nouvelle poterie fût appelée *Poterie de la Reine* (*Queen's ware*). C'est alors, en 1766, qu'il prit pour associé son ami Thomas

Bentley, marchand de Liverpool, homme de goût, instruit et distingué, qui établit une importante maison de vente à Londres et qui dirigea la fabrication vers ces imitations de l'art antique, vases, camées, médaillons, etc., qui rendirent justement célèbre le nom des deux associés.

Après avoir acquis une fortune considérable, qu'il employa aux plus nobles et aux plus charitables usages, Wedgwood mourut le 3 janvier 1795, âgé de soixante-quatre ans, à Etruria, nom classique qu'il avait donné au village qu'il avait créé, près Burslem, pour y établir sa résidence, ses fabriques et les logements de ses ouvriers, et qui est aujourd'hui une petite ville de plus de 5,000 habitants; en 1790, il avait pris comme associés ses fils John, Josiah et Thomas, ainsi que son neveu Thomas Byerley.

Les produits de Wedgwood, d'une exécution parfaite et d'une fabrication exceptionnellement remarquable, peuvent être divisés en plusieurs classes parfaitement distinctes, que nous indiquerons succinctement, en suivant l'ordre adopté par M. Church[1]. Ce sont :

Les *faïences crème* (*Cream coloured ware* ou *Queen's ware*), qui comprennent principalement des pièces de table, des services à thé ou à café décorés de frises peintes en couleur ou de dessins imprimés en noir ou en rouge, par Sadler et Green, de Liverpool; quelquefois, mais rarement, ces faïences sont rehaussées de dorures.

2º Les poteries noires (*Egyptian black* ou *basaltes ware*), qui doivent leur coloration au fer. On a fait aussi des vases d'assez grande dimension, des plaques, des médaillons, des bustes, etc., et des services à thé à décoration polychrome ou dorée.

3º Les terres rouges (*Red ware* ou *Rosso antico*), qui servirent surtout à faire des imitations de camées.

4º La faïence fine blanche, ou demi-porcelaine (*white semi-porcelain*), dont on trouve peu d'exemples ; cette faïence, par sa composition même, se déformant et se craquelant facilement au feu.

5º Les pâtes marbrées (*variegated ware*), imitant l'agate, le granit, les marbres, etc. Wedgwood a fait en ce genre un nombre considérable de pièces de formes variées et surtout des vases dont les anses et les reliefs sont presque toujours dorés.

6º Les biscuits désignés sous le nom de *jasper ware*, qui comprennent des vases, flambeaux, coffrets, boîtes, tabatières, médaillons, boutons, etc., décorés de bas-reliefs s'enlevant sur un fond uni coloré; c'est pour les objets de cette nature que le célèbre sculpteur Flaxman dessinait des modèles de formes ou modelait des scènes antiques d'un goût si sévère et d'un dessin si correct, qui étaient exécutés ensuite avec

---

1. A. H. CHURCH, *English Earthenware*, in-8º, 1884.

une perfection et une délicatesse de retouche et, pour ainsi dire, de ciselure, dont aucune fabrique ne peut offrir d'exemple analogue. Marques :

    WEDGWOOG   « Wedgwood »   WEDGWOOD
                                                                                       & BENTLEY

accompagnées quelquefois du mot ETRURIA.

Cf. Miss Eliza Meteyard, *The Life of Josiah Wedgwood*. — Llevellyn Jewitt, *The Wedgwood; being a Life of Josiah Wedgwood*.

WEDGWOOD (Ralph). — Voir *Ferrybridge*.

WEERT (Jan de), maître faïencier à Delft en 1663 ; on connaît peu de pièces de lui. Il marquait :

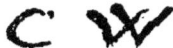

WEMMERZ. — Voir *Hoppestein*.

WITSENBURG (Cornelis), maître faïencier à Delft, en 1696. Ses produits, assez rares et d'une belle exécution, sont décorés en camaïeu bleu ; il marquait :

WITSENBURGH (Théodore), maître faïencier établi à Delft, vers 1690, à l'enseigne de *l'Étoile*. Ses faïences, excessivement remarquables, et surtout ses plaques entourées de cadres en relief, qui, d'après M. Henry Havard, peuvent être rangées parmi les plus belles œuvres de la céramique delftoise, portent au revers l'étoile qui servait d'enseigne à sa fabrique :

WROTHAM (Angleterre) fut, au XVIIe siècle, le centre d'une assez importante fabrication de poteries usuelles en terre brune vernissée de couleurs jaunes, intéressantes par leurs formes et surtout par les noms, les dates et les dessins en relief (quelques-unes ont des fleurs de lis) qui les décorent. Les poteries de Wrotham portent des dates qui vont de 1656 à 1710.

Y

YARMOUTH (Angleterre). — Voir *Absolon*.

Z

ZURICH (Suisse), était renommée au xviiie siècle pour ses fabriques de poêles en faïence. On attribue également à cette ville des faïences à décor polychrome assez pâle dessiné de noir, marquées :

$\frac{B}{Z}$ Z

TABLE

LES

MARQUES ET MONOGRAMMES

PAR ORDRE ALPHABÉTIQUE

A

Anspach (Bavière) 9

Albissola (Italie) 4

Brouwer (Arij Cornelis), de Delft 28

Keiser (Aelbrecht C. D.), de Delft 100

Kiel (Albertus), de Delft 103

224   DICTIONNAIRE DE LA CÉRAMIQUE

Kruisweg (Anthoni), de Delft 105

Janz van der Meer (Arij), de Delft. 96

Varages (Var). 214

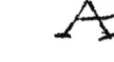

Aprey (Haute-Marne). 10

Patanazzi (Alfonso) d'Urbino 158

Pennis (Anthony), de Delft 159

Reygens (Augestijn), de Delft 171

MARQUES ET MONOGRAMMES 225

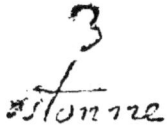

Marque de la fabrique de Delft à l'enseigne des *Trois tonneaux de cendre* 92 206
(Voir aussi Hoorne H. Van.)

$$\overline{\text{A}}\atop\text{ITD}$$

Dextra (Jean-Thennis), de Delft 58

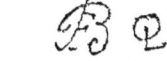

Kessel (Amerensie van), de Delft 101

Avisseau (Charles-Jean), de Tours 15

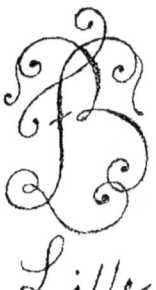

Alcora (Espagne) 4

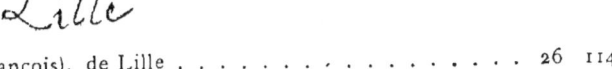

Boussemaert (François), de Lille 26 114
15

226   DICTIONNAIRE DE LA CÉRAMIQUE

B:

Brouwer (Justus), de Delft. 28

B·K·   BP

Bayreuth (Bavière) 18

Clumpot

Burch (Paulus van der), de Delft 31

→B← →M←

Faenza (Italie) 67

BL.

Niederwiller (marque de Beyerlé) 22 143

B:P

Burch (Paulus van der), de Delft 31

B·V·S
1702 6/1

Schoonhoven (L. van), de Delft 195

MARQUES ET MONOGRAMMES 227

C

Cornelisz, de Delft 48

C

Deruta (Italie) 57

Custine (général de) 51
(Voir aussi Niederwiller, p. 143.)

C C C
C. R.

Tervueren (Belgique) 205

C. A. G.

Castelli (Italie) 37
(Marque de Carlantonio Grue)

C B
1725
❋
C B
C B

Berg (Cornelis de), de Delft 21

Pinxit
1736
CB

Borne (Claude) 25

C·B·S.

Verhagen (Johannes), de Delft. 216

Keiser (Cornelis A. de), de Delft. 100

Cleffius (Lambertus), de Delft. 43

Keiser (Cornelis A. de), de Delft. 100

Candiana (Italie) 34

Kloot (Cornelis van der), de Delft. 103

Schagen (Cornelius van), de Delft. 194

Witzenburg (Cornelis), de Delft. 221

MARQUES ET MONOGRAMMES

$$\mathrm{D} \qquad \frac{D}{7}$$

Dextra (Jean Theunis), de Delft. 59

$$\mathrm{D}$$

Deruta (Italie) 57

$$D\ H.$$

Harlees (Dirck), de Delft. 87

$$D.VK\ boot$$
$$1700$$

Kest (Dirck van der), de Delft, à l'enseigne du *Bateau (In de boot)*. . . . 102

$$D, \qquad D$$

Valenciennes (Nord) 213

$$\frac{DF}{1636}$$

Nevers (Marque de Denis Lefebvre) 142

$$D\ PW \qquad D\ AW$$

(D. PAUW) marque de la fabrique de Delft à l'enseigne du *Paon*. . . . 155

$$DSK$$

Spaandonck (Thomas), de Delft. 200

E.J.F
1772

Berne (Suisse) 22   76
    Marque de Frutting (Em.-Jean.)

EMS

Mesch (Johannes), de Delft 130

F.

Marseille (Bouches-du-Rhône) 128

F
1.680.

Flyt, de Delft 72

F

Faenza (Italie) 67

F·D·
1543

Castel-Durante (Italie) 36

F   **F.e**   **EF**

Fouque (Joseph), de Moustiers 74   137

MARQUES ET MONOGRAMMES 231

Fer.

Alcora (Espagne). 5

F . F

Poitiers (Vienne). 163

F . G.

Castelli (Italie) 37
    (Marque de Francesco Grue.)

Marque de Pierre Fauquez, de Saint-Amand-les-Eaux (Nord) 182

Pasquale Rubati, de Milan 132

F · R 1734
Nevers (marque de François Rodrigues). 142

Guillebaud (Jean), de Rouen 81

Guillebaud (Jean), de Rouen. 81

GENTILI · P ·   ou   *gentile p.*

Castelli (Italie) 39

Forli (Italie) 74

Kam (Gerritsz Pieter), de Delft 99

Ghisbrecht (L.-Kruyk), de Delft. 79

G. S.

Bassano (Italie). 18

Verstelle (G.), de Delft 217

Aire (Pas-de-Calais) 3

Hannong (Les), de Strasbourg 87

MARQUES ET MONOGRAMMES 233

Hammen (J. A. Van), de Delft. 84

Hofdick (Damis), de Delft. 90

Holitsch (Hongrie) 91

Saint-Omer (Pas-de-Calais). 186

Borne (Henri), de Nevers. 25 142

Quimper (Finistère). 166

Brouwer (Hugo), de Delft. 29

Koning (Hendrick et Gillis de), de Delft. 104

234 DICTIONNAIRE DE LA CÉRAMIQUE

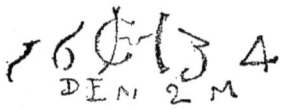

Hermansz (Gerrit), de Delft. 88

$$H\text{-}L$$

Harlees (Johannès), de Delft. 87

$$I\text{-}K$$

Hulick (Jan), de Delft. 105

$$J\text{-}C.\,S$$
$$R$$

Hesse (Frederic Van), de Delft 89

TƎVH
Orléans (Loiret) 150

$$H\,v\,H$$

Hoorne (Hendrick Van), de Delft 92

HVMD
1750

Middeldyk (Hendrick Van), de Delft. 131

$$\overset{*}{\jmath}B \qquad \frac{\;*\;}{\underset{7}{DB}}$$

Berg (Justus de), de Delft. 21

MARQUES ET MONOGRAMMES 235

I B 3

La Rochelle (Charente-Inférieure). 108

I · D · A

Appel (Johannes den), de Delft 10

IDM

Milde (Jacobus de), de Delft. 132

IDW

Weert (Jean de), de Delft. 221

I G ou *J : G*

Gaal (Johannes), de Delft. 77

/ G

Groenland (Jan), de Delft. 81

I · H

Initiales de Jérôme Hoppfer, de Ratisbonne. 168

Marque de la fabrique à l'enseigne de *La Fortune* 74

Halder (Jacobus), de Delft 84

$$\frac{I\ TD}{12}$$

Dextra (Jean-Thennis), de Delft. 59

$\dot{K}$

Knœtter (Johannes), de Delft 104

$\bar{K}$

Kruyck (Johannes), de Delft. 105

I K

Kool (Jacobus), de Delft, ... 104

I . P . S

Lyon (Rhône) 121

IVH
1729

Verhagen (Johannes), de Delft 216

IVK

Kessel (Jeronimus P. van), de Delft. 101

IX   IVK

Kloot (Johannes van der), de Delft 103

$\underline{\dot{V}}$

Laen (Jan van der), de Delft 106

MARQUES ET MONOGRAMMES 237

B

Nevers (marque de J. Bourdu). 142

J . F
1750

Bristol (Angleterre). 27
  (Marque de Joseph Flower.)

G

Venise (Italie). 215

J G / R

Groen (Johannes), de Delft 81

J   *P*

Pennis (Joannes), de Delft 159

VE/P   *P*

Pietersz (Jan), de Delft 162

238   DICTIONNAIRE DE LA CÉRAMIQUE

JVB V

Buergen (Jan van der), de Delft 30

JVH

Houk (Jan Sicktis van der), de Delft 92

JVW

Wal (Johannes van der), de Delft 219

Voisinlieu (Oise), marque de Jean Ziégler 218

Kiel (Danemark) 102

Kunersberg (Bavière) 106

Dyck (Cornelis van), de Delft 63

MARQUES ET MONOGRAMMES

— K · H · Y

C. G

D

Kellinghusen (Sledswig). 101

L

Rehweiler (Franconie). 169

B   *B*

Septfontaines (Luxembourg). 196

LC

Ghisbrechts (Lambrecht), de Delft. 79

L K

Kessel (Lucas P. van), de Delft. 101

L P Q

Montauban (Tarn-et-Garonne). 133

L P K a n   *l p k*

Brouwer (Gerrit), de Delft. 28

L V

Dale (Lucas van), de Delft 53

240 DICTIONNAIRE DE LA CÉRAMIQUE

Schoonhoven (L. van), de Delft. 195

Boender (Mathijs), de Delft 23

Marieberg (Suède) 125

Middeldyk (Hendrick van), de Delft. 131

Andreoli (maestro *Giorgio*) 8

MARQUES ET MONOGRAMMES

MP

Paree (Pieter), de Delft 155

$$\frac{S}{Z} \over MR$$

Marans (Charente-Inférieure) 125

M V B
1757

Bogaert (*Matheus* van der), de Delft 23

N   N₀

Andreoli (maestro *Giorgio*) 8

$$\frac{NB}{I}$$

Nuremberg (Bavière) 148

[crowned O mark]

Orléans (Loiret) 150

O†A
1582

Pesaro (Italie) 161

242   DICTIONNAIRE DE LA CÉRAMIQUE

Moustiers (marques d'Olerys). 137

Pesaro (Italie). 161

Poulisse (Pieter), de Delft. 164

Pieter (Jeronimus), de Delft. 162

Savone (Italie) 192

Marque de Milde (J. de), de Delft, à l'enseigne du *Paon* 132

Pynacker (Adrian), de Delft 165

MARQUES ET MONOGRAMMES

Burch (Paulus van der), de Delft 31

Doorne (Pieter van), de Delft 61

Hannong (Paul), de Frankenthal 75

Kam (Pieter Gerritsz), de Delft 99

Pynacker (Jacobus), de Delft 165

P V D B

Briel (Pieter van der), de Delft 27

Stroom (Paulus van der), de Delft 203

Marum (Petrus van), de Delft. 129

Stroom (Pieter van der), de Delft. 204

Quiring (A.-K.), de Delft. 167

Aire (Pas-de-Calais) 3

Sceaux (Seine) 194

Robert (Joseph), de Marseille 127

MARQUES ET MONOGRAMMES 245

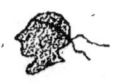

Hoppestein (Rochus Jacob), de Delft, à l'enseigne de la *Tête de Maure*. [92

Rörstrand (Suède) 175

Sinceny (Aisne) 199

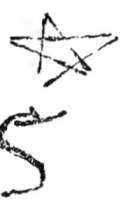

Savone (Italie) 191

246 DICTIONNAIRE DE LA CÉRAMIQUE

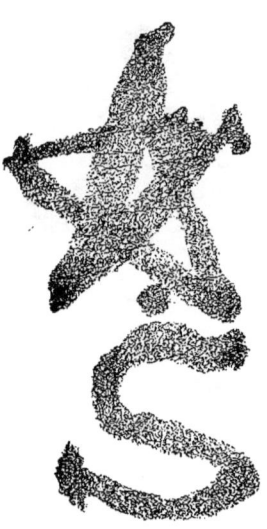

Séville (Espagne). 197

Saint-Cloud (Seine-et-Oise). 185

Soliua

Alcora (Espagne). 4

Cafaggiolo (Italie) 33

MARQUES ET MONOGRAMMES

Ströbel:

Av: 1730:

R: 2: Jobris:

Nuremberg (Bavière) 148

SE

Eenhorn (Samuel van) 64

B   B

Faenza (Italie) 67

THART   ou   *t'hart.*

Marque de la fabrique de Delft à l'enseigne du *Cerf* 41

Fontana (Oratio), d'Urbino 72

.V.   V / DG

Vineuf (Italie) 217

V C ▫

Alcora (Espagne) 5

248   DICTIONNAIRE DE LA CÉRAMIQUE

$$\text{E B} \quad \begin{matrix} \text{E} \\ \text{CK} \end{matrix} \quad \begin{matrix} \text{E} \\ \text{K} \end{matrix}$$

Eenhorn (Les), de Delft. 64

$$\begin{matrix} \text{E} \\ 2 \\ \text{D S} \end{matrix} \qquad \begin{matrix} \text{E} \\ 3 \\ \text{P . D K} \end{matrix}$$

Fictoor (Louwys), de Delft 69

$$\text{VP} \qquad \text{VP} \qquad \text{VP}$$

Perrin (Veuve), de Marseille 128

W

Levavasseur, de Rouen. 111

$$W \; ^V D \; B$$

Briel (Pieter van den) 27

$$\text{W} \qquad \text{IW}$$

Hoppestein (Jacob Wemmers), de Delft. 92

$$\frac{WK}{7}$$

Kleftijus (Willem), de Delft 103

WK.

Kool (Willem), de Delft. 105

W : V : B

Beek (William van) 19

MARQUES FIGURATIVES 249

Zurich (Suisse). 222

MARQUES FIGURATIVES

ALLEMAGNE

Hœchst-sur-le-Mein (Allemagne) 90

Stralsund (Poméranie) 201

BELGIQUE

Bruges 29

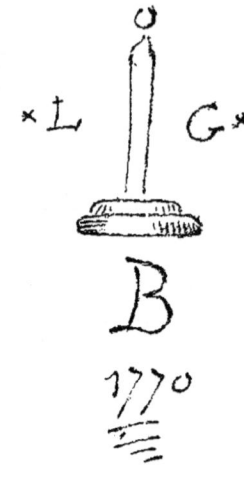

Liège 112

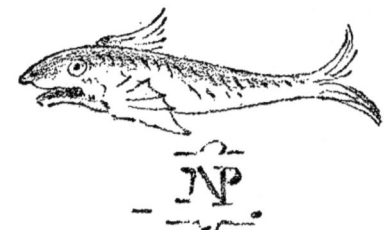

Tournai 207

DANEMARK

Kiel 102

ESPAGNE

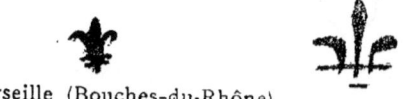

Séville 197

FRANCE

Marseille (Bouches-du-Rhône) 127

MARQUES FIGURATIVES

Sceaux (Seine) . . . . 193.

Marque de Hannong père, de Strasbourg. . . . . 87.

ITALIE

Cafaggiolo . . . . 33.

Castel-Durante . . . . 36.

Gênes . . . . 78.

Gênes 78

Faenza 67
   (Voir aussi *Berettino*, p. 20.)

Pesaro 161

Savone 191

Savone 192

MARQUES FIGURATIVES 253

Turin 208

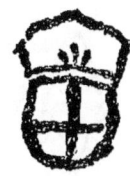

Urbino, marque de Fontana (Oratio) . . . . 7[3]

Urbino, marque de Xanto-Avelli 211

Venise 215

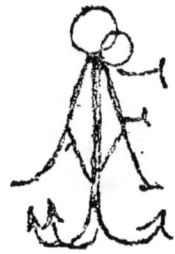

Venise. 214

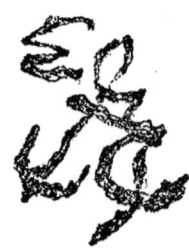

Venise. 215

PAYS-BAS

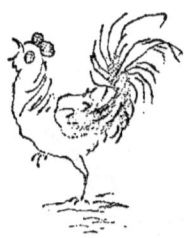

Amsterdam. 6

Brouwer (Justus). 28

MARQUES FIGURATIVES 255

Marque de la fabrique à l'enseigne de l'*Étoile*. 65

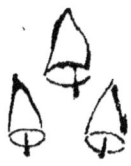

Marque de la fabrique de Delft à l'enseigne des *Trois Cloches*. 46

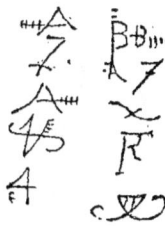

Gouda (Martinus), de Delft. 80

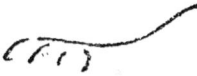

Marque de la fabrique de Delft à l'enseigne de *La Griffe* 81

Marque de la fabrique de Delft à l'enseigne de *la Hache de Porcelaine*. 83

256   DICTIONNAIRE DE LA CÉRAMIQUE

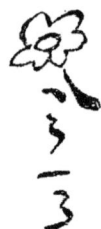 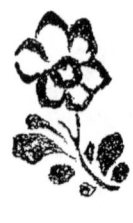 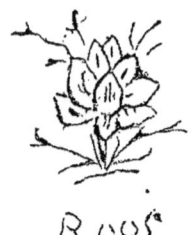

Marque de la fabrique de Delft à l'enseigne de *La Rose* 176

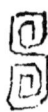

Sand (Sixtius van den), de Delft 190

Witsenburg (Théodore), de Delft 221

FIN DE LA TABLE DES MARQUES ET MONOGRAMMES

INDEX DES PLANCHES HORS TEXTE

Pl. I. — École de Nevers. — Débuts de la fabrication (xviie siècle). — *a b c* Influence italienne. — *d e* Influence persane. — *En regard de la page*. 4

Pl. II. — École de Rouen. — Décor bleu. — Style pseudo-chinois. — Décor rayonnant. — *En regard de la page*. 14

Pl. III. — École de Rouen. — *a a'* Décor bleu et rouge à lambrequins. — *b* Décoration sur fond jaune ocré. — *e* Décoration en blanc fixe sur fond bleu. — *c d f g* Motifs variés. — *En regard de la page* . . 24

Pl. IV. — École de Rouen. — Décorations polychromes. — 1 Atelier de Guillebaud. — 2 Décor dit *à la corne*. — 3, 4, 5 Motifs variés. — *En regard de la page*. 34

Pl. V. — École de Moustiers. — Décors bleus à lambrequins, à dentelles, à mascarons et à cariatides. — *a b c d f g h* Bordures et motifs variés. — *e* Fabrique de Saint-Jean-du-Désert (style rouennais). — *En regard de la page* 44

Pl. VI. — École de Moustiers. — Décorations polychromes. — *a* Décor dit *à grotesques*. — *b c d* Motifs variés. — *e* Fabrique de Goult. — *g h i j* Fabrique d'Alcora (Espagne). — *En regard de la page*. . . . 54

Pl. VII. — Paris, Saint-Cloud, Les Islettes. — *a* Paris (imitation de Rouen). — *e* Paris (atelier d'Ollivier, décor sur émail). — *b c d* Saint-Cloud. — *f* Les Islettes. — *En regard de la page* 64

Pl. VIII. — Marseille. — *a* Atelier de Le Roy (imitation de Rouen). — *b c* Atelier de Savy. — *e* Atelier de Robert. — *f* Atelier de la veuve Perrin. — *d g h* Motifs variés. — *En regard de la page* 74

Pl. IX. — Ardus, Montpellier, Bordeaux, Négrepelisse. — *a c* Ardus (style de Moustiers). — *b* Montpellier (atelier de Philippe). — *d* Montpellier (fond jaune). — *e f* Négrepelisse. — *g* Montauban. — *h* Bordeaux. — *En regard de la page*. 84

Pl. X. — Lille, Aire, Saint-Amand, Saint-Omer. — 1, 4 Lille (décor polychrome). — 2 Lille (atelier de Boussemaert, style rouennais). — 3, 7 Saint-Amand. — 5, 9 Aire. — 6 Saint-Omer (atelier du Haut-Pont). — *En regard de la page* 96

Pl. XI. — École de Strasbourg. — *a b* Strasbourg (atelier des Hannong). — *c* Saint-Amand (atelier de Pierre Fauquez). — *d* Sceaux. — *f* Sceaux (décor à relief peint). — *e* Les Islettes. — *g* Sinceny (fin de la fabrication). — *En regard de la page*. 108

Pl. XII. — Niederwiller, Aprey. — *a b d e f* Niederviller. — *h g* Aprey. — *En regard de la page* 120

Pl. XIII. — École de Nevers. (Décadence de la fabrication.) — *a b* Sujets champêtres. — *c d* Faïences patronymiques. — *e f* Faïences dites *patriotiques*. — *En regard de la page* 132

Pl. XIV. — Faïences italiennes. — *a* Gubbio. — *b* Castel-Durante. — *c d e f* Cafaggiolo. — *En regard de la page* 144

Pl. XV. — Faïences italiennes. — *a* Faenza (décor dit *bianco sopra bianco*). — *b* Faenza (décor dit *smaltino* et *berettino*). — *c* Faenza (décor dit *alla porcellana*). — *d* Urbino (décor dit à *grotesques*). — *e* Castelli (atelier des Grue). — *f* Gênes. — *g* Lodi. — *En regard de la page*. 156

Pl. XVI. — École de Delft. — Décors variés. — *En regard de la page*. 168

Pl. XVII. — Allemagne, Suisse, Hollande, Suède. — *a* Stralsund. — *b c* Rœrstrand. — *d* Marieberg. — *e* Amsterdam. — *f* Amberg. — *g* Frankenthal. — *h* Nuremberg. — *i* Winterthur. — *En regard de la page*. 180

Pl. XVIII. — Allemagne, Hongrie. — *a a'* Hœscht. — *b* Bayreuth. — *d* Bayreuth (atelier de Kordenbusch). — *c* Kunersberg. — *e* Rehweiler. — *h* Holitch. — *En regard de la page*. 192

Pl. XIX. — Poteries vernissées. — *a* Beauvaisis (xve siècle). — *b* Beauvaisis (xviie siècle). — *c* Beauvaisis (xviiie siècle). — *d* Ateliers des bords de la Meuse. — *e* Angleterre (xviie siècle). — *f* Pavie (atelier des Cuzio). — *g* La Frata (Italie). — *h* Thunn (Suisse). — *En regard de la page*. 204

Pl. XX. — Grès-Cérames. — *a* Sieburg, près Cologne. — *b* Raeren. — *c* Cruche, dite *grey-beard*. — *d e* Grenzhausen, près Coblentz. — *g* Creussen (pot dit *apostel krüge*). — *h i* Motifs variés. — *En regard de la page* 216

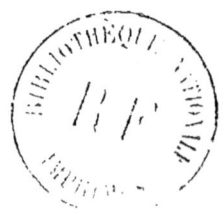

TABLE DES MATIÈRES

Préface V
Introduction. VII
Dictionnaire de la Céramique. 1
Table des marques, monogrammes et marques figuratives 223
Index des planches hors texte. 257

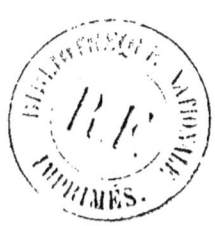

Paris. — Imp. de l'Art. E. Moreau et Cie, 41, rue de la Victoire.

LIBRAIRIE DE L'ART

8, BOULEVARD DES CAPUCINES, PARIS

BIBLIOTHÈQUE INTERNATIONALE DE L'ART

PUBLIÉE SOUS LA DIRECTION

DE PAUL LEROI

DEUXIÈME SÉRIE. — VOLUMES IN-8°

I. — **Les Historiens et les Critiques de Raphael**, par Eugène Müntz. Il ne reste de cet ouvrage qu'un très petit nombre d'exemplaires qui sont réservés aux acheteurs de la collection. Quelques exemplaires sur papier de Hollande, 25 fr.

II. — **L'Encaustique et les autres procédés de peinture chez les anciens**, par Henry Cros et Charles Henry. Prix, broché, 7 fr. 50. Quelques exemplaires sur papier de Hollande, 15 fr.

III. — **Les Livres à gravures du XVIe siècle. Les Emblèmes d'Alciat**, par Georges Duplessis, Conservateur du Département des Estampes à la Bibliothèque Nationale. Prix, broché, 5 fr. Quelques exemplaires sur papier de Hollande, 10 fr.

IV. — **La Tapisserie dans l'antiquité. Le Péplos d'Athéné Parthénos**, par Louis de Ronchaud, Directeur des Musées nationaux et de l'Ecole du Louvre. Edition sur papier ordinaire, 10 fr. Quelques exemplaires sur papier de Hollande, 20 fr.

V. — **Eugène Delacroix devant ses contemporains, ses écrits, ses biographes, ses critiques**, par Maurice Tourneux. Prix, broché, 12 fr. Quelques exemplaires sur papier de Hollande, 25 fr.

VI. — **Les Bronzes de la Renaissance. Les Plaquettes**, par Émile Molinier. Deux volumes accompagnés de 108 gravures. Prix, broché, 40 fr. Quelques exemplaires sur papier de Hollande, 80 fr.

VII. — **Les Archives des Arts. Recueil de Documents inédits ou peu connus**, par Eugène Müntz. Prix, broché, 12 fr. Quinze exemplaires sur papier de Hollande, 24 fr.

VIII. — **Dictionnaire de la Céramique**, par Édouard Garnier, Conservateur du Musée et des Collections à la Manufacture nationale de Sèvres. Prix, broché, 30 fr.

Pour paraître prochainement :

L'Art byzantin dans l'Italie méridionale, par Ch. Diehl, Maître de conférences à la Faculté des lettres de Nancy.

Paris. — Imprimerie de l'Art, E. Moreau et Cie, 41, rue de la Victoire.

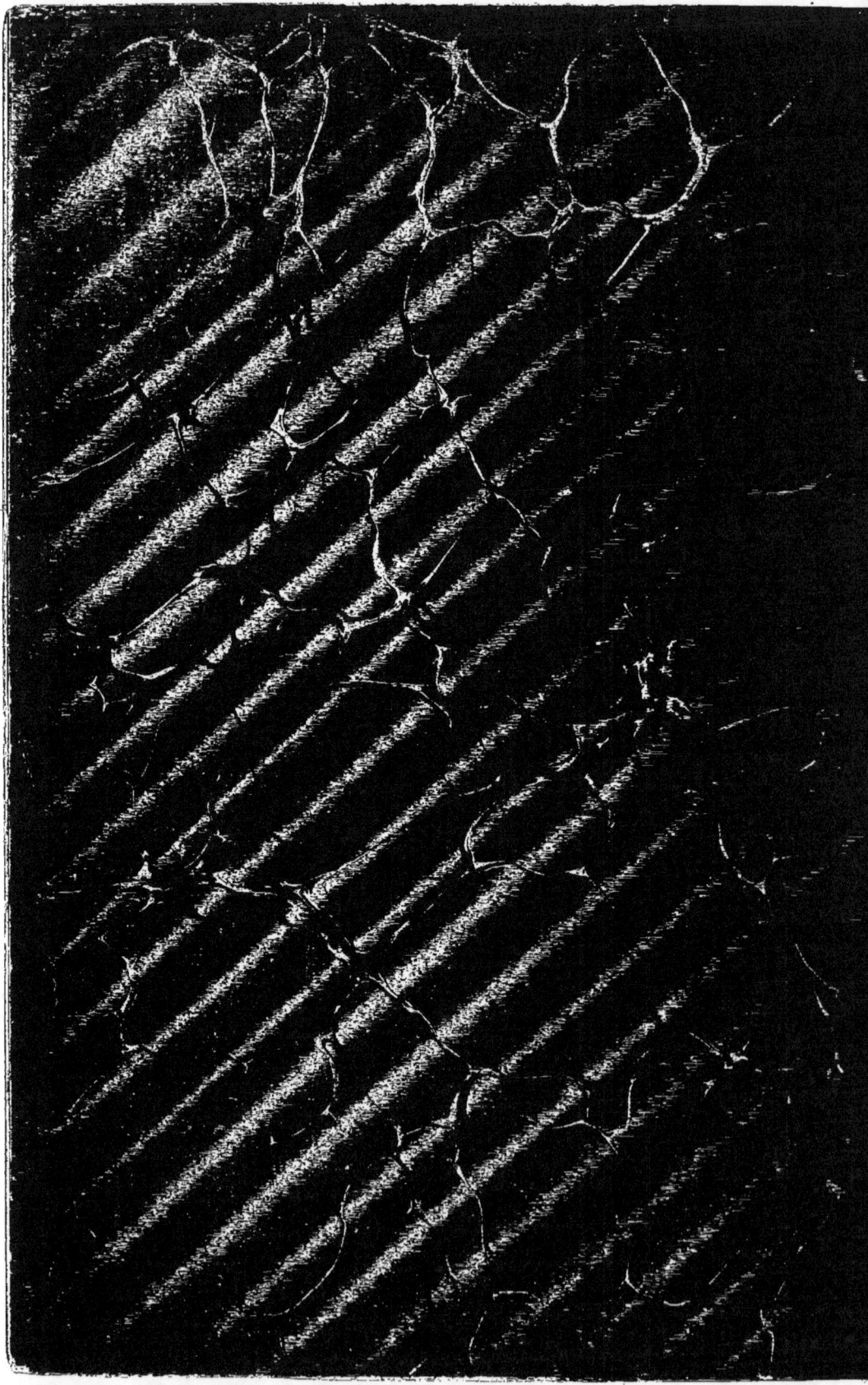

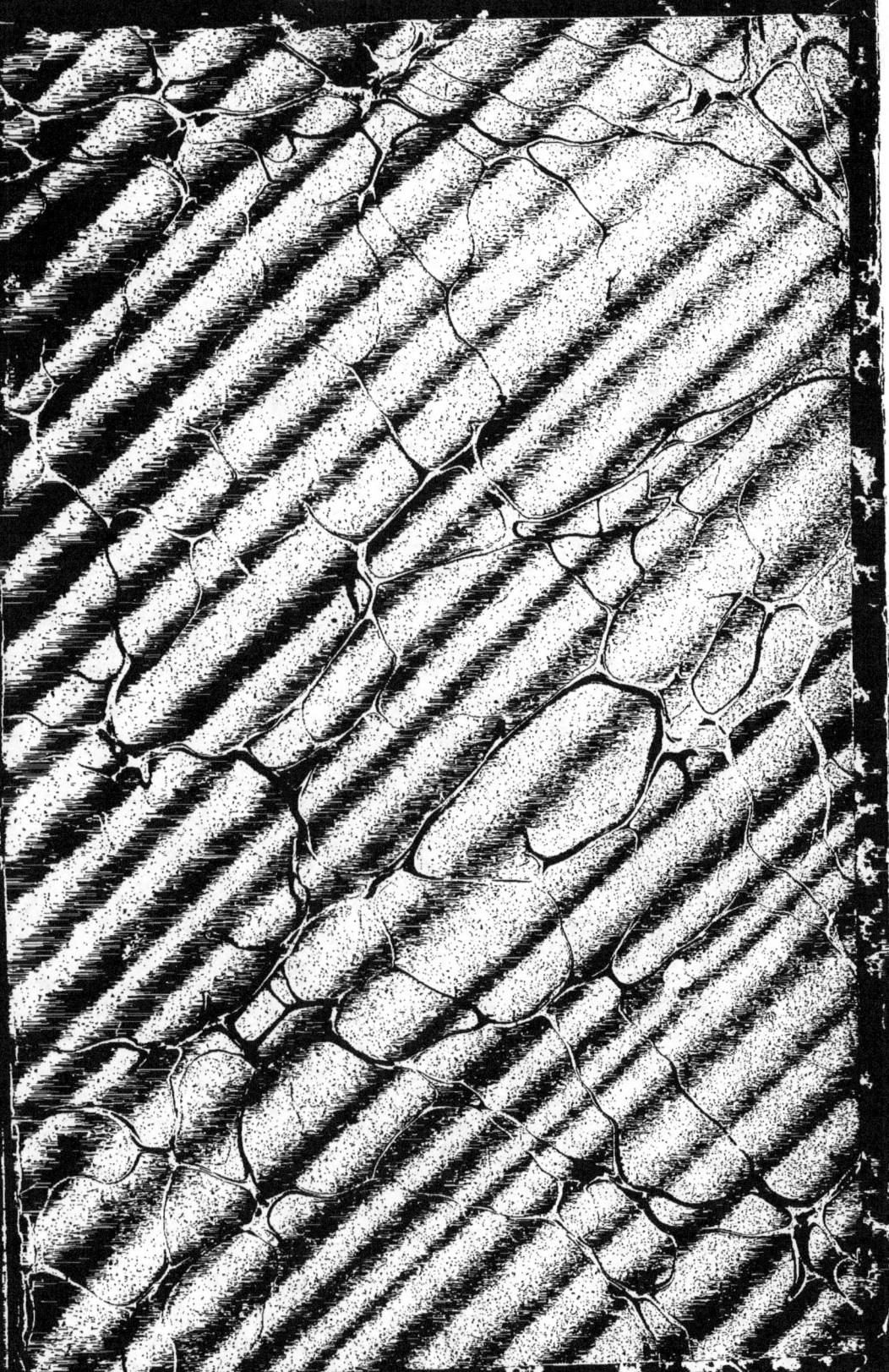

www.ingramcontent.com/pod-product-compliance
Lightning Source LLC
Chambersburg PA
CBHW050151230526
45470CB00001B/54